图书在版编目（CIP）数据

装配式预制梁桥 BIM 参数化建模技术应用研究：以昆楚高速公路扩建工程某标段为例 / 杨贵宏，巴怀强，许广利主编. —成都：西南交通大学出版社，2021.11
ISBN 978-7-5643-8423-4

Ⅰ. ①装… Ⅱ. ①杨… ②巴… ③许… Ⅲ. ①预应力混凝土桥－建筑设计－计算机辅助设计－研究 Ⅳ. ①U448.35

中国版本图书馆 CIP 数据核字（2021）第 248648 号

Zhuangpeishi Yuzhi Liangqiao BIM Canshuhua Jianmo Jishu Yingyong Yanjiu
—Yi Kun-Chu Gaosu Gonglu Kuojian Gongcheng Mou Biaoduan Wei Li

装配式预制梁桥 BIM 参数化建模技术应用研究

——以昆楚高速公路扩建工程某标段为例

主编　杨贵宏　巴怀强　许广利

责任编辑　姜锡伟
封面设计　GT 工作室
出版发行　西南交通大学出版社
（四川省成都市金牛区二环路北一段 111 号
西南交通大学创新大厦 21 楼）
发行部电话　028-87600564　028-87600533
邮政编码　610031
网　　址　http://www.xnjdcbs.com
印　　刷　四川玖艺呈现印刷有限公司
成品尺寸　170 mm × 230 mm
印　　张　23
字　　数　377 千
版　　次　2021 年 11 月第 1 版
印　　次　2021 年 11 月第 1 次
书　　号　ISBN 978-7-5643-8423-4
定　　价　158.00 元

装配式预制

BIM 参数化建模技术应

——以昆楚高速公路扩建工程

主　编◎杨贵宏　巴

副主编◎李　超　孙

西南交通大学出版社

·成　都·

<<< 本书编委会 >>>

主　　编　杨贵宏　巴怀强　许广利

副 主 编　李　超　孙　凯　李绍勇

参　　编　刘会迎　宋　辉　张孟金　胡兆锋　刘书其　谢旺山

梁桂德　唐　军　郎国朋　陈道磊　姜孟珂　姜运良

刘　鹏　王羲雨　李泳锡　谢　涛　李　辉　张莹莹

韦　巍　陈宝华　李　兰　周　成　黄德林　刘　杨

谢沁芸　张潇元　沈自阳　平郭志　左　涛　李春莲

王雪妍　刘　颖　李　玲　赵　琼　刘中璟　桂玉环

崔汝蓉　潘小研　丘雨莎　陈怡瑾　宋晓峰　范畴锐

编撰单位　云南昆楚高速公路投资开发有限公司

参与单位　云南大学

云南大筑科技有限公司

中铁二十二局集团第一工程有限公司

前言 PREFACE

昆楚高速公路桥梁工程上部梁板的主要施工方法有现浇和装配预制两种方式，其中装配式预制梁桥所占比重较大。传统装配式预制梁桥生产施工过程中存在着设计成果很难方便直观地用于施工阶段、施工过程中缺少信息化手段进行质量精细化控制以及施工过程中缺少信息化手段进行运维监测等亟待解决的行业难题。

本书的主要创新点和研究价值包括：

（1）将传统装配式预制梁板施工技术与 BIM 技术相结合，积极探索基于信息化管理平台的预制梁板施工质量精细化控制新模式，为提高装配式预制梁板施工质量提出新的思考。

（2）将预制梁板的设计阶段与施工阶段工程信息进行有效结合，并将其系统化集成于管理平台上，为实现工程项目的设计施工一体化进程提出新的可能。

（3）利用参数化建模方法实现了预制梁板同类型构件不同参数的批量化建模，使得施工生产人员能够更加直观高效地获得每片预制梁的几何尺寸信息，为精细化生产提供了基础。

（4）完成了 BIM+GIS 三维智慧梁场生产管理系统，实现了预制梁的设计信息与生产信息的高度融合。

（5）BIM+GIS 三维智慧梁场生产管理系统能够融入多种三维数据，为后期工程运维管理提供了平台基础。

项目依托昆楚高速中的预制梁场展开研究，兼顾共性与特性，在研究过程中注重成果的理论与实践相结合，采用成果交付现场实践检验、实践反馈效果的思路，摸索出适合云南省装配式预制梁桥的精细化管理模式及成果。

本项目研究主要依托工程为昆明（岷山）至楚雄（广通）高速公路扩建工程 SJ-2 标 4 合同段 K63+800.15～K73+100。

在本书的写作过程中，要特别感谢云南省交通厅、云南省交通发展投资有限公司、云南昆楚高速公路投资开发有限公司、云南大学、中铁二十二局集团第一工程有限公司、云南大筑科技有限公司、昆明乐宁教育信息咨询有限公司等单位的大力支持。

由于笔者水平有限，在成书过程中难免会出现遗缺错漏，恳请各位读者批评指正。

作　者

2021 年 11 月

目录

CONTENTS

1 研究概论

1.1 研究的主要目的

目前，昆楚高速公路的桥梁工程的上部梁板的主要施工方法有现浇和装配预制两种方式，其中装配式预制梁桥所占比重较大。就目前的业主需求来看，主要体现在以下几个方面：

第一，设计成果很难方便直观地用于施工阶段。

目前，设计院的设计图纸仍然是以传统的 CAD 二维设计为主，大部分的设计图纸并没有针对每一个构件进行详细的设计，而是以标准图集或某些计算公式为主配合控制点参数表作为辅助，这种方式给施工方造成了极大的不便。在实际使用过程中，施工单位仍然需要对图纸进行二次加工和深化设计，通过计算得到每一片梁板的具体参数。虽然部分设计院会将预制梁板的尺寸、钢筋的参数等数据利用表格的形式进行罗列，但是图纸仍然是基于二维设计的，施工方很难直观便捷地使用设计成果。

因此，该问题的主要需求体现在两个方面：

① 施工方能够方便直观准确地理解设计意图；

② 业主能够实时查看和比对每一片预制梁板的二维设计和三维设计状态。

第二，施工过程中缺少信息化手段进行质量精细化控制。

装配式预制 T 梁的施工主要包括钢筋制作、钢筋绑扎、模板合龙、混凝土浇筑、混凝土振捣、拆模、预应力张拉、封锚、养护、存梁、运输、吊装等过程。从项目调研情况来看，各个阶段仍然以传统的监测控制手段为主,缺少信息集成的方法将各个阶段工作的数据进行系统化处理和比对，为施工质量精细化控制提供决策依据。例如：在制作阶段，主要涉及钢筋笼放样绑扎、波纹管预埋、模板支撑、梁板浇筑、养护、拆模、预应力施加等重要工序，传统质量控制方法虽然在一定程度上可以获得施工信息，但是各个工序之间的信息是零散的、分散的，很难实现系统化决策与质量的精细化控制。这个问题在弯坡（曲线）段的梁板预制工艺上尤其突出，弯坡（曲线）段的每一片梁板本身的横坡与纵坡均不相同，而传统手段又缺少较好的质量控制方法，因此在实际施工过程中弯坡（曲线）段的梁板在后续吊装、就位、合龙等工序施工时经常出现偏差超过标准等问题，给工程质量造成了不良影响，甚至会造成梁板报废、返工等问题。而吊装和就位阶段虽然可以利用传统的测量工具获得坐标信息，但是该方法效率较低，而且在峡谷或河流段施工具有一定的危险性。在合龙段与试车阶段，梁板的位置监测同样存在这样的问题。

因此，总结前文，该阶段的主要需求体现在：

① 建立一种方便快捷的工作方式监控预制梁板的制作是否符合设计要求，并获得实时反馈；

② 建立一种方便快捷的工作方式监控运输、吊装、就位、校正、合龙、试车等施工过程中每一片梁板的位置信息是否符合设计要求，并获得实时反馈。

第三，施工过程中缺少信息化手段进行运维监测。

在实际调研中发现，目前公路桥梁的运维监测普遍缺少信息化监控手段，虽然桥梁裂缝、变形、位移等监测已经有比较成熟的技术手段，但是整体而言，监测数据无法进行比对，其主要原因是大部分桥梁施工过程中并没有将原始信息集成化存储。

因此，该阶段的主要需求是将深化设计与施工阶段获得的工程信息进行系统化的集成处理后移交给业主，用于后期运营维护的数据比对与实时反馈。

1.2 研究的主要内容

1.2.1 拟解决的技术问题

（1）BIM 参数化建模与可视化技术。

（2）BIM 模型的云存储与调用技术。

（3）BIM 模型的 AR 开发与建模技术。

（4）施工图与 BIM 模型比对修订技术。

（5）预制 T 梁生产合格结果可视化技术。

（6）预制梁板吊装施工质量精细化控制技术。

（7）预制梁板施工质量精细化管理平台信息集成化关键技术。

1.2.2 研究的创新点

（1）将传统装配式预制梁板施工技术与BIM技术相结合，积极探索基于信息化管理平台的预制梁板施工质量精细化控制新模式，为提高装配式预制梁板施工质量提出新的思考。

（2）将预制梁板的设计阶段与施工阶段工程信息进行有效结合与系统化，集成于管理平台上，为实现工程项目的设计施工一体化进程提出新的可能。

（3）利用参数化建模方法实现了预制梁板同类型构件不同参数的批量化建模，使得施工生产人员能够更加直观高效地获得每片预制梁的几何尺寸信息，为精细化生产提供了基础。

（4）完成了BIM + GIS三维智慧梁场生产管理系统，实现了预制梁的设计信息与生产信息的高度融合。

（5）BIM + GIS 三维智慧梁场生产管理系统能够融入多种三维数据，为后期工程运维管理提供了平台基础。

1.2.3 研究的主要内容

子课题1：装配式预制梁板可视化与动态查询关键技术研究

该子课题主要研究的内容包括：构建预制梁板参数编码体系、BIM参数化建模、BIM三维可视化展示、图模比对与图纸修订、图模动态查询与参数调用。

（1）构建预制梁板参数编码体系。

参照国家规范将预制梁板的重要设计参数设定成统一的编码体系，方便后期的BIM参数化建模、参数存储与调用、图模比对与图纸修订、参数查询等工作。

（2）BIM参数化建模。

按照上一步编制的预制梁板编码体系，利用BIM建模工具将CAD二维施工图设计的模型转化为BIM三维模型，将编码体系中的重要参数设计成可修改的参数，方便后期修改及调用、查询等工作。

（3）BIM三维可视化展示。

将上一步建好的BIM参数化模型上传至云服务器，方便在PC端、手机端调用、查看和展示。同时可以利用AR建模或WebGL技术，将BIM

三维模型制作成便于携带的 BIM 模型查看的 APP 或网页链接。

（4）图模比对与图纸修订。

将 CAD 二维施工图设计的模型与 BIM 三维模型进行精确对比，检查发现两者的不同并确认最终正确的参照模型。如果经过比对发现是 CAD 二维施工图设计的问题，还可以利用 BIM 模型对原始设计进行修正，以此减少后期施工阶段的设计变更和修改，能够在一定程度上减少工期延误和变更索赔。

（5）图模动态查询与参数调用。

业主方和施工方均能够快速高效、简便直观地查询每一片预制梁板的 CAD 二维施工图、BIM 三维模型、图模比对与模型变更情况、模型设计参数、设计修改进度与状态等重要信息，从而起到辅助决策、提高决策效率的作用。

子课题 2：装配式预制梁板施工精细化质量控制关键技术研究

从实践调查中发现，装配式预制梁桥施工中的主要问题包括预制梁内波纹管与钢筋的精确定位问题、预制梁底部预埋支座钢板精确控制问题、盖梁支座精确定位问题、预制梁顶板尺寸精细化控制问题，这些问题都将最终导致预制梁施工质量甚至会造成安全问题。通过分析发现，这些问题的本质就是如何实现预制梁板在预制、运输、吊装、合龙等重要施工过程中的精确定位问题，换句话说，就是要解决以下两个问题：

第一，如何准确快速地获得每一片预制梁板在这些施工过程中的位置以及坐标信息；

第二，通过实际坐标与设计模型的对比确定偏差是否符合要求和规范。

首先，第一个问题需要在预制、运输、吊装、合龙等施工过程中，通过传统测量设备、无人机、三维激光扫描仪等工具采集每一片预制梁板的参数信息并进行整理分析；其次，第二个问题需要将收集到的参数信息与前阶段生成的设计图纸或 BIM 可视化模型进行实时比对，发现问题及时纠偏，从而实现预制梁板施工质量的精细化动态控制。

子课题 3：装配式预制梁板精细化管理信息集成关键技术研究

该子课题的研究是拟将 BIM 可视化成果与预制梁板预制、运输、吊装、合龙等重要施工过程产生的信息系统化集成于装配式预制梁板精细化管理信息平台上，让业主以及施工方根据各自需求产生重要价值。根据总结分析，业主方的主要需求是通过 BIM + GIS 等技术融合能够实时查询预制梁板的设计、施工、位置、状态等重要信息从而进行辅助决策，施工方的主要需求是实时调用平台信息对预制梁板的施工质量进行精细化动态控制。

1.3 研究的技术路线

本项目的研究遵循发现问题—分析问题—解决问题的技术路线，包括现状分析、需求研究与解决方案三个部分，详见图 1.1。通过对现状分析发现当前存在的三个问题，透过问题现象挖掘业主方与施工方的真实需求，提出了三个研究子课题。

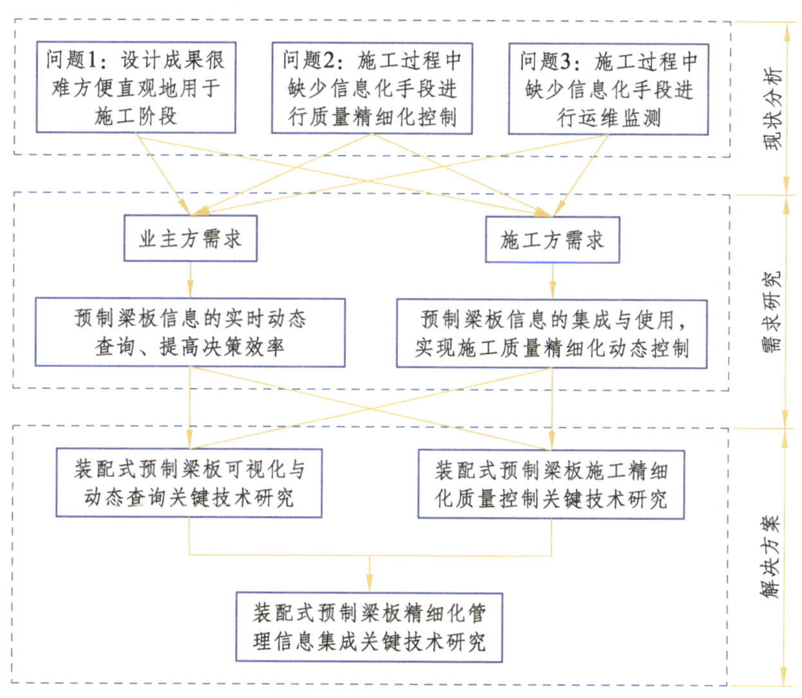

图 1.1 项目研究技术路线示意图

1.4 依托工程情况

云南昆明至楚雄至大理高速公路是国家高速公路网 G56 杭州—瑞丽高

速公路滇境中的重要路段，为云南省会昆明通往滇西、滇西北、滇西南及云南少数民族地区的主要经济干线，是云南省高速公路网中“七出省、五出境”公路主通道中连接东南亚、南亚国家的国际大通道。昆明到楚雄高速公路由昆安高速、安楚高速组成，全程 154 km，包含大小桥梁 299 座、隧道 12 座，隧道距离达 9279 m。本书依托昆楚高速中的预制梁场展开研究，兼顾共性与特性，在研究过程中注重成果的理论与实践相结合，采用成果交付现场实践检验、实践反馈效果的思路，摸索出适合云南省装配式预制梁桥的精细化管理模式及成果。

本研究主要依托工程为昆明（岷山）至楚雄（广通）高速公路扩建工程 SJ-2 标 4 合同，即 K63 + 800.15 ~ K73 + 100 段。合同范围内有 1 座预制 T 梁场、6 座桥梁和 2 座隧道。从起点至终点，桥梁名称分别为庄田大桥、桃园 1 号大桥、桃园 2 号大桥、横山村 1 号大桥、横山村 2 号大桥以及横山村 3 号大桥，具体信息见表 1.1。

表 1.1 昆明（岷山）至楚雄（广通）高速公路扩建工程 SJ-2 标 4 合同各个桥梁数据统计一览表

序号	桥梁名称	中心桩号	桥面净宽/m	最大墩高/m	孔数×跨径/m	桥梁全长/m	上部结构
1	庄田大桥	右幅：K64＋185.00	15.5	14	10×20.0	207.08	预制T梁
2		左幅：K64＋185.00	15.5	12	10×20.0	206.08	预制T梁
3	桃园 1 号大桥	右幅：K65＋860.00	15.5	42	29×30.0	877.08	预制T梁
4		左幅：K65＋870.00	15.5	47	31×30.0	939.58	预制T梁
5	桃园 2 号大桥	右幅：K66＋666.00	15.5	33	11×30.5	342.58	预制T梁
6		左幅：K66＋650.00	15.5	32	11×30.0	336.08	预制T梁
7	横山村 1 号大桥	右幅：K67＋200.00	15.5	32	20×30.0	606.08	预制T梁
8		左幅：K67＋140.00	15.5	31	14×30.0	426.08	预制T梁
9	横山村 2 号大桥	右幅：K68＋015.00	15.5	81	21×40.0	847.08	预制T梁
10		左幅：K68＋015.00	15.5	80.5	21×40.0	847.08	预制T梁
11	横山村 3 号大桥	左幅：K68＋691.00	15.5	20	8×20.0	169.08	预制T梁

2 预制 T 梁的 BIM 参数化建模思路

预制 T 梁其截面形状为 T 形，由翼缘、腹板、横隔板、负弯矩钢筋、波纹管等构成。在工程实践中，公路工程本身的横坡度与纵坡度随着工程走向是非固定的参数值，因此就决定了每一片 T 梁虽然几何造型相似，但是其构件参数却不尽相同。

因此，根据预制 T 梁的特点，建立预制 T 梁的 BIM 参数化模型即可解决该问题。为了实现 BIM 参数化建模，按照以下步骤实施：

步骤 1：选择 BIM 建模软件。考虑到软件的可获得性、购置成本、学习成本、实用性、通用性以及可拓展性等特点，本研究选用 Autodesk 公司的 BIM 建模软件 Revit，版本采用 Revit 2018 版本。目前，Autodesk Revit 软件已经更新至 2022 版本，但是考虑到项目成果与 BIM + GIS 数据的兼容性，本项目的 Revit 版本仍然选择 2018 版本。Autodesk Revit 启动截面如图 2.1 所示。

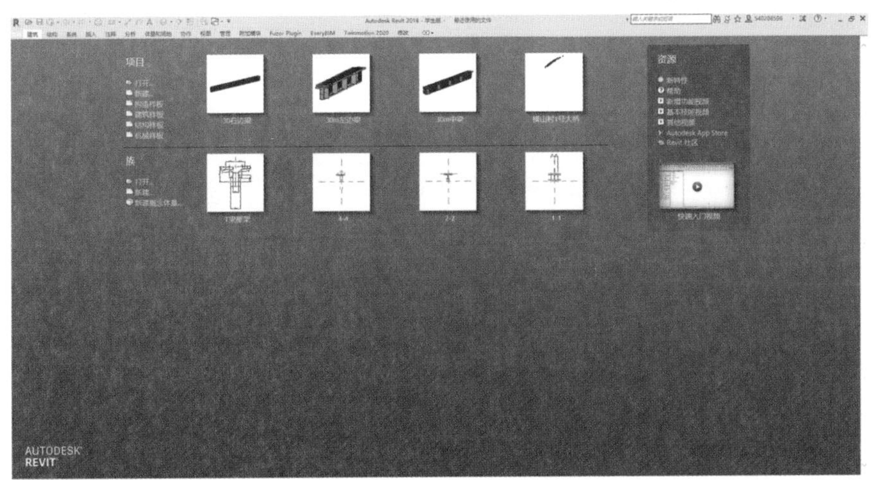

图 2.1　Autodesk Revit 2018 版本启动界面

步骤 2：利用 Revit 2018 中的轮廓族，建立 T 梁轮廓，通过参数化设置将 T 梁轮廓制作成可通过参数化驱动控制的 T 梁轮廓族，检查参数化驱动效果，确认无误后保存。

首先，通过新建族的方式找到公制轮廓族，如图 2.2、图 2.3 所示。

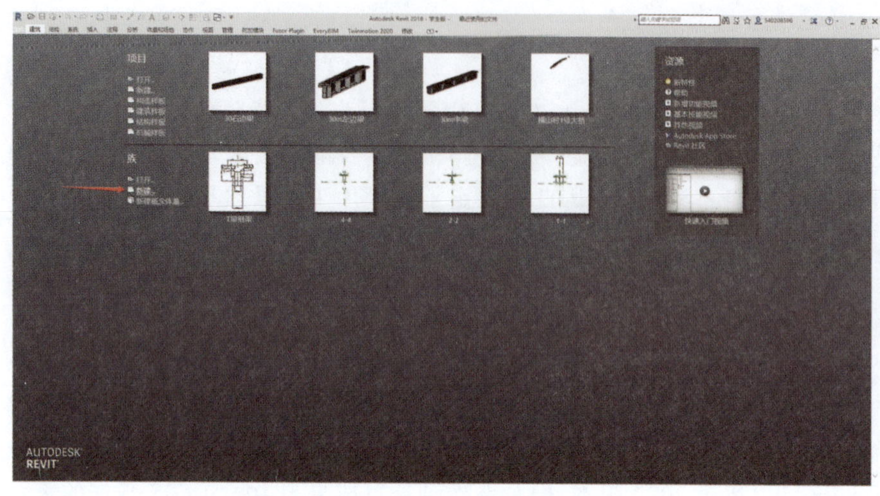

图 2.2 Revit 新建族命令示意图

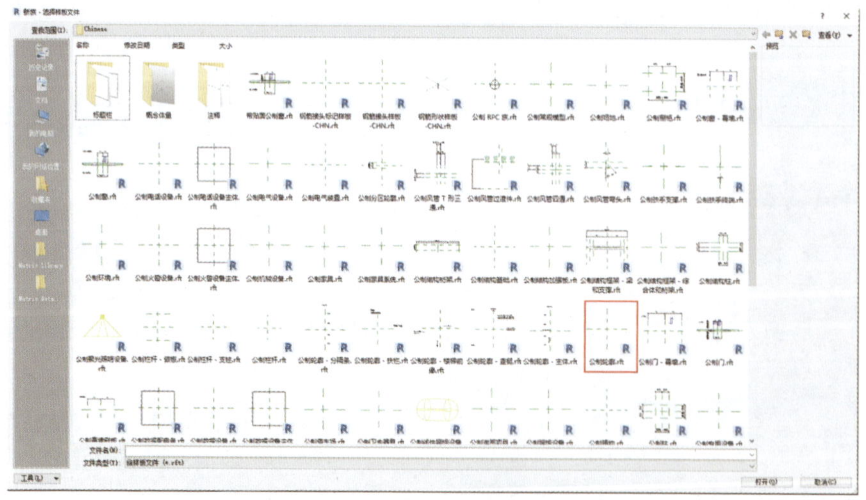

图 2.3 新建公制轮廓族示意图

然后在轮廓族中利用线命令完成 T 形截面绘制，由于该 T 形截面会添加参数控制重要尺寸，因此在该步骤中进行绘制的时候，可随意绘制，只要轮廓形状与施工图设计图纸中给定的轮廓相似即可，如图 2.4 所示。

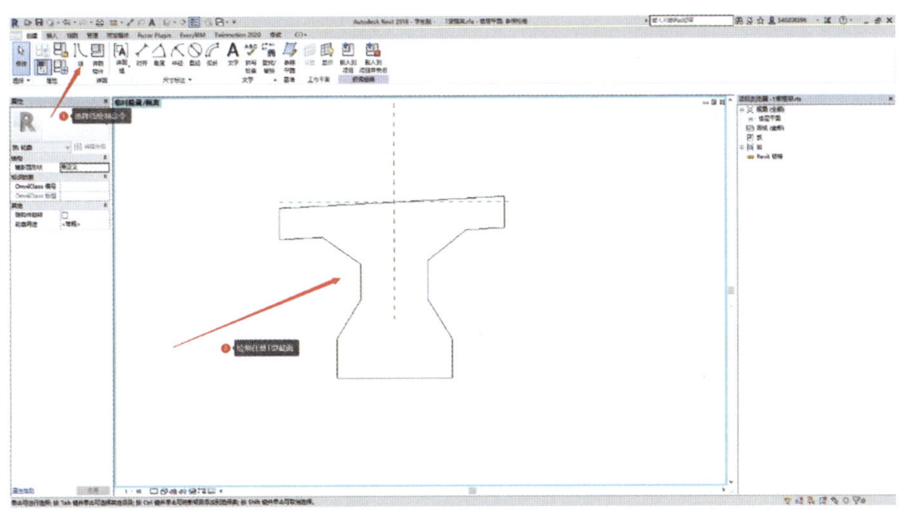

图 2.4 利用轮廓族绘制任意 T 形截面形状

接下来，需要给随意绘制的 T 形截面添加可变化和驱动的参数，如图 2.5 ~ 图 2.7 所示。

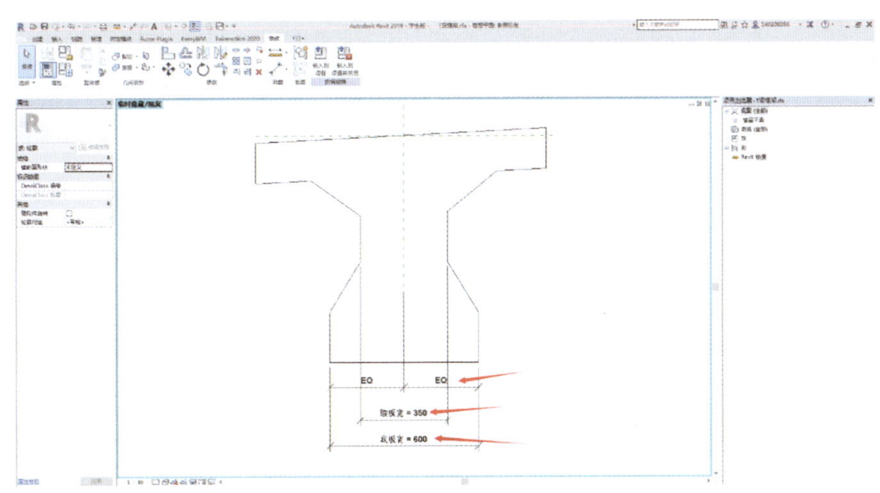

图 2.5 为轮廓族添加腹板及底板参数

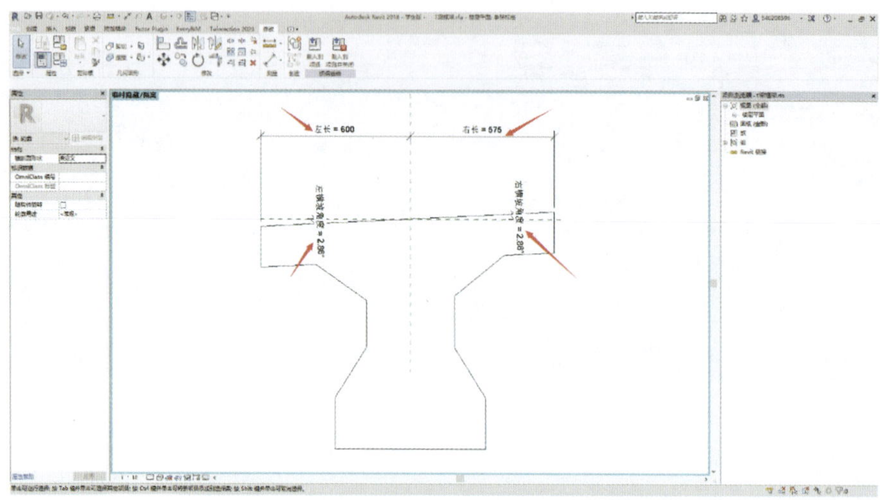

图 2.6 为轮廓族添加顶板宽度及横坡参数

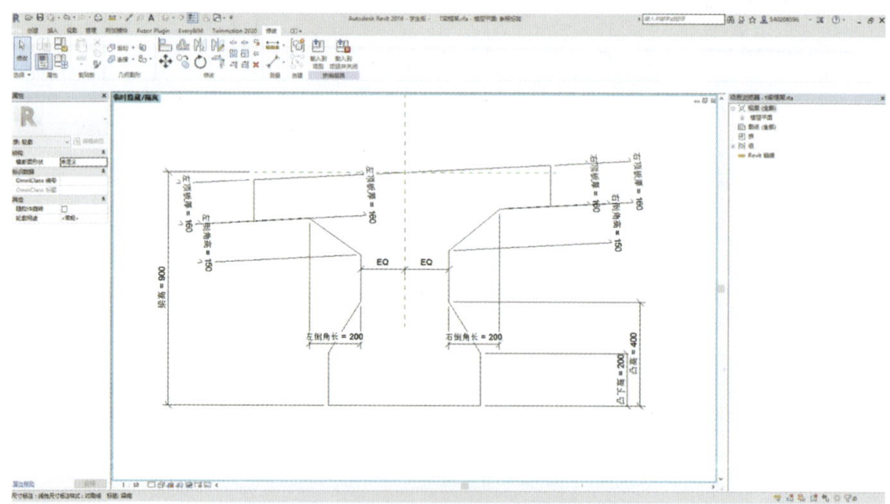

图 2.7 添加 T 梁轮廓族其他参数

接下来，按照 T 梁的几何尺寸关系，对参数进行设置、链接，检查参数之间是否可以正确进行驱动，如图 2.8 所示。

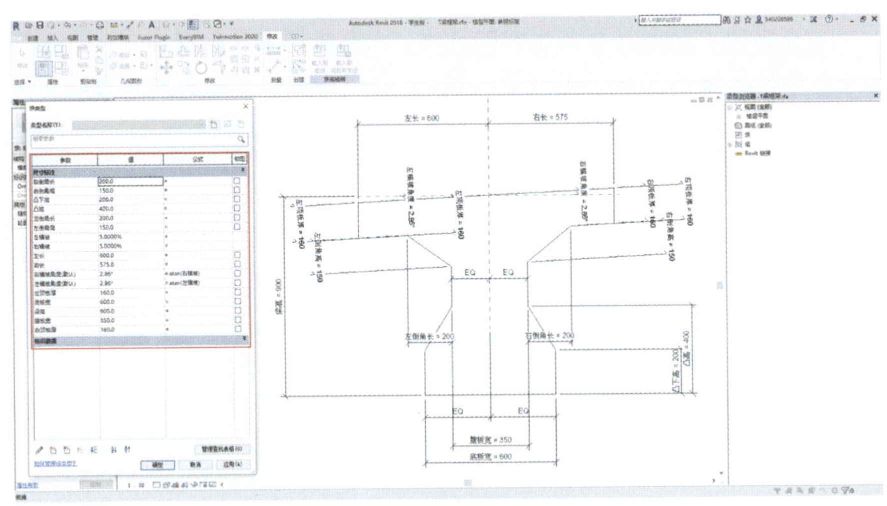

图 2.8　T梁参数汇总及关联

接下来，通过改变参数设置，检查参数化驱动效果及其正确性。例如，我们将右倒角长从 200 mm 改为 300 mm 后，观察轮廓族的形状是否发生相应的变化，如图 2.9 所示。

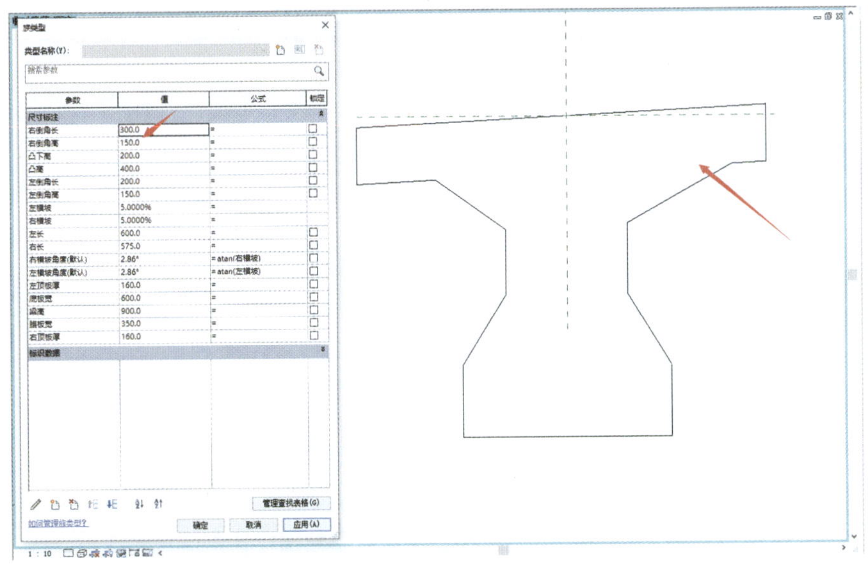

图 2.9　通过改变轮廓族的参数观察轮廓族的几何形状变化

步骤 3：利用 Revit 2018 中的公制常规模型族，建立 T 梁族模型，由于T梁在纵向上断面具有变化性的特点，因此采用融合放样命令配合参数化T形断面轮廓族完成T梁的拼接建模，再将多段模型组合成完整的T梁模型以备后用，如图2.10、图2.11所示。

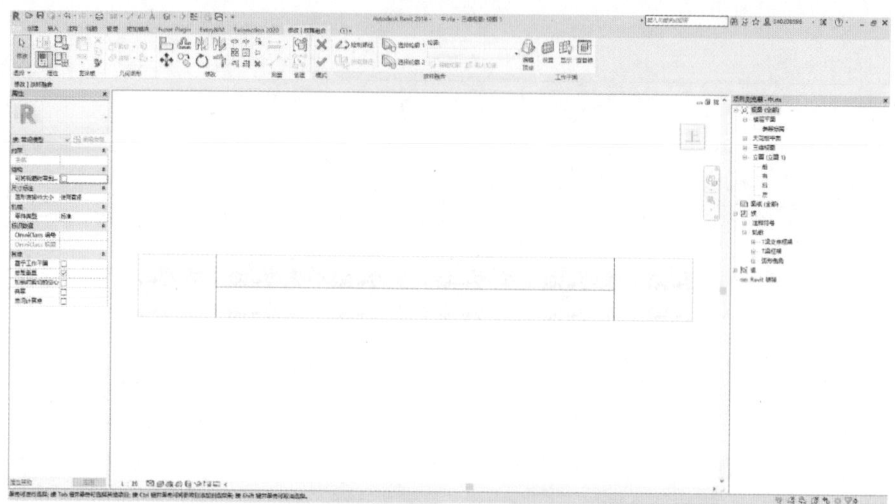

图2.10 通过放样融合命令实现T梁模型建立

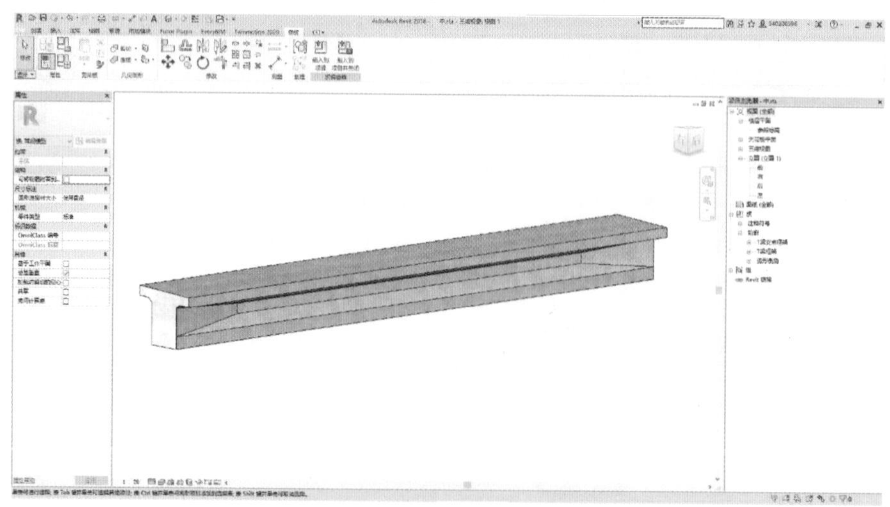

图2.11 T梁三维模型示意图

步骤4：将步骤3做好的T梁模型导入项目中，利用Revit 2018中的钢筋绘制命令，结合设计图纸完成钢筋绘制、波纹管绘制、横隔板绘制、负弯矩钢筋绘制等工作，并最终与 T 梁模型组装集成，形成完整的一片 T 梁模型，如图 2.12 ~ 图 2.15 所示。

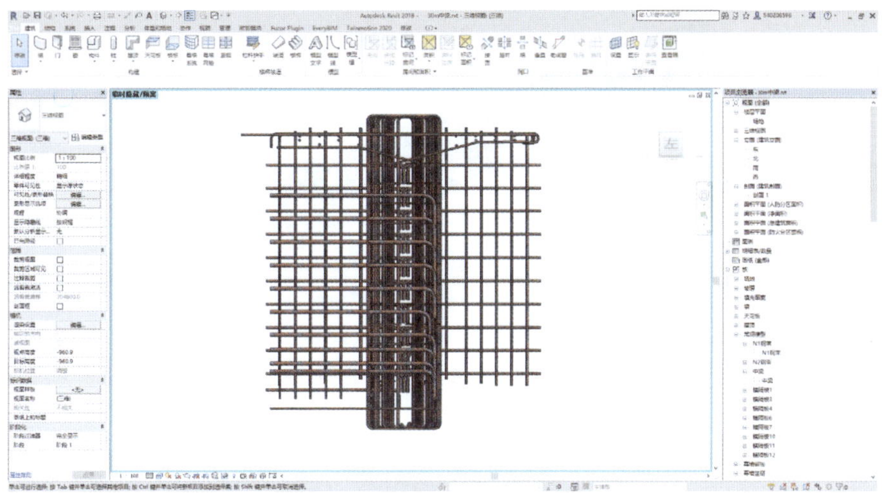

图 2.12　钢筋模型示意图 1

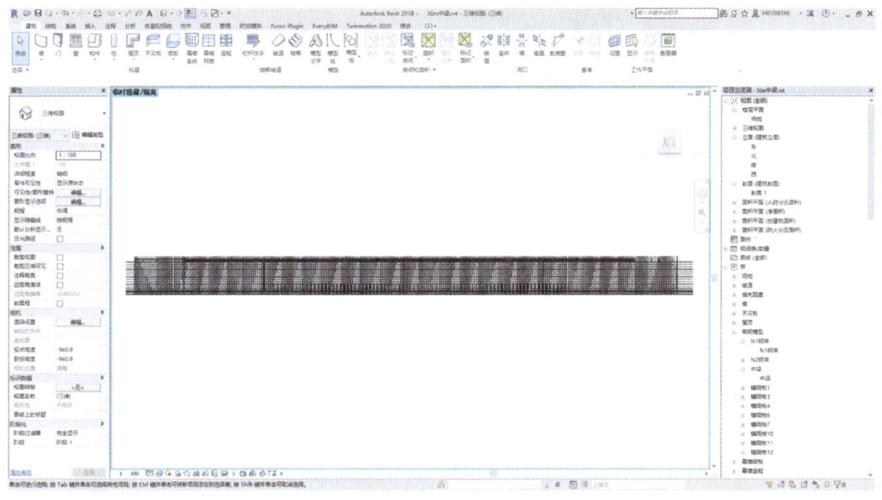

图 2.13　钢筋模型示意图 2

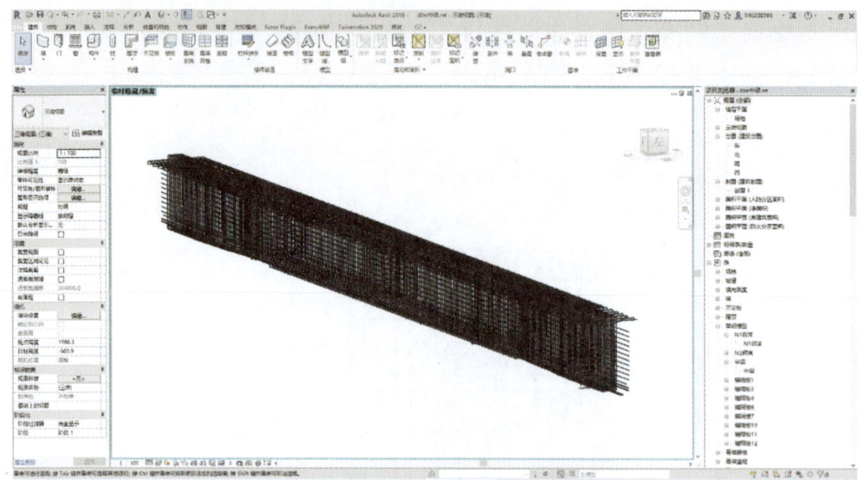

图 2.14 钢筋模型示意图 3

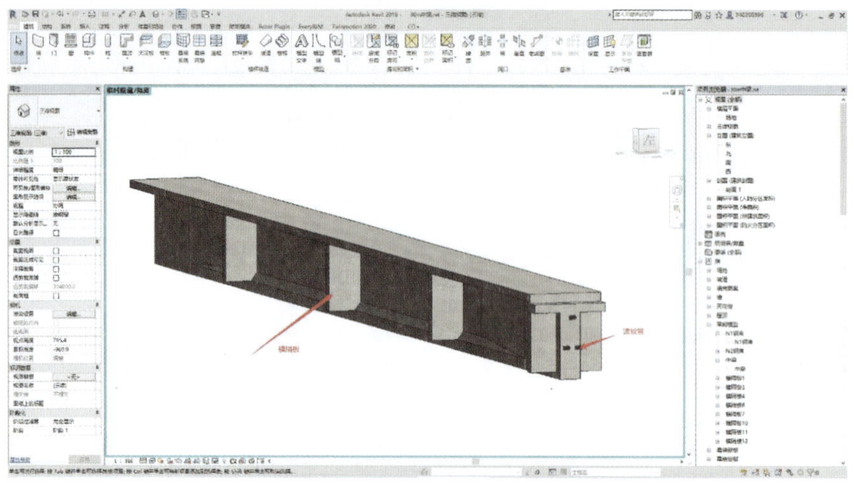

图 2.15 横隔板与波纹管三维模型示意图

3 预制 T 梁的 BIM 参数化设计说明

3.1 预制 T 梁参数化设计说明

3.1.1 预制 T 梁框架轮廓参数说明

预制 T 梁轮廓族是建立 T 梁模型的基础，也是控制每一个梁片断面变化的重要基础。为了保证 T 梁设计的灵活性与使用的便捷性，T 梁框架轮廓族设置的参数主要包括：右倒角长、右倒角高、左倒角长、左倒角高、凸下高、凸高、左横坡、右横坡、左长（左半边 T 梁腹板）、右长（右半边 T 梁腹板）、左横坡角度、右横坡角度、左顶板厚、右顶板厚、底板宽、腹板宽、梁高。BIM 模型中的参数分为类型参数和实例参数。预制 T 梁框架轮廓族的参数设计如图 3.1 所示。

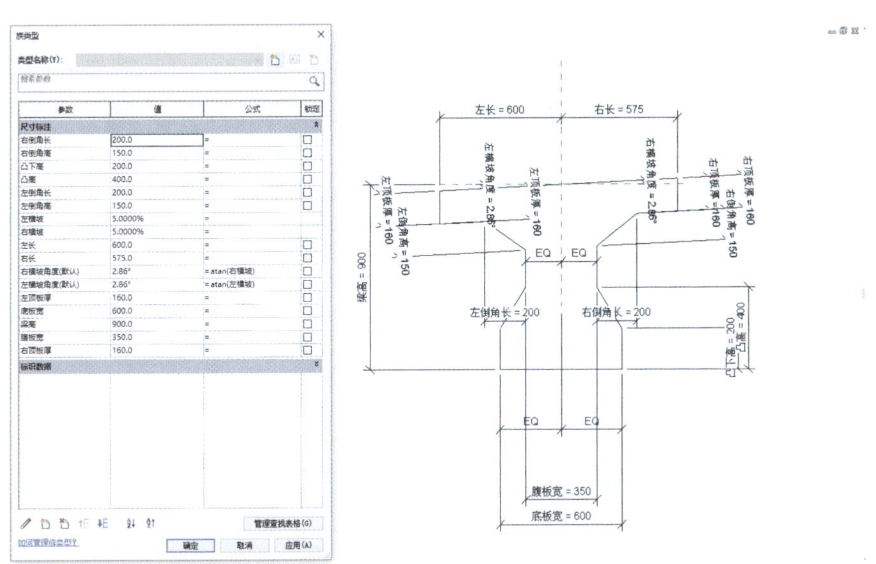

图 3.1 T 梁框架轮廓族 BIM 参数化设计示意图

各个参数的类型、单位说明及使用方法如表 3.1 所示。

表 3.1 T梁框架轮廓族参数设计使用方法一览表

序号	参数名称	参数类型	参数单位说明	使用方法
1	右倒角长	类型参数	长度	输入数据
2	右倒角高	类型参数	长度	输入数据
3	左倒角长	类型参数	长度	输入数据
4	左倒角高	类型参数	长度	输入数据
5	凸下高	类型参数	长度	输入数据
6	凸高	类型参数	长度	输入数据
7	左横坡	类型参数	比例（无单位）	输入数据
8	右横坡	类型参数	比例（无单位）	输入数据
9	左长	类型参数	长度	输入数据
10	右长	类型参数	长度	输入数据
11	左横坡角度	实例参数	角度	= arctan（左横坡）
12	右横坡角度	实例参数	角度	= arctan（右横坡）
13	左顶板厚	类型参数	长度	输入数据
14	右顶板厚	类型参数	长度	输入数据
15	底板宽	类型参数	长度	输入数据
16	腹板宽	类型参数	长度	输入数据
17	梁高	类型参数	长度	输入数据

T 梁轮廓族通过参数化控制后，可以根据每个轮廓的实际尺寸得到对应的 BIM 三维模型，如图 3.2 所示。

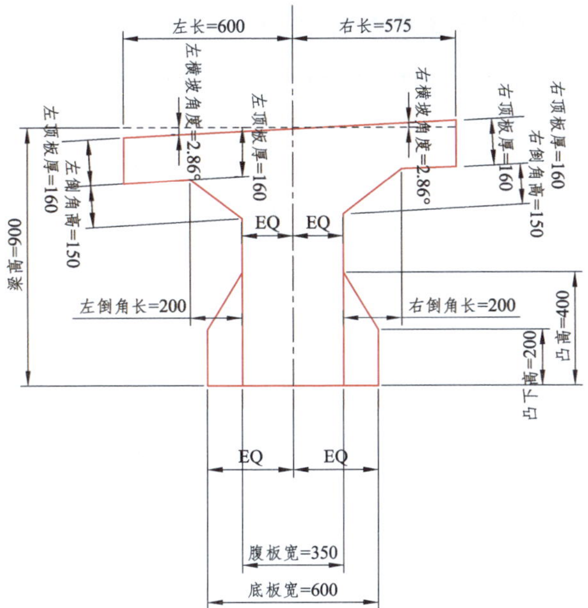

（a）凸下高为 200 mm 时的 T 梁轮廓族示意图

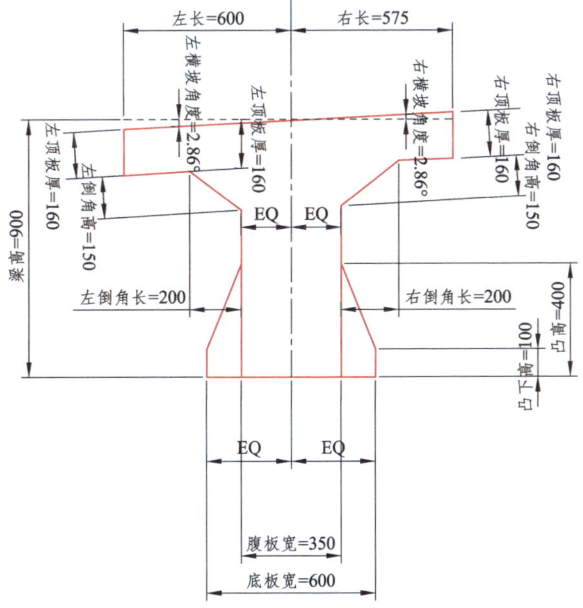

（b）凸下高为 100 mm 时的 T 梁轮廓族示意图

图 3.2 凸下高为 200 mm 和 100 mm 时的 T 梁轮廓族参数化控制示意图

3.1.2 预制 T 梁支点轮廓参数说明

T 梁支点轮廓族用于 T 梁整体长度上变化截面控制。T 梁支点轮廓族设置的参数主要包括：右倒角长、右倒角高、左倒角长、左倒角高、凸下高、左横坡、右横坡、左长（左半边 T 梁腹板）、右长（右半边 T 梁腹板）、左横坡角度、右横坡角度、左顶板厚、右顶板厚、腹板宽、梁高。BIM 模型中的参数分为类型参数和实例参数。预制 T 梁支架轮廓族的参数设计如图 3.3 所示。

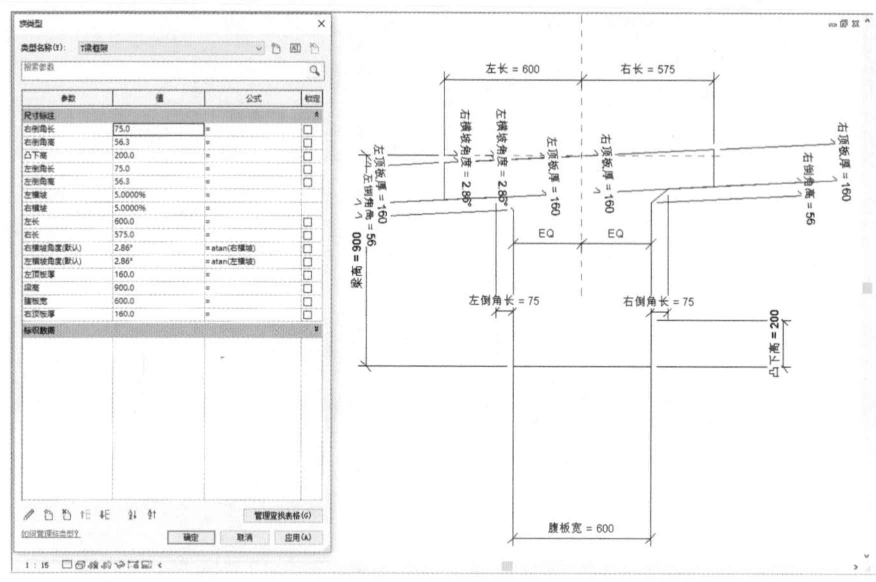

图 3.3 T 梁支点轮廓族 BIM 参数化设计示意图

各个参数的类型、单位说明及使用方法如表 3.2 所示。

表 3.2 T 梁框架轮廓族参数设计使用方法一览表

序号	参数名称	参数类型	参数单位说明	使用方法
1	右倒角长	类型参数	长度	输入数据
2	右倒角高	类型参数	长度	输入数据
3	左倒角长	类型参数	长度	输入数据
4	左倒角高	类型参数	长度	输入数据
5	凸下高	类型参数	长度	输入数据
6	左横坡	类型参数	比例（无单位）	输入数据

续表

序号	参数名称	参数类型	参数单位说明	使用方法
7	右横坡	类型参数	比例（无单位）	输入数据
8	左长	类型参数	长度	输入数据
9	右长	类型参数	长度	输入数据
10	左横坡角度	实例参数	角度	= arctan（左横坡）
11	右横坡角度	实例参数	角度	= arctan（右横坡）
12	左顶板厚	类型参数	长度	输入数据
13	右顶板厚	类型参数	长度	输入数据
14	腹板宽	类型参数	长度	输入数据
15	梁高	类型参数	长度	输入数据

T梁轮廓族通过参数化控制后，可以根据每个轮廓的实际尺寸得到对应的BIM三维模型，如图3.4所示。

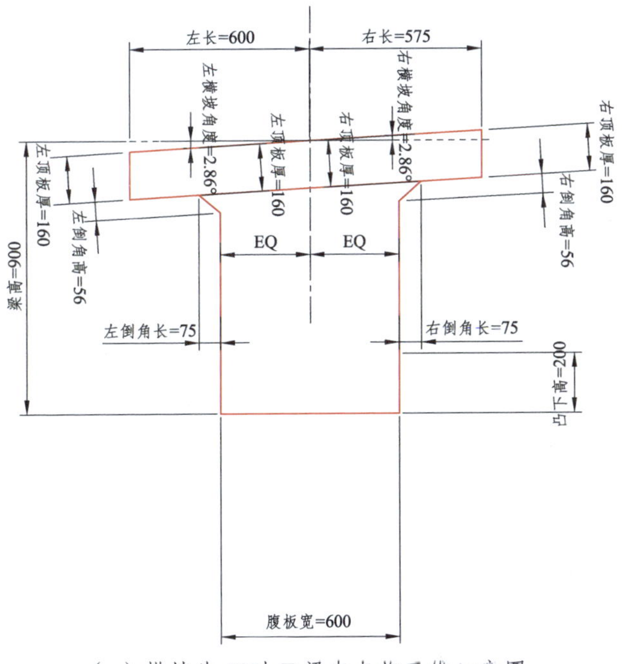

（a）横坡为5°时T梁支点族三维示意图

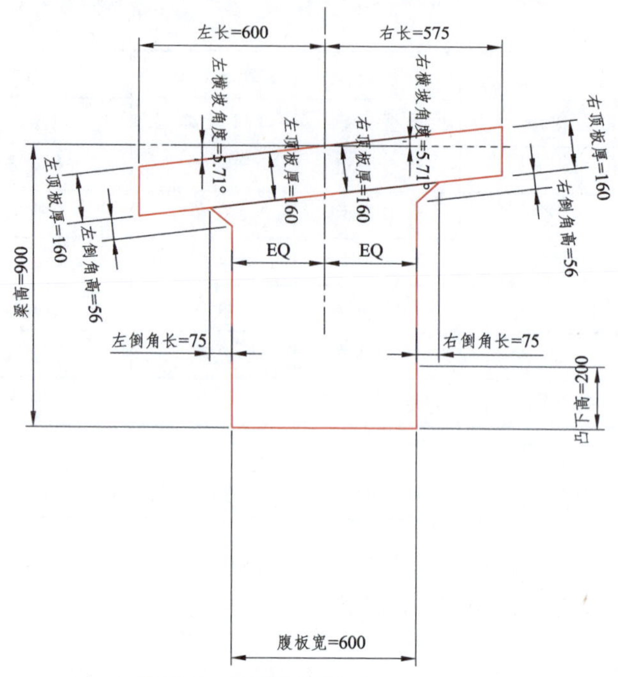

（b）横坡为 10°时 T 梁支点族三维示意图

图 3.4 T 梁支点轮廓族横坡变化前后对比示意图

3.1.3 预制 T 梁左右边梁参数说明

T 梁左右边梁的参数化设计原理相同。左右边梁参数化族利用 T 梁框架轮廓和 T 梁支点轮廓，通过 BIM 参数化建模的放样融合方法确定梁的长度以及断面轮廓最终完成参数化模型的建立。T 梁左右边梁的参数主要包括：前支点段梁长、前过渡段梁长、后支点段长、后支点加后过渡、后支点加后过渡加跨中加前过渡、后支点段梁长、前斜交右角、左长、右长、槽口长、槽口高、跨中段梁长、非连续端槽口加厚、非连续端端部长、顶板厚、支点倒角长（默认）、支点倒角高（默认）、支点腹板厚、跨中倒角长、跨中倒角高、跨中腹板厚、底板宽、支点腹板加厚段高、支点腹板加厚等厚段高、跨中腹板加厚段高、跨中腹板加厚等厚段高、梁高、左横坡、右横坡、后斜交右角、顶腹板倒角半径。预制 T 梁左右边梁族构件的参数设计如图 3.5 所示。

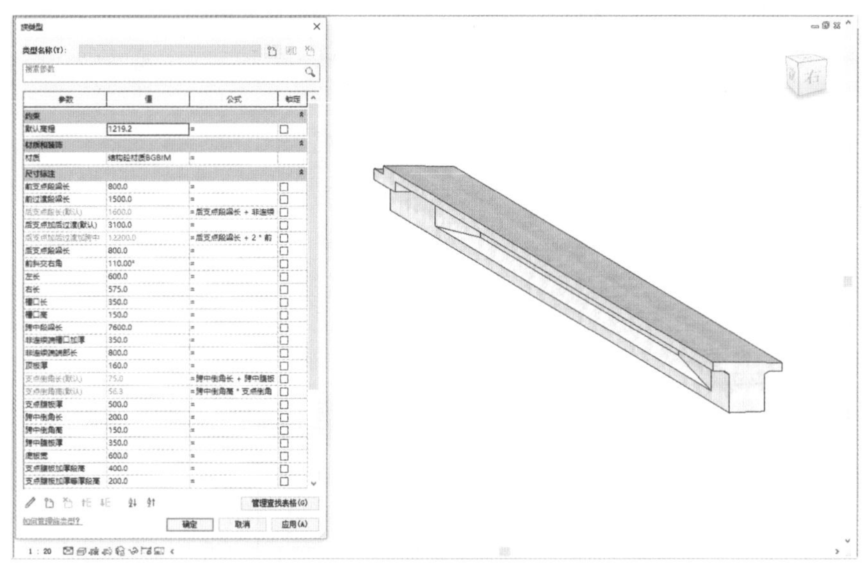

图 3.5 T 梁左右边梁 BIM 参数化设计示意图

各个参数的类型、单位说明及使用方法如表 3.3 所示。

表 3.3 T 梁左右边梁族参数设计使用方法一览表

序号	参数名称	参数类型	参数单位说明	使用方法
1	前支点段梁长	类型参数	长度	直接输入
2	前过渡段梁长	类型参数	长度	直接输入
3	后支点段长	实例参数	长度	=后支点段梁长+非连续端端部长
4	后支点加后过渡	实例参数	长度	直接输入
5	后支点加后过渡加跨中加前过渡	实例参数	长度	=后支点段梁长+2×前过渡段梁长+跨中段梁长+非连续端端部长
6	后支点段梁长	类型参数	长度	直接输入
7	前斜交右角	类型参数	角度	直接输入
8	左长	类型参数	长度	直接输入
9	右长	类型参数	长度	直接输入

续表

序号	参数名称	参数类型	参数单位说明	使用方法
10	槽口长	类型参数	长度	直接输入
11	槽口高	类型参数	长度	直接输入
12	跨中段梁长	类型参数	长度	直接输入
13	非连续端槽口加厚	类型参数	长度	直接输入
14	非连续端端部长	类型参数	长度	直接输入
15	顶板厚	类型参数	长度	直接输入
16	支点倒角长	实例参数	长度	=跨中倒角长+跨中腹板厚÷2−底板宽÷2
17	支点倒角高	实例参数	长度	=跨中倒角高×支点倒角长÷跨中倒角长
18	支点腹板厚	类型参数	长度	直接输入
19	跨中倒角长	类型参数	长度	直接输入
20	跨中倒角高	类型参数	长度	直接输入
21	跨中腹板厚	类型参数	长度	直接输入
22	底板宽	类型参数	长度	直接输入
23	支点腹板加厚段高	类型参数	长度	直接输入
24	支点腹板加厚等厚段高	类型参数	长度	直接输入
25	跨中腹板加厚段高	类型参数	长度	直接输入
26	跨中腹板加厚等厚段高	类型参数	长度	直接输入
27	梁高	类型参数	长度	直接输入
28	左横坡	类型参数	长度	直接输入
29	右横坡	类型参数	长度	直接输入
30	后斜交右角	类型参数	长度	直接输入
31	顶腹板倒角半径	类型参数	长度	直接输入

T 梁左右边梁参数化构件如图 3.6 所示。

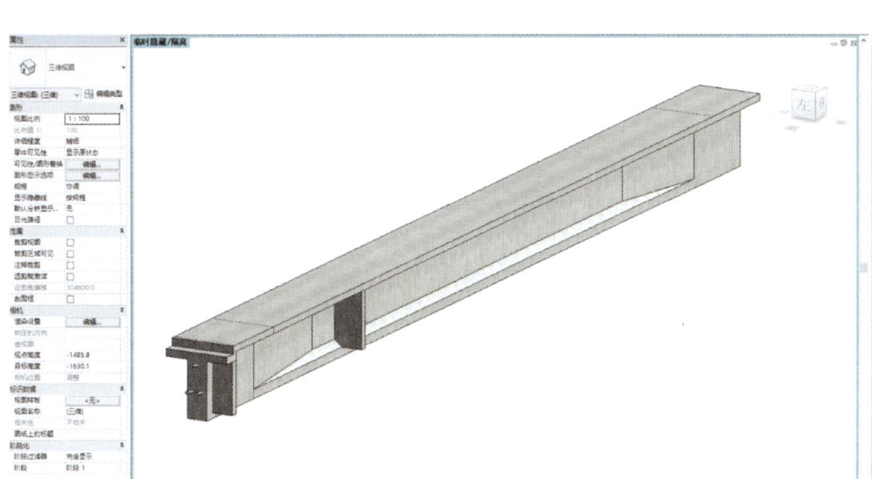

图 3.6 T 梁左右边梁参数化构件示意图

3.1.4 预制 T 梁中梁参数说明

T 梁中梁的参数化设计与左右边梁设计原理相同。中梁参数化族利用T 梁框架轮廓和 T 梁支点轮廓，通过 BIM 参数化建模的放样融合方法确定梁的长度以及断面轮廓最终完成参数化模型的建立。T 梁中梁的参数主要包括：顶板中半宽、梁高、梁长、连续端端部梁长、非连续端端部梁长、渐变段梁长、顶板厚、跨中顶板倒角长、跨中倒角处顶板厚、顶腹板倒角半径、马蹄高、马蹄倒角高、跨中腹板厚、端部腹板厚、端横梁梁端距与横梁宽之和、顶板左横坡、顶板右横坡、纵坡、后截面右角、前截面右角、伸缩缝槽口顺桥尺寸、伸缩缝槽口高、伸缩缝槽口处顶板厚、纵角度、跨中段梁长、前支点段梁长、前过渡段梁长、跨中腹板加厚段高、支点倒角高、支点倒角长、槽口加厚、顶板边半宽、后支点段梁长。预制 T 梁中梁族构件的参数设计如图 3.7 所示。

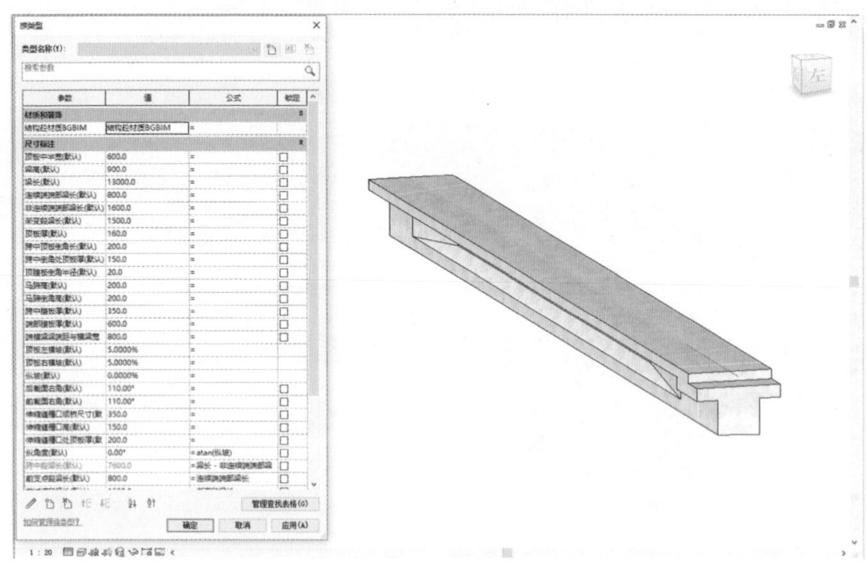

图 3.7 T梁中梁 BIM 参数化设计示意图

各个参数的类型、单位说明及使用方法如表 3.4 所示。

表 3.4 T梁左右边梁族参数设计使用方法一览表

序号	参数名称	参数类型	参数单位说明	使用方法
1	顶板中半宽	实例参数	长度	直接输入
2	梁高	实例参数	长度	直接输入
3	梁长	实例参数	长度	直接输入
4	连续端端部梁长	实例参数	长度	直接输入
5	非连续端端部梁长	实例参数	长度	直接输入
6	渐变段梁长	实例参数	长度	直接输入
7	顶板厚	实例参数	长度	直接输入
8	跨中顶板倒角长	实例参数	长度	直接输入
9	跨中倒角处顶板厚	实例参数	长度	直接输入
10	顶腹板倒角半径	实例参数	长度	直接输入
11	马蹄高	实例参数	长度	直接输入
12	马蹄倒角高	实例参数	长度	直接输入

续表

序号	参数名称	参数类型	参数单位说明	使用方法
13	跨中腹板厚	实例参数	长度	直接输入
14	端部腹板厚	实例参数	长度	直接输入
15	端横梁梁端距与横梁宽之和	实例参数	长度	直接输入
16	顶板左横坡	实例参数	坡度	直接输入
17	顶板右横坡	实例参数	坡度	直接输入
18	纵坡	实例参数	坡度	直接输入
19	后截面右角	实例参数	坡度	直接输入
20	前截面右角	实例参数	坡度	直接输入
21	伸缩缝槽口顺桥尺寸	实例参数	长度	直接输入
22	伸缩缝槽口高	实例参数	长度	直接输入
23	伸缩缝槽口处顶板厚	实例参数	长度	直接输入
24	纵角度	实例参数	坡度	= arctan（纵坡）
25	跨中段梁长	实例参数	长度	= 梁长 − 非连续端端部梁长 − 渐变段梁长 − 前过渡段梁长 − 前支点段梁长
26	前支点段梁长	实例参数	长度	= 连续端端部梁长
27	前过渡段梁长	实例参数	长度	= 渐变段梁长
28	跨中腹板加厚段高	实例参数	长度	= 马蹄高 + 马蹄倒角高
29	支点倒角高	实例参数	长度	= 跨中倒角处顶板厚
30	支点倒角长	实例参数	长度	= 跨中顶板倒角长
31	槽口加厚	实例参数	长度	= 伸缩缝槽口高 + 伸缩缝槽口处顶板厚
32	顶板边半宽	实例参数	长度	= 顶板中半宽
33	后支点段梁长	实例参数	长度	= 非连续端端部梁长 − 端横梁梁端距与横梁宽之和

T 梁中梁参数化构件如图 3.8 所示。

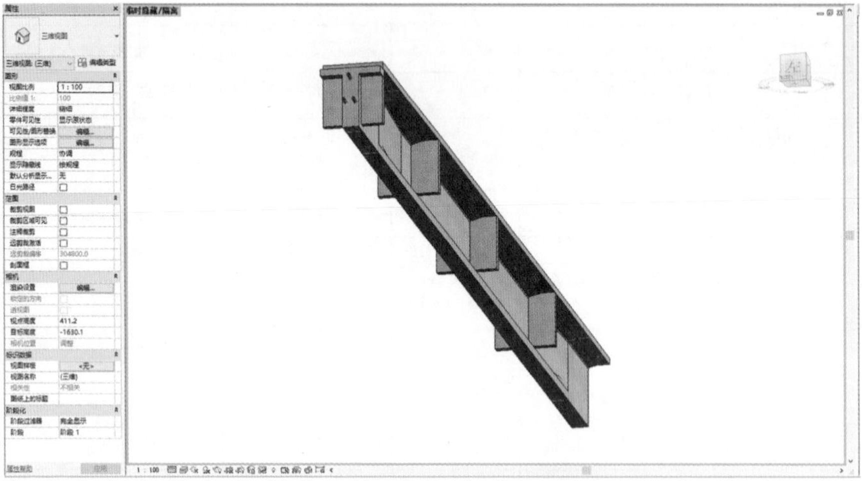

图 3.8 T 梁中梁参数化构件示意图

3.2 预制 T 梁图模比对

图模比对是对根据施工图设计图纸中每片梁的设计参数计算每一片梁的重要控制参数以及根据 BIM 参数化三维模型生成的每一片梁的三维模型进行比对。

4 预制 T 梁编码的规则及体系

4.1 预制 T 梁的生产特点分析

高原山地地区高速公路建设项目具有海拔高、桥隧比高的特点，装配式预制连续梁桥也是最常见的施工方法。通常情况下，高速公路的预制梁断面为 T 形，因此也称为预制 T 梁。预制 T 梁根据设计长度，可以分为 20 m、30 m 和 40 m 三种，预制 T 梁通常具有较强的设计通用性且每片 T 梁的设计参数又因公路的横坡和纵坡的变化而表现出不同。施工图设计通常会根据桥梁的结构形式将预制 T 梁的通用设计分为三种情况：两端简支、一端简支一端连续、两端连续。每种情况均给出带有参数化的 T 梁通用二维设计图纸。此外，为了符合 T 梁的受力特征和结构特点，在设计中会给出各个断面的 T 形轮廓设计图，且图中含有大量的设计参数。

预制 T 梁具有类型少、参数多、每片 T 梁形状类似但参数又有差别的特点。在实际施工过程中，由于 T 梁最终将装配在公路桥梁上，每片 T 梁的横坡和纵坡存在着差别，而实际设计图纸中采用了参数化设计手段，因此施工图设计中并没有给出每一片 T 梁的准确尺寸，因此给预制生产带来了不便。在实际生产过程中，预制 T 梁生产单位还需要根据设计图纸对每一片 T 梁进行预先计算以便在生产过程中及时调整 T 梁的长度、角度、横坡、纵坡等重要参数。

4.2 预制 T 梁编码体系及规则

结合预制 T 梁的设计特点和生产特点，本研究提出一种预制 T 梁的编码体系及规则,方便后期进行参数化建模以及智慧梁场管理系统编码使用。该编码体系需要考虑项目标段信息、合同信息、梁场编号信息、梁片位置信息。其中，梁片位置信息用于反映将来 T 梁预制生产后，该 T 梁将装配至项目的具体位置。因此梁片位置信息又可以细化为：桥梁编号、桥梁左右幅、桥梁跨度编号以及每跨中 T 梁的编号信息。因此，预制 T 梁的编码体系及规则如下：

$$A + B + C + D + E + F + G$$

其中：

A——项目标段信息；

B——合同信息；

C——梁场编号信息；

D——梁片所在桥梁编号信息；

E——梁片所在桥梁左右幅信息；

F——梁片所在桥梁跨度编号信息；

G——梁片所在跨中位置信息。

4.2.1 A——项目标段信息

根据公路工程分段设计、分段施工的特点，通常情况下，施工图设计都会根据项目标段进行设计。以本研究对象为例，施工图设计名称为“昆明（岷山）至楚雄（广通）高速公路扩建工程 SJ-2 标 4 合同”。因梁场管理主要针对一个标段，因此在制定编码体系时可省略项目名称［昆明（岷山）至楚雄（广通）高速公路扩建工程］，而直接以标段名称进行编码。

项目标段信息编码体系为 4 位，在本例中，项目标段编码为：SJ02。

4.2.2 B——合同信息

合同信息根据施工图设计名称，直接采用名称中的合同信息。考虑到一个标段的分包数量，合同信息编码为 2 位，在本例中，合同信息编码为：04。

4.2.3 C——梁场编号信息

通常在一个标段合同范围内，梁场的数量可能只有一个，也可能有多个。因此，为了方便区分不同的梁场，我们从项目起点至终点，所有的梁场按照编号从小至大进行编码，梁场的编码为 2 位。例如本次研究对象中仅有 1 座预制梁场，因此，梁场编码为：01。

4.2.4 D——梁片所在桥梁编号信息

为了能够在智慧梁场管理系统中实现预制 T 梁与未来装配施工所在真实位置的定位跟踪，我们按照项目从起点至终点中所有的桥梁按从小到大的顺序编号。例如，本次研究对象起点为 K63 + 800.015，终点为 K73 + 000.000，从起点至终点依次经过庄田大桥、和平隧道、桃园 1 号大桥、桃园 2 号大桥、横山村 1 号大桥、横山村 2 号大桥、横山村 3 号大桥、大坪地隧道。考虑到公路工程中的项目特点，桥梁编号为 2 位。在本例中，从起点至终点各个桥梁的编码如表 4.1 所示。

表 4.1　梁片所在桥梁编号信息

序号	桥梁名称	编码信息
1	庄田大桥	01
2	桃园 1 号大桥	02
3	桃园 2 号大桥	03
4	横山村 1 号大桥	04
5	横山村 2 号大桥	05
6	横山村 3 号大桥	06

4.2.5　E——梁片所在桥梁左右幅信息

通常情况下，公路桥梁设计时均包括桥梁左幅及桥梁右幅。为了避免混乱，在编码系统中，桥梁的左右幅区分规则为：站在起点，面对终点方向，左手边为左幅，右手边为右幅。左幅用字母 L（Left，左侧）表示，右幅用字母 R（Right，右侧）表示。

4.2.6　F——梁片所在桥梁跨度编号信息

为了避免混乱，在编码系统中，桥梁跨度编号规则为：从起点至终点，按跨数编码，编码为 2 位。01 表示第一跨，02 表示第二跨，以此类推。

4.2.7　G——梁片所在跨中位置信息

为了避免混乱，在编码体系中，梁片在跨中位置信息的编码规则为：按照桥梁从起点至终点，面向终点的方向，从左至右进行编码。在本例中，桥梁每跨为 7 片 T 梁并列放置，因此，从左至右 T 梁的编码应该为：01、02、03、04、05、06、07。梁片所在跨中位置信息如图 4.1 所示：

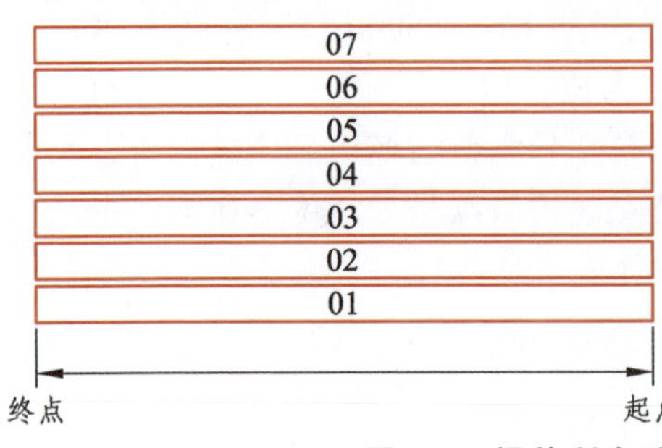

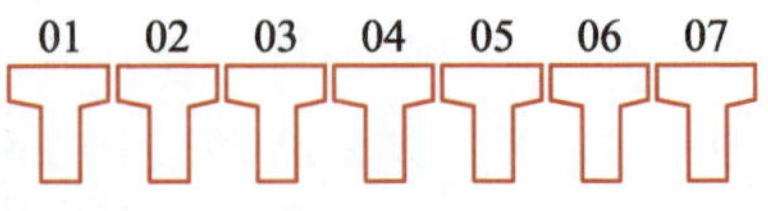

图 4.1 梁片所在跨中位置信息编码

综上所述，预制 T 梁的生产编码为 15 位，即：

A——项目标段信息：4 位编码；

B——合同信息：2 位编码；

C——梁场编号信息：2 位编码；

D——梁片所在桥梁编号信息：2 位编码；

E——梁片所在桥梁左右幅信息：1 位编码；

F——梁片所在桥梁跨度编号信息：2 位编码；

G——梁片所在跨中位置信息：2 位编码。

例如 SJ02040101R0101 表示 SJ02 标段，04 合同，第 1 座梁场，第 1 座桥梁，右幅，第 1 跨，左边第 1 片梁。

根据该编码规则，SJ-2 标段 4 合同预制 T 梁生产编码信息一览如表 4.2 所示。

表 4.2 SJ-2 标段 4 合同预制 T 梁生产编码信息一览表

序号	桥梁	梁片编号	梁片名称	标段	梁场
1	庄田大桥	SJ02040101R0101	左边梁	SJ-2 标段 4 合同	1 号梁场
2	庄田大桥	SJ02040101R0102	中梁	SJ-2 标段 4 合同	1 号梁场
3	庄田大桥	SJ02040101R0103	中梁	SJ-2 标段 4 合同	1 号梁场
4	庄田大桥	SJ02040101R0104	中梁	SJ-2 标段 4 合同	1 号梁场
5	庄田大桥	SJ02040101R0105	中梁	SJ-2 标段 4 合同	1 号梁场
6	庄田大桥	SJ02040101R0106	中梁	SJ-2 标段 4 合同	1 号梁场
7	庄田大桥	SJ02040101R0107	右边梁	SJ-2 标段 4 合同	1 号梁场
8	庄田大桥	SJ02040101R0201	左边梁	SJ-2 标段 4 合同	1 号梁场

续表

序号	桥梁	梁片编号	梁片名称	标段	梁场
9	庄田大桥	SJ02040101R0202	中梁	SJ-2 标段 4 合同	1 号梁场
10	庄田大桥	SJ02040101R0203	中梁	SJ-2 标段 4 合同	1 号梁场
11	庄田大桥	SJ02040101R0204	中梁	SJ-2 标段 4 合同	1 号梁场
12	庄田大桥	SJ02040101R0205	中梁	SJ-2 标段 4 合同	1 号梁场
13	庄田大桥	SJ02040101R0206	中梁	SJ-2 标段 4 合同	1 号梁场
14	庄田大桥	SJ02040101R0207	右边梁	SJ-2 标段 4 合同	1 号梁场
15	庄田大桥	SJ02040101R0301	左边梁	SJ-2 标段 4 合同	1 号梁场
16	庄田大桥	SJ02040101R0302	中梁	SJ-2 标段 4 合同	1 号梁场
17	庄田大桥	SJ02040101R0303	中梁	SJ-2 标段 4 合同	1 号梁场
18	庄田大桥	SJ02040101R0304	中梁	SJ-2 标段 4 合同	1 号梁场
19	庄田大桥	SJ02040101R0305	中梁	SJ-2 标段 4 合同	1 号梁场
20	庄田大桥	SJ02040101R0306	中梁	SJ-2 标段 4 合同	1 号梁场
21	庄田大桥	SJ02040101R0307	右边梁	SJ-2 标段 4 合同	1 号梁场
22	庄田大桥	SJ02040101R0401	左边梁	SJ-2 标段 4 合同	1 号梁场
23	庄田大桥	SJ02040101R0402	中梁	SJ-2 标段 4 合同	1 号梁场
24	庄田大桥	SJ02040101R0403	中梁	SJ-2 标段 4 合同	1 号梁场
25	庄田大桥	SJ02040101R0404	中梁	SJ-2 标段 4 合同	1 号梁场
26	庄田大桥	SJ02040101R0405	中梁	SJ-2 标段 4 合同	1 号梁场
27	庄田大桥	SJ02040101R0406	中梁	SJ-2 标段 4 合同	1 号梁场
28	庄田大桥	SJ02040101R0407	右边梁	SJ-2 标段 4 合同	1 号梁场
29	庄田大桥	SJ02040101R0501	左边梁	SJ-2 标段 4 合同	1 号梁场
30	庄田大桥	SJ02040101R0502	中梁	SJ-2 标段 4 合同	1 号梁场
31	庄田大桥	SJ02040101R0503	中梁	SJ-2 标段 4 合同	1 号梁场
32	庄田大桥	SJ02040101R0504	中梁	SJ-2 标段 4 合同	1 号梁场
33	庄田大桥	SJ02040101R0505	中梁	SJ-2 标段 4 合同	1 号梁场

续表

序号	桥梁	梁片编号	梁片名称	标段	梁场
34	庄田大桥	SJ02040101R0506	中梁	SJ-2 标段 4 合同	1 号梁场
35	庄田大桥	SJ02040101R0507	右边梁	SJ-2 标段 4 合同	1 号梁场
36	庄田大桥	SJ02040101R0601	左边梁	SJ-2 标段 4 合同	1 号梁场
37	庄田大桥	SJ02040101R0602	中梁	SJ-2 标段 4 合同	1 号梁场
38	庄田大桥	SJ02040101R0603	中梁	SJ-2 标段 4 合同	1 号梁场
39	庄田大桥	SJ02040101R0604	中梁	SJ-2 标段 4 合同	1 号梁场
40	庄田大桥	SJ02040101R0605	中梁	SJ-2 标段 4 合同	1 号梁场
41	庄田大桥	SJ02040101R0606	中梁	SJ-2 标段 4 合同	1 号梁场
42	庄田大桥	SJ02040101R0607	右边梁	SJ-2 标段 4 合同	1 号梁场
43	庄田大桥	SJ02040101R0701	左边梁	SJ-2 标段 4 合同	1 号梁场
44	庄田大桥	SJ02040101R0702	中梁	SJ-2 标段 4 合同	1 号梁场
45	庄田大桥	SJ02040101R0703	中梁	SJ-2 标段 4 合同	1 号梁场
46	庄田大桥	SJ02040101R0704	中梁	SJ-2 标段 4 合同	1 号梁场
47	庄田大桥	SJ02040101R0705	中梁	SJ-2 标段 4 合同	1 号梁场
48	庄田大桥	SJ02040101R0706	中梁	SJ-2 标段 4 合同	1 号梁场
49	庄田大桥	SJ02040101R0707	右边梁	SJ-2 标段 4 合同	1 号梁场
50	庄田大桥	SJ02040101R0801	左边梁	SJ-2 标段 4 合同	1 号梁场
51	庄田大桥	SJ02040101R0802	中梁	SJ-2 标段 4 合同	1 号梁场
52	庄田大桥	SJ02040101R0803	中梁	SJ-2 标段 4 合同	1 号梁场
53	庄田大桥	SJ02040101R0804	中梁	SJ-2 标段 4 合同	1 号梁场
54	庄田大桥	SJ02040101R0805	中梁	SJ-2 标段 4 合同	1 号梁场
55	庄田大桥	SJ02040101R0806	中梁	SJ-2 标段 4 合同	1 号梁场
56	庄田大桥	SJ02040101R0807	右边梁	SJ-2 标段 4 合同	1 号梁场
57	庄田大桥	SJ02040101R0901	左边梁	SJ-2 标段 4 合同	1 号梁场
58	庄田大桥	SJ02040101R0902	中梁	SJ-2 标段 4 合同	1 号梁场

续表

序号	桥梁	梁片编号	梁片名称	标段	梁场
59	庄田大桥	SJ02040101R0903	中梁	SJ-2 标段 4 合同	1 号梁场
60	庄田大桥	SJ02040101R0904	中梁	SJ-2 标段 4 合同	1 号梁场
61	庄田大桥	SJ02040101R0905	中梁	SJ-2 标段 4 合同	1 号梁场
62	庄田大桥	SJ02040101R0906	中梁	SJ-2 标段 4 合同	1 号梁场
63	庄田大桥	SJ02040101R0907	右边梁	SJ-2 标段 4 合同	1 号梁场
64	庄田大桥	SJ02040101R1001	左边梁	SJ-2 标段 4 合同	1 号梁场
65	庄田大桥	SJ02040101R1002	中梁	SJ-2 标段 4 合同	1 号梁场
66	庄田大桥	SJ02040101R1003	中梁	SJ-2 标段 4 合同	1 号梁场
67	庄田大桥	SJ02040101R1004	中梁	SJ-2 标段 4 合同	1 号梁场
68	庄田大桥	SJ02040101R1005	中梁	SJ-2 标段 4 合同	1 号梁场
69	庄田大桥	SJ02040101R1006	中梁	SJ-2 标段 4 合同	1 号梁场
70	庄田大桥	SJ02040101R1007	右边梁	SJ-2 标段 4 合同	1 号梁场
71	庄田大桥	SJ02040101L0101	左边梁	SJ-2 标段 4 合同	1 号梁场
72	庄田大桥	SJ02040101L0102	中梁	SJ-2 标段 4 合同	1 号梁场
73	庄田大桥	SJ02040101L0103	中梁	SJ-2 标段 4 合同	1 号梁场
74	庄田大桥	SJ02040101L0104	中梁	SJ-2 标段 4 合同	1 号梁场
75	庄田大桥	SJ02040101L0105	中梁	SJ-2 标段 4 合同	1 号梁场
76	庄田大桥	SJ02040101L0106	中梁	SJ-2 标段 4 合同	1 号梁场
77	庄田大桥	SJ02040101L0107	右边梁	SJ-2 标段 4 合同	1 号梁场
78	庄田大桥	SJ02040101L0201	左边梁	SJ-2 标段 4 合同	1 号梁场
79	庄田大桥	SJ02040101L0202	中梁	SJ-2 标段 4 合同	1 号梁场
80	庄田大桥	SJ02040101L0203	中梁	SJ-2 标段 4 合同	1 号梁场
81	庄田大桥	SJ02040101L0204	中梁	SJ-2 标段 4 合同	1 号梁场
82	庄田大桥	SJ02040101L0205	中梁	SJ-2 标段 4 合同	1 号梁场
83	庄田大桥	SJ02040101L0206	中梁	SJ-2 标段 4 合同	1 号梁场

续表

序号	桥梁	梁片编号	梁片名称	标段	梁场
84	庄田大桥	SJ02040101L0207	右边梁	SJ-2 标段 4 合同	1 号梁场
85	庄田大桥	SJ02040101L0301	左边梁	SJ-2 标段 4 合同	1 号梁场
86	庄田大桥	SJ02040101L0302	中梁	SJ-2 标段 4 合同	1 号梁场
87	庄田大桥	SJ02040101L0303	中梁	SJ-2 标段 4 合同	1 号梁场
88	庄田大桥	SJ02040101L0304	中梁	SJ-2 标段 4 合同	1 号梁场
89	庄田大桥	SJ02040101L0305	中梁	SJ-2 标段 4 合同	1 号梁场
90	庄田大桥	SJ02040101L0306	中梁	SJ-2 标段 4 合同	1 号梁场
91	庄田大桥	SJ02040101L0307	右边梁	SJ-2 标段 4 合同	1 号梁场
92	庄田大桥	SJ02040101L0401	左边梁	SJ-2 标段 4 合同	1 号梁场
93	庄田大桥	SJ02040101L0402	中梁	SJ-2 标段 4 合同	1 号梁场
94	庄田大桥	SJ02040101L0403	中梁	SJ-2 标段 4 合同	1 号梁场
95	庄田大桥	SJ02040101L0404	中梁	SJ-2 标段 4 合同	1 号梁场
96	庄田大桥	SJ02040101L0405	中梁	SJ-2 标段 4 合同	1 号梁场
97	庄田大桥	SJ02040101L0406	中梁	SJ-2 标段 4 合同	1 号梁场
98	庄田大桥	SJ02040101L0407	右边梁	SJ-2 标段 4 合同	1 号梁场
99	庄田大桥	SJ02040101L0501	左边梁	SJ-2 标段 4 合同	1 号梁场
100	庄田大桥	SJ02040101L0502	中梁	SJ-2 标段 4 合同	1 号梁场
101	庄田大桥	SJ02040101L0503	中梁	SJ-2 标段 4 合同	1 号梁场
102	庄田大桥	SJ02040101L0504	中梁	SJ-2 标段 4 合同	1 号梁场
103	庄田大桥	SJ02040101L0505	中梁	SJ-2 标段 4 合同	1 号梁场
104	庄田大桥	SJ02040101L0506	中梁	SJ-2 标段 4 合同	1 号梁场
105	庄田大桥	SJ02040101L0507	右边梁	SJ-2 标段 4 合同	1 号梁场
106	庄田大桥	SJ02040101L0601	左边梁	SJ-2 标段 4 合同	1 号梁场
107	庄田大桥	SJ02040101L0602	中梁	SJ-2 标段 4 合同	1 号梁场
108	庄田大桥	SJ02040101L0603	中梁	SJ-2 标段 4 合同	1 号梁场

续表

序号	桥梁	梁片编号	梁片名称	标段	梁场
109	庄田大桥	SJ02040101L0604	中梁	SJ-2标段4合同	1号梁场
110	庄田大桥	SJ02040101L0605	中梁	SJ-2标段4合同	1号梁场
111	庄田大桥	SJ02040101L0606	中梁	SJ-2标段4合同	1号梁场
112	庄田大桥	SJ02040101L0607	右边梁	SJ-2标段4合同	1号梁场
113	庄田大桥	SJ02040101L0701	左边梁	SJ-2标段4合同	1号梁场
114	庄田大桥	SJ02040101L0702	中梁	SJ-2标段4合同	1号梁场
115	庄田大桥	SJ02040101L0703	中梁	SJ-2标段4合同	1号梁场
116	庄田大桥	SJ02040101L0704	中梁	SJ-2标段4合同	1号梁场
117	庄田大桥	SJ02040101L0705	中梁	SJ-2标段4合同	1号梁场
118	庄田大桥	SJ02040101L0706	中梁	SJ-2标段4合同	1号梁场
119	庄田大桥	SJ02040101L0707	右边梁	SJ-2标段4合同	1号梁场
120	庄田大桥	SJ02040101L0801	左边梁	SJ-2标段4合同	1号梁场
121	庄田大桥	SJ02040101L0802	中梁	SJ-2标段4合同	1号梁场
122	庄田大桥	SJ02040101L0803	中梁	SJ-2标段4合同	1号梁场
123	庄田大桥	SJ02040101L0804	中梁	SJ-2标段4合同	1号梁场
124	庄田大桥	SJ02040101L0805	中梁	SJ-2标段4合同	1号梁场
125	庄田大桥	SJ02040101L0806	中梁	SJ-2标段4合同	1号梁场
126	庄田大桥	SJ02040101L0807	右边梁	SJ-2标段4合同	1号梁场
127	庄田大桥	SJ02040101L0901	左边梁	SJ-2标段4合同	1号梁场
128	庄田大桥	SJ02040101L0902	中梁	SJ-2标段4合同	1号梁场
129	庄田大桥	SJ02040101L0903	中梁	SJ-2标段4合同	1号梁场
130	庄田大桥	SJ02040101L0904	中梁	SJ-2标段4合同	1号梁场
131	庄田大桥	SJ02040101L0905	中梁	SJ-2标段4合同	1号梁场
132	庄田大桥	SJ02040101L0906	中梁	SJ-2标段4合同	1号梁场
133	庄田大桥	SJ02040101L0907	右边梁	SJ-2标段4合同	1号梁场

续表

序号	桥梁	梁片编号	梁片名称	标段	梁场
134	庄田大桥	SJ02040101L1001	左边梁	SJ-2 标段 4 合同	1 号梁场
135	庄田大桥	SJ02040101L1002	中梁	SJ-2 标段 4 合同	1 号梁场
136	庄田大桥	SJ02040101L1003	中梁	SJ-2 标段 4 合同	1 号梁场
137	庄田大桥	SJ02040101L1004	中梁	SJ-2 标段 4 合同	1 号梁场
138	庄田大桥	SJ02040101L1005	中梁	SJ-2 标段 4 合同	1 号梁场
139	庄田大桥	SJ02040101L1006	中梁	SJ-2 标段 4 合同	1 号梁场
140	庄田大桥	SJ02040101L1007	右边梁	SJ-2 标段 4 合同	1 号梁场
141	桃园 1 号大桥	SJ02040102R0101	左边梁	SJ-2 标段 4 合同	1 号梁场
142	桃园 1 号大桥	SJ02040102R0102	中梁	SJ-2 标段 4 合同	1 号梁场
143	桃园 1 号大桥	SJ02040102R0103	中梁	SJ-2 标段 4 合同	1 号梁场
144	桃园 1 号大桥	SJ02040102R0104	中梁	SJ-2 标段 4 合同	1 号梁场
145	桃园 1 号大桥	SJ02040102R0105	中梁	SJ-2 标段 4 合同	1 号梁场
146	桃园 1 号大桥	SJ02040102R0106	中梁	SJ-2 标段 4 合同	1 号梁场
147	桃园 1 号大桥	SJ02040102R0107	右边梁	SJ-2 标段 4 合同	1 号梁场
148	桃园 1 号大桥	SJ02040102R0201	左边梁	SJ-2 标段 4 合同	1 号梁场
149	桃园 1 号大桥	SJ02040102R0202	中梁	SJ-2 标段 4 合同	1 号梁场
150	桃园 1 号大桥	SJ02040102R0203	中梁	SJ-2 标段 4 合同	1 号梁场
151	桃园 1 号大桥	SJ02040102R0204	中梁	SJ-2 标段 4 合同	1 号梁场
152	桃园 1 号大桥	SJ02040102R0205	中梁	SJ-2 标段 4 合同	1 号梁场
153	桃园 1 号大桥	SJ02040102R0206	中梁	SJ-2 标段 4 合同	1 号梁场
154	桃园 1 号大桥	SJ02040102R0207	右边梁	SJ-2 标段 4 合同	1 号梁场
155	桃园 1 号大桥	SJ02040102R0301	左边梁	SJ-2 标段 4 合同	1 号梁场
156	桃园 1 号大桥	SJ02040102R0302	中梁	SJ-2 标段 4 合同	1 号梁场
157	桃园 1 号大桥	SJ02040102R0303	中梁	SJ-2 标段 4 合同	1 号梁场
158	桃园 1 号大桥	SJ02040102R0304	中梁	SJ-2 标段 4 合同	1 号梁场

续表

序号	桥梁	梁片编号	梁片名称	标段	梁场
159	桃园1号大桥	SJ02040102R0305	中梁	SJ-2标段4合同	1号梁场
160	桃园1号大桥	SJ02040102R0306	中梁	SJ-2标段4合同	1号梁场
161	桃园1号大桥	SJ02040102R0307	右边梁	SJ-2标段4合同	1号梁场
162	桃园1号大桥	SJ02040102R0401	左边梁	SJ-2标段4合同	1号梁场
163	桃园1号大桥	SJ02040102R0402	中梁	SJ-2标段4合同	1号梁场
164	桃园1号大桥	SJ02040102R0403	中梁	SJ-2标段4合同	1号梁场
165	桃园1号大桥	SJ02040102R0404	中梁	SJ-2标段4合同	1号梁场
166	桃园1号大桥	SJ02040102R0405	中梁	SJ-2标段4合同	1号梁场
167	桃园1号大桥	SJ02040102R0406	中梁	SJ-2标段4合同	1号梁场
168	桃园1号大桥	SJ02040102R0407	右边梁	SJ-2标段4合同	1号梁场
169	桃园1号大桥	SJ02040102R0501	左边梁	SJ-2标段4合同	1号梁场
170	桃园1号大桥	SJ02040102R0502	中梁	SJ-2标段4合同	1号梁场
171	桃园1号大桥	SJ02040102R0503	中梁	SJ-2标段4合同	1号梁场
172	桃园1号大桥	SJ02040102R0504	中梁	SJ-2标段4合同	1号梁场
173	桃园1号大桥	SJ02040102R0505	中梁	SJ-2标段4合同	1号梁场
174	桃园1号大桥	SJ02040102R0506	中梁	SJ-2标段4合同	1号梁场
175	桃园1号大桥	SJ02040102R0507	右边梁	SJ-2标段4合同	1号梁场
176	桃园1号大桥	SJ02040102R0601	左边梁	SJ-2标段4合同	1号梁场
177	桃园1号大桥	SJ02040102R0602	中梁	SJ-2标段4合同	1号梁场
178	桃园1号大桥	SJ02040102R0603	中梁	SJ-2标段4合同	1号梁场
179	桃园1号大桥	SJ02040102R0604	中梁	SJ-2标段4合同	1号梁场
180	桃园1号大桥	SJ02040102R0605	中梁	SJ-2标段4合同	1号梁场
181	桃园1号大桥	SJ02040102R0606	中梁	SJ-2标段4合同	1号梁场
182	桃园1号大桥	SJ02040102R0607	右边梁	SJ-2标段4合同	1号梁场
183	桃园1号大桥	SJ02040102R0701	左边梁	SJ-2标段4合同	1号梁场

续表

序号	桥梁	梁片编号	梁片名称	标段	梁场
184	桃园1号大桥	SJ02040102R0702	中梁	SJ-2标段4合同	1号梁场
185	桃园1号大桥	SJ02040102R0703	中梁	SJ-2标段4合同	1号梁场
186	桃园1号大桥	SJ02040102R0704	中梁	SJ-2标段4合同	1号梁场
187	桃园1号大桥	SJ02040102R0705	中梁	SJ-2标段4合同	1号梁场
188	桃园1号大桥	SJ02040102R0706	中梁	SJ-2标段4合同	1号梁场
189	桃园1号大桥	SJ02040102R0707	右边梁	SJ-2标段4合同	1号梁场
190	桃园1号大桥	SJ02040102R0801	左边梁	SJ-2标段4合同	1号梁场
191	桃园1号大桥	SJ02040102R0802	中梁	SJ-2标段4合同	1号梁场
192	桃园1号大桥	SJ02040102R0803	中梁	SJ-2标段4合同	1号梁场
193	桃园1号大桥	SJ02040102R0804	中梁	SJ-2标段4合同	1号梁场
194	桃园1号大桥	SJ02040102R0805	中梁	SJ-2标段4合同	1号梁场
195	桃园1号大桥	SJ02040102R0806	中梁	SJ-2标段4合同	1号梁场
196	桃园1号大桥	SJ02040102R0807	右边梁	SJ-2标段4合同	1号梁场
197	桃园1号大桥	SJ02040102R0901	左边梁	SJ-2标段4合同	1号梁场
198	桃园1号大桥	SJ02040102R0902	中梁	SJ-2标段4合同	1号梁场
199	桃园1号大桥	SJ02040102R0903	中梁	SJ-2标段4合同	1号梁场
200	桃园1号大桥	SJ02040102R0904	中梁	SJ-2标段4合同	1号梁场
201	桃园1号大桥	SJ02040102R0905	中梁	SJ-2标段4合同	1号梁场
202	桃园1号大桥	SJ02040102R0906	中梁	SJ-2标段4合同	1号梁场
203	桃园1号大桥	SJ02040102R0907	右边梁	SJ-2标段4合同	1号梁场
204	桃园1号大桥	SJ02040102R1001	左边梁	SJ-2标段4合同	1号梁场
205	桃园1号大桥	SJ02040102R1002	中梁	SJ-2标段4合同	1号梁场
206	桃园1号大桥	SJ02040102R1003	中梁	SJ-2标段4合同	1号梁场
207	桃园1号大桥	SJ02040102R1004	中梁	SJ-2标段4合同	1号梁场
208	桃园1号大桥	SJ02040102R1005	中梁	SJ-2标段4合同	1号梁场

续表

序号	桥梁	梁片编号	梁片名称	标段	梁场
209	桃园1号大桥	SJ02040102R1006	中梁	SJ-2标段4合同	1号梁场
210	桃园1号大桥	SJ02040102R1007	右边梁	SJ-2标段4合同	1号梁场
211	桃园1号大桥	SJ02040102R1101	左边梁	SJ-2标段4合同	1号梁场
212	桃园1号大桥	SJ02040102R1102	中梁	SJ-2标段4合同	1号梁场
213	桃园1号大桥	SJ02040102R1103	中梁	SJ-2标段4合同	1号梁场
214	桃园1号大桥	SJ02040102R1104	中梁	SJ-2标段4合同	1号梁场
215	桃园1号大桥	SJ02040102R1105	中梁	SJ-2标段4合同	1号梁场
216	桃园1号大桥	SJ02040102R1106	中梁	SJ-2标段4合同	1号梁场
217	桃园1号大桥	SJ02040102R1107	右边梁	SJ-2标段4合同	1号梁场
218	桃园1号大桥	SJ02040102R1201	左边梁	SJ-2标段4合同	1号梁场
219	桃园1号大桥	SJ02040102R1202	中梁	SJ-2标段4合同	1号梁场
220	桃园1号大桥	SJ02040102R1203	中梁	SJ-2标段4合同	1号梁场
221	桃园1号大桥	SJ02040102R1204	中梁	SJ-2标段4合同	1号梁场
222	桃园1号大桥	SJ02040102R1205	中梁	SJ-2标段4合同	1号梁场
223	桃园1号大桥	SJ02040102R1206	中梁	SJ-2标段4合同	1号梁场
224	桃园1号大桥	SJ02040102R1207	右边梁	SJ-2标段4合同	1号梁场
225	桃园1号大桥	SJ02040102R1301	左边梁	SJ-2标段4合同	1号梁场
226	桃园1号大桥	SJ02040102R1302	中梁	SJ-2标段4合同	1号梁场
227	桃园1号大桥	SJ02040102R1303	中梁	SJ-2标段4合同	1号梁场
228	桃园1号大桥	SJ02040102R1304	中梁	SJ-2标段4合同	1号梁场
229	桃园1号大桥	SJ02040102R1305	中梁	SJ-2标段4合同	1号梁场
230	桃园1号大桥	SJ02040102R1306	中梁	SJ-2标段4合同	1号梁场
231	桃园1号大桥	SJ02040102R1307	右边梁	SJ-2标段4合同	1号梁场
232	桃园1号大桥	SJ02040102R1401	左边梁	SJ-2标段4合同	1号梁场
233	桃园1号大桥	SJ02040102R1402	中梁	SJ-2标段4合同	1号梁场

续表

序号	桥梁	梁片编号	梁片名称	标段	梁场
234	桃园1号大桥	SJ02040102R1403	中梁	SJ-2标段4合同	1号梁场
235	桃园1号大桥	SJ02040102R1404	中梁	SJ-2标段4合同	1号梁场
236	桃园1号大桥	SJ02040102R1405	中梁	SJ-2标段4合同	1号梁场
237	桃园1号大桥	SJ02040102R1406	中梁	SJ-2标段4合同	1号梁场
238	桃园1号大桥	SJ02040102R1407	右边梁	SJ-2标段4合同	1号梁场
239	桃园1号大桥	SJ02040102R1501	左边梁	SJ-2标段4合同	1号梁场
240	桃园1号大桥	SJ02040102R1502	中梁	SJ-2标段4合同	1号梁场
241	桃园1号大桥	SJ02040102R1503	中梁	SJ-2标段4合同	1号梁场
242	桃园1号大桥	SJ02040102R1504	中梁	SJ-2标段4合同	1号梁场
243	桃园1号大桥	SJ02040102R1505	中梁	SJ-2标段4合同	1号梁场
244	桃园1号大桥	SJ02040102R1506	中梁	SJ-2标段4合同	1号梁场
245	桃园1号大桥	SJ02040102R1507	右边梁	SJ-2标段4合同	1号梁场
246	桃园1号大桥	SJ02040102R1601	左边梁	SJ-2标段4合同	1号梁场
247	桃园1号大桥	SJ02040102R1602	中梁	SJ-2标段4合同	1号梁场
248	桃园1号大桥	SJ02040102R1603	中梁	SJ-2标段4合同	1号梁场
249	桃园1号大桥	SJ02040102R1604	中梁	SJ-2标段4合同	1号梁场
250	桃园1号大桥	SJ02040102R1605	中梁	SJ-2标段4合同	1号梁场
251	桃园1号大桥	SJ02040102R1606	中梁	SJ-2标段4合同	1号梁场
252	桃园1号大桥	SJ02040102R1607	右边梁	SJ-2标段4合同	1号梁场
253	桃园1号大桥	SJ02040102R1701	左边梁	SJ-2标段4合同	1号梁场
254	桃园1号大桥	SJ02040102R1702	中梁	SJ-2标段4合同	1号梁场
255	桃园1号大桥	SJ02040102R1703	中梁	SJ-2标段4合同	1号梁场
256	桃园1号大桥	SJ02040102R1704	中梁	SJ-2标段4合同	1号梁场
257	桃园1号大桥	SJ02040102R1705	中梁	SJ-2标段4合同	1号梁场
258	桃园1号大桥	SJ02040102R1706	中梁	SJ-2标段4合同	1号梁场

续表

序号	桥梁	梁片编号	梁片名称	标段	梁场
259	桃园1号大桥	SJ02040102R1707	右边梁	SJ-2标段4合同	1号梁场
260	桃园1号大桥	SJ02040102R1801	左边梁	SJ-2标段4合同	1号梁场
261	桃园1号大桥	SJ02040102R1802	中梁	SJ-2标段4合同	1号梁场
262	桃园1号大桥	SJ02040102R1803	中梁	SJ-2标段4合同	1号梁场
263	桃园1号大桥	SJ02040102R1804	中梁	SJ-2标段4合同	1号梁场
264	桃园1号大桥	SJ02040102R1805	中梁	SJ-2标段4合同	1号梁场
265	桃园1号大桥	SJ02040102R1806	中梁	SJ-2标段4合同	1号梁场
266	桃园1号大桥	SJ02040102R1807	右边梁	SJ-2标段4合同	1号梁场
267	桃园1号大桥	SJ02040102R1901	左边梁	SJ-2标段4合同	1号梁场
268	桃园1号大桥	SJ02040102R1902	中梁	SJ-2标段4合同	1号梁场
269	桃园1号大桥	SJ02040102R1903	中梁	SJ-2标段4合同	1号梁场
270	桃园1号大桥	SJ02040102R1904	中梁	SJ-2标段4合同	1号梁场
271	桃园1号大桥	SJ02040102R1905	中梁	SJ-2标段4合同	1号梁场
272	桃园1号大桥	SJ02040102R1906	中梁	SJ-2标段4合同	1号梁场
273	桃园1号大桥	SJ02040102R1907	右边梁	SJ-2标段4合同	1号梁场
274	桃园1号大桥	SJ02040102R2001	左边梁	SJ-2标段4合同	1号梁场
275	桃园1号大桥	SJ02040102R2002	中梁	SJ-2标段4合同	1号梁场
276	桃园1号大桥	SJ02040102R2003	中梁	SJ-2标段4合同	1号梁场
277	桃园1号大桥	SJ02040102R2004	中梁	SJ-2标段4合同	1号梁场
278	桃园1号大桥	SJ02040102R2005	中梁	SJ-2标段4合同	1号梁场
279	桃园1号大桥	SJ02040102R2006	中梁	SJ-2标段4合同	1号梁场
280	桃园1号大桥	SJ02040102R2007	右边梁	SJ-2标段4合同	1号梁场
281	桃园1号大桥	SJ02040102R2101	左边梁	SJ-2标段4合同	1号梁场
282	桃园1号大桥	SJ02040102R2102	中梁	SJ-2标段4合同	1号梁场
283	桃园1号大桥	SJ02040102R2103	中梁	SJ-2标段4合同	1号梁场

续表

序号	桥梁	梁片编号	梁片名称	标段	梁场
284	桃园1号大桥	SJ02040102R2104	中梁	SJ-2标段4合同	1号梁场
285	桃园1号大桥	SJ02040102R2105	中梁	SJ-2标段4合同	1号梁场
286	桃园1号大桥	SJ02040102R2106	中梁	SJ-2标段4合同	1号梁场
287	桃园1号大桥	SJ02040102R2107	右边梁	SJ-2标段4合同	1号梁场
288	桃园1号大桥	SJ02040102R2201	左边梁	SJ-2标段4合同	1号梁场
289	桃园1号大桥	SJ02040102R2202	中梁	SJ-2标段4合同	1号梁场
290	桃园1号大桥	SJ02040102R2203	中梁	SJ-2标段4合同	1号梁场
291	桃园1号大桥	SJ02040102R2204	中梁	SJ-2标段4合同	1号梁场
292	桃园1号大桥	SJ02040102R2205	中梁	SJ-2标段4合同	1号梁场
293	桃园1号大桥	SJ02040102R2206	中梁	SJ-2标段4合同	1号梁场
294	桃园1号大桥	SJ02040102R2207	右边梁	SJ-2标段4合同	1号梁场
295	桃园1号大桥	SJ02040102R2301	左边梁	SJ-2标段4合同	1号梁场
296	桃园1号大桥	SJ02040102R2302	中梁	SJ-2标段4合同	1号梁场
297	桃园1号大桥	SJ02040102R2303	中梁	SJ-2标段4合同	1号梁场
298	桃园1号大桥	SJ02040102R2304	中梁	SJ-2标段4合同	1号梁场
299	桃园1号大桥	SJ02040102R2305	中梁	SJ-2标段4合同	1号梁场
300	桃园1号大桥	SJ02040102R2306	中梁	SJ-2标段4合同	1号梁场
301	桃园1号大桥	SJ02040102R2307	右边梁	SJ-2标段4合同	1号梁场
302	桃园1号大桥	SJ02040102R2401	左边梁	SJ-2标段4合同	1号梁场
303	桃园1号大桥	SJ02040102R2402	中梁	SJ-2标段4合同	1号梁场
304	桃园1号大桥	SJ02040102R2403	中梁	SJ-2标段4合同	1号梁场
305	桃园1号大桥	SJ02040102R2404	中梁	SJ-2标段4合同	1号梁场
306	桃园1号大桥	SJ02040102R2405	中梁	SJ-2标段4合同	1号梁场
307	桃园1号大桥	SJ02040102R2406	中梁	SJ-2标段4合同	1号梁场
308	桃园1号大桥	SJ02040102R2407	右边梁	SJ-2标段4合同	1号梁场

续表

序号	桥梁	梁片编号	梁片名称	标段	梁场
309	桃园1号大桥	SJ02040102R2501	左边梁	SJ-2标段4合同	1号梁场
310	桃园1号大桥	SJ02040102R2502	中梁	SJ-2标段4合同	1号梁场
311	桃园1号大桥	SJ02040102R2503	中梁	SJ-2标段4合同	1号梁场
312	桃园1号大桥	SJ02040102R2504	中梁	SJ-2标段4合同	1号梁场
313	桃园1号大桥	SJ02040102R2505	中梁	SJ-2标段4合同	1号梁场
314	桃园1号大桥	SJ02040102R2506	中梁	SJ-2标段4合同	1号梁场
315	桃园1号大桥	SJ02040102R2507	右边梁	SJ-2标段4合同	1号梁场
316	桃园1号大桥	SJ02040102R2601	左边梁	SJ-2标段4合同	1号梁场
317	桃园1号大桥	SJ02040102R2602	中梁	SJ-2标段4合同	1号梁场
318	桃园1号大桥	SJ02040102R2603	中梁	SJ-2标段4合同	1号梁场
319	桃园1号大桥	SJ02040102R2604	中梁	SJ-2标段4合同	1号梁场
320	桃园1号大桥	SJ02040102R2605	中梁	SJ-2标段4合同	1号梁场
321	桃园1号大桥	SJ02040102R2606	中梁	SJ-2标段4合同	1号梁场
322	桃园1号大桥	SJ02040102R2607	右边梁	SJ-2标段4合同	1号梁场
323	桃园1号大桥	SJ02040102R2701	左边梁	SJ-2标段4合同	1号梁场
324	桃园1号大桥	SJ02040102R2702	中梁	SJ-2标段4合同	1号梁场
325	桃园1号大桥	SJ02040102R2703	中梁	SJ-2标段4合同	1号梁场
326	桃园1号大桥	SJ02040102R2704	中梁	SJ-2标段4合同	1号梁场
327	桃园1号大桥	SJ02040102R2705	中梁	SJ-2标段4合同	1号梁场
328	桃园1号大桥	SJ02040102R2706	中梁	SJ-2标段4合同	1号梁场
329	桃园1号大桥	SJ02040102R2707	右边梁	SJ-2标段4合同	1号梁场
330	桃园1号大桥	SJ02040102R2801	左边梁	SJ-2标段4合同	1号梁场
331	桃园1号大桥	SJ02040102R2802	中梁	SJ-2标段4合同	1号梁场
332	桃园1号大桥	SJ02040102R2803	中梁	SJ-2标段4合同	1号梁场
333	桃园1号大桥	SJ02040102R2804	中梁	SJ-2标段4合同	1号梁场

续表

序号	桥梁	梁片编号	梁片名称	标段	梁场
334	桃园 1 号大桥	SJ02040102R2805	中梁	SJ-2 标段 4 合同	1 号梁场
335	桃园 1 号大桥	SJ02040102R2806	中梁	SJ-2 标段 4 合同	1 号梁场
336	桃园 1 号大桥	SJ02040102R2807	右边梁	SJ-2 标段 4 合同	1 号梁场
337	桃园 1 号大桥	SJ02040102R2901	左边梁	SJ-2 标段 4 合同	1 号梁场
338	桃园 1 号大桥	SJ02040102R2902	中梁	SJ-2 标段 4 合同	1 号梁场
339	桃园 1 号大桥	SJ02040102R2903	中梁	SJ-2 标段 4 合同	1 号梁场
340	桃园 1 号大桥	SJ02040102R2904	中梁	SJ-2 标段 4 合同	1 号梁场
341	桃园 1 号大桥	SJ02040102R2905	中梁	SJ-2 标段 4 合同	1 号梁场
342	桃园 1 号大桥	SJ02040102R2906	中梁	SJ-2 标段 4 合同	1 号梁场
343	桃园 1 号大桥	SJ02040102R2907	右边梁	SJ-2 标段 4 合同	1 号梁场
344	桃园 1 号大桥	SJ02040102L0101	左边梁	SJ-2 标段 4 合同	1 号梁场
345	桃园 1 号大桥	SJ02040102L0102	中梁	SJ-2 标段 4 合同	1 号梁场
346	桃园 1 号大桥	SJ02040102L0103	中梁	SJ-2 标段 4 合同	1 号梁场
347	桃园 1 号大桥	SJ02040102L0104	中梁	SJ-2 标段 4 合同	1 号梁场
348	桃园 1 号大桥	SJ02040102L0105	中梁	SJ-2 标段 4 合同	1 号梁场
349	桃园 1 号大桥	SJ02040102L0106	中梁	SJ-2 标段 4 合同	1 号梁场
350	桃园 1 号大桥	SJ02040102L0107	右边梁	SJ-2 标段 4 合同	1 号梁场
351	桃园 1 号大桥	SJ02040102L0201	左边梁	SJ-2 标段 4 合同	1 号梁场
352	桃园 1 号大桥	SJ02040102L0202	中梁	SJ-2 标段 4 合同	1 号梁场
353	桃园 1 号大桥	SJ02040102L0203	中梁	SJ-2 标段 4 合同	1 号梁场
354	桃园 1 号大桥	SJ02040102L0204	中梁	SJ-2 标段 4 合同	1 号梁场
355	桃园 1 号大桥	SJ02040102L0205	中梁	SJ-2 标段 4 合同	1 号梁场
356	桃园 1 号大桥	SJ02040102L0206	中梁	SJ-2 标段 4 合同	1 号梁场
357	桃园 1 号大桥	SJ02040102L0207	右边梁	SJ-2 标段 4 合同	1 号梁场
358	桃园 1 号大桥	SJ02040102L0301	左边梁	SJ-2 标段 4 合同	1 号梁场

续表

序号	桥梁	梁片编号	梁片名称	标段	梁场
359	桃园1号大桥	SJ02040102L0302	中梁	SJ-2标段4合同	1号梁场
360	桃园1号大桥	SJ02040102L0303	中梁	SJ-2标段4合同	1号梁场
361	桃园1号大桥	SJ02040102L0304	中梁	SJ-2标段4合同	1号梁场
362	桃园1号大桥	SJ02040102L0305	中梁	SJ-2标段4合同	1号梁场
363	桃园1号大桥	SJ02040102L0306	中梁	SJ-2标段4合同	1号梁场
364	桃园1号大桥	SJ02040102L0307	右边梁	SJ-2标段4合同	1号梁场
365	桃园1号大桥	SJ02040102L0401	左边梁	SJ-2标段4合同	1号梁场
366	桃园1号大桥	SJ02040102L0402	中梁	SJ-2标段4合同	1号梁场
367	桃园1号大桥	SJ02040102L0403	中梁	SJ-2标段4合同	1号梁场
368	桃园1号大桥	SJ02040102L0404	中梁	SJ-2标段4合同	1号梁场
369	桃园1号大桥	SJ02040102L0405	中梁	SJ-2标段4合同	1号梁场
370	桃园1号大桥	SJ02040102L0406	中梁	SJ-2标段4合同	1号梁场
371	桃园1号大桥	SJ02040102L0407	右边梁	SJ-2标段4合同	1号梁场
372	桃园1号大桥	SJ02040102L0501	左边梁	SJ-2标段4合同	1号梁场
373	桃园1号大桥	SJ02040102L0502	中梁	SJ-2标段4合同	1号梁场
374	桃园1号大桥	SJ02040102L0503	中梁	SJ-2标段4合同	1号梁场
375	桃园1号大桥	SJ02040102L0504	中梁	SJ-2标段4合同	1号梁场
376	桃园1号大桥	SJ02040102L0505	中梁	SJ-2标段4合同	1号梁场
377	桃园1号大桥	SJ02040102L0506	中梁	SJ-2标段4合同	1号梁场
378	桃园1号大桥	SJ02040102L0507	右边梁	SJ-2标段4合同	1号梁场
379	桃园1号大桥	SJ02040102L0601	左边梁	SJ-2标段4合同	1号梁场
380	桃园1号大桥	SJ02040102L0602	中梁	SJ-2标段4合同	1号梁场
381	桃园1号大桥	SJ02040102L0603	中梁	SJ-2标段4合同	1号梁场
382	桃园1号大桥	SJ02040102L0604	中梁	SJ-2标段4合同	1号梁场
383	桃园1号大桥	SJ02040102L0605	中梁	SJ-2标段4合同	1号梁场

续表

序号	桥梁	梁片编号	梁片名称	标段	梁场
384	桃园1号大桥	SJ02040102L0606	中梁	SJ-2标段4合同	1号梁场
385	桃园1号大桥	SJ02040102L0607	右边梁	SJ-2标段4合同	1号梁场
386	桃园1号大桥	SJ02040102L0701	左边梁	SJ-2标段4合同	1号梁场
387	桃园1号大桥	SJ02040102L0702	中梁	SJ-2标段4合同	1号梁场
388	桃园1号大桥	SJ02040102L0703	中梁	SJ-2标段4合同	1号梁场
389	桃园1号大桥	SJ02040102L0704	中梁	SJ-2标段4合同	1号梁场
390	桃园1号大桥	SJ02040102L0705	中梁	SJ-2标段4合同	1号梁场
391	桃园1号大桥	SJ02040102L0706	中梁	SJ-2标段4合同	1号梁场
392	桃园1号大桥	SJ02040102L0707	右边梁	SJ-2标段4合同	1号梁场
393	桃园1号大桥	SJ02040102L0801	左边梁	SJ-2标段4合同	1号梁场
394	桃园1号大桥	SJ02040102L0802	中梁	SJ-2标段4合同	1号梁场
395	桃园1号大桥	SJ02040102L0803	中梁	SJ-2标段4合同	1号梁场
396	桃园1号大桥	SJ02040102L0804	中梁	SJ-2标段4合同	1号梁场
397	桃园1号大桥	SJ02040102L0805	中梁	SJ-2标段4合同	1号梁场
398	桃园1号大桥	SJ02040102L0806	中梁	SJ-2标段4合同	1号梁场
399	桃园1号大桥	SJ02040102L0807	右边梁	SJ-2标段4合同	1号梁场
400	桃园1号大桥	SJ02040102L0901	左边梁	SJ-2标段4合同	1号梁场
401	桃园1号大桥	SJ02040102L0902	中梁	SJ-2标段4合同	1号梁场
402	桃园1号大桥	SJ02040102L0903	中梁	SJ-2标段4合同	1号梁场
403	桃园1号大桥	SJ02040102L0904	中梁	SJ-2标段4合同	1号梁场
404	桃园1号大桥	SJ02040102L0905	中梁	SJ-2标段4合同	1号梁场
405	桃园1号大桥	SJ02040102L0906	中梁	SJ-2标段4合同	1号梁场
406	桃园1号大桥	SJ02040102L0907	右边梁	SJ-2标段4合同	1号梁场
407	桃园1号大桥	SJ02040102L1001	左边梁	SJ-2标段4合同	1号梁场
408	桃园1号大桥	SJ02040102L1002	中梁	SJ-2标段4合同	1号梁场

续表

序号	桥梁	梁片编号	梁片名称	标段	梁场
409	桃园 1 号大桥	SJ02040102L1003	中梁	SJ-2 标段 4 合同	1 号梁场
410	桃园 1 号大桥	SJ02040102L1004	中梁	SJ-2 标段 4 合同	1 号梁场
411	桃园 1 号大桥	SJ02040102L1005	中梁	SJ-2 标段 4 合同	1 号梁场
412	桃园 1 号大桥	SJ02040102L1006	中梁	SJ-2 标段 4 合同	1 号梁场
413	桃园 1 号大桥	SJ02040102L1007	右边梁	SJ-2 标段 4 合同	1 号梁场
414	桃园 1 号大桥	SJ02040102L1101	左边梁	SJ-2 标段 4 合同	1 号梁场
415	桃园 1 号大桥	SJ02040102L1102	中梁	SJ-2 标段 4 合同	1 号梁场
416	桃园 1 号大桥	SJ02040102L1103	中梁	SJ-2 标段 4 合同	1 号梁场
417	桃园 1 号大桥	SJ02040102L1104	中梁	SJ-2 标段 4 合同	1 号梁场
418	桃园 1 号大桥	SJ02040102L1105	中梁	SJ-2 标段 4 合同	1 号梁场
419	桃园 1 号大桥	SJ02040102L1106	中梁	SJ-2 标段 4 合同	1 号梁场
420	桃园 1 号大桥	SJ02040102L1107	右边梁	SJ-2 标段 4 合同	1 号梁场
421	桃园 1 号大桥	SJ02040102L1201	左边梁	SJ-2 标段 4 合同	1 号梁场
422	桃园 1 号大桥	SJ02040102L1202	中梁	SJ-2 标段 4 合同	1 号梁场
423	桃园 1 号大桥	SJ02040102L1203	中梁	SJ-2 标段 4 合同	1 号梁场
424	桃园 1 号大桥	SJ02040102L1204	中梁	SJ-2 标段 4 合同	1 号梁场
425	桃园 1 号大桥	SJ02040102L1205	中梁	SJ-2 标段 4 合同	1 号梁场
426	桃园 1 号大桥	SJ02040102L1206	中梁	SJ-2 标段 4 合同	1 号梁场
427	桃园 1 号大桥	SJ02040102L1207	右边梁	SJ-2 标段 4 合同	1 号梁场
428	桃园 1 号大桥	SJ02040102L1301	左边梁	SJ-2 标段 4 合同	1 号梁场
429	桃园 1 号大桥	SJ02040102L1302	中梁	SJ-2 标段 4 合同	1 号梁场
430	桃园 1 号大桥	SJ02040102L1303	中梁	SJ-2 标段 4 合同	1 号梁场
431	桃园 1 号大桥	SJ02040102L1304	中梁	SJ-2 标段 4 合同	1 号梁场
432	桃园 1 号大桥	SJ02040102L1305	中梁	SJ-2 标段 4 合同	1 号梁场
433	桃园 1 号大桥	SJ02040102L1306	中梁	SJ-2 标段 4 合同	1 号梁场

续表

序号	桥梁	梁片编号	梁片名称	标段	梁场
434	桃园1号大桥	SJ02040102L1307	右边梁	SJ-2标段4合同	1号梁场
435	桃园1号大桥	SJ02040102L1401	左边梁	SJ-2标段4合同	1号梁场
436	桃园1号大桥	SJ02040102L1402	中梁	SJ-2标段4合同	1号梁场
437	桃园1号大桥	SJ02040102L1403	中梁	SJ-2标段4合同	1号梁场
438	桃园1号大桥	SJ02040102L1404	中梁	SJ-2标段4合同	1号梁场
439	桃园1号大桥	SJ02040102L1405	中梁	SJ-2标段4合同	1号梁场
440	桃园1号大桥	SJ02040102L1406	中梁	SJ-2标段4合同	1号梁场
441	桃园1号大桥	SJ02040102L1407	右边梁	SJ-2标段4合同	1号梁场
442	桃园1号大桥	SJ02040102L1501	左边梁	SJ-2标段4合同	1号梁场
443	桃园1号大桥	SJ02040102L1502	中梁	SJ-2标段4合同	1号梁场
444	桃园1号大桥	SJ02040102L1503	中梁	SJ-2标段4合同	1号梁场
445	桃园1号大桥	SJ02040102L1504	中梁	SJ-2标段4合同	1号梁场
446	桃园1号大桥	SJ02040102L1505	中梁	SJ-2标段4合同	1号梁场
447	桃园1号大桥	SJ02040102L1506	中梁	SJ-2标段4合同	1号梁场
448	桃园1号大桥	SJ02040102L1507	右边梁	SJ-2标段4合同	1号梁场
449	桃园1号大桥	SJ02040102L1601	左边梁	SJ-2标段4合同	1号梁场
450	桃园1号大桥	SJ02040102L1602	中梁	SJ-2标段4合同	1号梁场
451	桃园1号大桥	SJ02040102L1603	中梁	SJ-2标段4合同	1号梁场
452	桃园1号大桥	SJ02040102L1604	中梁	SJ-2标段4合同	1号梁场
453	桃园1号大桥	SJ02040102L1605	中梁	SJ-2标段4合同	1号梁场
454	桃园1号大桥	SJ02040102L1606	中梁	SJ-2标段4合同	1号梁场
455	桃园1号大桥	SJ02040102L1607	右边梁	SJ-2标段4合同	1号梁场
456	桃园1号大桥	SJ02040102L1701	左边梁	SJ-2标段4合同	1号梁场
457	桃园1号大桥	SJ02040102L1702	中梁	SJ-2标段4合同	1号梁场
458	桃园1号大桥	SJ02040102L1703	中梁	SJ-2标段4合同	1号梁场

续表

序号	桥梁	梁片编号	梁片名称	标段	梁场
459	桃园 1 号大桥	SJ02040102L1704	中梁	SJ-2 标段 4 合同	1 号梁场
460	桃园 1 号大桥	SJ02040102L1705	中梁	SJ-2 标段 4 合同	1 号梁场
461	桃园 1 号大桥	SJ02040102L1706	中梁	SJ-2 标段 4 合同	1 号梁场
462	桃园 1 号大桥	SJ02040102L1707	右边梁	SJ-2 标段 4 合同	1 号梁场
463	桃园 1 号大桥	SJ02040102L1801	左边梁	SJ-2 标段 4 合同	1 号梁场
464	桃园 1 号大桥	SJ02040102L1802	中梁	SJ-2 标段 4 合同	1 号梁场
465	桃园 1 号大桥	SJ02040102L1803	中梁	SJ-2 标段 4 合同	1 号梁场
466	桃园 1 号大桥	SJ02040102L1804	中梁	SJ-2 标段 4 合同	1 号梁场
467	桃园 1 号大桥	SJ02040102L1805	中梁	SJ-2 标段 4 合同	1 号梁场
468	桃园 1 号大桥	SJ02040102L1806	中梁	SJ-2 标段 4 合同	1 号梁场
469	桃园 1 号大桥	SJ02040102L1807	右边梁	SJ-2 标段 4 合同	1 号梁场
470	桃园 1 号大桥	SJ02040102L1901	左边梁	SJ-2 标段 4 合同	1 号梁场
471	桃园 1 号大桥	SJ02040102L1902	中梁	SJ-2 标段 4 合同	1 号梁场
472	桃园 1 号大桥	SJ02040102L1903	中梁	SJ-2 标段 4 合同	1 号梁场
473	桃园 1 号大桥	SJ02040102L1904	中梁	SJ-2 标段 4 合同	1 号梁场
474	桃园 1 号大桥	SJ02040102L1905	中梁	SJ-2 标段 4 合同	1 号梁场
475	桃园 1 号大桥	SJ02040102L1906	中梁	SJ-2 标段 4 合同	1 号梁场
476	桃园 1 号大桥	SJ02040102L1907	右边梁	SJ-2 标段 4 合同	1 号梁场
477	桃园 1 号大桥	SJ02040102L2001	左边梁	SJ-2 标段 4 合同	1 号梁场
478	桃园 1 号大桥	SJ02040102L2002	中梁	SJ-2 标段 4 合同	1 号梁场
479	桃园 1 号大桥	SJ02040102L2003	中梁	SJ-2 标段 4 合同	1 号梁场
480	桃园 1 号大桥	SJ02040102L2004	中梁	SJ-2 标段 4 合同	1 号梁场
481	桃园 1 号大桥	SJ02040102L2005	中梁	SJ-2 标段 4 合同	1 号梁场
482	桃园 1 号大桥	SJ02040102L2006	中梁	SJ-2 标段 4 合同	1 号梁场
483	桃园 1 号大桥	SJ02040102L2007	右边梁	SJ-2 标段 4 合同	1 号梁场

续表

序号	桥梁	梁片编号	梁片名称	标段	梁场
484	桃园1号大桥	SJ02040102L2101	左边梁	SJ-2标段4合同	1号梁场
485	桃园1号大桥	SJ02040102L2102	中梁	SJ-2标段4合同	1号梁场
486	桃园1号大桥	SJ02040102L2103	中梁	SJ-2标段4合同	1号梁场
487	桃园1号大桥	SJ02040102L2104	中梁	SJ-2标段4合同	1号梁场
488	桃园1号大桥	SJ02040102L2105	中梁	SJ-2标段4合同	1号梁场
489	桃园1号大桥	SJ02040102L2106	中梁	SJ-2标段4合同	1号梁场
490	桃园1号大桥	SJ02040102L2107	右边梁	SJ-2标段4合同	1号梁场
491	桃园1号大桥	SJ02040102L2201	左边梁	SJ-2标段4合同	1号梁场
492	桃园1号大桥	SJ02040102L2202	中梁	SJ-2标段4合同	1号梁场
493	桃园1号大桥	SJ02040102L2203	中梁	SJ-2标段4合同	1号梁场
494	桃园1号大桥	SJ02040102L2204	中梁	SJ-2标段4合同	1号梁场
495	桃园1号大桥	SJ02040102L2205	中梁	SJ-2标段4合同	1号梁场
496	桃园1号大桥	SJ02040102L2206	中梁	SJ-2标段4合同	1号梁场
497	桃园1号大桥	SJ02040102L2207	右边梁	SJ-2标段4合同	1号梁场
498	桃园1号大桥	SJ02040102L2301	左边梁	SJ-2标段4合同	1号梁场
499	桃园1号大桥	SJ02040102L2302	中梁	SJ-2标段4合同	1号梁场
500	桃园1号大桥	SJ02040102L2303	中梁	SJ-2标段4合同	1号梁场
501	桃园1号大桥	SJ02040102L2304	中梁	SJ-2标段4合同	1号梁场
502	桃园1号大桥	SJ02040102L2305	中梁	SJ-2标段4合同	1号梁场
503	桃园1号大桥	SJ02040102L2306	中梁	SJ-2标段4合同	1号梁场
504	桃园1号大桥	SJ02040102L2307	右边梁	SJ-2标段4合同	1号梁场
505	桃园1号大桥	SJ02040102L2401	左边梁	SJ-2标段4合同	1号梁场
506	桃园1号大桥	SJ02040102L2402	中梁	SJ-2标段4合同	1号梁场
507	桃园1号大桥	SJ02040102L2403	中梁	SJ-2标段4合同	1号梁场
508	桃园1号大桥	SJ02040102L2404	中梁	SJ-2标段4合同	1号梁场

续表

序号	桥梁	梁片编号	梁片名称	标段	梁场
509	桃园 1 号大桥	SJ02040102L2405	中梁	SJ-2 标段 4 合同	1 号梁场
510	桃园 1 号大桥	SJ02040102L2406	中梁	SJ-2 标段 4 合同	1 号梁场
511	桃园 1 号大桥	SJ02040102L2407	右边梁	SJ-2 标段 4 合同	1 号梁场
512	桃园 1 号大桥	SJ02040102L2501	左边梁	SJ-2 标段 4 合同	1 号梁场
513	桃园 1 号大桥	SJ02040102L2502	中梁	SJ-2 标段 4 合同	1 号梁场
514	桃园 1 号大桥	SJ02040102L2503	中梁	SJ-2 标段 4 合同	1 号梁场
515	桃园 1 号大桥	SJ02040102L2504	中梁	SJ-2 标段 4 合同	1 号梁场
516	桃园 1 号大桥	SJ02040102L2505	中梁	SJ-2 标段 4 合同	1 号梁场
517	桃园 1 号大桥	SJ02040102L2506	中梁	SJ-2 标段 4 合同	1 号梁场
518	桃园 1 号大桥	SJ02040102L2507	右边梁	SJ-2 标段 4 合同	1 号梁场
519	桃园 1 号大桥	SJ02040102L2601	左边梁	SJ-2 标段 4 合同	1 号梁场
520	桃园 1 号大桥	SJ02040102L2602	中梁	SJ-2 标段 4 合同	1 号梁场
521	桃园 1 号大桥	SJ02040102L2603	中梁	SJ-2 标段 4 合同	1 号梁场
522	桃园 1 号大桥	SJ02040102L2604	中梁	SJ-2 标段 4 合同	1 号梁场
523	桃园 1 号大桥	SJ02040102L2605	中梁	SJ-2 标段 4 合同	1 号梁场
524	桃园 1 号大桥	SJ02040102L2606	中梁	SJ-2 标段 4 合同	1 号梁场
525	桃园 1 号大桥	SJ02040102L2607	右边梁	SJ-2 标段 4 合同	1 号梁场
526	桃园 1 号大桥	SJ02040102L2701	左边梁	SJ-2 标段 4 合同	1 号梁场
527	桃园 1 号大桥	SJ02040102L2702	中梁	SJ-2 标段 4 合同	1 号梁场
528	桃园 1 号大桥	SJ02040102L2703	中梁	SJ-2 标段 4 合同	1 号梁场
529	桃园 1 号大桥	SJ02040102L2704	中梁	SJ-2 标段 4 合同	1 号梁场
530	桃园 1 号大桥	SJ02040102L2705	中梁	SJ-2 标段 4 合同	1 号梁场
531	桃园 1 号大桥	SJ02040102L2706	中梁	SJ-2 标段 4 合同	1 号梁场
532	桃园 1 号大桥	SJ02040102L2707	右边梁	SJ-2 标段 4 合同	1 号梁场
533	桃园 1 号大桥	SJ02040102L2801	左边梁	SJ-2 标段 4 合同	1 号梁场

续表

序号	桥梁	梁片编号	梁片名称	标段	梁场
534	桃园1号大桥	SJ02040102L2802	中梁	SJ-2标段4合同	1号梁场
535	桃园1号大桥	SJ02040102L2803	中梁	SJ-2标段4合同	1号梁场
536	桃园1号大桥	SJ02040102L2804	中梁	SJ-2标段4合同	1号梁场
537	桃园1号大桥	SJ02040102L2805	中梁	SJ-2标段4合同	1号梁场
538	桃园1号大桥	SJ02040102L2806	中梁	SJ-2标段4合同	1号梁场
539	桃园1号大桥	SJ02040102L2807	右边梁	SJ-2标段4合同	1号梁场
540	桃园1号大桥	SJ02040102L2901	左边梁	SJ-2标段4合同	1号梁场
541	桃园1号大桥	SJ02040102L2902	中梁	SJ-2标段4合同	1号梁场
542	桃园1号大桥	SJ02040102L2903	中梁	SJ-2标段4合同	1号梁场
543	桃园1号大桥	SJ02040102L2904	中梁	SJ-2标段4合同	1号梁场
544	桃园1号大桥	SJ02040102L2905	中梁	SJ-2标段4合同	1号梁场
545	桃园1号大桥	SJ02040102L2906	中梁	SJ-2标段4合同	1号梁场
546	桃园1号大桥	SJ02040102L2907	右边梁	SJ-2标段4合同	1号梁场
547	桃园1号大桥	SJ02040102L3001	左边梁	SJ-2标段4合同	1号梁场
548	桃园1号大桥	SJ02040102L3002	中梁	SJ-2标段4合同	1号梁场
549	桃园1号大桥	SJ02040102L3003	中梁	SJ-2标段4合同	1号梁场
550	桃园1号大桥	SJ02040102L3004	中梁	SJ-2标段4合同	1号梁场
551	桃园1号大桥	SJ02040102L3005	中梁	SJ-2标段4合同	1号梁场
552	桃园1号大桥	SJ02040102L3006	中梁	SJ-2标段4合同	1号梁场
553	桃园1号大桥	SJ02040102L3007	右边梁	SJ-2标段4合同	1号梁场
554	桃园1号大桥	SJ02040102L3101	左边梁	SJ-2标段4合同	1号梁场
555	桃园1号大桥	SJ02040102L3102	中梁	SJ-2标段4合同	1号梁场
556	桃园1号大桥	SJ02040102L3103	中梁	SJ-2标段4合同	1号梁场
557	桃园1号大桥	SJ02040102L3104	中梁	SJ-2标段4合同	1号梁场
558	桃园1号大桥	SJ02040102L3105	中梁	SJ-2标段4合同	1号梁场

续表

序号	桥梁	梁片编号	梁片名称	标段	梁场
559	桃园1号大桥	SJ02040102L3106	中梁	SJ-2标段4合同	1号梁场
560	桃园1号大桥	SJ02040102L3107	右边梁	SJ-2标段4合同	1号梁场
561	桃园2号大桥	SJ02040103R0101	左边梁	SJ-2标段4合同	1号梁场
562	桃园2号大桥	SJ02040103R0102	中梁	SJ-2标段4合同	1号梁场
563	桃园2号大桥	SJ02040103R0103	中梁	SJ-2标段4合同	1号梁场
564	桃园2号大桥	SJ02040103R0104	中梁	SJ-2标段4合同	1号梁场
565	桃园2号大桥	SJ02040103R0105	中梁	SJ-2标段4合同	1号梁场
566	桃园2号大桥	SJ02040103R0106	中梁	SJ-2标段4合同	1号梁场
567	桃园2号大桥	SJ02040103R0107	右边梁	SJ-2标段4合同	1号梁场
568	桃园2号大桥	SJ02040103R0201	左边梁	SJ-2标段4合同	1号梁场
569	桃园2号大桥	SJ02040103R0202	中梁	SJ-2标段4合同	1号梁场
570	桃园2号大桥	SJ02040103R0203	中梁	SJ-2标段4合同	1号梁场
571	桃园2号大桥	SJ02040103R0204	中梁	SJ-2标段4合同	1号梁场
572	桃园2号大桥	SJ02040103R0205	中梁	SJ-2标段4合同	1号梁场
573	桃园2号大桥	SJ02040103R0206	中梁	SJ-2标段4合同	1号梁场
574	桃园2号大桥	SJ02040103R0207	右边梁	SJ-2标段4合同	1号梁场
575	桃园2号大桥	SJ02040103R0301	左边梁	SJ-2标段4合同	1号梁场
576	桃园2号大桥	SJ02040103R0302	中梁	SJ-2标段4合同	1号梁场
577	桃园2号大桥	SJ02040103R0303	中梁	SJ-2标段4合同	1号梁场
578	桃园2号大桥	SJ02040103R0304	中梁	SJ-2标段4合同	1号梁场
579	桃园2号大桥	SJ02040103R0305	中梁	SJ-2标段4合同	1号梁场
580	桃园2号大桥	SJ02040103R0306	中梁	SJ-2标段4合同	1号梁场
581	桃园2号大桥	SJ02040103R0307	右边梁	SJ-2标段4合同	1号梁场
582	桃园2号大桥	SJ02040103R0401	左边梁	SJ-2标段4合同	1号梁场
583	桃园2号大桥	SJ02040103R0402	中梁	SJ-2标段4合同	1号梁场

续表

序号	桥梁	梁片编号	梁片名称	标段	梁场
584	桃园2号大桥	SJ02040103R0403	中梁	SJ-2标段4合同	1号梁场
585	桃园2号大桥	SJ02040103R0404	中梁	SJ-2标段4合同	1号梁场
586	桃园2号大桥	SJ02040103R0405	中梁	SJ-2标段4合同	1号梁场
587	桃园2号大桥	SJ02040103R0406	中梁	SJ-2标段4合同	1号梁场
588	桃园2号大桥	SJ02040103R0407	右边梁	SJ-2标段4合同	1号梁场
589	桃园2号大桥	SJ02040103R0501	左边梁	SJ-2标段4合同	1号梁场
590	桃园2号大桥	SJ02040103R0502	中梁	SJ-2标段4合同	1号梁场
591	桃园2号大桥	SJ02040103R0503	中梁	SJ-2标段4合同	1号梁场
592	桃园2号大桥	SJ02040103R0504	中梁	SJ-2标段4合同	1号梁场
593	桃园2号大桥	SJ02040103R0505	中梁	SJ-2标段4合同	1号梁场
594	桃园2号大桥	SJ02040103R0506	中梁	SJ-2标段4合同	1号梁场
595	桃园2号大桥	SJ02040103R0507	右边梁	SJ-2标段4合同	1号梁场
596	桃园2号大桥	SJ02040103R0601	左边梁	SJ-2标段4合同	1号梁场
597	桃园2号大桥	SJ02040103R0602	中梁	SJ-2标段4合同	1号梁场
598	桃园2号大桥	SJ02040103R0603	中梁	SJ-2标段4合同	1号梁场
599	桃园2号大桥	SJ02040103R0604	中梁	SJ-2标段4合同	1号梁场
600	桃园2号大桥	SJ02040103R0605	中梁	SJ-2标段4合同	1号梁场
601	桃园2号大桥	SJ02040103R0606	中梁	SJ-2标段4合同	1号梁场
602	桃园2号大桥	SJ02040103R0607	右边梁	SJ-2标段4合同	1号梁场
603	桃园2号大桥	SJ02040103R0701	左边梁	SJ-2标段4合同	1号梁场
604	桃园2号大桥	SJ02040103R0702	中梁	SJ-2标段4合同	1号梁场
605	桃园2号大桥	SJ02040103R0703	中梁	SJ-2标段4合同	1号梁场
606	桃园2号大桥	SJ02040103R0704	中梁	SJ-2标段4合同	1号梁场
607	桃园2号大桥	SJ02040103R0705	中梁	SJ-2标段4合同	1号梁场
608	桃园2号大桥	SJ02040103R0706	中梁	SJ-2标段4合同	1号梁场

续表

序号	桥梁	梁片编号	梁片名称	标段	梁场
609	桃园2号大桥	SJ02040103R0707	右边梁	SJ-2标段4合同	1号梁场
610	桃园2号大桥	SJ02040103R0801	左边梁	SJ-2标段4合同	1号梁场
611	桃园2号大桥	SJ02040103R0802	中梁	SJ-2标段4合同	1号梁场
612	桃园2号大桥	SJ02040103R0803	中梁	SJ-2标段4合同	1号梁场
613	桃园2号大桥	SJ02040103R0804	中梁	SJ-2标段4合同	1号梁场
614	桃园2号大桥	SJ02040103R0805	中梁	SJ-2标段4合同	1号梁场
615	桃园2号大桥	SJ02040103R0806	中梁	SJ-2标段4合同	1号梁场
616	桃园2号大桥	SJ02040103R0807	右边梁	SJ-2标段4合同	1号梁场
617	桃园2号大桥	SJ02040103R0901	左边梁	SJ-2标段4合同	1号梁场
618	桃园2号大桥	SJ02040103R0902	中梁	SJ-2标段4合同	1号梁场
619	桃园2号大桥	SJ02040103R0903	中梁	SJ-2标段4合同	1号梁场
620	桃园2号大桥	SJ02040103R0904	中梁	SJ-2标段4合同	1号梁场
621	桃园2号大桥	SJ02040103R0905	中梁	SJ-2标段4合同	1号梁场
622	桃园2号大桥	SJ02040103R0906	中梁	SJ-2标段4合同	1号梁场
623	桃园2号大桥	SJ02040103R0907	右边梁	SJ-2标段4合同	1号梁场
624	桃园2号大桥	SJ02040103R1001	左边梁	SJ-2标段4合同	1号梁场
625	桃园2号大桥	SJ02040103R1002	中梁	SJ-2标段4合同	1号梁场
626	桃园2号大桥	SJ02040103R1003	中梁	SJ-2标段4合同	1号梁场
627	桃园2号大桥	SJ02040103R1004	中梁	SJ-2标段4合同	1号梁场
628	桃园2号大桥	SJ02040103R1005	中梁	SJ-2标段4合同	1号梁场
629	桃园2号大桥	SJ02040103R1006	中梁	SJ-2标段4合同	1号梁场
630	桃园2号大桥	SJ02040103R1007	右边梁	SJ-2标段4合同	1号梁场
631	桃园2号大桥	SJ02040103R1101	左边梁	SJ-2标段4合同	1号梁场
632	桃园2号大桥	SJ02040103R1102	中梁	SJ-2标段4合同	1号梁场
633	桃园2号大桥	SJ02040103R1103	中梁	SJ-2标段4合同	1号梁场

续表

序号	桥梁	梁片编号	梁片名称	标段	梁场
634	桃园2号大桥	SJ02040103R1104	中梁	SJ-2标段4合同	1号梁场
635	桃园2号大桥	SJ02040103R1105	中梁	SJ-2标段4合同	1号梁场
636	桃园2号大桥	SJ02040103R1106	中梁	SJ-2标段4合同	1号梁场
637	桃园2号大桥	SJ02040103R1107	右边梁	SJ-2标段4合同	1号梁场
638	桃园2号大桥	SJ02040103L0101	左边梁	SJ-2标段4合同	1号梁场
639	桃园2号大桥	SJ02040103L0102	中梁	SJ-2标段4合同	1号梁场
640	桃园2号大桥	SJ02040103L0103	中梁	SJ-2标段4合同	1号梁场
641	桃园2号大桥	SJ02040103L0104	中梁	SJ-2标段4合同	1号梁场
642	桃园2号大桥	SJ02040103L0105	中梁	SJ-2标段4合同	1号梁场
643	桃园2号大桥	SJ02040103L0106	中梁	SJ-2标段4合同	1号梁场
644	桃园2号大桥	SJ02040103L0107	右边梁	SJ-2标段4合同	1号梁场
645	桃园2号大桥	SJ02040103L0201	左边梁	SJ-2标段4合同	1号梁场
646	桃园2号大桥	SJ02040103L0202	中梁	SJ-2标段4合同	1号梁场
647	桃园2号大桥	SJ02040103L0203	中梁	SJ-2标段4合同	1号梁场
648	桃园2号大桥	SJ02040103L0204	中梁	SJ-2标段4合同	1号梁场
649	桃园2号大桥	SJ02040103L0205	中梁	SJ-2标段4合同	1号梁场
650	桃园2号大桥	SJ02040103L0206	中梁	SJ-2标段4合同	1号梁场
651	桃园2号大桥	SJ02040103L0207	右边梁	SJ-2标段4合同	1号梁场
652	桃园2号大桥	SJ02040103L0301	左边梁	SJ-2标段4合同	1号梁场
653	桃园2号大桥	SJ02040103L0302	中梁	SJ-2标段4合同	1号梁场
654	桃园2号大桥	SJ02040103L0303	中梁	SJ-2标段4合同	1号梁场
655	桃园2号大桥	SJ02040103L0304	中梁	SJ-2标段4合同	1号梁场
656	桃园2号大桥	SJ02040103L0305	中梁	SJ-2标段4合同	1号梁场
657	桃园2号大桥	SJ02040103L0306	中梁	SJ-2标段4合同	1号梁场
658	桃园2号大桥	SJ02040103L0307	右边梁	SJ-2标段4合同	1号梁场

续表

序号	桥梁	梁片编号	梁片名称	标段	梁场
659	桃园2号大桥	SJ02040103L0401	左边梁	SJ-2标段4合同	1号梁场
660	桃园2号大桥	SJ02040103L0402	中梁	SJ-2标段4合同	1号梁场
661	桃园2号大桥	SJ02040103L0403	中梁	SJ-2标段4合同	1号梁场
662	桃园2号大桥	SJ02040103L0404	中梁	SJ-2标段4合同	1号梁场
663	桃园2号大桥	SJ02040103L0405	中梁	SJ-2标段4合同	1号梁场
664	桃园2号大桥	SJ02040103L0406	中梁	SJ-2标段4合同	1号梁场
665	桃园2号大桥	SJ02040103L0407	右边梁	SJ-2标段4合同	1号梁场
666	桃园2号大桥	SJ02040103L0501	左边梁	SJ-2标段4合同	1号梁场
667	桃园2号大桥	SJ02040103L0502	中梁	SJ-2标段4合同	1号梁场
668	桃园2号大桥	SJ02040103L0503	中梁	SJ-2标段4合同	1号梁场
669	桃园2号大桥	SJ02040103L0504	中梁	SJ-2标段4合同	1号梁场
670	桃园2号大桥	SJ02040103L0505	中梁	SJ-2标段4合同	1号梁场
671	桃园2号大桥	SJ02040103L0506	中梁	SJ-2标段4合同	1号梁场
672	桃园2号大桥	SJ02040103L0507	右边梁	SJ-2标段4合同	1号梁场
673	桃园2号大桥	SJ02040103L0601	左边梁	SJ-2标段4合同	1号梁场
674	桃园2号大桥	SJ02040103L0602	中梁	SJ-2标段4合同	1号梁场
675	桃园2号大桥	SJ02040103L0603	中梁	SJ-2标段4合同	1号梁场
676	桃园2号大桥	SJ02040103L0604	中梁	SJ-2标段4合同	1号梁场
677	桃园2号大桥	SJ02040103L0605	中梁	SJ-2标段4合同	1号梁场
678	桃园2号大桥	SJ02040103L0606	中梁	SJ-2标段4合同	1号梁场
679	桃园2号大桥	SJ02040103L0607	右边梁	SJ-2标段4合同	1号梁场
680	桃园2号大桥	SJ02040103L0701	左边梁	SJ-2标段4合同	1号梁场
681	桃园2号大桥	SJ02040103L0702	中梁	SJ-2标段4合同	1号梁场
682	桃园2号大桥	SJ02040103L0703	中梁	SJ-2标段4合同	1号梁场
683	桃园2号大桥	SJ02040103L0704	中梁	SJ-2标段4合同	1号梁场

续表

序号	桥梁	梁片编号	梁片名称	标段	梁场
684	桃园2号大桥	SJ02040103L0705	中梁	SJ-2标段4合同	1号梁场
685	桃园2号大桥	SJ02040103L0706	中梁	SJ-2标段4合同	1号梁场
686	桃园2号大桥	SJ02040103L0707	右边梁	SJ-2标段4合同	1号梁场
687	桃园2号大桥	SJ02040103L0801	左边梁	SJ-2标段4合同	1号梁场
688	桃园2号大桥	SJ02040103L0802	中梁	SJ-2标段4合同	1号梁场
689	桃园2号大桥	SJ02040103L0803	中梁	SJ-2标段4合同	1号梁场
690	桃园2号大桥	SJ02040103L0804	中梁	SJ-2标段4合同	1号梁场
691	桃园2号大桥	SJ02040103L0805	中梁	SJ-2标段4合同	1号梁场
692	桃园2号大桥	SJ02040103L0806	中梁	SJ-2标段4合同	1号梁场
693	桃园2号大桥	SJ02040103L0807	右边梁	SJ-2标段4合同	1号梁场
694	桃园2号大桥	SJ02040103L0901	左边梁	SJ-2标段4合同	1号梁场
695	桃园2号大桥	SJ02040103L0902	中梁	SJ-2标段4合同	1号梁场
696	桃园2号大桥	SJ02040103L0903	中梁	SJ-2标段4合同	1号梁场
697	桃园2号大桥	SJ02040103L0904	中梁	SJ-2标段4合同	1号梁场
698	桃园2号大桥	SJ02040103L0905	中梁	SJ-2标段4合同	1号梁场
699	桃园2号大桥	SJ02040103L0906	中梁	SJ-2标段4合同	1号梁场
700	桃园2号大桥	SJ02040103L0907	右边梁	SJ-2标段4合同	1号梁场
701	桃园2号大桥	SJ02040103L1001	左边梁	SJ-2标段4合同	1号梁场
702	桃园2号大桥	SJ02040103L1002	中梁	SJ-2标段4合同	1号梁场
703	桃园2号大桥	SJ02040103L1003	中梁	SJ-2标段4合同	1号梁场
704	桃园2号大桥	SJ02040103L1004	中梁	SJ-2标段4合同	1号梁场
705	桃园2号大桥	SJ02040103L1005	中梁	SJ-2标段4合同	1号梁场
706	桃园2号大桥	SJ02040103L1006	中梁	SJ-2标段4合同	1号梁场
707	桃园2号大桥	SJ02040103L1007	右边梁	SJ-2标段4合同	1号梁场
708	桃园2号大桥	SJ02040103L1101	左边梁	SJ-2标段4合同	1号梁场

续表

序号	桥梁	梁片编号	梁片名称	标段	梁场
709	桃园2号大桥	SJ02040103L1102	中梁	SJ-2标段4合同	1号梁场
710	桃园2号大桥	SJ02040103L1103	中梁	SJ-2标段4合同	1号梁场
711	桃园2号大桥	SJ02040103L1104	中梁	SJ-2标段4合同	1号梁场
712	桃园2号大桥	SJ02040103L1105	中梁	SJ-2标段4合同	1号梁场
713	桃园2号大桥	SJ02040103L1106	中梁	SJ-2标段4合同	1号梁场
714	桃园2号大桥	SJ02040103L1107	右边梁	SJ-2标段4合同	1号梁场
715	横山村1号大桥	SJ02040104R0101	左边梁	SJ-2标段4合同	1号梁场
716	横山村1号大桥	SJ02040104R0102	中梁	SJ-2标段4合同	1号梁场
717	横山村1号大桥	SJ02040104R0103	中梁	SJ-2标段4合同	1号梁场
718	横山村1号大桥	SJ02040104R0104	中梁	SJ-2标段4合同	1号梁场
719	横山村1号大桥	SJ02040104R0105	中梁	SJ-2标段4合同	1号梁场
720	横山村1号大桥	SJ02040104R0106	中梁	SJ-2标段4合同	1号梁场
721	横山村1号大桥	SJ02040104R0107	右边梁	SJ-2标段4合同	1号梁场
722	横山村1号大桥	SJ02040104R0201	左边梁	SJ-2标段4合同	1号梁场
723	横山村1号大桥	SJ02040104R0202	中梁	SJ-2标段4合同	1号梁场
724	横山村1号大桥	SJ02040104R0203	中梁	SJ-2标段4合同	1号梁场
725	横山村1号大桥	SJ02040104R0204	中梁	SJ-2标段4合同	1号梁场
726	横山村1号大桥	SJ02040104R0205	中梁	SJ-2标段4合同	1号梁场
727	横山村1号大桥	SJ02040104R0206	中梁	SJ-2标段4合同	1号梁场
728	横山村1号大桥	SJ02040104R0207	右边梁	SJ-2标段4合同	1号梁场
729	横山村1号大桥	SJ02040104R0301	左边梁	SJ-2标段4合同	1号梁场
730	横山村1号大桥	SJ02040104R0302	中梁	SJ-2标段4合同	1号梁场
731	横山村1号大桥	SJ02040104R0303	中梁	SJ-2标段4合同	1号梁场
732	横山村1号大桥	SJ02040104R0304	中梁	SJ-2标段4合同	1号梁场
733	横山村1号大桥	SJ02040104R0305	中梁	SJ-2标段4合同	1号梁场

续表

序号	桥梁	梁片编号	梁片名称	标段	梁场
734	横山村1号大桥	SJ02040104R0306	中梁	SJ-2标段4合同	1号梁场
735	横山村1号大桥	SJ02040104R0307	右边梁	SJ-2标段4合同	1号梁场
736	横山村1号大桥	SJ02040104R0401	左边梁	SJ-2标段4合同	1号梁场
737	横山村1号大桥	SJ02040104R0402	中梁	SJ-2标段4合同	1号梁场
738	横山村1号大桥	SJ02040104R0403	中梁	SJ-2标段4合同	1号梁场
739	横山村1号大桥	SJ02040104R0404	中梁	SJ-2标段4合同	1号梁场
740	横山村1号大桥	SJ02040104R0405	中梁	SJ-2标段4合同	1号梁场
741	横山村1号大桥	SJ02040104R0406	中梁	SJ-2标段4合同	1号梁场
742	横山村1号大桥	SJ02040104R0407	右边梁	SJ-2标段4合同	1号梁场
743	横山村1号大桥	SJ02040104R0501	左边梁	SJ-2标段4合同	1号梁场
744	横山村1号大桥	SJ02040104R0502	中梁	SJ-2标段4合同	1号梁场
745	横山村1号大桥	SJ02040104R0503	中梁	SJ-2标段4合同	1号梁场
746	横山村1号大桥	SJ02040104R0504	中梁	SJ-2标段4合同	1号梁场
747	横山村1号大桥	SJ02040104R0505	中梁	SJ-2标段4合同	1号梁场
748	横山村1号大桥	SJ02040104R0506	中梁	SJ-2标段4合同	1号梁场
749	横山村1号大桥	SJ02040104R0507	右边梁	SJ-2标段4合同	1号梁场
750	横山村1号大桥	SJ02040104R0601	左边梁	SJ-2标段4合同	1号梁场
751	横山村1号大桥	SJ02040104R0602	中梁	SJ-2标段4合同	1号梁场
752	横山村1号大桥	SJ02040104R0603	中梁	SJ-2标段4合同	1号梁场
753	横山村1号大桥	SJ02040104R0604	中梁	SJ-2标段4合同	1号梁场
754	横山村1号大桥	SJ02040104R0605	中梁	SJ-2标段4合同	1号梁场
755	横山村1号大桥	SJ02040104R0606	中梁	SJ-2标段4合同	1号梁场
756	横山村1号大桥	SJ02040104R0607	右边梁	SJ-2标段4合同	1号梁场
757	横山村1号大桥	SJ02040104R0701	左边梁	SJ-2标段4合同	1号梁场
758	横山村1号大桥	SJ02040104R0702	中梁	SJ-2标段4合同	1号梁场

续表

序号	桥梁	梁片编号	梁片名称	标段	梁场
759	横山村 1 号大桥	SJ02040104R0703	中梁	SJ-2 标段 4 合同	1 号梁场
760	横山村 1 号大桥	SJ02040104R0704	中梁	SJ-2 标段 4 合同	1 号梁场
761	横山村 1 号大桥	SJ02040104R0705	中梁	SJ-2 标段 4 合同	1 号梁场
762	横山村 1 号大桥	SJ02040104R0706	中梁	SJ-2 标段 4 合同	1 号梁场
763	横山村 1 号大桥	SJ02040104R0707	右边梁	SJ-2 标段 4 合同	1 号梁场
764	横山村 1 号大桥	SJ02040104R0801	左边梁	SJ-2 标段 4 合同	1 号梁场
765	横山村 1 号大桥	SJ02040104R0802	中梁	SJ-2 标段 4 合同	1 号梁场
766	横山村 1 号大桥	SJ02040104R0803	中梁	SJ-2 标段 4 合同	1 号梁场
767	横山村 1 号大桥	SJ02040104R0804	中梁	SJ-2 标段 4 合同	1 号梁场
768	横山村 1 号大桥	SJ02040104R0805	中梁	SJ-2 标段 4 合同	1 号梁场
769	横山村 1 号大桥	SJ02040104R0806	中梁	SJ-2 标段 4 合同	1 号梁场
770	横山村 1 号大桥	SJ02040104R0807	右边梁	SJ-2 标段 4 合同	1 号梁场
771	横山村 1 号大桥	SJ02040104R0901	左边梁	SJ-2 标段 4 合同	1 号梁场
772	横山村 1 号大桥	SJ02040104R0902	中梁	SJ-2 标段 4 合同	1 号梁场
773	横山村 1 号大桥	SJ02040104R0903	中梁	SJ-2 标段 4 合同	1 号梁场
774	横山村 1 号大桥	SJ02040104R0904	中梁	SJ-2 标段 4 合同	1 号梁场
775	横山村 1 号大桥	SJ02040104R0905	中梁	SJ-2 标段 4 合同	1 号梁场
776	横山村 1 号大桥	SJ02040104R0906	中梁	SJ-2 标段 4 合同	1 号梁场
777	横山村 1 号大桥	SJ02040104R0907	右边梁	SJ-2 标段 4 合同	1 号梁场
778	横山村 1 号大桥	SJ02040104R1001	左边梁	SJ-2 标段 4 合同	1 号梁场
779	横山村 1 号大桥	SJ02040104R1002	中梁	SJ-2 标段 4 合同	1 号梁场
780	横山村 1 号大桥	SJ02040104R1003	中梁	SJ-2 标段 4 合同	1 号梁场
781	横山村 1 号大桥	SJ02040104R1004	中梁	SJ-2 标段 4 合同	1 号梁场
782	横山村 1 号大桥	SJ02040104R1005	中梁	SJ-2 标段 4 合同	1 号梁场
783	横山村 1 号大桥	SJ02040104R1006	中梁	SJ-2 标段 4 合同	1 号梁场

续表

序号	桥梁	梁片编号	梁片名称	标段	梁场
784	横山村1号大桥	SJ02040104R1007	右边梁	SJ-2标段4合同	1号梁场
785	横山村1号大桥	SJ02040104R1101	左边梁	SJ-2标段4合同	1号梁场
786	横山村1号大桥	SJ02040104R1102	中梁	SJ-2标段4合同	1号梁场
787	横山村1号大桥	SJ02040104R1103	中梁	SJ-2标段4合同	1号梁场
788	横山村1号大桥	SJ02040104R1104	中梁	SJ-2标段4合同	1号梁场
789	横山村1号大桥	SJ02040104R1105	中梁	SJ-2标段4合同	1号梁场
790	横山村1号大桥	SJ02040104R1106	中梁	SJ-2标段4合同	1号梁场
791	横山村1号大桥	SJ02040104R1107	右边梁	SJ-2标段4合同	1号梁场
792	横山村1号大桥	SJ02040104R1201	左边梁	SJ-2标段4合同	1号梁场
793	横山村1号大桥	SJ02040104R1202	中梁	SJ-2标段4合同	1号梁场
794	横山村1号大桥	SJ02040104R1203	中梁	SJ-2标段4合同	1号梁场
795	横山村1号大桥	SJ02040104R1204	中梁	SJ-2标段4合同	1号梁场
796	横山村1号大桥	SJ02040104R1205	中梁	SJ-2标段4合同	1号梁场
797	横山村1号大桥	SJ02040104R1206	中梁	SJ-2标段4合同	1号梁场
798	横山村1号大桥	SJ02040104R1207	右边梁	SJ-2标段4合同	1号梁场
799	横山村1号大桥	SJ02040104R1301	左边梁	SJ-2标段4合同	1号梁场
800	横山村1号大桥	SJ02040104R1302	中梁	SJ-2标段4合同	1号梁场
801	横山村1号大桥	SJ02040104R1303	中梁	SJ-2标段4合同	1号梁场
802	横山村1号大桥	SJ02040104R1304	中梁	SJ-2标段4合同	1号梁场
803	横山村1号大桥	SJ02040104R1305	中梁	SJ-2标段4合同	1号梁场
804	横山村1号大桥	SJ02040104R1306	中梁	SJ-2标段4合同	1号梁场
805	横山村1号大桥	SJ02040104R1307	右边梁	SJ-2标段4合同	1号梁场
806	横山村1号大桥	SJ02040104R1401	左边梁	SJ-2标段4合同	1号梁场
807	横山村1号大桥	SJ02040104R1402	中梁	SJ-2标段4合同	1号梁场
808	横山村1号大桥	SJ02040104R1403	中梁	SJ-2标段4合同	1号梁场

续表

序号	桥梁	梁片编号	梁片名称	标段	梁场
809	横山村 1 号大桥	SJ02040104R1404	中梁	SJ-2 标段 4 合同	1 号梁场
810	横山村 1 号大桥	SJ02040104R1405	中梁	SJ-2 标段 4 合同	1 号梁场
811	横山村 1 号大桥	SJ02040104R1406	中梁	SJ-2 标段 4 合同	1 号梁场
812	横山村 1 号大桥	SJ02040104R1407	右边梁	SJ-2 标段 4 合同	1 号梁场
813	横山村 1 号大桥	SJ02040104R1501	左边梁	SJ-2 标段 4 合同	1 号梁场
814	横山村 1 号大桥	SJ02040104R1502	中梁	SJ-2 标段 4 合同	1 号梁场
815	横山村 1 号大桥	SJ02040104R1503	中梁	SJ-2 标段 4 合同	1 号梁场
816	横山村 1 号大桥	SJ02040104R1504	中梁	SJ-2 标段 4 合同	1 号梁场
817	横山村 1 号大桥	SJ02040104R1505	中梁	SJ-2 标段 4 合同	1 号梁场
818	横山村 1 号大桥	SJ02040104R1506	中梁	SJ-2 标段 4 合同	1 号梁场
819	横山村 1 号大桥	SJ02040104R1507	右边梁	SJ-2 标段 4 合同	1 号梁场
820	横山村 1 号大桥	SJ02040104R1601	左边梁	SJ-2 标段 4 合同	1 号梁场
821	横山村 1 号大桥	SJ02040104R1602	中梁	SJ-2 标段 4 合同	1 号梁场
822	横山村 1 号大桥	SJ02040104R1603	中梁	SJ-2 标段 4 合同	1 号梁场
823	横山村 1 号大桥	SJ02040104R1604	中梁	SJ-2 标段 4 合同	1 号梁场
824	横山村 1 号大桥	SJ02040104R1605	中梁	SJ-2 标段 4 合同	1 号梁场
825	横山村 1 号大桥	SJ02040104R1606	中梁	SJ-2 标段 4 合同	1 号梁场
826	横山村 1 号大桥	SJ02040104R1607	右边梁	SJ-2 标段 4 合同	1 号梁场
827	横山村 1 号大桥	SJ02040104R1701	左边梁	SJ-2 标段 4 合同	1 号梁场
828	横山村 1 号大桥	SJ02040104R1702	中梁	SJ-2 标段 4 合同	1 号梁场
829	横山村 1 号大桥	SJ02040104R1703	中梁	SJ-2 标段 4 合同	1 号梁场
830	横山村 1 号大桥	SJ02040104R1704	中梁	SJ-2 标段 4 合同	1 号梁场
831	横山村 1 号大桥	SJ02040104R1705	中梁	SJ-2 标段 4 合同	1 号梁场
832	横山村 1 号大桥	SJ02040104R1706	中梁	SJ-2 标段 4 合同	1 号梁场
833	横山村 1 号大桥	SJ02040104R1707	右边梁	SJ-2 标段 4 合同	1 号梁场

续表

序号	桥梁	梁片编号	梁片名称	标段	梁场
834	横山村 1 号大桥	SJ02040104R1801	左边梁	SJ-2 标段 4 合同	1 号梁场
835	横山村 1 号大桥	SJ02040104R1802	中梁	SJ-2 标段 4 合同	1 号梁场
836	横山村 1 号大桥	SJ02040104R1803	中梁	SJ-2 标段 4 合同	1 号梁场
837	横山村 1 号大桥	SJ02040104R1804	中梁	SJ-2 标段 4 合同	1 号梁场
838	横山村 1 号大桥	SJ02040104R1805	中梁	SJ-2 标段 4 合同	1 号梁场
839	横山村 1 号大桥	SJ02040104R1806	中梁	SJ-2 标段 4 合同	1 号梁场
840	横山村 1 号大桥	SJ02040104R1807	右边梁	SJ-2 标段 4 合同	1 号梁场
841	横山村 1 号大桥	SJ02040104R1901	左边梁	SJ-2 标段 4 合同	1 号梁场
842	横山村 1 号大桥	SJ02040104R1902	中梁	SJ-2 标段 4 合同	1 号梁场
843	横山村 1 号大桥	SJ02040104R1903	中梁	SJ-2 标段 4 合同	1 号梁场
844	横山村 1 号大桥	SJ02040104R1904	中梁	SJ-2 标段 4 合同	1 号梁场
845	横山村 1 号大桥	SJ02040104R1905	中梁	SJ-2 标段 4 合同	1 号梁场
846	横山村 1 号大桥	SJ02040104R1906	中梁	SJ-2 标段 4 合同	1 号梁场
847	横山村 1 号大桥	SJ02040104R1907	右边梁	SJ-2 标段 4 合同	1 号梁场
848	横山村 1 号大桥	SJ02040104R2001	左边梁	SJ-2 标段 4 合同	1 号梁场
849	横山村 1 号大桥	SJ02040104R2002	中梁	SJ-2 标段 4 合同	1 号梁场
850	横山村 1 号大桥	SJ02040104R2003	中梁	SJ-2 标段 4 合同	1 号梁场
851	横山村 1 号大桥	SJ02040104R2004	中梁	SJ-2 标段 4 合同	1 号梁场
852	横山村 1 号大桥	SJ02040104R2005	中梁	SJ-2 标段 4 合同	1 号梁场
853	横山村 1 号大桥	SJ02040104R2006	中梁	SJ-2 标段 4 合同	1 号梁场
854	横山村 1 号大桥	SJ02040104R2007	右边梁	SJ-2 标段 4 合同	1 号梁场
855	横山村 1 号大桥	SJ02040104L0101	左边梁	SJ-2 标段 4 合同	1 号梁场
856	横山村 1 号大桥	SJ02040104L0102	中梁	SJ-2 标段 4 合同	1 号梁场
857	横山村 1 号大桥	SJ02040104L0103	中梁	SJ-2 标段 4 合同	1 号梁场
858	横山村 1 号大桥	SJ02040104L0104	中梁	SJ-2 标段 4 合同	1 号梁场

续表

序号	桥梁	梁片编号	梁片名称	标段	梁场
859	横山村1号大桥	SJ02040104L0105	中梁	SJ-2标段4合同	1号梁场
860	横山村1号大桥	SJ02040104L0106	中梁	SJ-2标段4合同	1号梁场
861	横山村1号大桥	SJ02040104L0107	右边梁	SJ-2标段4合同	1号梁场
862	横山村1号大桥	SJ02040104L0201	左边梁	SJ-2标段4合同	1号梁场
863	横山村1号大桥	SJ02040104L0202	中梁	SJ-2标段4合同	1号梁场
864	横山村1号大桥	SJ02040104L0203	中梁	SJ-2标段4合同	1号梁场
865	横山村1号大桥	SJ02040104L0204	中梁	SJ-2标段4合同	1号梁场
866	横山村1号大桥	SJ02040104L0205	中梁	SJ-2标段4合同	1号梁场
867	横山村1号大桥	SJ02040104L0206	中梁	SJ-2标段4合同	1号梁场
868	横山村1号大桥	SJ02040104L0207	右边梁	SJ-2标段4合同	1号梁场
869	横山村1号大桥	SJ02040104L0301	左边梁	SJ-2标段4合同	1号梁场
870	横山村1号大桥	SJ02040104L0302	中梁	SJ-2标段4合同	1号梁场
871	横山村1号大桥	SJ02040104L0303	中梁	SJ-2标段4合同	1号梁场
872	横山村1号大桥	SJ02040104L0304	中梁	SJ-2标段4合同	1号梁场
873	横山村1号大桥	SJ02040104L0305	中梁	SJ-2标段4合同	1号梁场
874	横山村1号大桥	SJ02040104L0306	中梁	SJ-2标段4合同	1号梁场
875	横山村1号大桥	SJ02040104L0307	右边梁	SJ-2标段4合同	1号梁场
876	横山村1号大桥	SJ02040104L0401	左边梁	SJ-2标段4合同	1号梁场
877	横山村1号大桥	SJ02040104L0402	中梁	SJ-2标段4合同	1号梁场
878	横山村1号大桥	SJ02040104L0403	中梁	SJ-2标段4合同	1号梁场
879	横山村1号大桥	SJ02040104L0404	中梁	SJ-2标段4合同	1号梁场
880	横山村1号大桥	SJ02040104L0405	中梁	SJ-2标段4合同	1号梁场
881	横山村1号大桥	SJ02040104L0406	中梁	SJ-2标段4合同	1号梁场
882	横山村1号大桥	SJ02040104L0407	右边梁	SJ-2标段4合同	1号梁场
883	横山村1号大桥	SJ02040104L0501	左边梁	SJ-2标段4合同	1号梁场

续表

序号	桥梁	梁片编号	梁片名称	标段	梁场
884	横山村1号大桥	SJ02040104L0502	中梁	SJ-2标段4合同	1号梁场
885	横山村1号大桥	SJ02040104L0503	中梁	SJ-2标段4合同	1号梁场
886	横山村1号大桥	SJ02040104L0504	中梁	SJ-2标段4合同	1号梁场
887	横山村1号大桥	SJ02040104L0505	中梁	SJ-2标段4合同	1号梁场
888	横山村1号大桥	SJ02040104L0506	中梁	SJ-2标段4合同	1号梁场
889	横山村1号大桥	SJ02040104L0507	右边梁	SJ-2标段4合同	1号梁场
890	横山村1号大桥	SJ02040104L0601	左边梁	SJ-2标段4合同	1号梁场
891	横山村1号大桥	SJ02040104L0602	中梁	SJ-2标段4合同	1号梁场
892	横山村1号大桥	SJ02040104L0603	中梁	SJ-2标段4合同	1号梁场
893	横山村1号大桥	SJ02040104L0604	中梁	SJ-2标段4合同	1号梁场
894	横山村1号大桥	SJ02040104L0605	中梁	SJ-2标段4合同	1号梁场
895	横山村1号大桥	SJ02040104L0606	中梁	SJ-2标段4合同	1号梁场
896	横山村1号大桥	SJ02040104L0607	右边梁	SJ-2标段4合同	1号梁场
897	横山村1号大桥	SJ02040104L0701	左边梁	SJ-2标段4合同	1号梁场
898	横山村1号大桥	SJ02040104L0702	中梁	SJ-2标段4合同	1号梁场
899	横山村1号大桥	SJ02040104L0703	中梁	SJ-2标段4合同	1号梁场
900	横山村1号大桥	SJ02040104L0704	中梁	SJ-2标段4合同	1号梁场
901	横山村1号大桥	SJ02040104L0705	中梁	SJ-2标段4合同	1号梁场
902	横山村1号大桥	SJ02040104L0706	中梁	SJ-2标段4合同	1号梁场
903	横山村1号大桥	SJ02040104L0707	右边梁	SJ-2标段4合同	1号梁场
904	横山村1号大桥	SJ02040104L0801	左边梁	SJ-2标段4合同	1号梁场
905	横山村1号大桥	SJ02040104L0802	中梁	SJ-2标段4合同	1号梁场
906	横山村1号大桥	SJ02040104L0803	中梁	SJ-2标段4合同	1号梁场
907	横山村1号大桥	SJ02040104L0804	中梁	SJ-2标段4合同	1号梁场
908	横山村1号大桥	SJ02040104L0805	中梁	SJ-2标段4合同	1号梁场

续表

序号	桥梁	梁片编号	梁片名称	标段	梁场
909	横山村1号大桥	SJ02040104L0806	中梁	SJ-2标段4合同	1号梁场
910	横山村1号大桥	SJ02040104L0807	右边梁	SJ-2标段4合同	1号梁场
911	横山村1号大桥	SJ02040104L0901	左边梁	SJ-2标段4合同	1号梁场
912	横山村1号大桥	SJ02040104L0902	中梁	SJ-2标段4合同	1号梁场
913	横山村1号大桥	SJ02040104L0903	中梁	SJ-2标段4合同	1号梁场
914	横山村1号大桥	SJ02040104L0904	中梁	SJ-2标段4合同	1号梁场
915	横山村1号大桥	SJ02040104L0905	中梁	SJ-2标段4合同	1号梁场
916	横山村1号大桥	SJ02040104L0906	中梁	SJ-2标段4合同	1号梁场
917	横山村1号大桥	SJ02040104L0907	右边梁	SJ-2标段4合同	1号梁场
918	横山村1号大桥	SJ02040104L1001	左边梁	SJ-2标段4合同	1号梁场
919	横山村1号大桥	SJ02040104L1002	中梁	SJ-2标段4合同	1号梁场
920	横山村1号大桥	SJ02040104L1003	中梁	SJ-2标段4合同	1号梁场
921	横山村1号大桥	SJ02040104L1004	中梁	SJ-2标段4合同	1号梁场
922	横山村1号大桥	SJ02040104L1005	中梁	SJ-2标段4合同	1号梁场
923	横山村1号大桥	SJ02040104L1006	中梁	SJ-2标段4合同	1号梁场
924	横山村1号大桥	SJ02040104L1007	右边梁	SJ-2标段4合同	1号梁场
925	横山村1号大桥	SJ02040104L1101	左边梁	SJ-2标段4合同	1号梁场
926	横山村1号大桥	SJ02040104L1102	中梁	SJ-2标段4合同	1号梁场
927	横山村1号大桥	SJ02040104L1103	中梁	SJ-2标段4合同	1号梁场
928	横山村1号大桥	SJ02040104L1104	中梁	SJ-2标段4合同	1号梁场
929	横山村1号大桥	SJ02040104L1105	中梁	SJ-2标段4合同	1号梁场
930	横山村1号大桥	SJ02040104L1106	中梁	SJ-2标段4合同	1号梁场
931	横山村1号大桥	SJ02040104L1107	右边梁	SJ-2标段4合同	1号梁场
932	横山村1号大桥	SJ02040104L1201	左边梁	SJ-2标段4合同	1号梁场
933	横山村1号大桥	SJ02040104L1202	中梁	SJ-2标段4合同	1号梁场

续表

序号	桥梁	梁片编号	梁片名称	标段	梁场
934	横山村1号大桥	SJ02040104L1203	中梁	SJ-2标段4合同	1号梁场
935	横山村1号大桥	SJ02040104L1204	中梁	SJ-2标段4合同	1号梁场
936	横山村1号大桥	SJ02040104L1205	中梁	SJ-2标段4合同	1号梁场
937	横山村1号大桥	SJ02040104L1206	中梁	SJ-2标段4合同	1号梁场
938	横山村1号大桥	SJ02040104L1207	右边梁	SJ-2标段4合同	1号梁场
939	横山村1号大桥	SJ02040104L1301	左边梁	SJ-2标段4合同	1号梁场
940	横山村1号大桥	SJ02040104L1302	中梁	SJ-2标段4合同	1号梁场
941	横山村1号大桥	SJ02040104L1303	中梁	SJ-2标段4合同	1号梁场
942	横山村1号大桥	SJ02040104L1304	中梁	SJ-2标段4合同	1号梁场
943	横山村1号大桥	SJ02040104L1305	中梁	SJ-2标段4合同	1号梁场
944	横山村1号大桥	SJ02040104L1306	中梁	SJ-2标段4合同	1号梁场
945	横山村1号大桥	SJ02040104L1307	右边梁	SJ-2标段4合同	1号梁场
946	横山村1号大桥	SJ02040104L1401	左边梁	SJ-2标段4合同	1号梁场
947	横山村1号大桥	SJ02040104L1402	中梁	SJ-2标段4合同	1号梁场
948	横山村1号大桥	SJ02040104L1403	中梁	SJ-2标段4合同	1号梁场
949	横山村1号大桥	SJ02040104L1404	中梁	SJ-2标段4合同	1号梁场
950	横山村1号大桥	SJ02040104L1405	中梁	SJ-2标段4合同	1号梁场
951	横山村1号大桥	SJ02040104L1406	中梁	SJ-2标段4合同	1号梁场
952	横山村1号大桥	SJ02040104L1407	右边梁	SJ-2标段4合同	1号梁场
953	横山村2号大桥	SJ02040105R0101	左边梁	SJ-2标段4合同	1号梁场
954	横山村2号大桥	SJ02040105R0102	中梁	SJ-2标段4合同	1号梁场
955	横山村2号大桥	SJ02040105R0103	中梁	SJ-2标段4合同	1号梁场
956	横山村2号大桥	SJ02040105R0104	中梁	SJ-2标段4合同	1号梁场
957	横山村2号大桥	SJ02040105R0105	中梁	SJ-2标段4合同	1号梁场
958	横山村2号大桥	SJ02040105R0106	中梁	SJ-2标段4合同	1号梁场

续表

序号	桥梁	梁片编号	梁片名称	标段	梁场
959	横山村2号大桥	SJ02040105R0107	右边梁	SJ-2标段4合同	1号梁场
960	横山村2号大桥	SJ02040105R0201	左边梁	SJ-2标段4合同	1号梁场
961	横山村2号大桥	SJ02040105R0202	中梁	SJ-2标段4合同	1号梁场
962	横山村2号大桥	SJ02040105R0203	中梁	SJ-2标段4合同	1号梁场
963	横山村2号大桥	SJ02040105R0204	中梁	SJ-2标段4合同	1号梁场
964	横山村2号大桥	SJ02040105R0205	中梁	SJ-2标段4合同	1号梁场
965	横山村2号大桥	SJ02040105R0206	中梁	SJ-2标段4合同	1号梁场
966	横山村2号大桥	SJ02040105R0207	右边梁	SJ-2标段4合同	1号梁场
967	横山村2号大桥	SJ02040105R0301	左边梁	SJ-2标段4合同	1号梁场
968	横山村2号大桥	SJ02040105R0302	中梁	SJ-2标段4合同	1号梁场
969	横山村2号大桥	SJ02040105R0303	中梁	SJ-2标段4合同	1号梁场
970	横山村2号大桥	SJ02040105R0304	中梁	SJ-2标段4合同	1号梁场
971	横山村2号大桥	SJ02040105R0305	中梁	SJ-2标段4合同	1号梁场
972	横山村2号大桥	SJ02040105R0306	中梁	SJ-2标段4合同	1号梁场
973	横山村2号大桥	SJ02040105R0307	右边梁	SJ-2标段4合同	1号梁场
974	横山村2号大桥	SJ02040105R0401	左边梁	SJ-2标段4合同	1号梁场
975	横山村2号大桥	SJ02040105R0402	中梁	SJ-2标段4合同	1号梁场
976	横山村2号大桥	SJ02040105R0403	中梁	SJ-2标段4合同	1号梁场
977	横山村2号大桥	SJ02040105R0404	中梁	SJ-2标段4合同	1号梁场
978	横山村2号大桥	SJ02040105R0405	中梁	SJ-2标段4合同	1号梁场
979	横山村2号大桥	SJ02040105R0406	中梁	SJ-2标段4合同	1号梁场
980	横山村2号大桥	SJ02040105R0407	右边梁	SJ-2标段4合同	1号梁场
981	横山村2号大桥	SJ02040105R0501	左边梁	SJ-2标段4合同	1号梁场
982	横山村2号大桥	SJ02040105R0502	中梁	SJ-2标段4合同	1号梁场
983	横山村2号大桥	SJ02040105R0503	中梁	SJ-2标段4合同	1号梁场

续表

序号	桥梁	梁片编号	梁片名称	标段	梁场
984	横山村2号大桥	SJ02040105R0504	中梁	SJ-2标段4合同	1号梁场
985	横山村2号大桥	SJ02040105R0505	中梁	SJ-2标段4合同	1号梁场
986	横山村2号大桥	SJ02040105R0506	中梁	SJ-2标段4合同	1号梁场
987	横山村2号大桥	SJ02040105R0507	右边梁	SJ-2标段4合同	1号梁场
988	横山村2号大桥	SJ02040105R0601	左边梁	SJ-2标段4合同	1号梁场
989	横山村2号大桥	SJ02040105R0602	中梁	SJ-2标段4合同	1号梁场
990	横山村2号大桥	SJ02040105R0603	中梁	SJ-2标段4合同	1号梁场
991	横山村2号大桥	SJ02040105R0604	中梁	SJ-2标段4合同	1号梁场
992	横山村2号大桥	SJ02040105R0605	中梁	SJ-2标段4合同	1号梁场
993	横山村2号大桥	SJ02040105R0606	中梁	SJ-2标段4合同	1号梁场
994	横山村2号大桥	SJ02040105R0607	右边梁	SJ-2标段4合同	1号梁场
995	横山村2号大桥	SJ02040105R0701	左边梁	SJ-2标段4合同	1号梁场
996	横山村2号大桥	SJ02040105R0702	中梁	SJ-2标段4合同	1号梁场
997	横山村2号大桥	SJ02040105R0703	中梁	SJ-2标段4合同	1号梁场
998	横山村2号大桥	SJ02040105R0704	中梁	SJ-2标段4合同	1号梁场
999	横山村2号大桥	SJ02040105R0705	中梁	SJ-2标段4合同	1号梁场
1000	横山村2号大桥	SJ02040105R0706	中梁	SJ-2标段4合同	1号梁场
1001	横山村2号大桥	SJ02040105R0707	右边梁	SJ-2标段4合同	1号梁场
1002	横山村2号大桥	SJ02040105R0801	左边梁	SJ-2标段4合同	1号梁场
1003	横山村2号大桥	SJ02040105R0802	中梁	SJ-2标段4合同	1号梁场
1004	横山村2号大桥	SJ02040105R0803	中梁	SJ-2标段4合同	1号梁场
1005	横山村2号大桥	SJ02040105R0804	中梁	SJ-2标段4合同	1号梁场
1006	横山村2号大桥	SJ02040105R0805	中梁	SJ-2标段4合同	1号梁场
1007	横山村2号大桥	SJ02040105R0806	中梁	SJ-2标段4合同	1号梁场
1008	横山村2号大桥	SJ02040105R0807	右边梁	SJ-2标段4合同	1号梁场

续表

序号	桥梁	梁片编号	梁片名称	标段	梁场
1009	横山村 2 号大桥	SJ02040105R0901	左边梁	SJ-2 标段 4 合同	1 号梁场
1010	横山村 2 号大桥	SJ02040105R0902	中梁	SJ-2 标段 4 合同	1 号梁场
1011	横山村 2 号大桥	SJ02040105R0903	中梁	SJ-2 标段 4 合同	1 号梁场
1012	横山村 2 号大桥	SJ02040105R0904	中梁	SJ-2 标段 4 合同	1 号梁场
1013	横山村 2 号大桥	SJ02040105R0905	中梁	SJ-2 标段 4 合同	1 号梁场
1014	横山村 2 号大桥	SJ02040105R0906	中梁	SJ-2 标段 4 合同	1 号梁场
1015	横山村 2 号大桥	SJ02040105R0907	右边梁	SJ-2 标段 4 合同	1 号梁场
1016	横山村 2 号大桥	SJ02040105R1001	左边梁	SJ-2 标段 4 合同	1 号梁场
1017	横山村 2 号大桥	SJ02040105R1002	中梁	SJ-2 标段 4 合同	1 号梁场
1018	横山村 2 号大桥	SJ02040105R1003	中梁	SJ-2 标段 4 合同	1 号梁场
1019	横山村 2 号大桥	SJ02040105R1004	中梁	SJ-2 标段 4 合同	1 号梁场
1020	横山村 2 号大桥	SJ02040105R1005	中梁	SJ-2 标段 4 合同	1 号梁场
1021	横山村 2 号大桥	SJ02040105R1006	中梁	SJ-2 标段 4 合同	1 号梁场
1022	横山村 2 号大桥	SJ02040105R1007	右边梁	SJ-2 标段 4 合同	1 号梁场
1023	横山村 2 号大桥	SJ02040105R1101	左边梁	SJ-2 标段 4 合同	1 号梁场
1024	横山村 2 号大桥	SJ02040105R1102	中梁	SJ-2 标段 4 合同	1 号梁场
1025	横山村 2 号大桥	SJ02040105R1103	中梁	SJ-2 标段 4 合同	1 号梁场
1026	横山村 2 号大桥	SJ02040105R1104	中梁	SJ-2 标段 4 合同	1 号梁场
1027	横山村 2 号大桥	SJ02040105R1105	中梁	SJ-2 标段 4 合同	1 号梁场
1028	横山村 2 号大桥	SJ02040105R1106	中梁	SJ-2 标段 4 合同	1 号梁场
1029	横山村 2 号大桥	SJ02040105R1107	右边梁	SJ-2 标段 4 合同	1 号梁场
1030	横山村 2 号大桥	SJ02040105R1201	左边梁	SJ-2 标段 4 合同	1 号梁场
1031	横山村 2 号大桥	SJ02040105R1202	中梁	SJ-2 标段 4 合同	1 号梁场
1032	横山村 2 号大桥	SJ02040105R1203	中梁	SJ-2 标段 4 合同	1 号梁场
1033	横山村 2 号大桥	SJ02040105R1204	中梁	SJ-2 标段 4 合同	1 号梁场

续表

序号	桥梁	梁片编号	梁片名称	标段	梁场
1034	横山村2号大桥	SJ02040105R1205	中梁	SJ-2标段4合同	1号梁场
1035	横山村2号大桥	SJ02040105R1206	中梁	SJ-2标段4合同	1号梁场
1036	横山村2号大桥	SJ02040105R1207	右边梁	SJ-2标段4合同	1号梁场
1037	横山村2号大桥	SJ02040105R1302	中梁	SJ-2标段4合同	1号梁场
1038	横山村2号大桥	SJ02040105R1303	中梁	SJ-2标段4合同	1号梁场
1039	横山村2号大桥	SJ02040105R1304	中梁	SJ-2标段4合同	1号梁场
1040	横山村2号大桥	SJ02040105R1305	中梁	SJ-2标段4合同	1号梁场
1041	横山村2号大桥	SJ02040105R1306	中梁	SJ-2标段4合同	1号梁场
1042	横山村2号大桥	SJ02040105R1307	右边梁	SJ-2标段4合同	1号梁场
1043	横山村2号大桥	SJ02040105R1401	左边梁	SJ-2标段4合同	1号梁场
1044	横山村2号大桥	SJ02040105R1403	中梁	SJ-2标段4合同	1号梁场
1045	横山村2号大桥	SJ02040105R1404	中梁	SJ-2标段4合同	1号梁场
1046	横山村2号大桥	SJ02040105R1405	中梁	SJ-2标段4合同	1号梁场
1047	横山村2号大桥	SJ02040105R1406	中梁	SJ-2标段4合同	1号梁场
1048	横山村2号大桥	SJ02040105R1407	右边梁	SJ-2标段4合同	1号梁场
1049	横山村2号大桥	SJ02040105R1501	左边梁	SJ-2标段4合同	1号梁场
1050	横山村2号大桥	SJ02040105R1502	中梁	SJ-2标段4合同	1号梁场
1051	横山村2号大桥	SJ02040105R1504	中梁	SJ-2标段4合同	1号梁场
1052	横山村2号大桥	SJ02040105R1505	中梁	SJ-2标段4合同	1号梁场
1053	横山村2号大桥	SJ02040105R1506	中梁	SJ-2标段4合同	1号梁场
1054	横山村2号大桥	SJ02040105R1507	右边梁	SJ-2标段4合同	1号梁场
1055	横山村2号大桥	SJ02040105R1601	左边梁	SJ-2标段4合同	1号梁场
1056	横山村2号大桥	SJ02040105R1602	中梁	SJ-2标段4合同	1号梁场
1057	横山村2号大桥	SJ02040105R1603	中梁	SJ-2标段4合同	1号梁场
1058	横山村2号大桥	SJ02040105R1605	中梁	SJ-2标段4合同	1号梁场

续表

序号	桥梁	梁片编号	梁片名称	标段	梁场
1059	横山村2号大桥	SJ02040105R1606	中梁	SJ-2标段4合同	1号梁场
1060	横山村2号大桥	SJ02040105R1607	右边梁	SJ-2标段4合同	1号梁场
1061	横山村2号大桥	SJ02040105R1701	左边梁	SJ-2标段4合同	1号梁场
1062	横山村2号大桥	SJ02040105R1702	中梁	SJ-2标段4合同	1号梁场
1063	横山村2号大桥	SJ02040105R1703	中梁	SJ-2标段4合同	1号梁场
1064	横山村2号大桥	SJ02040105R1704	中梁	SJ-2标段4合同	1号梁场
1065	横山村2号大桥	SJ02040105R1706	中梁	SJ-2标段4合同	1号梁场
1066	横山村2号大桥	SJ02040105R1707	右边梁	SJ-2标段4合同	1号梁场
1067	横山村2号大桥	SJ02040105R1801	左边梁	SJ-2标段4合同	1号梁场
1068	横山村2号大桥	SJ02040105R1802	中梁	SJ-2标段4合同	1号梁场
1069	横山村2号大桥	SJ02040105R1803	中梁	SJ-2标段4合同	1号梁场
1070	横山村2号大桥	SJ02040105R1804	中梁	SJ-2标段4合同	1号梁场
1071	横山村2号大桥	SJ02040105R1805	中梁	SJ-2标段4合同	1号梁场
1072	横山村2号大桥	SJ02040105R1806	中梁	SJ-2标段4合同	1号梁场
1073	横山村2号大桥	SJ02040105R1807	右边梁	SJ-2标段4合同	1号梁场
1074	横山村2号大桥	SJ02040105R1901	左边梁	SJ-2标段4合同	1号梁场
1075	横山村2号大桥	SJ02040105R1902	中梁	SJ-2标段4合同	1号梁场
1076	横山村2号大桥	SJ02040105R1903	中梁	SJ-2标段4合同	1号梁场
1077	横山村2号大桥	SJ02040105R1904	中梁	SJ-2标段4合同	1号梁场
1078	横山村2号大桥	SJ02040105R1905	中梁	SJ-2标段4合同	1号梁场
1079	横山村2号大桥	SJ02040105R1906	中梁	SJ-2标段4合同	1号梁场
1080	横山村2号大桥	SJ02040105R1907	右边梁	SJ-2标段4合同	1号梁场
1081	横山村2号大桥	SJ02040105R2001	左边梁	SJ-2标段4合同	1号梁场
1082	横山村2号大桥	SJ02040105R2002	中梁	SJ-2标段4合同	1号梁场
1083	横山村2号大桥	SJ02040105R2003	中梁	SJ-2标段4合同	1号梁场

续表

序号	桥梁	梁片编号	梁片名称	标段	梁场
1084	横山村2号大桥	SJ02040105R2004	中梁	SJ-2标段4合同	1号梁场
1085	横山村2号大桥	SJ02040105R2005	中梁	SJ-2标段4合同	1号梁场
1086	横山村2号大桥	SJ02040105R2006	中梁	SJ-2标段4合同	1号梁场
1087	横山村2号大桥	SJ02040105R2007	右边梁	SJ-2标段4合同	1号梁场
1088	横山村2号大桥	SJ02040105R2101	左边梁	SJ-2标段4合同	1号梁场
1089	横山村2号大桥	SJ02040105R2102	中梁	SJ-2标段4合同	1号梁场
1090	横山村2号大桥	SJ02040105R2103	中梁	SJ-2标段4合同	1号梁场
1091	横山村2号大桥	SJ02040105R2104	中梁	SJ-2标段4合同	1号梁场
1092	横山村2号大桥	SJ02040105R2105	中梁	SJ-2标段4合同	1号梁场
1093	横山村2号大桥	SJ02040105R2106	中梁	SJ-2标段4合同	1号梁场
1094	横山村2号大桥	SJ02040105R2107	右边梁	SJ-2标段4合同	1号梁场
1095	横山村2号大桥	SJ02040105L0101	左边梁	SJ-2标段4合同	1号梁场
1096	横山村2号大桥	SJ02040105L0102	中梁	SJ-2标段4合同	1号梁场
1097	横山村2号大桥	SJ02040105L0103	中梁	SJ-2标段4合同	1号梁场
1098	横山村2号大桥	SJ02040105L0104	中梁	SJ-2标段4合同	1号梁场
1099	横山村2号大桥	SJ02040105L0105	中梁	SJ-2标段4合同	1号梁场
1100	横山村2号大桥	SJ02040105L0106	中梁	SJ-2标段4合同	1号梁场
1101	横山村2号大桥	SJ02040105L0107	右边梁	SJ-2标段4合同	1号梁场
1102	横山村2号大桥	SJ02040105L0201	左边梁	SJ-2标段4合同	1号梁场
1103	横山村2号大桥	SJ02040105L0202	中梁	SJ-2标段4合同	1号梁场
1104	横山村2号大桥	SJ02040105L0203	中梁	SJ-2标段4合同	1号梁场
1105	横山村2号大桥	SJ02040105L0204	中梁	SJ-2标段4合同	1号梁场
1106	横山村2号大桥	SJ02040105L0205	中梁	SJ-2标段4合同	1号梁场
1107	横山村2号大桥	SJ02040105L0206	中梁	SJ-2标段4合同	1号梁场
1108	横山村2号大桥	SJ02040105L0207	右边梁	SJ-2标段4合同	1号梁场

续表

序号	桥梁	梁片编号	梁片名称	标段	梁场
1109	横山村2号大桥	SJ02040105L0301	左边梁	SJ-2标段4合同	1号梁场
1110	横山村2号大桥	SJ02040105L0302	中梁	SJ-2标段4合同	1号梁场
1111	横山村2号大桥	SJ02040105L0303	中梁	SJ-2标段4合同	1号梁场
1112	横山村2号大桥	SJ02040105L0304	中梁	SJ-2标段4合同	1号梁场
1113	横山村2号大桥	SJ02040105L0305	中梁	SJ-2标段4合同	1号梁场
1114	横山村2号大桥	SJ02040105L0306	中梁	SJ-2标段4合同	1号梁场
1115	横山村2号大桥	SJ02040105L0307	右边梁	SJ-2标段4合同	1号梁场
1116	横山村2号大桥	SJ02040105L0401	左边梁	SJ-2标段4合同	1号梁场
1117	横山村2号大桥	SJ02040105L0402	中梁	SJ-2标段4合同	1号梁场
1118	横山村2号大桥	SJ02040105L0403	中梁	SJ-2标段4合同	1号梁场
1119	横山村2号大桥	SJ02040105L0404	中梁	SJ-2标段4合同	1号梁场
1120	横山村2号大桥	SJ02040105L0405	中梁	SJ-2标段4合同	1号梁场
1121	横山村2号大桥	SJ02040105L0406	中梁	SJ-2标段4合同	1号梁场
1122	横山村2号大桥	SJ02040105L0407	右边梁	SJ-2标段4合同	1号梁场
1123	横山村2号大桥	SJ02040105L0501	左边梁	SJ-2标段4合同	1号梁场
1124	横山村2号大桥	SJ02040105L0502	中梁	SJ-2标段4合同	1号梁场
1125	横山村2号大桥	SJ02040105L0503	中梁	SJ-2标段4合同	1号梁场
1126	横山村2号大桥	SJ02040105L0504	中梁	SJ-2标段4合同	1号梁场
1127	横山村2号大桥	SJ02040105L0505	中梁	SJ-2标段4合同	1号梁场
1128	横山村2号大桥	SJ02040105L0506	中梁	SJ-2标段4合同	1号梁场
1129	横山村2号大桥	SJ02040105L0507	右边梁	SJ-2标段4合同	1号梁场
1130	横山村2号大桥	SJ02040105L0601	左边梁	SJ-2标段4合同	1号梁场
1131	横山村2号大桥	SJ02040105L0602	中梁	SJ-2标段4合同	1号梁场
1132	横山村2号大桥	SJ02040105L0603	中梁	SJ-2标段4合同	1号梁场
1133	横山村2号大桥	SJ02040105L0604	中梁	SJ-2标段4合同	1号梁场

续表

序号	桥梁	梁片编号	梁片名称	标段	梁场
1134	横山村2号大桥	SJ02040105L0605	中梁	SJ-2标段4合同	1号梁场
1135	横山村2号大桥	SJ02040105L0606	中梁	SJ-2标段4合同	1号梁场
1136	横山村2号大桥	SJ02040105L0607	右边梁	SJ-2标段4合同	1号梁场
1137	横山村2号大桥	SJ02040105L0701	左边梁	SJ-2标段4合同	1号梁场
1138	横山村2号大桥	SJ02040105L0702	中梁	SJ-2标段4合同	1号梁场
1139	横山村2号大桥	SJ02040105L0703	中梁	SJ-2标段4合同	1号梁场
1140	横山村2号大桥	SJ02040105L0704	中梁	SJ-2标段4合同	1号梁场
1141	横山村2号大桥	SJ02040105L0705	中梁	SJ-2标段4合同	1号梁场
1142	横山村2号大桥	SJ02040105L0706	中梁	SJ-2标段4合同	1号梁场
1143	横山村2号大桥	SJ02040105L0707	右边梁	SJ-2标段4合同	1号梁场
1144	横山村2号大桥	SJ02040105L0801	左边梁	SJ-2标段4合同	1号梁场
1145	横山村2号大桥	SJ02040105L0802	中梁	SJ-2标段4合同	1号梁场
1146	横山村2号大桥	SJ02040105L0803	中梁	SJ-2标段4合同	1号梁场
1147	横山村2号大桥	SJ02040105L0804	中梁	SJ-2标段4合同	1号梁场
1148	横山村2号大桥	SJ02040105L0805	中梁	SJ-2标段4合同	1号梁场
1149	横山村2号大桥	SJ02040105L0806	中梁	SJ-2标段4合同	1号梁场
1150	横山村2号大桥	SJ02040105L0807	右边梁	SJ-2标段4合同	1号梁场
1151	横山村2号大桥	SJ02040105L0901	左边梁	SJ-2标段4合同	1号梁场
1152	横山村2号大桥	SJ02040105L0902	中梁	SJ-2标段4合同	1号梁场
1153	横山村2号大桥	SJ02040105L0903	中梁	SJ-2标段4合同	1号梁场
1154	横山村2号大桥	SJ02040105L0904	中梁	SJ-2标段4合同	1号梁场
1155	横山村2号大桥	SJ02040105L0905	中梁	SJ-2标段4合同	1号梁场
1156	横山村2号大桥	SJ02040105L0906	中梁	SJ-2标段4合同	1号梁场
1157	横山村2号大桥	SJ02040105L0907	右边梁	SJ-2标段4合同	1号梁场
1158	横山村2号大桥	SJ02040105L1001	左边梁	SJ-2标段4合同	1号梁场

续表

序号	桥梁	梁片编号	梁片名称	标段	梁场
1159	横山村2号大桥	SJ02040105L1002	中梁	SJ-2标段4合同	1号梁场
1160	横山村2号大桥	SJ02040105L1003	中梁	SJ-2标段4合同	1号梁场
1161	横山村2号大桥	SJ02040105L1004	中梁	SJ-2标段4合同	1号梁场
1162	横山村2号大桥	SJ02040105L1005	中梁	SJ-2标段4合同	1号梁场
1163	横山村2号大桥	SJ02040105L1006	中梁	SJ-2标段4合同	1号梁场
1164	横山村2号大桥	SJ02040105L1007	右边梁	SJ-2标段4合同	1号梁场
1165	横山村2号大桥	SJ02040105L1101	左边梁	SJ-2标段4合同	1号梁场
1166	横山村2号大桥	SJ02040105L1102	中梁	SJ-2标段4合同	1号梁场
1167	横山村2号大桥	SJ02040105L1103	中梁	SJ-2标段4合同	1号梁场
1168	横山村2号大桥	SJ02040105L1104	中梁	SJ-2标段4合同	1号梁场
1169	横山村2号大桥	SJ02040105L1105	中梁	SJ-2标段4合同	1号梁场
1170	横山村2号大桥	SJ02040105L1106	中梁	SJ-2标段4合同	1号梁场
1171	横山村2号大桥	SJ02040105L1107	右边梁	SJ-2标段4合同	1号梁场
1172	横山村2号大桥	SJ02040105L1201	左边梁	SJ-2标段4合同	1号梁场
1173	横山村2号大桥	SJ02040105L1202	中梁	SJ-2标段4合同	1号梁场
1174	横山村2号大桥	SJ02040105L1203	中梁	SJ-2标段4合同	1号梁场
1175	横山村2号大桥	SJ02040105L1204	中梁	SJ-2标段4合同	1号梁场
1176	横山村2号大桥	SJ02040105L1205	中梁	SJ-2标段4合同	1号梁场
1177	横山村2号大桥	SJ02040105L1206	中梁	SJ-2标段4合同	1号梁场
1178	横山村2号大桥	SJ02040105L1207	右边梁	SJ-2标段4合同	1号梁场
1179	横山村2号大桥	SJ02040105L1301	左边梁	SJ-2标段4合同	1号梁场
1180	横山村2号大桥	SJ02040105L1302	中梁	SJ-2标段4合同	1号梁场
1181	横山村2号大桥	SJ02040105L1303	中梁	SJ-2标段4合同	1号梁场
1182	横山村2号大桥	SJ02040105L1304	中梁	SJ-2标段4合同	1号梁场
1183	横山村2号大桥	SJ02040105L1305	中梁	SJ-2标段4合同	1号梁场

续表

序号	桥梁	梁片编号	梁片名称	标段	梁场
1184	横山村2号大桥	SJ02040105L1306	中梁	SJ-2标段4合同	1号梁场
1185	横山村2号大桥	SJ02040105L1307	右边梁	SJ-2标段4合同	1号梁场
1186	横山村2号大桥	SJ02040105L1401	左边梁	SJ-2标段4合同	1号梁场
1187	横山村2号大桥	SJ02040105L1402	中梁	SJ-2标段4合同	1号梁场
1188	横山村2号大桥	SJ02040105L1403	中梁	SJ-2标段4合同	1号梁场
1189	横山村2号大桥	SJ02040105L1404	中梁	SJ-2标段4合同	1号梁场
1190	横山村2号大桥	SJ02040105L1405	中梁	SJ-2标段4合同	1号梁场
1191	横山村2号大桥	SJ02040105L1406	中梁	SJ-2标段4合同	1号梁场
1192	横山村2号大桥	SJ02040105L1407	右边梁	SJ-2标段4合同	1号梁场
1193	横山村2号大桥	SJ02040105L1501	左边梁	SJ-2标段4合同	1号梁场
1194	横山村2号大桥	SJ02040105L1502	中梁	SJ-2标段4合同	1号梁场
1195	横山村2号大桥	SJ02040105L1503	中梁	SJ-2标段4合同	1号梁场
1196	横山村2号大桥	SJ02040105L1504	中梁	SJ-2标段4合同	1号梁场
1197	横山村2号大桥	SJ02040105L1505	中梁	SJ-2标段4合同	1号梁场
1198	横山村2号大桥	SJ02040105L1506	中梁	SJ-2标段4合同	1号梁场
1199	横山村2号大桥	SJ02040105L1507	右边梁	SJ-2标段4合同	1号梁场
1200	横山村2号大桥	SJ02040105L1601	左边梁	SJ-2标段4合同	1号梁场
1201	横山村2号大桥	SJ02040105L1602	中梁	SJ-2标段4合同	1号梁场
1202	横山村2号大桥	SJ02040105L1603	中梁	SJ-2标段4合同	1号梁场
1203	横山村2号大桥	SJ02040105L1604	中梁	SJ-2标段4合同	1号梁场
1204	横山村2号大桥	SJ02040105L1605	中梁	SJ-2标段4合同	1号梁场
1205	横山村2号大桥	SJ02040105L1606	中梁	SJ-2标段4合同	1号梁场
1206	横山村2号大桥	SJ02040105L1607	右边梁	SJ-2标段4合同	1号梁场
1207	横山村2号大桥	SJ02040105L1701	左边梁	SJ-2标段4合同	1号梁场
1208	横山村2号大桥	SJ02040105L1702	中梁	SJ-2标段4合同	1号梁场

续表

序号	桥梁	梁片编号	梁片名称	标段	梁场
1209	横山村2号大桥	SJ02040105L1703	中梁	SJ-2 标段 4 合同	1 号梁场
1210	横山村2号大桥	SJ02040105L1704	中梁	SJ-2 标段 4 合同	1 号梁场
1211	横山村2号大桥	SJ02040105L1705	中梁	SJ-2 标段 4 合同	1 号梁场
1212	横山村2号大桥	SJ02040105L1706	中梁	SJ-2 标段 4 合同	1 号梁场
1213	横山村2号大桥	SJ02040105L1707	右边梁	SJ-2 标段 4 合同	1 号梁场
1214	横山村2号大桥	SJ02040105L1801	左边梁	SJ-2 标段 4 合同	1 号梁场
1215	横山村2号大桥	SJ02040105L1802	中梁	SJ-2 标段 4 合同	1 号梁场
1216	横山村2号大桥	SJ02040105L1803	中梁	SJ-2 标段 4 合同	1 号梁场
1217	横山村2号大桥	SJ02040105L1804	中梁	SJ-2 标段 4 合同	1 号梁场
1218	横山村2号大桥	SJ02040105L1805	中梁	SJ-2 标段 4 合同	1 号梁场
1219	横山村2号大桥	SJ02040105L1806	中梁	SJ-2 标段 4 合同	1 号梁场
1220	横山村2号大桥	SJ02040105L1807	右边梁	SJ-2 标段 4 合同	1 号梁场
1221	横山村2号大桥	SJ02040105L1901	左边梁	SJ-2 标段 4 合同	1 号梁场
1222	横山村2号大桥	SJ02040105L1902	中梁	SJ-2 标段 4 合同	1 号梁场
1223	横山村2号大桥	SJ02040105L1903	中梁	SJ-2 标段 4 合同	1 号梁场
1224	横山村2号大桥	SJ02040105L1904	中梁	SJ-2 标段 4 合同	1 号梁场
1225	横山村2号大桥	SJ02040105L1905	中梁	SJ-2 标段 4 合同	1 号梁场
1226	横山村2号大桥	SJ02040105L1906	中梁	SJ-2 标段 4 合同	1 号梁场
1227	横山村2号大桥	SJ02040105L1907	右边梁	SJ-2 标段 4 合同	1 号梁场
1228	横山村2号大桥	SJ02040105L2001	左边梁	SJ-2 标段 4 合同	1 号梁场
1229	横山村2号大桥	SJ02040105L2002	中梁	SJ-2 标段 4 合同	1 号梁场
1230	横山村2号大桥	SJ02040105L2003	中梁	SJ-2 标段 4 合同	1 号梁场
1231	横山村2号大桥	SJ02040105L2004	中梁	SJ-2 标段 4 合同	1 号梁场
1232	横山村2号大桥	SJ02040105L2005	中梁	SJ-2 标段 4 合同	1 号梁场
1233	横山村2号大桥	SJ02040105L2006	中梁	SJ-2 标段 4 合同	1 号梁场

续表

序号	桥梁	梁片编号	梁片名称	标段	梁场
1234	横山村2号大桥	SJ02040105L2007	右边梁	SJ-2标段4合同	1号梁场
1235	横山村2号大桥	SJ02040105L2101	左边梁	SJ-2标段4合同	1号梁场
1236	横山村2号大桥	SJ02040105L2102	中梁	SJ-2标段4合同	1号梁场
1237	横山村2号大桥	SJ02040105L2103	中梁	SJ-2标段4合同	1号梁场
1238	横山村2号大桥	SJ02040105L2104	中梁	SJ-2标段4合同	1号梁场
1239	横山村2号大桥	SJ02040105L2105	中梁	SJ-2标段4合同	1号梁场
1240	横山村2号大桥	SJ02040105L2106	中梁	SJ-2标段4合同	1号梁场
1241	横山村2号大桥	SJ02040105L2107	右边梁	SJ-2标段4合同	1号梁场
1242	横山村3号大桥	SJ02040106L0101	左边梁	SJ-2标段4合同	1号梁场
1243	横山村3号大桥	SJ02040106L0102	中梁	SJ-2标段4合同	1号梁场
1244	横山村3号大桥	SJ02040106L0103	中梁	SJ-2标段4合同	1号梁场
1245	横山村3号大桥	SJ02040106L0104	中梁	SJ-2标段4合同	1号梁场
1246	横山村3号大桥	SJ02040106L0105	中梁	SJ-2标段4合同	1号梁场
1247	横山村3号大桥	SJ02040106L0106	中梁	SJ-2标段4合同	1号梁场
1248	横山村3号大桥	SJ02040106L0107	右边梁	SJ-2标段4合同	1号梁场
1249	横山村3号大桥	SJ02040106L0201	左边梁	SJ-2标段4合同	1号梁场
1250	横山村3号大桥	SJ02040106L0202	中梁	SJ-2标段4合同	1号梁场
1251	横山村3号大桥	SJ02040106L0203	中梁	SJ-2标段4合同	1号梁场
1252	横山村3号大桥	SJ02040106L0204	中梁	SJ-2标段4合同	1号梁场
1253	横山村3号大桥	SJ02040106L0205	中梁	SJ-2标段4合同	1号梁场
1254	横山村3号大桥	SJ02040106L0206	中梁	SJ-2标段4合同	1号梁场
1255	横山村3号大桥	SJ02040106L0207	右边梁	SJ-2标段4合同	1号梁场
1256	横山村3号大桥	SJ02040106L0301	左边梁	SJ-2标段4合同	1号梁场
1257	横山村3号大桥	SJ02040106L0302	中梁	SJ-2标段4合同	1号梁场
1258	横山村3号大桥	SJ02040106L0303	中梁	SJ-2标段4合同	1号梁场

续表

序号	桥梁	梁片编号	梁片名称	标段	梁场
1259	横山村3号大桥	SJ02040106L0304	中梁	SJ-2标段4合同	1号梁场
1260	横山村3号大桥	SJ02040106L0305	中梁	SJ-2标段4合同	1号梁场
1261	横山村3号大桥	SJ02040106L0306	中梁	SJ-2标段4合同	1号梁场
1262	横山村3号大桥	SJ02040106L0307	右边梁	SJ-2标段4合同	1号梁场
1263	横山村3号大桥	SJ02040106L0401	左边梁	SJ-2标段4合同	1号梁场
1264	横山村3号大桥	SJ02040106L0402	中梁	SJ-2标段4合同	1号梁场
1265	横山村3号大桥	SJ02040106L0403	中梁	SJ-2标段4合同	1号梁场
1266	横山村3号大桥	SJ02040106L0404	中梁	SJ-2标段4合同	1号梁场
1267	横山村3号大桥	SJ02040106L0405	中梁	SJ-2标段4合同	1号梁场
1268	横山村3号大桥	SJ02040106L0406	中梁	SJ-2标段4合同	1号梁场
1269	横山村3号大桥	SJ02040106L0407	右边梁	SJ-2标段4合同	1号梁场
1270	横山村3号大桥	SJ02040106L0501	左边梁	SJ-2标段4合同	1号梁场
1271	横山村3号大桥	SJ02040106L0502	中梁	SJ-2标段4合同	1号梁场
1272	横山村3号大桥	SJ02040106L0503	中梁	SJ-2标段4合同	1号梁场
1273	横山村3号大桥	SJ02040106L0504	中梁	SJ-2标段4合同	1号梁场
1274	横山村3号大桥	SJ02040106L0505	中梁	SJ-2标段4合同	1号梁场
1275	横山村3号大桥	SJ02040106L0506	中梁	SJ-2标段4合同	1号梁场
1276	横山村3号大桥	SJ02040106L0507	右边梁	SJ-2标段4合同	1号梁场
1277	横山村3号大桥	SJ02040106L0601	左边梁	SJ-2标段4合同	1号梁场
1278	横山村3号大桥	SJ02040106L0602	中梁	SJ-2标段4合同	1号梁场
1279	横山村3号大桥	SJ02040106L0603	中梁	SJ-2标段4合同	1号梁场
1280	横山村3号大桥	SJ02040106L0604	中梁	SJ-2标段4合同	1号梁场
1281	横山村3号大桥	SJ02040106L0605	中梁	SJ-2标段4合同	1号梁场
1282	横山村3号大桥	SJ02040106L0606	中梁	SJ-2标段4合同	1号梁场
1283	横山村3号大桥	SJ02040106L0607	右边梁	SJ-2标段4合同	1号梁场

续表

序号	桥梁	梁片编号	梁片名称	标段	梁场
1284	横山村3号大桥	SJ02040106L0701	左边梁	SJ-2标段4合同	1号梁场
1285	横山村3号大桥	SJ02040106L0702	中梁	SJ-2标段4合同	1号梁场
1286	横山村3号大桥	SJ02040106L0703	中梁	SJ-2标段4合同	1号梁场
1287	横山村3号大桥	SJ02040106L0704	中梁	SJ-2标段4合同	1号梁场
1288	横山村3号大桥	SJ02040106L0705	中梁	SJ-2标段4合同	1号梁场
1289	横山村3号大桥	SJ02040106L0706	中梁	SJ-2标段4合同	1号梁场
1290	横山村3号大桥	SJ02040106L0707	右边梁	SJ-2标段4合同	1号梁场
1291	横山村3号大桥	SJ02040106L0801	左边梁	SJ-2标段4合同	1号梁场
1292	横山村3号大桥	SJ02040106L0802	中梁	SJ-2标段4合同	1号梁场
1293	横山村3号大桥	SJ02040106L0803	中梁	SJ-2标段4合同	1号梁场
1294	横山村3号大桥	SJ02040106L0804	中梁	SJ-2标段4合同	1号梁场
1295	横山村3号大桥	SJ02040106L0805	中梁	SJ-2标段4合同	1号梁场
1296	横山村3号大桥	SJ02040106L0806	中梁	SJ-2标段4合同	1号梁场
1297	横山村3号大桥	SJ02040106L0807	右边梁	SJ-2标段4合同	1号梁场

5 预制 T 梁 BIM 参数化建模应用实践

5.1 20 m预制 T 梁 BIM 参数化建模应用实践

5.1.1 设计说明

1. 通用图适用条件和技术标准

（1）本通用图适用于地震动加速度峰值为 0.2*g* 的情况。

（2）本书 20 m T 梁上部构造图适用于 33.5 m 宽整体式及 16.5 m 宽分离式的桥梁。

（3）本通用图适用于平面位于直线和曲线上的桥梁，平曲线半径 *R*≥350 m，可采用 1 ~ 6 孔一联。

（4）梁片数及间距：7 片梁，梁间距 2.4 m。

（5）梁长范围：18 ~ 21 m（包含伸缩缝和现浇连续段）。

（6）汽车荷载：公路 Ⅰ 级。

（7）行车道数：双向 6 车道。

2. 技术规范

（1）中华人民共和国行业标准《公路工程技术标准》（JTG B01—2014）。

（2）中华人民共和国行业标准《公路桥涵设计通用规范》（JTG D60—2015）。

（3）中华人民共和国行业标准《公路钢筋混凝土及预应力混凝土桥涵设计规范》（JTG D62—2004）。

（4）中华人民共和国行业推荐性标准《公路桥涵施工技术规范》（JTG/T F50—2011）。

（5）中华人民共和国交通行业标准《预应力混凝土桥梁用塑料波纹管》（JT/T 529—2004）。

（6）国家标准《钢筋混凝土用钢 第 1 部分：热轧光圆钢筋》（GB 1499.1—2008）。

（7）国家标准《钢筋混凝土用钢 第 2 部分：热轧带肋钢筋》（GB 1499.2—2007）。

（8）国家标准《预应力混凝土用钢绞线》（GB/T 5224—2003）。

（9）国家标准《碳素结构钢》（GB/T 700—2006）。

（10）《橡胶支座　第2部分：桥梁隔震橡胶支座》（GB 20688.2—2006）。

（11）中华人民共和国交通部颁标准《公路桥梁伸缩缝装置》（JT/T 327—2004）。

3. 主要材料

（1）混凝土：预制T形梁、横隔板、翼板湿接头采用C50，伸缩缝预留槽采用C50钢纤维混凝土，桥面现浇层混凝土采用C50，桥面铺装采用沥青混凝土。

（2）预应力钢绞线：采用符合GB/T 5224—2003标准的高强度低松弛预应力钢绞线。公称直径 $\Phi^{s}15.2$（$7\Phi5$）mm，公称面积140 mm^2，抗拉强度标准值 $f_{pk}=1860$ MPa，弹性模量 $E_p=1.95\times10^5$ MPa。

（3）锚具及管道成孔：所采用的锚具应满足设计要求，并应符合《公路桥涵施工技术规范》（JTG/T F50—2011）第7章7.3条和7.4条的规定。正负弯矩钢束成孔方式均采用塑料波纹管。波纹管材料的物理力学指标应符合交通行业标准《预应力混凝土桥梁用塑料波纹管》（JT/T 529—2004）的规定。

（4）普通钢筋：采用热轧HPB300、HRB400钢筋，钢筋的主要技术性能必须分别符合国家标准GB 1499.1—2008、GB 1499.2—2007的有关规定。

（5）钢板：应符合国家标准《碳素结构钢》（GB/T 700—2006）规定的普通碳素结构钢（Q235）。

（6）支座：对于≥3孔的连续梁，简支处采用圆形滑动型水平力分散型橡胶支座，规格为LNR（H）-d420×118 mm；连续处采用圆形固定型水平力分散型支座，规格为LNR-d470×137 mm。对于2孔一联的连续梁和1孔简支梁，简支处和连续处均采用圆形固定型水平力分散型支座，简支处规格为LNR-d345×110 mm，连续处规格为LNR-d470×137 mm。支座技术性能及尺寸偏差按《橡胶支座　第2部分：桥梁隔震橡胶支座》（GB 20688.2—2006）执行。

（7）伸缩缝：1～3孔一联桥台处采用CD-60型伸缩缝，4～6孔一联桥台处采用FD-80型伸缩缝，1～6孔一联连续结构联端采用FD-80型伸缩缝。伸缩缝必须符合交通行业标准JT/T 327—2004的要求。

4. 设计要点

（1）本桥结构为预应力混凝土T形连续梁和简支梁。连续梁采用先简支后结构的连续方式，连续处墩顶纵向设单支座。

（2）T梁预制高度为1.5 m，上设10 cm厚C50现浇桥面混凝土，10 cm沥青混凝土桥面铺装。T梁间距2.4 m，中梁预制宽度为1.8 m，翼板间留有0.6 m的横向湿接缝；跨中段预制T形梁梁肋宽度采用20 cm，马蹄宽度采用48 cm，靠近端部时梁肋宽度由20 cm渐变至48 cm，与马蹄同宽，其渐变长度为3.4 m。位于曲线部分的桥跨用预制T梁边梁悬臂板调整形成曲线桥；桥梁每孔设2道中隔板，连续梁靠简支端设一道端隔板，靠连续端不设端隔板，因此仅有一道端隔板；简支梁有两道端隔板；中隔板与主梁正交，端隔板径向设置。预制T形梁梁顶横坡为每孔两端横坡的平均值。中隔板底面横坡与梁顶横坡一致，端隔板底面横坡与每孔两端横坡一致。桥面横坡由盖梁及支座垫石调整，为使支座水平设置，在预制T形梁简支端设置满足主梁纵坡的梁靴；墩顶纵向湿接缝为实心断面。

（3）T形梁采用桥梁博士计算软件进行计算。主梁按部分预应力混凝土A类构件设计。横向分布系数按成桥断面考虑，采用刚接板梁法和梁格法两种方法进行对比分析，按其中最不利者选用。不考虑10 cm厚现浇混凝土参与受力。

（4）有关设计参数：相对湿度70%；管道摩擦系数$u = 0.155$；偏差系数$k = 0.0015$；预应力松弛系数取0.3；非线性温度梯度，按《公路桥涵设计通用规范》（JTG D60—2015）计算，并考虑10 cm厚混凝土铺装层的折减；预应力钢束采用两端张拉，锚具变形及钢束回缩总变形值取12 mm。

（5）桥面铺装：顶层沥青混凝土厚10 cm，底层C50混凝土厚10 cm，两层之间设防水层。位于曲线上的桥梁，平纵坡组合后各点桥面沥青混凝土铺装厚度不尽相同，以最薄处不少于 8 cm，最厚处不大于13 cm控制。

（6）梁体预应力钢束分正弯矩钢束和负弯矩钢束两种，均采用圆形锚具和圆形塑料波纹管。正弯矩钢束在梁体预制时张拉，负弯矩钢束在连续段混凝土浇筑完且强度达到设计要求后张拉。

5. 施工要点

（1）上部结构使用了强度等级较高的混凝土，因而必须仔细研究确定施工工艺和选用的材料，进行较高强度混凝土最佳配合比设计与试验，确定质量控制标准和检测方法，并严格执行；为保证全桥颜色的一致性，建议同一座桥采用同一厂家同一品牌的水泥。

（2）普通钢筋、预应力钢材和锚具应按设计技术指标购货，并按照中华人民共和国行业推荐性标准《公路桥涵施工技术规范》（JTG/T F50—2011）有关要求，进行严格验收和检验。

（3）预制T梁要点：

① T梁预制时，应逐一对各片T梁进行编号，以便安装时对号入座，编号应包括孔号和梁号。

② 浇筑预制T梁混凝土前应严格检查相关附属设施的预埋件是否齐全，确定无误后方可浇筑。预制T梁必须采用钢模板，并应严格控制各梁段断面尺寸，及预应力钢束坐标的准确性。

③ 梁端 2 m 范围内的混凝土特别是锚下混凝土，由于钢筋网较密，应充分振捣密实，严格控制施工质量。

④ 预应力张拉过程中应对主梁侧向挠度进行监测，严格控制腹板任何位置侧弯不得大于 1.5 cm。

⑤ 预制T梁横隔板、梁端及梁顶面等与现浇混凝土接触面必须凿毛、冲洗，以保证新老混凝土结合效果。为防止混凝土裂缝和边棱破损，混凝土强度达到设计强度的80%以上时方可拆模。施工中，如发现实际上拱值与理论计算值相差较大，应查明原因后，方可进行下一道工序的施工。

⑥ 为了防止预制T梁上拱过大，预制T梁与现浇湿接缝及桥面铺装混凝土产生过大的收缩差，存梁期不应太长，应控制在≤60 d。同时，为防止同跨及相邻跨预制T梁间的高差过大，同一跨的预制T梁存梁期应基本一致，相邻跨的各预制T梁的存梁期亦不宜相差过大。

⑦ T梁架设安装，必须按对称、均衡的原则准确就位，同一孔5片预制梁龄期差不得大于 10 d。

⑧ 架梁时应有可靠的、防止梁体就位后发生侧倾的措施。T梁就位后必须及时进行横隔板间钢筋的焊接及横隔板、翼板湿接缝混凝土浇筑。运梁时两条轨道应置于相邻两片梁肋上，即轨道轴线与主梁腹板轴线重合，严禁两条铁轨置于同一片梁上。

⑨ T梁在运梁及安装就位过程中应采取有效措施，防止梁体横向倾斜大于3°，纵向倾斜大于5°。

（4）T梁堆放：

预制梁堆放支承位置应与构造图中支承位置保持一致，当受场地限制需采用多层堆放时，最多可叠放两层，且上下两层梁肋轴线位于同一铅垂线上，严禁上层预制梁梁肋置于下层预制梁行车道板位置。同时应采取措施避免预制梁侧倾。

（5）连续处湿接头混凝土浇筑：

① 当一联内梁体全部安装就位，墩顶临时支座和永久支座标高、连续处湿接缝的普通钢筋和管道布设等经检查满足设计要求时，方可进行湿接头混凝土的浇筑。

② 湿接头混凝土的浇筑宜在一天中气温最低的时段进行，各现浇连续接头的浇筑气温应基本相同，温差应控制在5 °C以内。各墩顶湿接头混凝土的浇筑顺序应按设计要求的施工步骤执行。

③ 永久支座应在设置湿接头底模板之前安装。湿接头处的模板应具有足够的强度和刚度，且与预制梁体表面紧密贴合并具有一定的搭接长度，各缝隙处应保证严密、不漏浆。

④ 连续段湿接头内的钢筋和波纹管较密集，当插入式振捣器难以使用时，可采用振捣铲人工捣固等其他方式，但应制订周密完善的振捣方案，确实保证混凝土的振捣密实。尤其要保证负弯矩钢束管道下的混凝土振捣密实。

⑤ 湿接头混凝土的设计养护期不宜少于14 d。

⑥ 湿接头混凝土浇筑过程中及养护期间，严禁人员踩踏和人力推车、混凝土输送车等的碾压。

（6）T梁现浇桥面混凝土浇筑：

① 现浇桥面混凝土与预制T梁两者龄期差不宜大于3个月，浇筑时的环境气温宜控制在10 ~ 30 °C。

② 桥面混凝土浇筑前应预先测定各孔各片裸梁纵横向的控制点标高，以确定是否需要调整其铺装厚度。如需调整，应注意调整后现浇混凝土层跨中附近的最小厚度不宜小于5 cm，支点附近最大厚度不宜大于15 cm。

③ 现浇桥面混凝土没有达到设计强度前，汽车或重型施工机具不得在桥上行走。

（7）预应力管道质量：

① 预应力管道采用塑料波纹管，入模前须仔细检查有无破损，入模后

须严防后续工序损伤波纹管。

② 管道与管道间的连接及管道与喇叭管的连接应确保其密封性。

③ 管道在梁体内：必须准确定位。管道沿长度方向每 50 cm 设一道定位钢筋，并点焊在箍筋上。管道坐标偏差在梁长方向不得超过 ± 30 mm，在梁高方向及梁侧向不得超过 ± 10 mm。

④ 管道轴线必须与锚垫板垂直。

⑤ 负弯矩管道在现浇连续段内应采取曲线连接，注意保持管道的平顺。

（8）预应力钢绞线：

① 应按有关规定对每批钢绞线的强度、弹性模量、截面积、延伸量和硬度等指标进行抽检，对不合格产品严禁使用，同时应就实测的弹性模量和截面积对计算引伸量做修正。

② 梁肋正弯矩钢束张拉顺序：N1（一次张拉到控制力的 100%）→N2（首次张拉至控制力的 50%）→N3（一次张拉到控制力的 100%）→N2（二次张拉到控制力的 100%）。

③ 钢束张拉步骤：初张拉力 P_0（$P_0 = 0.15P$）→持荷 5 min→测引伸量 δ_1→张拉到总吨位 P→持荷 5 min→测引伸量 δ_2→锚固。

引伸量的量测应测定钢绞线的直接伸长值，不宜直接测千斤顶油缸的变位；为此应将钢绞线伸出千斤顶尾端 10 cm，直接测定钢绞线在张拉前、初始张拉吨位、张拉吨位三种情况下的伸长值。

④ 施工控制张拉力为锚下控制张拉力 + 锚圈口损失力（试验测定），测定锚圈口损失力的方法详见《公路桥涵施工技术规范》（JTG/T F50—2011）附录 C2。

⑤ 每股钢绞线的断、滑丝数不得超过 1 根，每断面钢绞线的断、滑丝数不超过钢丝总数的 1%，不允许整根钢绞线拉断。

⑥ 钢绞线运抵工地后应垫高放置在室内并防止锈蚀。

⑦ 钢绞线的切割不应采用电焊或气焊切割，而应采用圆盘踞机械切割。

（9）错具和垫板：

① 锚具除检查外观、精度及质量出厂证明书外，对锚具的强度（包括疲劳强度）、硬度（锚板及夹片）、锚固效率应进行抽验。

② 应逐个检查垫板喇叭管尾端内有无毛刺，对有毛刺者应予退货，不准使用。

（10）预应力质量控制：

① 预应力张拉时，应同时满足混凝土强度达到100%及养护龄期不少于14 d的条件。

② 预应力的张拉班组必须固定,且应在有经验的预应力张拉工长的指导下进行，不允许临时工承担此项工作。

③ 施加预应力应对称张拉。每次张拉应有完整的原始张拉记录，且应在监理在场的情况下进行。

④ 为保证主梁预应力钢束张拉质量，实行张拉吨位和引伸量双控，且需两端同时张拉，以张拉吨位为主，引伸量误差应控制在±6%范围内。

⑤ 在引伸量达不到设计要求时，允许灌中性肥皂水以减少其摩阻损失，但在压浆前应用高压水将中性肥皂水冲洗干净；也可将张拉吨位提高3%。两种措施可同时采用。

⑥ 应根据每批钢绞线的实际直径相应调整千斤顶限位板的限位尺寸，最标准的限位板尺寸应使钢绞线只有夹片的牙痕而无刮伤。

（11）管道压浆：

考虑预应力混凝土T梁的耐久性和解决预应力孔道压浆不饱满、不密实的问题，采用真空辅助压浆工艺。真空辅助压浆要点及要求为：

① 预应力张拉完成后24 h内应对预应力管道进行压浆。

② 压浆除具备必需的设备外，应由有经验的熟练人员来操作。

③ 浆体由水泥、水、专用添加剂组成。浆体水胶比控制在0.26～0.28，且24 h自由泌水率和3 h钢丝间泌水率均应为0。浆体初凝时间应≥5 h；终凝时间应≤24 h。浆体24 h自由体积膨胀率应小于3%。在标准养护条件下，浆体7 d抗压强度应≥40 MPa，28 d抗压强度应≥50 MPa。

④ 真空辅助压浆主要步骤：清除管道内的水和杂物→关闭其他通风口，开启真空泵抽管内空气→在－0.06～－0.10 MPa稳定的真空负压下，将浆体泵入管道→关闭阀门和真空泵→打开排气阀→灌浆泵继续工作，在0.5～0.7 MPa下，持压1～2 min→关闭灌浆泵及灌浆端阀门完成灌浆。

⑤ 浆体进入灌浆泵之前应通过1.2 mm的筛网进行过滤。

⑥ 灌浆孔数和位置必须做好记录，以防漏灌。

⑦ 储浆罐的体积应大于所要灌注的一条预应力孔道体积。

（12）钢筋施工：

① 所有钢筋的加工、安装和质量验收等均应按照《公路桥涵施工技术规范》（JTG/T F50—2011）的有关规定进行。

② 凡因施工需要而断开的钢筋当再次连接时，必须进行焊接并应符合施工技术规范的有关规定。

③ 当钢筋和预应力管道发生干扰时，可适当移动普通钢筋以保证钢束管道位置准确。钢束封锚端普通钢筋如影响预应力施工时，可适当弯折，但待预应力施工完毕后应及时恢复原位。

④ 施工中若钢筋发生冲突，允许适当调整位置，但混凝土保护层厚度应予以保证。如锚下螺旋筋与分布钢筋干扰时，可适当移动分布钢筋或调整分布钢筋间距。

⑤ 为保证多跨连续处预制 T 梁梁端预埋连接钢筋的长度和定位满足设计要求，其相邻 T 梁梁端预制时，应结合梁端位置的偏移、梁肋轴线交角β等因素适当调整此处连接钢筋的空间位置（位置微调或扳弯），以确保 T 梁安装就位后，连接钢筋焊接的准确可靠。

⑥ 施工时应注意各工序之间的联系，需在上一工序预埋的钢筋，切记不得遗漏，以免影响下一工序的正常进行。

6. 其　他

（1）桥面防水采用桥面专用防水材料，施工时参照有关标准的施工工艺施工。

（2）在预制 T 梁行车道板时，应将防撞护墙的锚固钢筋、伸缩缝有关部件等预先埋入，注意预留好泄水管孔洞。在浇筑梁体连续处横梁时须设置防震挡块预留孔。混凝土墙式护栏在墩顶、跨中位置必须设置 1 cm 宽的断缝；在伸缩缝处设置同伸缩缝宽度相同的断缝。

（3）预制 T 梁安装前，应核查各相邻 T 梁的轴线，梁端偏角（当为曲线折梁时）以及永久支座垫石中心坐标和高程是否满足设计要求。若不满足，应查明原因作出调整，方可进行 T 梁的吊装。永久支座垫石中心高程满足设计要求隐含着支座、T 梁安装就位，桥面铺装施工后，桥面设计高程符合设计要求；因此，其垫石中心高程的调整应结合施工控制水平、安装前 T 梁跨中截面上拱值等因素来决定。永久支座垫石中心水平坐标允许偏差为 ± 5 mm，高程允许偏差为 ± 10 mm。

（4）施工前应对设计图纸进行全面校核，确保正确无误后方可施工；若发现图纸交代不清或有疑问的地方应及时与设计部门联系。

（5）预应力张拉宜采用智能张拉、压浆系统。

（6）其他未尽事宜应按《公路桥涵施工技术规范》（JTG/T F50—2011）办理。

（7）为更好落实交通部“五化”要求，本通用图在施工实施阶段应按《云南省高速公路施工标准化实施要点》（第1册工地建设）/（第2册工程施工）执行。

5.1.2 设计图纸

本研究根据《昆明（岷山）至楚雄（广通）高速公路扩建工程两阶段设计》第四册第四分册，公路桥涵设计通用图T梁上部构造通用图（图纸编号：YQT-SLT-240ZQ-30-1）进行预制T梁模型的建立。

5.1.3 BIM建模成果

1. 20 m T梁轮廓族（图5.1、图5.2）

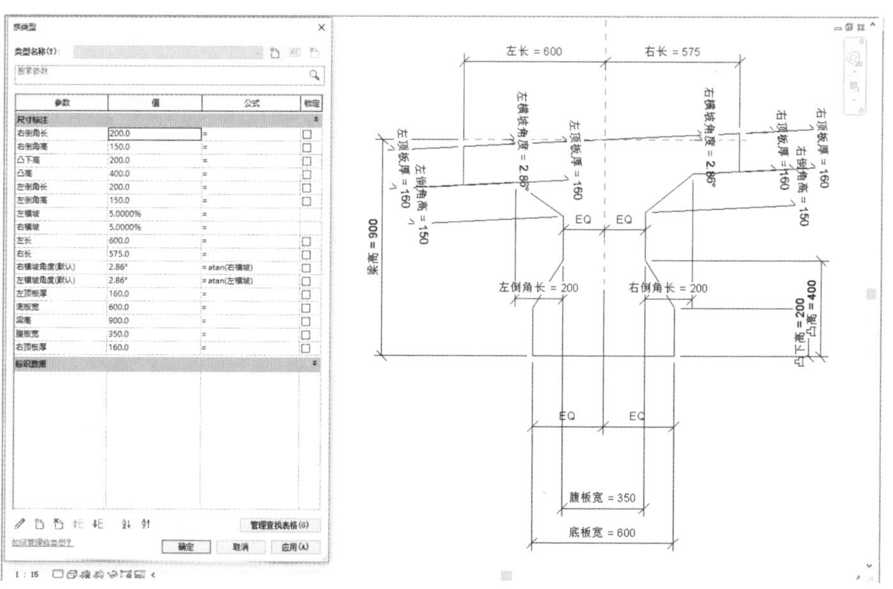

图5.1 20 m T梁通用轮廓族

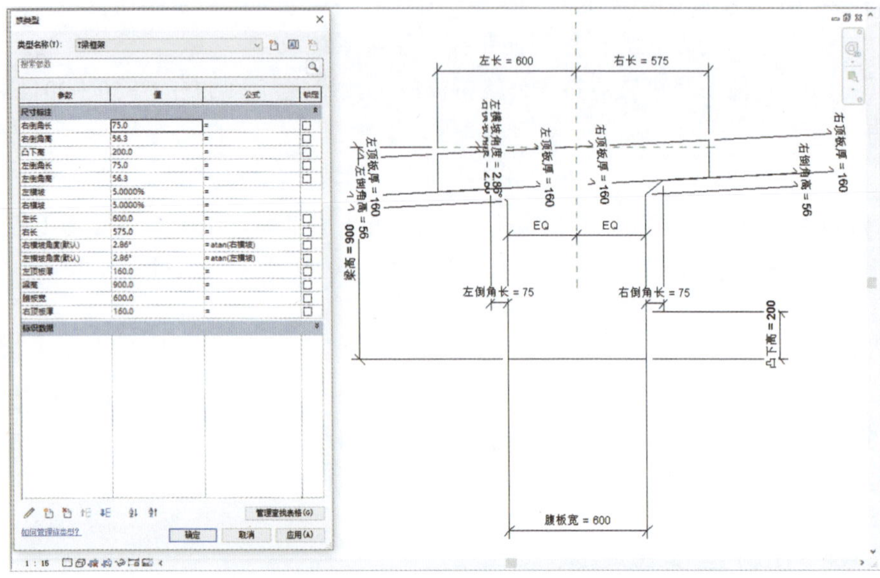

图 5.2　20 m T 梁支点框架通用轮廓族

2. 20 m T 梁左边梁（图 5.3 ~ 图 5.7）

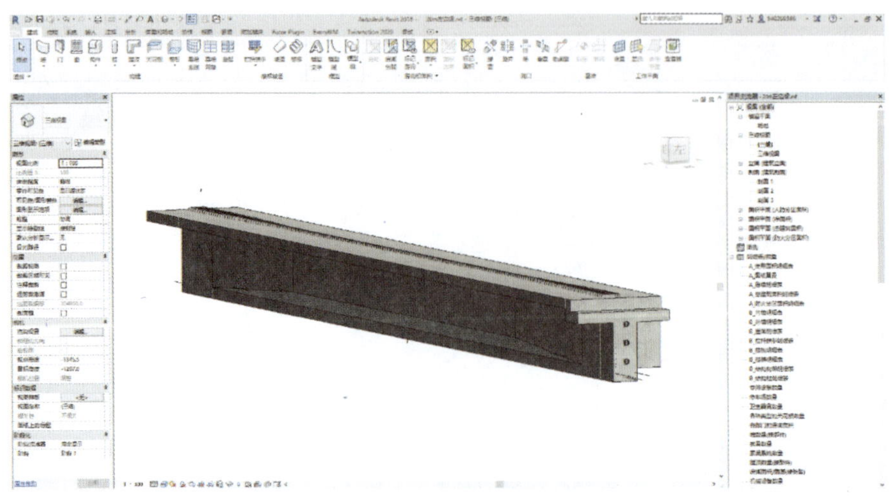

图 5.3　20 m T 梁左边梁三维视图

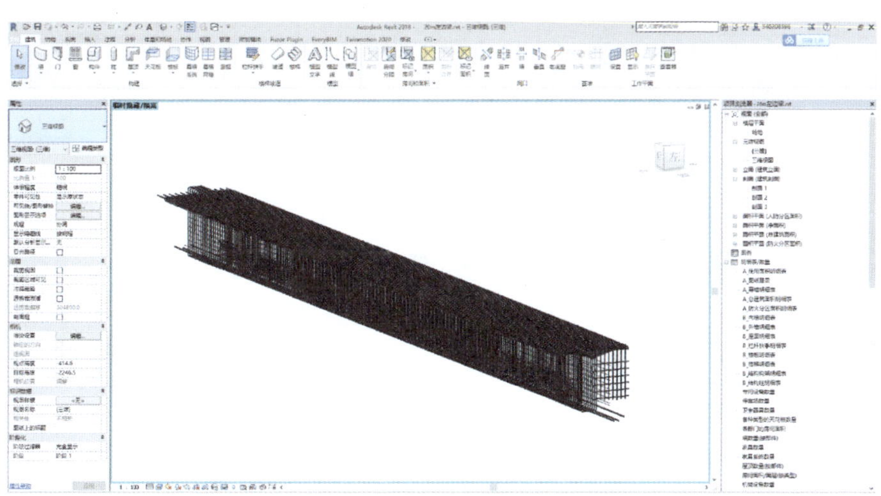

图 5.4　20 m T 梁左边梁钢筋三维视图

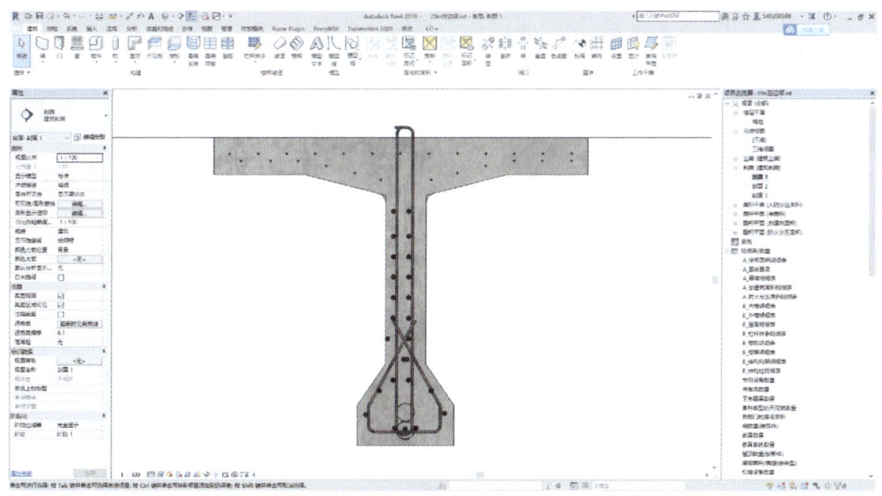

图 5.5　20 m T 梁左边梁剖面示意图 1

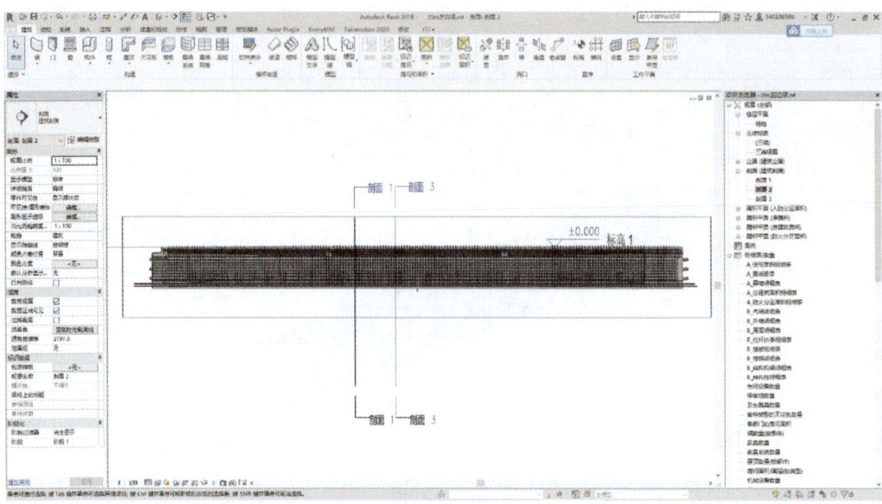

图 5.6　20 m T 梁左边梁剖面示意图 2

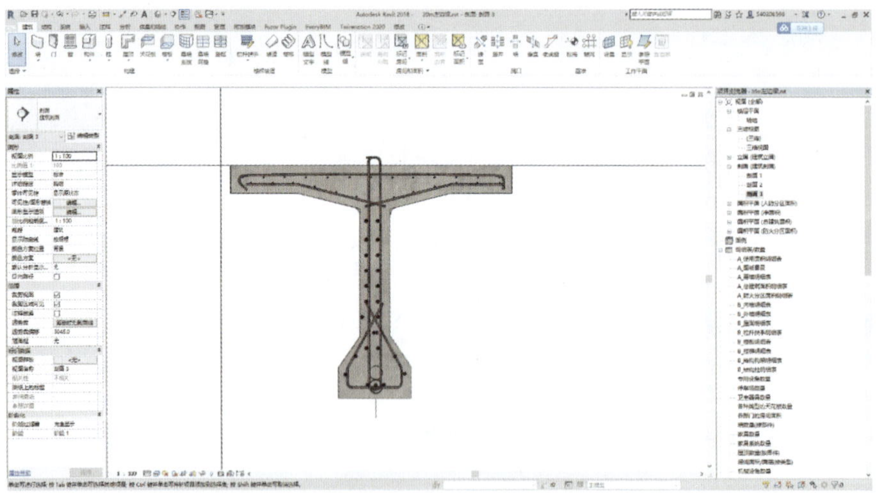

图 5.7　20 m T 梁左边梁剖面示意图 3

3. 20 m T梁右边梁（图5.8～图5.12）

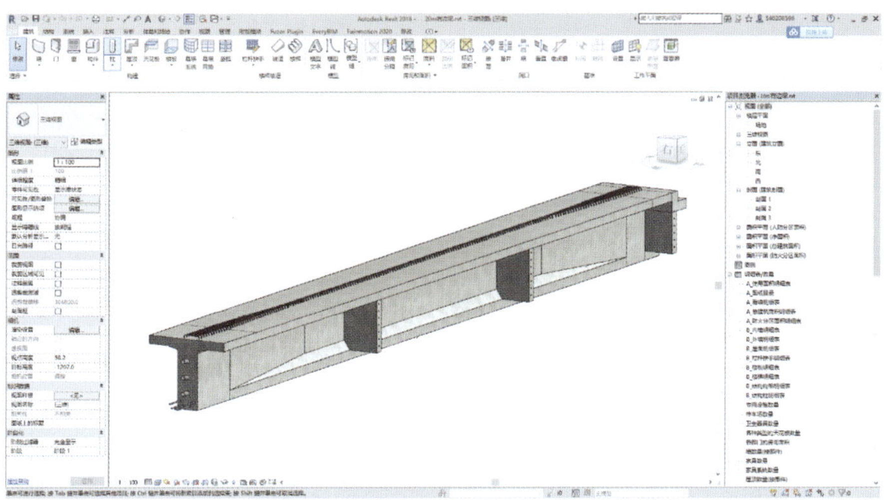

图5.8 20 m T梁右边梁三维视图

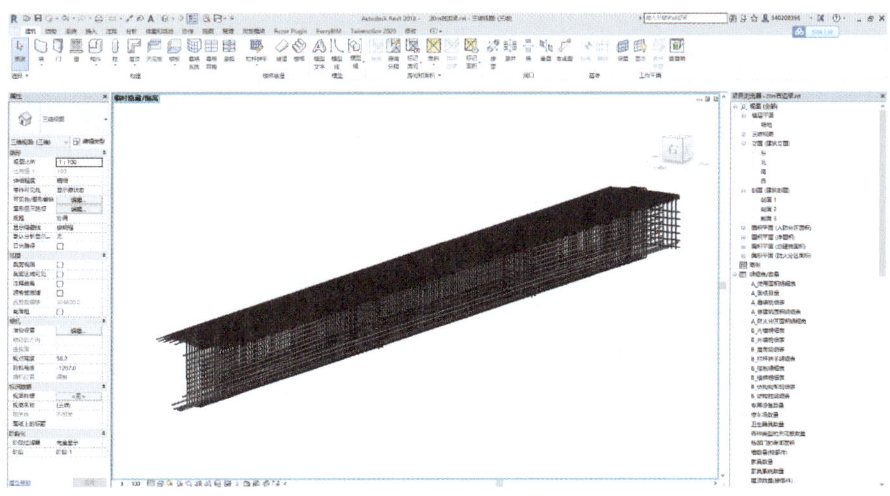

图5.9 20 m T梁右边梁钢筋三维视图

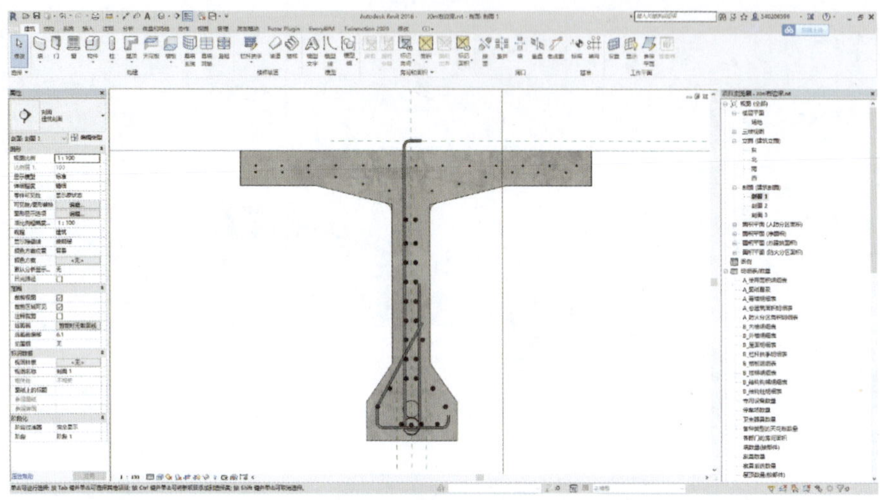

图 5.10 20 m T 梁右边梁剖面示意图 1

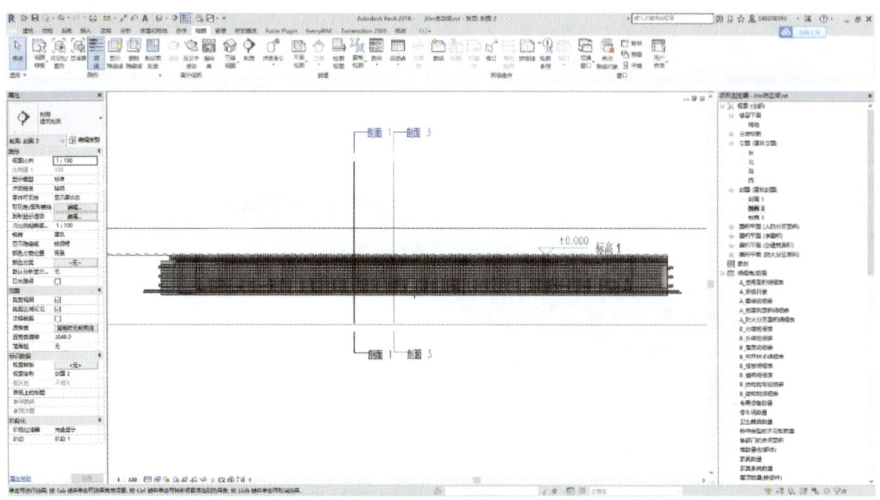

图 5.11 20 m T 梁右边梁剖面示意图 2

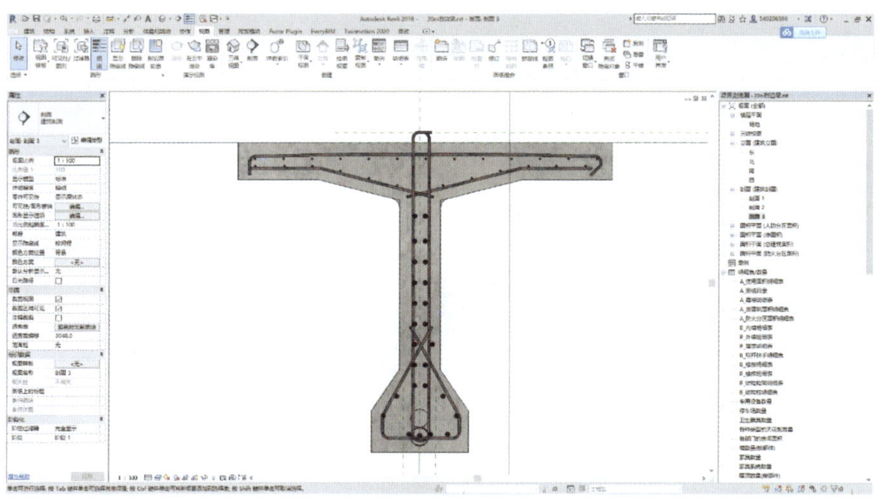

图 5.12　20 m T 梁右边梁剖面示意图 3

4. 20 m T 梁中梁（图 5.13～图 5.17）

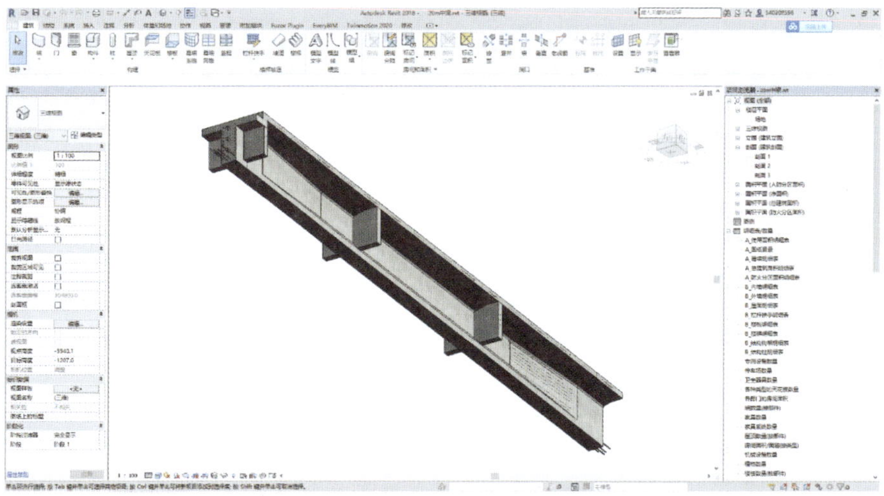

图 5.13　20 m T 梁中梁三维视图

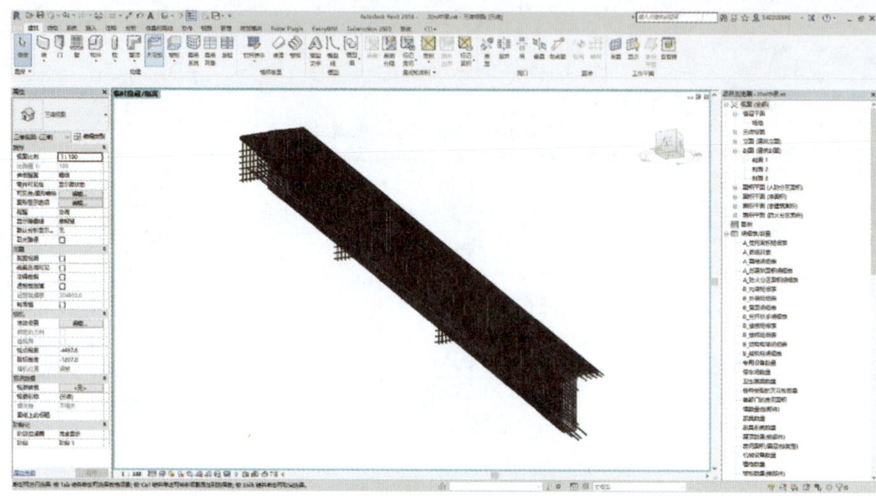

图 5.14　20 m T 梁中梁钢筋三维视图

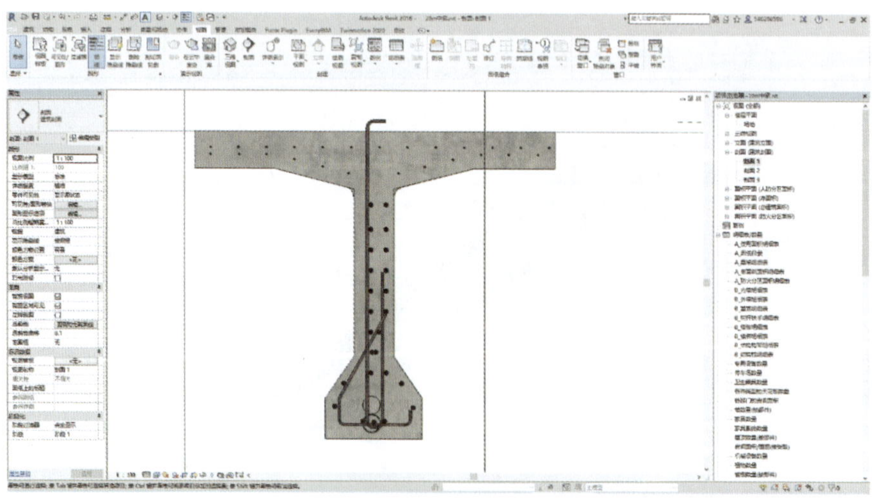

图 5.15　20 m T 梁中梁剖面示意图 1

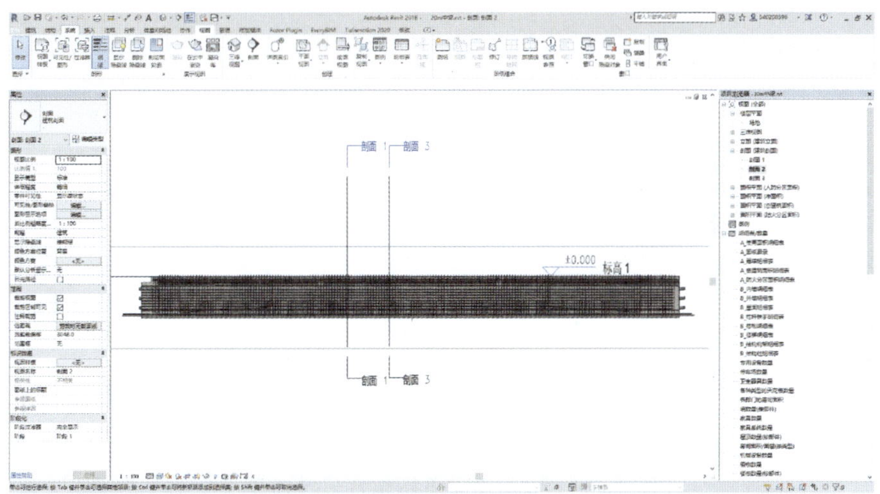

图 5.16　20 m T 梁右边梁剖面示意图 2

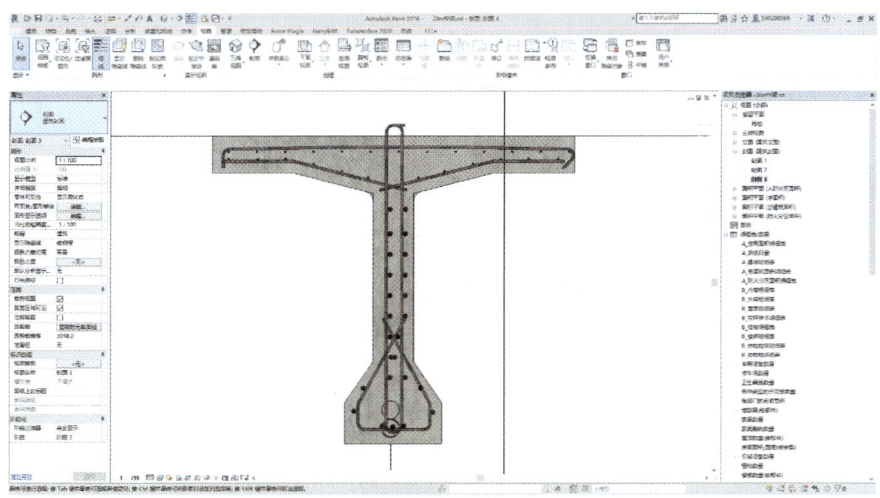

图 5.17　20 m T 梁中梁剖面示意图 3

5. 20 m T 梁组合模型（图 5.18、图 5.19）

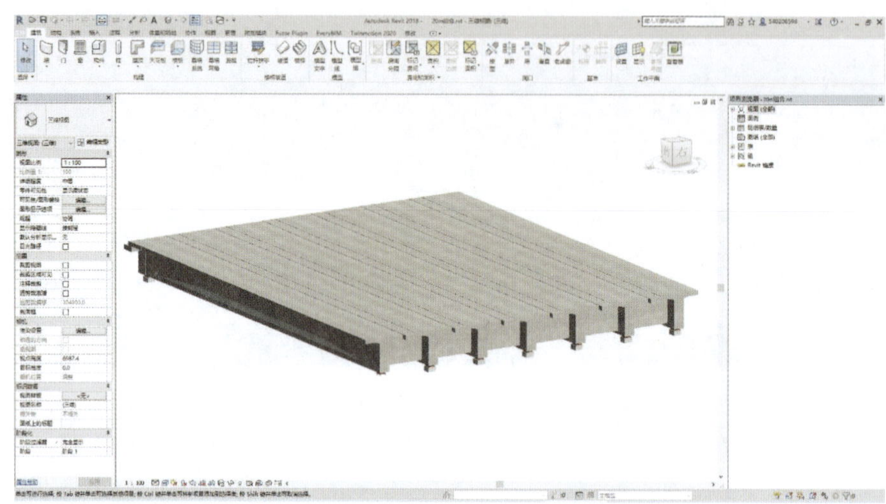

图 5.18　20 m T 梁单跨组合三维模型 1

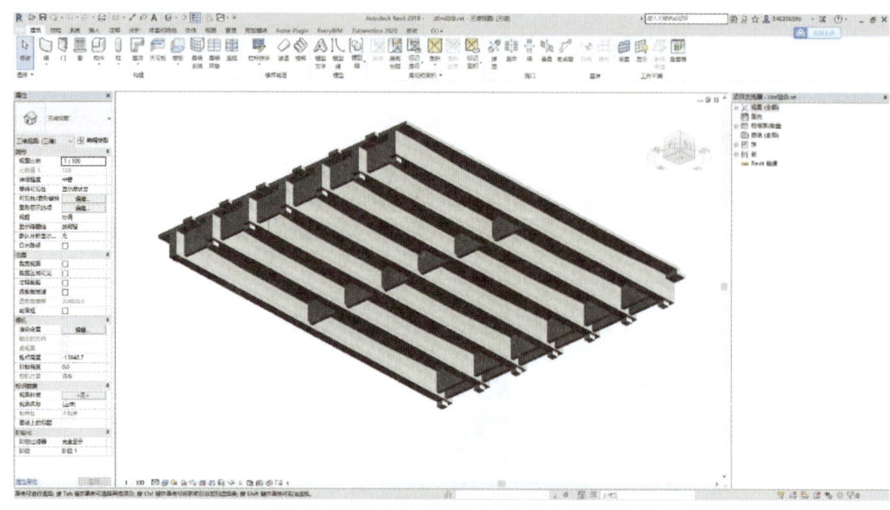

图 5.19　20 m T 梁单跨组合三维模型 2

5.2　30 m预制 T 梁 BIM 参数化建模应用实践

5.2.1　设计说明

1. 通用图适用条件和技术标准

（1）本通用图适用于地震动加速度峰值为 0.2g 的情况。

（2）本书 30 m T 梁上部构造图适用于 33.5 m 宽整体式及 16.5 m 宽分离式的桥梁。

（3）本通用图适用于平面位于直线和曲线上的桥梁，平曲线半径 $R\geqslant$ 550 m，一联孔数不大于 5 孔，结构连续长度不大于 150 m 的梁式桥。

（4）梁片数及间距：7 片梁，梁间距 2.4 m。

（5）梁长范围：28 ~ 31 m（包含伸缩缝和现浇连续段）。

（6）汽车荷载：公路 I 级。

（7）行车道数：双向 6 车道。

2. 技术规范

（1）中华人民共和国行业标准《公路工程技术标准》（JTG B01—2014）。

（2）中华人民共和国行业标准《公路桥涵设计通用规范》（JTG D60—2015）。

（3）中华人民共和国行业标准《公路钢筋混凝土及预应力混凝土桥涵设计规范》（JTG D62—2004）。

（4）中华人民共和国行业推荐性标准《公路桥涵施工技术规范》（JTG/T F50—2011）。

（5）中华人民共和国交通行业标准《预应力混凝土桥梁用塑料波纹管》（JT/T 529—2004）。

（6）国家标准《钢筋混凝土用钢　第 1 部分：热轧光圆钢筋》（GB 1499.1—2008）。

（7）国家标准《钢筋混凝土用钢　第 2 部分：热轧带肋钢筋》（GB 1499.2—2007）。

（8）国家标准《预应力混凝土用钢绞线》（GB/T 5224—2003）。

（9）国家标准《碳素结构钢》（GB/T 700—2006）。

（10）《橡胶支座　第 2 部分：桥梁隔震橡胶支座》（GB 20688.2—2006）。

（11）中华人民共和国交通部颁标准《公路桥梁伸缩缝装置》（JT/T 327—2004）。

3. 主要材料

（1）混凝土：预制T形梁、横隔板、翼板湿接头采用C50，伸缩缝预留槽采用C50钢纤维混凝土，桥面现浇层混凝土采用C50，桥面铺装采用沥青混凝土。

（2）预应力钢绞线：采用符合GB/T 5224—2003标准高强度低松弛预应力钢绞线。公称直径 $\phi^s15.2$（$7\phi5$）mm，公称面积 140 mm^2，抗拉强度标准值 $f_{pk}=1860$ MPa，弹性模量 $E_p=1.95\times10^5$ MPa。

（3）锚具及管道成孔：所采用的锚具应满足设计要求，并应符合《公路桥涵施工技术规范》（JTG/T F50—2011）第7章7.3条和7.4条的规定。正负弯矩钢束成孔方式均采用塑料波纹管。波纹管材料的物理力学指标应符合交通行业标准《预应力混凝土桥梁用塑料波纹管》（JT/T 529—2004）的规定。

（4）普通钢筋：采用热轧HPB300、HRB400钢筋，钢筋的主要技术性能必须分别符合国家标准GB 1499.1—2008、GB 1499.2—2007的有关规定。

（5）钢板：应符合国家标准《碳素结构钢》（GB/T 700—2006）规定的普通碳素结构钢（Q235）。

（6）支座：对于≥3孔的连续梁，简支处采用圆形滑动型水平力分散型橡胶支座，规格为LNR（H）-d420×136 mm；连续处采用圆形固定型水平力分散型支座，规格为LNR-d570×163 mm。对于2孔一联的连续梁和1孔简支梁，简支处和连续处均采用圆形固定型水平力分散型支座，简支处规格为LNR-d420×128 mm，连续处规格为LNR-d570×163 mm。支座技术性能及尺寸偏差按《橡胶支座 第2部分：桥梁隔震橡胶支座》（GB 20688.2—2006）执行。

（7）伸缩缝：1～4孔一联简支或连续结构联端采用FD-80型伸缩缝；5孔一联连续结构联端桥墩处采用QMSF-160型伸缩缝，桥台处采用FD-80型伸缩缝。伸缩缝必须符合交通行业标准JT/T 327—2004的要求。

4. 设计要点

（1）本结构设计为30 m预应力混凝土T形连续梁和简支梁。连续梁采用先简支后结构连续方式，连续处墩顶纵向为单支座。

（2）T梁预制高度为2.0 m，上设10 cm厚C50现浇桥面混凝土，10 cm沥青混凝土桥面铺装。T梁间距2.4 m，中梁预制宽度为1.8 m，翼板间留有0.6 m的横向湿接缝；跨中段预制T形梁梁肋宽度采用20 cm，马蹄宽度采用50 cm，靠近端部时梁肋宽度由20 cm渐变至50 cm，与马蹄同宽，其渐变长度为3.6 m，然后梁肋宽由50 cm渐变至60 cm，其渐变长度为1.2 m，在端部1 ~ 1.4 m范围内梁肋宽为60 cm。位于曲线范围内的桥跨用预制边T梁外悬臂板调整形成曲线线形；桥梁每孔设3道中隔板，连续梁靠简支端设一道端隔板，靠连续端不设端隔板，因此仅有一道端隔板；简支梁有两道端隔板；中隔板与主梁正交，端隔板径向设置。预制T形梁顶横坡为每孔两端横坡的平均值。中隔板底面横坡与梁顶横坡一致，端隔板底面横坡与每孔两端横坡一致。桥面横坡由盖梁及支座垫石调整，为使支座水平设置，在预制T形梁简支端设置适应主梁纵坡的梁靴；墩顶连续处湿接缝为实心断面。

（3）T形梁采用桥梁博士计算软件进行计算。主梁按部分预应力混凝土A类构件设计。横向分布系数按成桥断面考虑，采用刚接板梁法和梁格法两种方法进行对比分析，按其中最不利者选用。不考虑10 cm厚现浇混凝土参与受力。

（4）有关设计参数：相对湿度70%；管道摩擦系数$u = 0.155$；偏差系数$k = 0.0015$；预应力松弛系数取0.3；非线性温度梯度，按《公路桥涵设计通用规范》（JTG D60—2015）计算，并考虑10 cm厚混凝土铺装层的折减；预应力钢束采用两端张拉，锚具变形及钢束回缩总变形值取12 mm。

（5）桥面铺装：顶层沥青混凝土厚10 cm，底层C50混凝土厚10 cm，两层之间设防水层。位于曲线上的桥梁，平纵坡组合后各点桥面沥青混凝土铺装厚度不尽相同，以最薄处不少于8 cm，最厚处不大于13 cm控制。

（6）梁体预应力钢束分正弯矩钢束和负弯矩钢束两种（简支T梁仅有正弯矩钢束），均采用圆形锚具和圆形塑料波纹管；正弯矩钢束在梁体预制时张拉，负弯矩钢束在连续段混凝土浇筑完且强度达到设计要求后张拉。施工控制张拉力一锚下控制张拉力 + 错圈口摩阻损失（试验测定）。

5. 施工要点

（1）上部结构使用了强度等级较高的混凝土，因而必须仔细研究确定施工工艺和选用的材料，进行较高强度混凝土最佳配合比设计与试验，确定质量控制标准和检测方法，并严格执行；为保证全桥颜色的一致性，建议同一座桥采用同一厂家同一品牌的水泥。

（2）普通钢筋、预应力钢材和锚具应按设计技术指标购货，并按照中华人民共和国行业标准《公路桥涵施工技术规范》（JTG/T F50—2011）有关要求，进行严格验收和检验。

（3）预制 T 梁要点：

① T 梁预制时，应逐一对各片 T 梁进行编号，以便安装时对号入座，编号应包括孔号和梁号。

② 浇筑预制 T 梁混凝土前应严格检查相关附属设施的预埋件是否齐全，确定无误后方可浇筑。预制 T 梁必须采用钢模板，并应严格控制各梁段断面尺寸，及预应力钢束坐标的准确性。

③ 梁端 2 m 范围内的混凝土特别是锚下混凝土，由于钢筋网较密，应充分振捣密实，严格控制施工质量。

④ 预应力张拉过程中应对主梁侧向挠度进行监测，严格控制腹板任何位置侧弯不得大于 1.5 cm。

⑤ 预制 T 梁横隔板、梁端及梁顶面等与现浇混凝土接触面必须凿毛、冲洗，以保证新老混凝土结合效果。为防止混凝土裂缝和边棱破损，混凝土强度达到设计强度的 80%以上时方可拆模。施工中，如发现实际上拱值与理论计算值相差较大，应查明原因后，方可进行下一道工序的施工。

⑥ 为了防止预制 T 梁上拱过大，预制 T 梁与现浇湿接缝及桥面铺装混凝土产生过大的收缩差，存梁期不应太长，应控制在≤60 d。同时，为防止同跨及相邻跨预制 T 梁间的高差过大，同一跨的预制 T 梁存梁期应基本一致，相邻跨的各预制 T 梁的存梁期亦不宜相差过大。

⑦ T 梁架设安装，必须按对称、均衡的原则准确就位，同一孔 5 片预制梁龄期差不得大于 10 d。

⑧ 架梁时应有可靠的、防止梁体就位后发生侧倾的措施。T 梁就位后必须及时进行横隔板间钢筋的焊接及横隔板、翼板湿接缝混凝土浇筑。运梁时两条轨道应置于相邻两片梁肋上，即轨道轴线与主梁腹板轴线重合，严禁两条铁轨置于同一片梁上。

⑨ T 梁在运梁及安装就位过程中应采取有效措施，防止梁体横向倾斜大于 3°，纵向倾斜大于 5°。

（4）T梁堆放：

预制梁堆放支承位置应与构造图中支承位置保持一致，当受场地限制需采用多层堆放时，最多可叠放两层，且上下两层梁肋轴线位于同一铅垂线上，严禁上层预制梁梁肋置于下层预制梁行车道板位置。同时应采取措施避免预制梁侧倾。

（5）连续处湿接头混凝土浇筑：

① 当一联内梁体全部安装就位，墩顶临时支座和永久支座标高、连续处湿接缝的普通钢筋和管道布设等经检查满足设计要求时，方可进行湿接头混凝土的浇筑。

② 湿接头混凝土的浇筑宜在一天中气温最低的时段进行，各现浇连续接头的浇筑气温应基本相同，温差应控制在 5 °C 以内。各墩顶湿接头混凝土的浇筑顺序应按设计要求的施工步骤执行。

③ 永久支座应在设置湿接头底模板之前安装。湿接头处的模板应具有足够的强度和刚度，且与预制梁体表面紧密贴合并具有一定的搭接长度，各缝隙处应保证严密、不漏浆。

④ 连续段湿接头内的钢筋和波纹管较密集，当插入式振捣器难以使用时，可采用振捣铲人工捣固等其他方式，但应制订周密完善的振捣方案，确实保证混凝土的振捣密实。尤其要保证负弯矩钢束管道下的混凝土振捣密实。

⑤ 湿接头混凝土的设计养护期不宜少于 14 d。

⑥ 湿接头混凝土浇筑过程中及养护期间，严禁人员踩踏和人力推车、混凝土输送车等的碾压。

（6）T梁现浇桥面混凝土浇筑：

① 现浇桥面混凝土与预制 T 梁两者龄期差不宜大于 3 个月，浇筑时的环境气温宜控制在 10 ~ 30 °C。

② 桥面混凝土浇筑前应预先测定各孔各片裸梁纵横向的控制点标高，以确定是否需要调整其铺装厚度。如需调整，应注意调整后现浇混凝土层跨中附近的最小厚度不宜小于 5 cm，支点附近最大厚度不宜大于 15 cm。

③ 现浇桥面混凝土没有达到设计强度前，汽车或重型施工机具不得在桥上行走。

（7）预应力管道质量：

① 预应力管道采用塑料波纹管，入模前须仔细检查有无破损，入模后

须严防后续工序损伤波纹管。

② 管道与管道间的连接及管道与喇叭管的连接应确保其密封性。

③ 管道在梁体内必须准确定位。管道沿长度方向每 50 cm 设一道定位钢筋，并点焊在箍筋上。管道坐标偏差在梁长方向不得超过 ± 30 mm，在梁高方向及梁侧向不得超过 ± 10 mm。

④ 管道轴线必须与锚垫板垂直。

⑤ 负弯矩管道在现浇连续段内应采取曲线连接，注意保持管道的平顺。

（8）预应力钢绞线：

① 应按有关规定对每批钢绞线的强度、弹性模量、截面积、延伸量和硬度等指标进行抽检，对不合格产品严禁使用，同时应就实测的弹性模量和截面积对计算引伸量做修正。

② 梁肋正弯矩钢束张拉顺序：N1（一次张拉到控制力的 100%）→N2 左（首次张拉至控制力的 50%）→N2 右（一次张拉到控制力的 100%）→N2 左（二次张拉到控制力的 100%）。

③ 桥面板负弯矩钢束张拉顺序：N1（一次张拉到控制力的 100%）→N2（一次张拉至控制力的 100%）。

④ 钢束张拉步骤：初张拉力 P_0（$P_0 = 0.15P$）→持荷 5 min→测引伸量 δ_1→张拉到总吨位 P→持荷 5 min→测引伸量 δ_2→锚固。

引伸量的量测应测定钢绞线的直接伸长值，不宜直接测千斤顶油缸的变位；为此应将钢绞线伸出千斤顶尾端 10 cm，直接测定钢绞线在张拉前、初始张拉吨位、张拉吨位三种情况下的伸长值。

⑤ 施工控制张拉力为锚下控制张拉力 + 锚圈口损失力（试验测定），测定锚圈口损失力的方法详见《公路桥涵施工技术规范》（JTG/T F50—2011）附录 C2。

⑥ 每股钢绞线的断、滑丝数不得超过 1 根，每断面钢绞线的断、滑丝数不超过钢丝总数的 1%，不允许整根钢绞线拉断。

⑦ 钢绞线运抵工地后应垫高放置在室内并防止锈蚀。

⑧ 钢绞线的切割不应采用电焊或气焊切割，而应采用圆盘踞机械切割。

（9）锚具和垫板：

① 锚具除检查外观、精度及质量出厂证明书外，对锚具的强度（包括疲劳强度）、硬度（锚板及夹片）、锚固效率应进行抽验。

② 应逐个检查垫板喇叭管尾端内有无毛刺，对有毛刺者应予退货，不准使用。

（10）预应力质量控制：

① 预应力张拉时，应同时满足混凝土强度达到100%及养护龄期不少于14 d的条件。

② 预应力的张拉班组必须固定，且应在有经验的预应力张拉工长的指导下进行，不允许临时工承担此项工作。

③ 施加预应力应对称张拉。每次张拉应有完整的原始张拉记录，且应在监理在场的情况下进行。

④ 为保证主梁预应力钢束张拉质量，实行张拉吨位和引伸量双控，且需两端同时张拉，以张拉吨位为主，引伸量误差应控制在±6%范围内。

⑤ 在引伸量达不到设计要求时，允许灌中性肥皂水以减少其摩阻损失，但在压浆前应用高压水将中性肥皂水冲洗干净；也可将张拉吨位提高3%。两种措施可同时采用。

⑥ 应根据每批钢绞线的实际直径相应调整千斤顶限位板的限位尺寸，最标准的限位板尺寸应使钢绞线只有夹片的牙痕而无刮伤。

（11）管道压浆：

考虑预应力混凝土T梁的耐久性和解决预应力孔道压浆不饱满、不密实的问题，采用真空辅助压浆工艺。真空辅助压浆要点及要求为：

① 预应力张拉完成后24 h内应对预应力管道进行压浆。

② 压浆除具备必需的设备外，应由有经验的熟练人员来操作。

③ 浆体由水泥、水、专用添加剂组成。浆体水胶比控制在0.26～0.28，且24 h自由泌水率和3 h钢丝间泌水率均应为0。浆体初凝时间应≥5 h；终凝时间应≤24 h。浆体24 h自由体积膨胀率应小于3%。在标准养护条件下，浆体7 d抗压强度应≥40 MPa，28 d抗压强度应≥50 MPa。

④ 真空辅助压浆主要步骤：清除管道内的水和杂物→关闭其他通风口，开启真空泵抽管内空气→在－0.06～－0.10 MPa稳定的真空负压下，将浆体泵入管道→关闭阀门和真空泵→打开排气阀→灌浆泵继续工作，在0.5～0.7 MPa下，持压1～2 min→关闭灌浆泵及灌浆端阀门完成灌浆。

⑤ 浆体进入灌浆泵之前应通过1.2 mm的筛网进行过滤。

⑥ 灌浆孔数和位置必须做好记录，以防漏灌。

⑦ 储浆罐的体积应大于所要灌注的一条预应力孔道体积。

（12）钢筋施工：

① 所有钢筋的加工、安装和质量验收等均应按照《公路桥涵施工技术规范》（JTG/T F50—2011）的有关规定进行。

② 凡因施工需要而断开的钢筋当再次连接时，必须进行焊接并应符合施工技术规范的有关规定。

③ 当钢筋和预应力管道发生干扰时，可适当移动普通钢筋以保证钢束管道位置准确。钢束封锚端普通钢筋如影响预应力施工时，可适当弯折，但待预应力施工完毕后应及时恢复原位。

④ 施工中若钢筋发生冲突，允许适当调整位置，但混凝土保护层厚度应予以保证。如锚下螺旋筋与分布钢筋干扰时，可适当移动分布钢筋或调整分布钢筋间距。

⑤ 为保证多跨连续处预制 T 梁梁端预埋连接钢筋的长度和定位满足设计要求，其相邻 T 梁梁端预制时，应结合梁端位置的偏移、梁肋轴线交角β等因素适当调整此处连接钢筋的空间位置（位置微调或扳弯），以确保 T 梁安装就位后，连接钢筋焊接的准确可靠。

⑥ 施工时应注意各工序之间的联系，需在上一工序预埋的钢筋，切记不得遗漏，以免影响下一工序的正常进行。

6. 其　他

（1）桥面防水采用桥面专用防水材料，施工时参照有关标准的施工工艺施工。

（2）在预制 T 梁行车道板时，应将防撞护墙的锚固钢筋、伸缩缝有关部件等预先埋入，注意预留好泄水管孔洞。在浇筑梁体连续处横梁时须设置防震挡块预留孔。混凝土墙式护栏在墩顶、跨中位置必须设置 1 cm 宽的断缝；在伸缩缝处设置同伸缩缝宽度相同的断缝。

（3）预制 T 梁安装前，应核查各相邻 T 梁的轴线，梁端偏角（当为曲线折梁时）以及永久支座垫石中心坐标和高程是否满足设计要求。若不满足，应查明原因作出调整，方可进行 T 梁的吊装。永久支座垫石中心高程满足设计要求隐含着支座、T 梁安装就位，桥面铺装施工后，桥面设计高程符合设计要求；因此，其垫石中心高程的调整应结合施工控制水平、安装前 T 梁跨中截面上拱值等因素来决定。永久支座垫石中心水平坐标允许偏差为 ± 5 mm，高程允许偏差为 ± 10 mm。

（4）施工前应对设计图纸进行全面校核，确保正确无误后方可进行施工；若发现图纸交代不清或有疑问的地方应及时与设计部门联系。

（5）预应力张拉宜采用智能张拉、压浆系统。

（6）其他未尽事宜应按《公路桥涵施工技术规范》（JTG/T F50—2011）办理。

（7）为更好落实交通部“五化”要求，本通用图在施工实施阶段应按《云南省高速公路施工标准化实施要点》（第 1 册工地建设）/（第 2 册工程施工）执行。

5.2.2　设计图纸

本研究根据《昆明（岷山）至楚雄（广通）高速公路扩建工程两阶段设计》第四册第四分册，公路桥涵设计通用图 T 梁上部构造通用图（图纸编号：YQT-SLT-240ZQ-30-1）进行预制 T 梁的模型的建立。

5.2.3　BIM 建模成果

1. 30 m T 梁轮廓族（图 5.20、图 5.21）

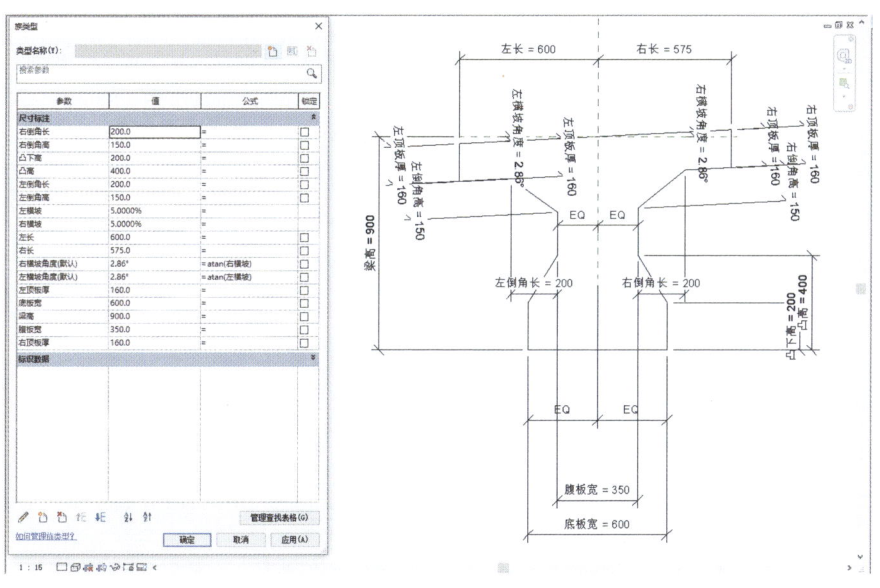

图 5.20　30 m T 梁通用轮廓族

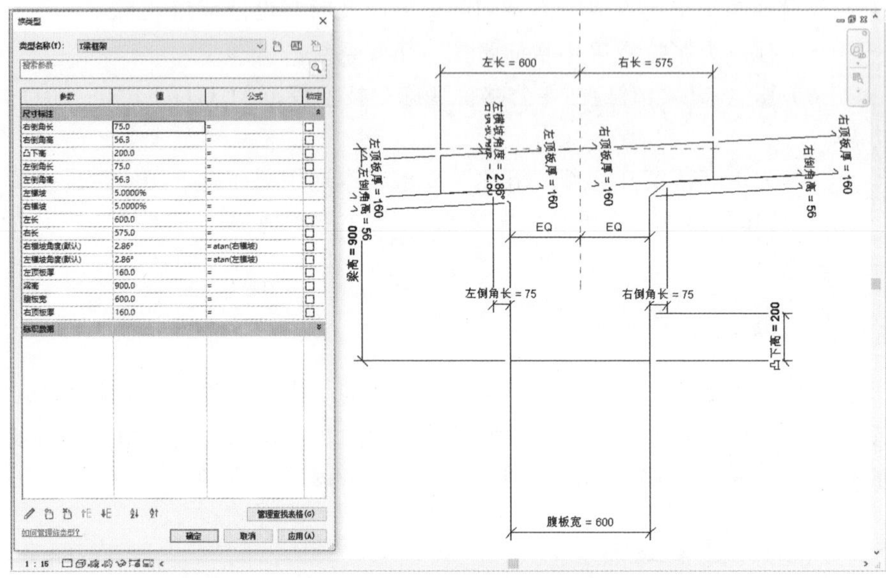

图 5.21　30 m T 梁支点框架通用轮廓族

2. 30 m T 梁左边梁（图 5.22 ~ 图 5.29）

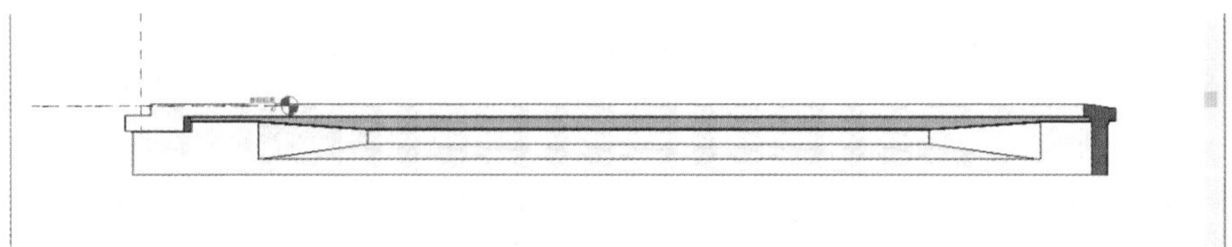

图 5.22　30 m T 梁左边梁无纵坡构件族前视图

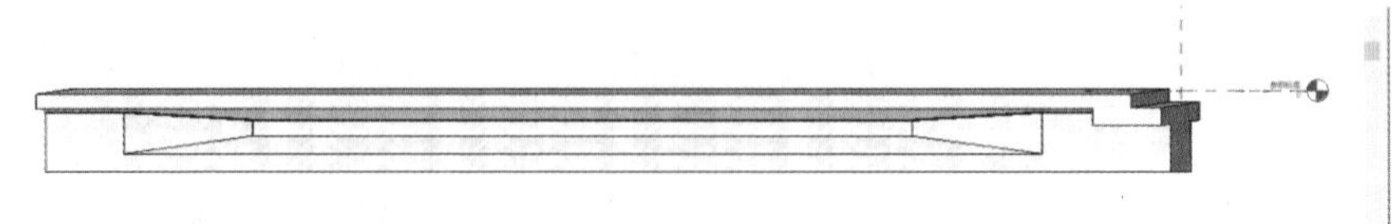

图 5.23　30 m T 梁左边梁无纵坡构件族后视图

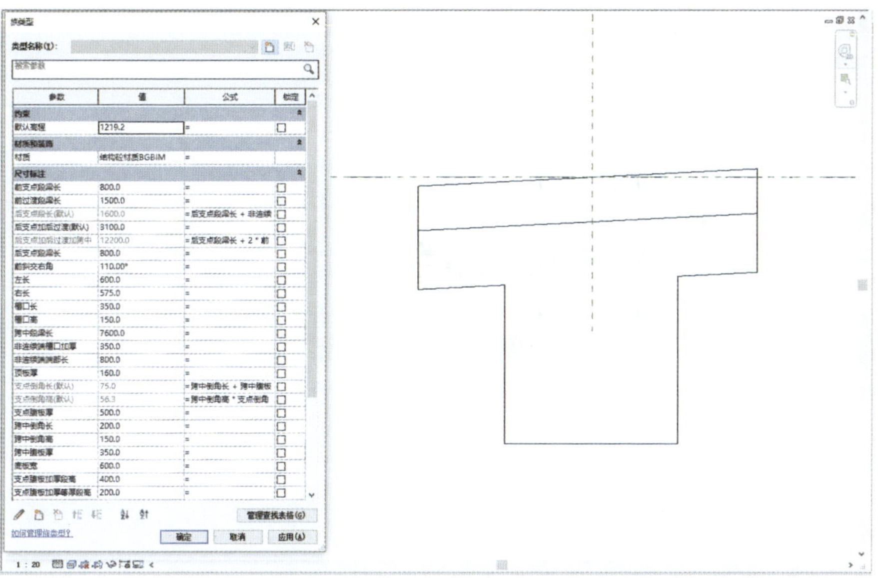

图 5.24 30 m T 梁左边梁无纵坡构件族左视图

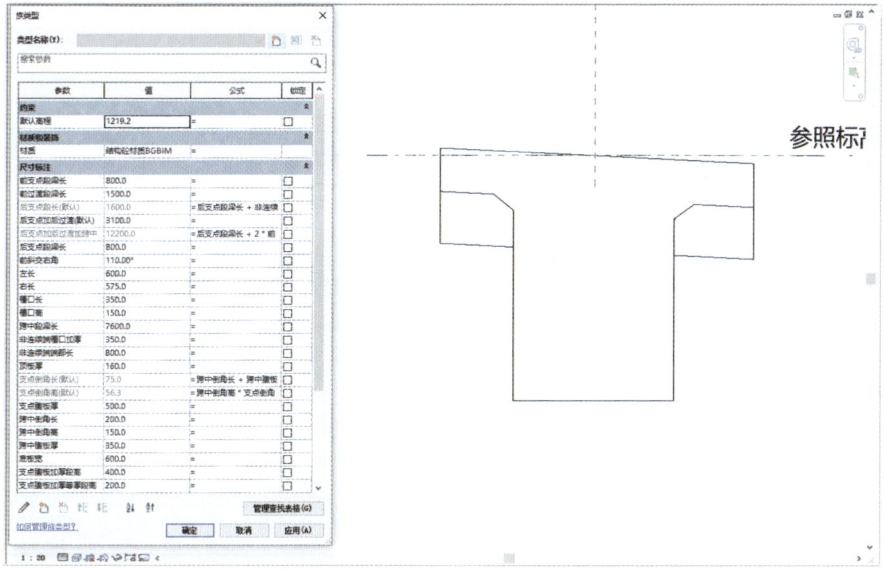

图 5.25 30 m T 梁左边梁无纵坡构件族右视图

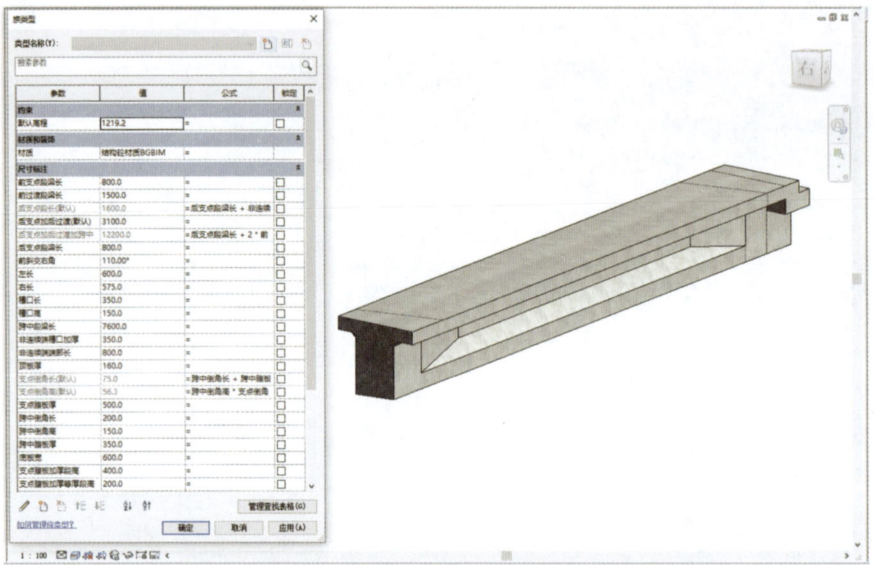

图 5.26　30 m T 梁左边梁无纵坡构件族三维视图

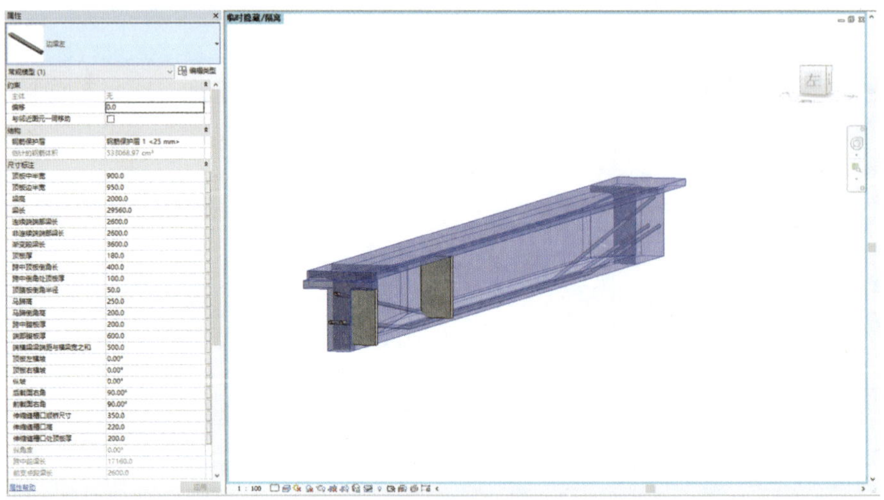

图 5.27　30 m T 梁左边梁混凝土参数化构件

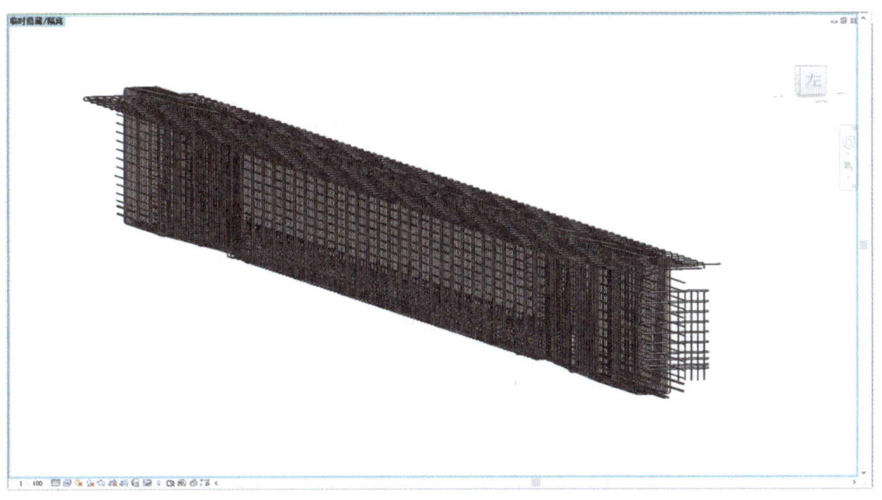

图 5.28　30 m T 梁左边梁钢筋参数化构件

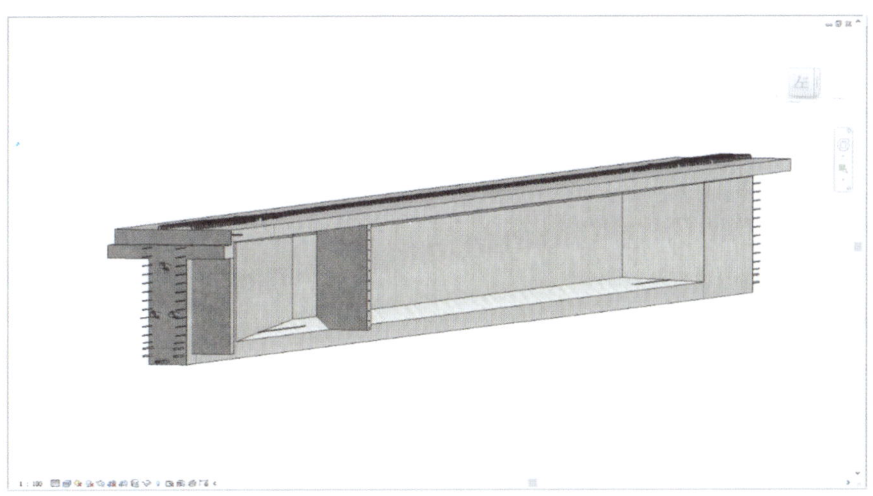

图 5.29　30 m T 梁左边梁参数化构件

3. 30 m T梁右边梁（图 5.30 ~ 图 5.37）

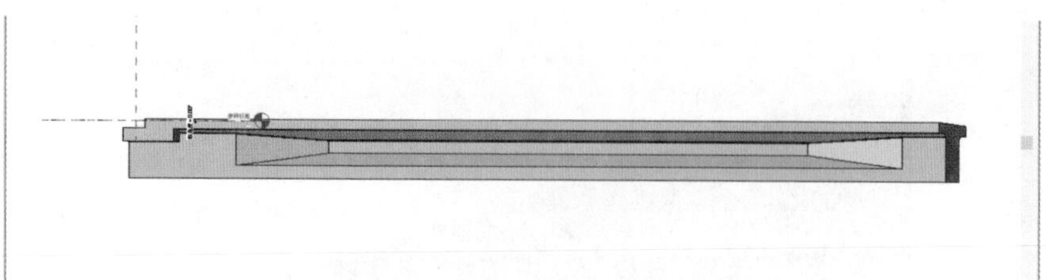

图 5.30　30 m T梁右边梁无纵坡构件族前视图

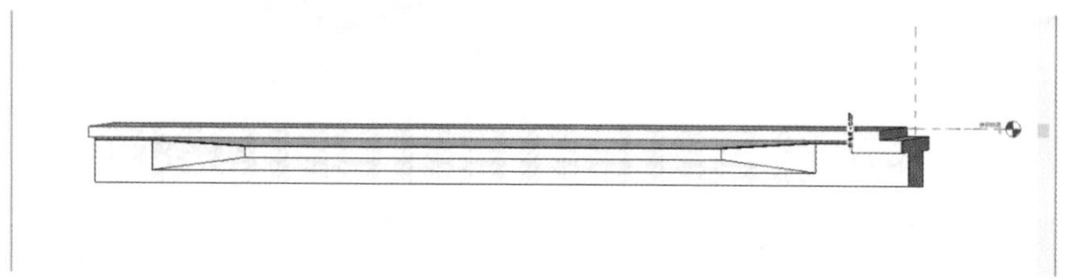

图 5.31　30 m T梁右边梁无纵坡构件族后视图

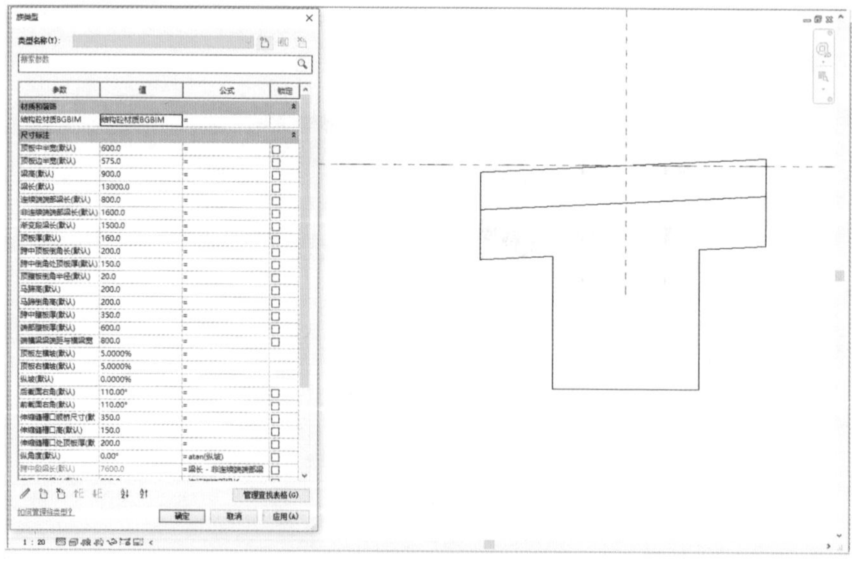

图 5.32　30 m T梁右边梁无纵坡构件族左视图

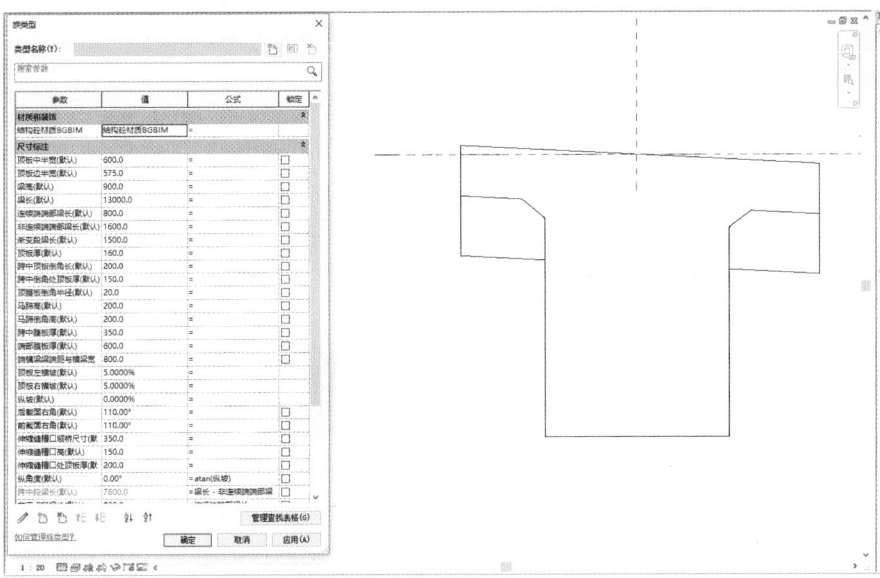

图 5.33 30 m T 梁右边梁无纵坡构件族右视图

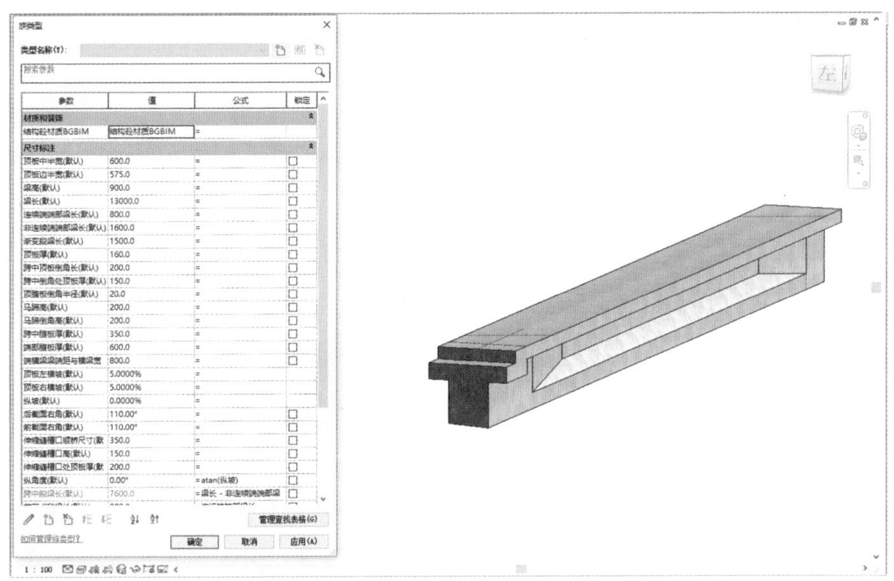

图 5.34 30 m T 梁右边梁无纵坡构件族三维视图

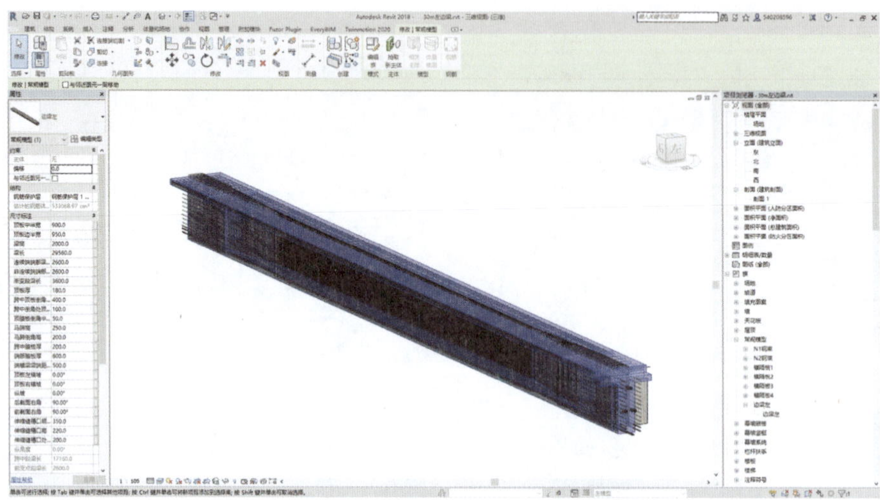

图 5.35　30 m T 梁右边梁混凝土参数化构件

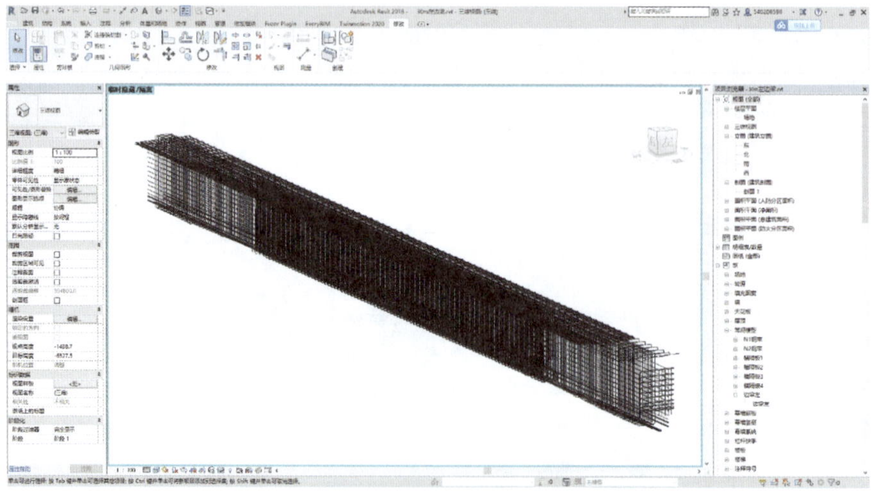

图 5.36　30 m T 梁右边梁钢筋参数化构件

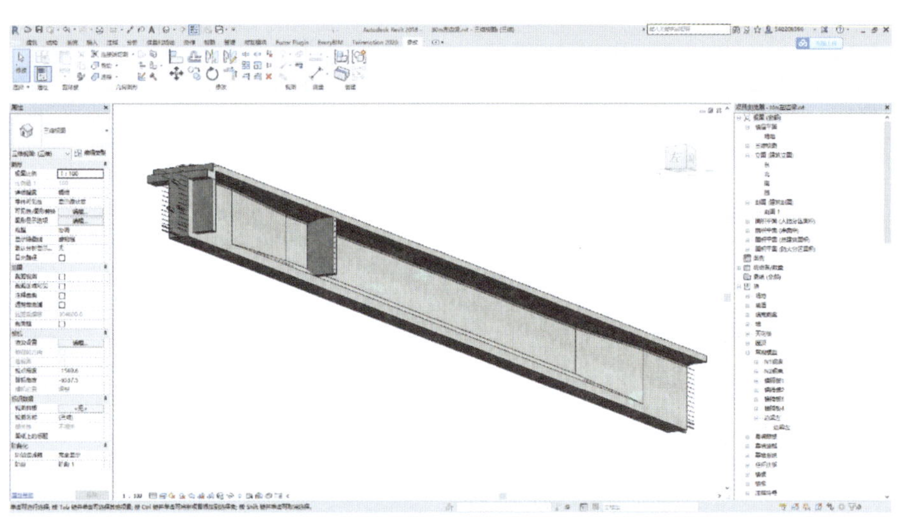

图 5.37 30 m T 梁右边梁参数化构件

4. 30 m T 梁中梁（图 5.38 ~ 图 5.44）

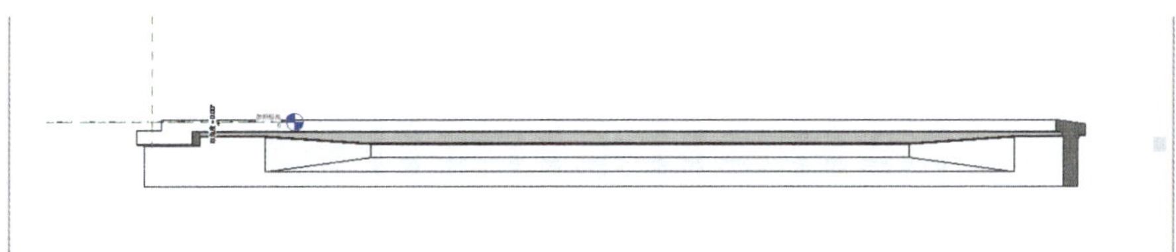

图 5.38 30 m T 梁中梁无纵坡构件族前视图

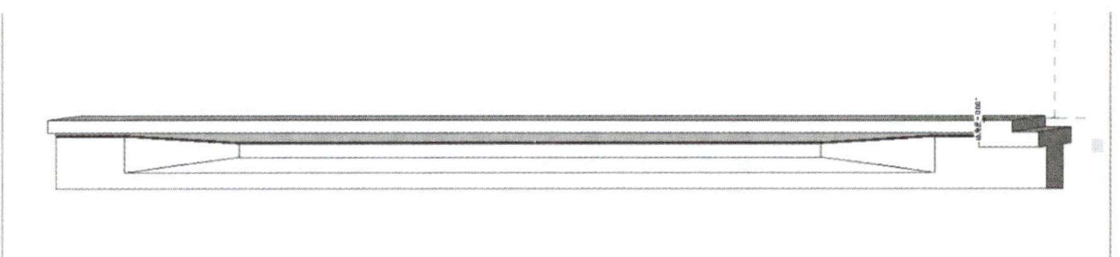

图 5.39 30 m T 梁中梁无纵坡构件族后视图

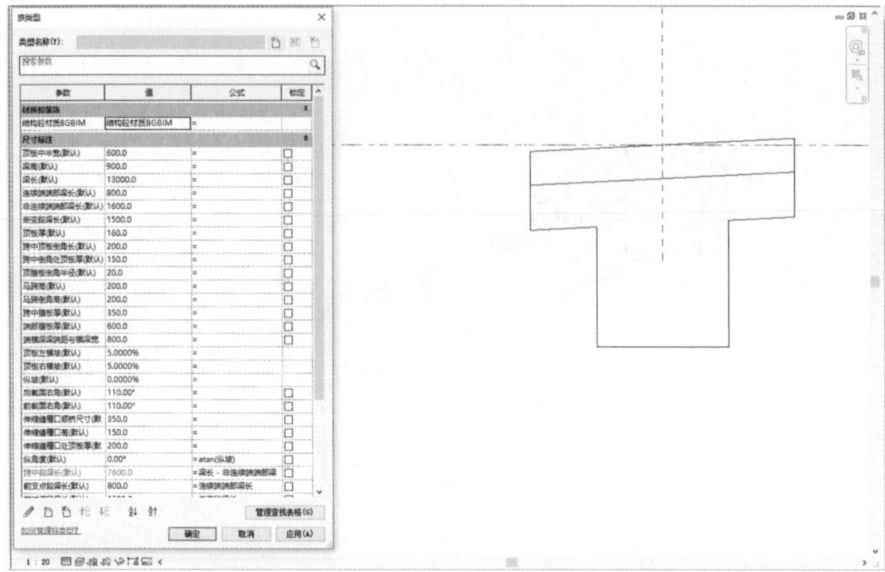

图 5.40　30 m T 梁中梁无纵坡构件族前视图

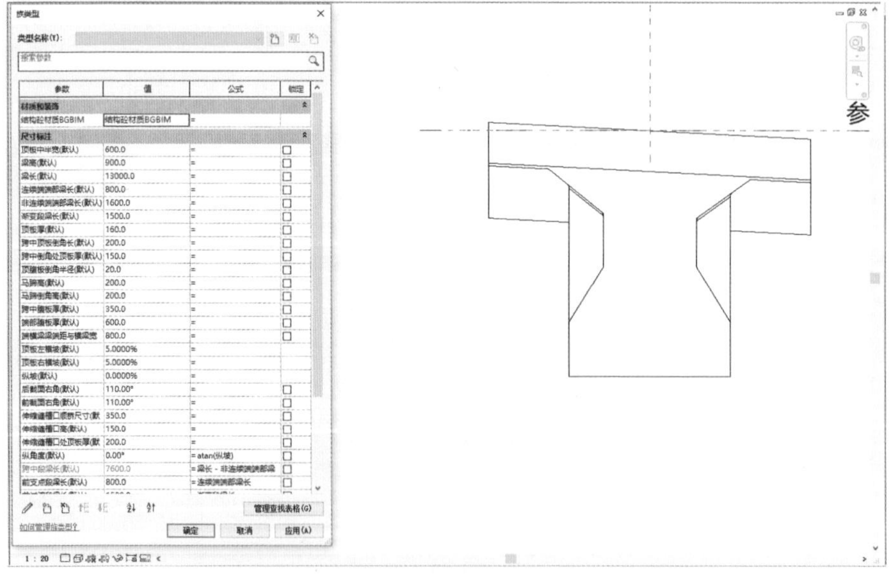

图 5.41　30 m T 梁中梁无纵坡构件族后视图

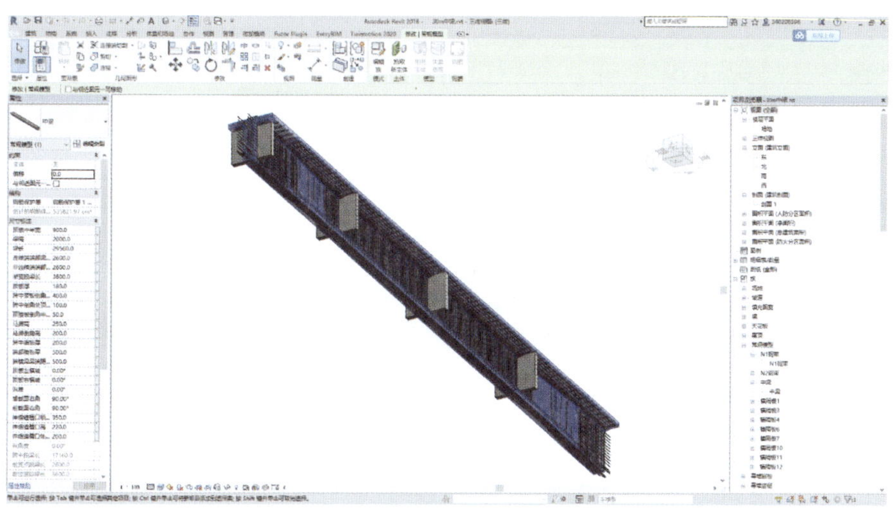

图 5.42　30 m T 梁中梁混凝土参数化构件

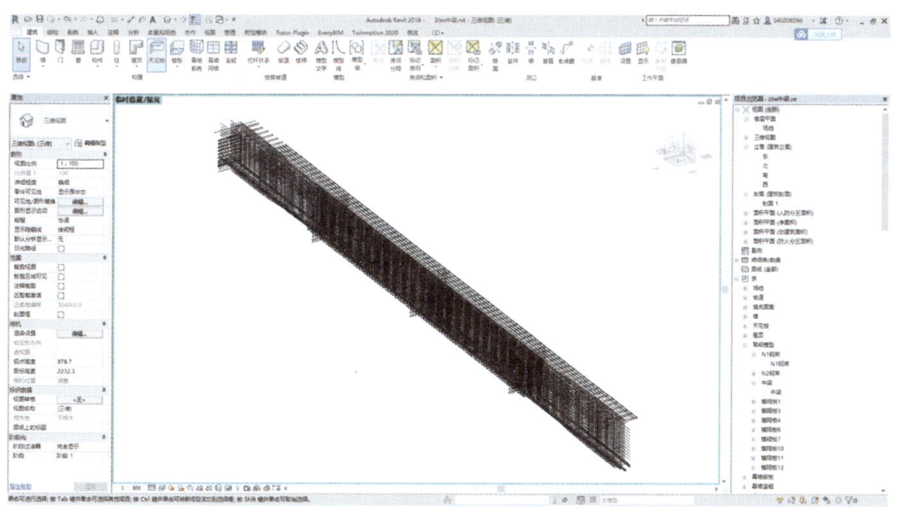

图 5.43　30 m T 梁中梁钢筋参数化构件

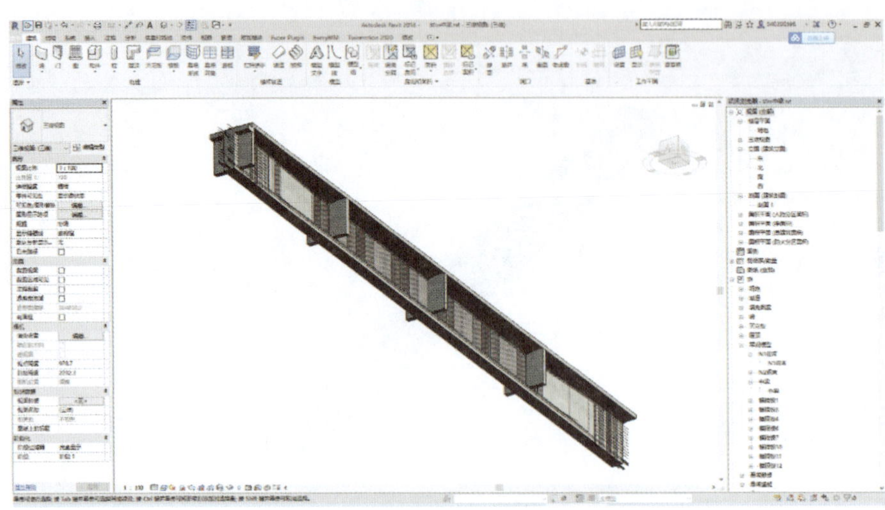

图 5.44 30 m T 梁中梁参数化构件

5. 30 m T 梁组合模型（图 5.45、图 5.46）

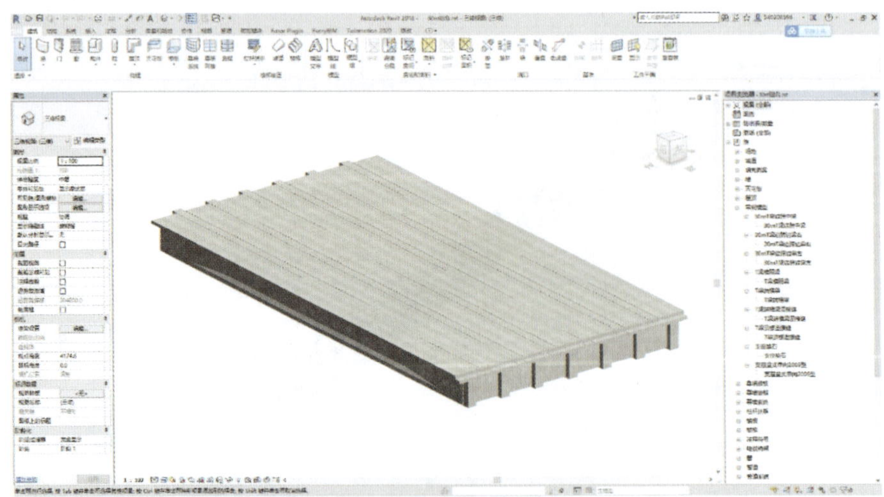

图 5.45 30 m T 梁单跨组合模型示意图 1

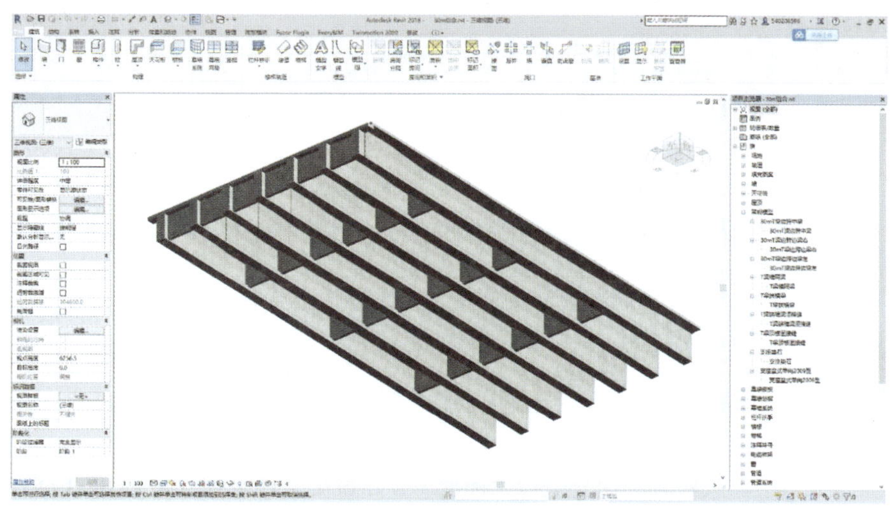

图 5.46 30 m T 梁单跨组合模型示意图 2

5.3 40 m预制 T 梁 BIM 参数化建模应用实践

5.3.1 设计说明

1. 通用图适用条件和技术标准

（1）本通用图适用于地震动加速度峰值为 0.2g 的情况。

（2）本书 40 m T 梁上部构造图适用于 33.5 m 宽整体式及 16.5 m 宽分离式的桥梁。

（3）本通用图适用于平面位于直线和曲线上的桥梁，平曲线半径 $R\geq$ 700 m，3 ~ 5 孔一联。

（4）梁片数及间距：7 片梁，梁间距 2.40 m。

（5）梁长范围：38.5 ~ 41.5 m（包含伸缩缝和现浇连续段）。

（6）汽车荷载：公路 I 级。

（7）行车道数：双向 6 车道。

2. 技术规范

（1）中华人民共和国行业标准《公路工程技术标准》(JTG B01—2014)。

（2）中华人民共和国行业标准《公路桥涵设计通用规范》（JTG D60—2015）。

（3）中华人民共和国行业标准《公路钢筋混凝土及预应力混凝土桥涵设计规范》（JTG D62—2004）。

（4）中华人民共和国行业推荐性标准《公路桥涵施工技术规范》（JTG/T F50—2011）。

（5）中华人民共和国交通行业标准《预应力混凝土桥梁用塑料波纹管》（JT/T 529—2004）。

（6）国家标准《钢筋混凝土用钢 第1部分：热轧光圆钢筋》（GB 1499.1—2008）。

（7）国家标准《钢筋混凝土用钢 第2部分：热轧带肋钢筋》（GB 1499.2—2007）。

（8）中华人民共和国交通行业标准《公路桥梁板式橡胶支座》（JT/T 4—2004）。

（9）国家标准《预应力混凝土用钢绞线》（GB/T 5224—2003）。

（10）国家标准《碳素结构钢》（GB/T 700—2006）。

（11）《橡胶支座 第2部分：桥梁隔震橡胶支座》（GB 20688.2—2006）。

（12）中华人民共和国交通部颁标准《公路桥梁伸缩缝装置》（JT/T 327—2004）。

3. 主要材料

（1）混凝土：预制T形梁、横隔板、翼板湿接头采用C50，伸缩缝预留槽采用C50钢纤维混凝土，桥面现浇层混凝土采用C50，桥面铺装采用沥青混凝土。

（2）预应力钢绞线：采用符合GB/T 5224—2003标准高强度低松弛预应力钢绞线。公称直径 $\phi^s15.2$（$7\phi5$）mm，公称面积140 mm^2，抗拉强度标准值 $f_{pk} = 1860$ MPa，弹性模量 $E_p = 1.95 \times 10^5$ MPa。

（3）锚具及管道成孔：所采用的锚具应满足设计要求，并应符合《公路桥涵施工技术规范》（JTG/T F50—2011）第7章7.3条和7.4条的规定。正负弯矩钢束成孔方式均采用塑料波纹管及真空辅助压浆工艺。波纹管材料的物理力学指标应符合交通行业标准《预应力混凝土桥梁用塑料波纹管》（JT/T 529—2004）的规定。

（4）普通钢筋：采用热轧 HPB300、HRB400 钢筋，钢筋的主要技术性能必须符合国家标准 GB 1499.1—2008、GB 1499.2—2007 的有关规定。

（5）钢板：应符合国家标准《碳素结构钢》（GB/T 700—2006）规定的普通碳素结构钢（Q235）。

（6）支座：3 ~ 5 孔一联简支处采用圆形滑动型水平力分散型橡胶支座，规格为 LNR（H）-d470 × 150 mm；连续处采用圆形固定型水平力分散型支座，规格为 LNR-d670 × 199 mm。支座技术性能及尺寸偏差按《橡胶支座　第 2 部分：桥梁隔震橡胶支座》（GB 20688.2—2006）执行。

（7）伸缩缝：3 ~ 5 孔一联连续结构，桥墩处采用 QMSF-160 型伸缩缝，桥台处采用 FD-80 型伸缩缝。伸缩缝必须符合交通行业标准 JT/T 327—2004 的要求。

4. 设计要点

（1）本桥结构为预应力混凝土 T 形连续梁。连续梁采用先简支后结构连续，连续处墩顶纵向设单支座。

（2）T 梁预制高度为 2.4 m，上设 10 cm 厚 C50 现浇桥面混凝土，10 cm 沥青混凝土桥面铺装。T 梁间距 2.4 m，中梁预制宽度为 1.8 m，翼板间留有 0.6 m 的横向湿接缝；跨中段预制 T 形梁梁肋宽度采用 20 cm，马蹄宽度采用 50 cm，近端部梁肋宽度由 20 cm 渐变至 50 cm，与马蹄同宽，其渐变长度为 3.6 m，然后梁肋宽由 50 cm 渐变至 70 cm，其渐变长度为 1.55 m，在端部 1 ~ 1.45 m 范围内梁肋宽为 70 cm。位于曲线部分的桥跨用预制 T 梁边梁悬臂板调整形成曲线桥；桥梁每孔设 5 道中隔板，连续梁靠简支端设一道端隔板，靠连续端不设端隔板，因此仅有一道端隔板；中隔板与主梁正交，端隔板径向设置。预制 T 形梁梁顶横坡为每孔两端横坡的平均值。中隔板底面横坡与梁顶横坡一致，端隔板底面横坡与每孔两端横坡一致。桥面横坡由盖梁及支座垫石调整，为使支座水平设置，在预制 T 形梁简支端设置适应主梁纵坡的梁靴：墩顶连续处湿接缝为实心断面。

（3）T 形梁采用桥梁博士计算软件进行计算。主梁按部分预应力混凝土 A 类构件设计。横向分布系数按成桥断面考虑，采用刚接板梁法和梁格法两种方法进行对比分析，按其中最不利者选用。不考虑 10 cm 厚现浇混凝土参与受力。

（4）有关设计参数：相对湿度 70%；管道摩擦系数 $\mu = 0.155$；偏差系

数 $k = 0.0015$；预应力松弛系数取 0.3；非线性温度梯度，按《公路桥涵设计通用规范》（JTG D60—2015）计算，并考虑 10 cm 厚混凝土铺装层的折减；预应力钢束采用两端张拉，锚具变形及钢束回缩总变形值取 12 mm。

（5）桥面铺装：顶层沥青混凝土厚 10 cm，底层 C50 混凝土厚 10 cm，两层之间设防水层。位于曲线上的桥梁，平纵坡组合后各点桥面沥青混凝土铺装厚度不尽相同，以最薄处不少于 8 cm，最厚处不大于 13 cm 控制。

（6）梁体预应力钢束分正弯矩钢束和负弯矩钢束两种，均采用圆形锚具和圆形塑料波纹管；正弯矩钢束在梁体预制时张拉，负弯矩钢束在连续段混凝土浇筑完且强度达到设计要求后张拉。

5. 施工要点

（1）上部结构使用了强度等级较高的混凝土，因而必须仔细研究确定施工工艺和选用的材料，进行较高强度混凝土最佳配合比设计与试验，确定质量控制标准和检测方法，并严格执行；为保证全桥颜色的一致性，建议同一座桥采用同一厂家同一品牌的水泥。

（2）普通钢筋、预应力钢材和锚具应按设计技术指标购货，并按照中华人民共和国行业推荐性标准《公路桥涵施工技术规范》（JTG/T F50—2011）有关要求，进行严格验收和检验。

（3）预制 T 梁要点：

① 预制台座地基应具有足够的承载能力并特别注意平整、光滑并涂刷脱模剂。T 梁预制时，应逐一对各片 T 梁进行编号，以便安装时对号入座，编号应包括孔号和梁号。

② 浇筑预制 T 梁混凝土前应严格检查相关附属设施的预埋件是否齐全，确定无误后方可浇筑。预制 T 梁必须采用钢模板，并应严格控制各梁段断面尺寸及预应力钢束坐标的准确性。

③ 梁端区域的混凝土特别是锚下混凝土，由于钢筋网较密，应充分振捣密实，严格控制施工质量。

④ 预应力张拉过程中应对主梁侧向挠度进行监测，严格控制腹板任何位置侧弯不得大于 1.5 cm。

⑤ 预制 T 梁横隔板、梁端及梁顶面等与现浇混凝土接触面必须凿毛、冲洗，以保证新老混凝土结合效果。为防止混凝土裂缝和边棱破损，混凝土强度达到设计强度的 80%以上时方可拆模。

⑥ 预制 T 梁施加完梁肋预应力，施工中，如发现实际上拱值与理论计算值相差较大，应查明原因方可进行下一道工序施工。

⑦ 为了防止预制 T 梁上拱过大，预制 T 梁与现浇湿接缝及桥面铺装混凝土产生过大的收缩差，存梁期不应太长，应控制在≤60 d。同时，为防止同跨及相邻跨预制 T 梁间的高差过大，同一跨的预制 T 梁存梁期应基本一致，相邻跨的各预制 T 梁的存梁期亦不宜相差过大。

⑧ T 梁架设安装，必须按对称、均衡的原则准确就位，同一孔 7 片预制梁龄期差不得大于 10 d。

⑨ 架梁时应有可靠的、防止梁体就位后发生侧倾的措施。T 梁就位后必须及时进行横隔板间钢筋的焊接及横隔板、翼板湿接缝混凝土浇筑。运梁时两条轨道应置于相邻两片梁肋上，即轨道轴线与主梁腹板轴线重合，严禁两条铁轨置于同一片梁上。

⑩ T 梁在运梁及安装就位过程中应采取有效措施，防止梁体横向倾斜大于 3°，纵向倾斜大于 5°。

⑪ 为了防止预制梁上拱过大，预制梁与桥面现浇层由于龄期差别而产生过大收缩差，存梁期不超过 60 d，若累计上拱值超过计算值 10 mm，应采取控制措施。预制边梁应设置向下的二次抛物线反拱。施工设置反拱时，预应力管道也同时反拱。

（4）T 梁堆放：

预制梁堆放支承位置应与构造图中支承位置保持一致，当受场地限制需采用多层堆放时，最多可叠放两层，且上下两层梁肋轴线位于同一铅垂线上，严禁上层预制梁梁肋置于下层预制梁行车道板位置。同时应采取措施避免预制梁侧倾。

（5）连续处湿接头混凝土浇筑：

① 当一联内梁体全部安装就位，墩顶临时支座和永久支座标高、连续处湿接缝的普通钢筋和管道布设等经检查满足设计要求时，方可进行湿接头混凝土的浇筑。

② 湿接头混凝土的浇筑宜在一天中气温最低的时段进行，各现浇连续接头的浇筑气温应基本相同，温差应控制在 5 °C 以内。各墩顶湿接头混凝土的浇筑顺序应按设计要求的施工步骤执行。

③ 永久支座应在设置湿接头底模板之前安装。湿接头处的模板应具有足够的强度和刚度，且与预制梁体表面紧密贴合并具有一定的搭接长度，

各缝隙处应保证严密、不漏浆。

④ 连续段湿接头内的钢筋和波纹管较密集，当插入式振捣器难以使用时，可采用振捣铲人工捣固等其他方式，但应制订周密完善的振捣方案，确实保证混凝土的振捣密实。尤其要保证负弯矩钢束管道下的混凝土振捣密实。

⑤ 湿接头混凝土的设计养护期不宜少于14天。

⑥ 湿接头混凝土浇筑过程中及养护期间，严禁人员踩踏和人力推车、混凝土输送车等的碾压。

（6）T梁现浇桥面混凝土浇筑：

① 现浇桥面混凝土与预制T梁两者龄期差不宜大于3个月，浇筑时的环境气温宜控制在10～30 °C。

② 桥面混凝土浇筑前应预先测定各孔各片裸梁纵横向的控制点标高，以确定是否需要调整其铺装厚度。如需调整，应注意调整后现浇混凝土层跨中附近的最小厚度不宜小于5 cm，支点附近最大厚度不宜大于15 cm。

③ 现浇桥面混凝土没有达到设计强度前，汽车或重型施工机具不得在桥上行走。

（7）预应力管道质量：

① 预应力管道采用塑料波纹管，入模前须仔细检查有无破损，入模后须严防后续工序损伤波纹管。

② 管道与管道间的连接及管道与喇叭管的连接应确保其密封性。

③ 管道沿长度方向每50 cm设一道U形定位钢筋，并点焊在箍筋上，为确保管道在浇筑混凝土中不变位，定位钢筋的挂钩方向应与张拉钢束时产生的径向变形方向相反。管道坐标偏差在梁长方向不得超过±30 mm，在梁高方向及梁侧向不得超过±10 mm。

④ 管道轴线必须与锚垫板垂直。

⑤ 负弯矩管道在现浇湿接缝内应采用曲线连接，并注意保持管道的平顺。

（8）预应力钢绞线：

① 应按有关规定对每批钢绞线的强度、弹性模量、截面积、延伸量和硬度等指标进行抽检，对不合格产品严禁使用，同时应就实测的弹性模量和截面积对计算引伸量做修正。

② 梁肋正弯矩钢束张拉顺序：N2张拉至100%→N1张拉至100%→N3（左）张拉至50%→N3（右）张拉至100%→N3（左）张拉至100%。

③ 连续处负弯矩钢束张拉顺序：N1（一次张拉到控制力的 100%）→N2（一次张拉至控制力的 100%）。

④ 钢束张拉步骤：初张拉力 P_0（$P_0=0.15P$）→持荷 5 min→测引伸量δ_1→张拉到总吨位 P→持荷 5 min→测引伸量δ_2→锚固。

引伸量的量测应测定钢绞线的直接伸长值，不宜直接测千斤顶油缸的变位；为此应将钢绞线伸出千斤顶尾端 10 cm，直接测定钢绞线在张拉前、初始张拉吨位、张拉吨位三种情况下的伸长值。

⑤ 施工控制张拉力为锚下控制张拉力 + 锚圈口损失力（试验测定），测定锚圈口损失力的方法详见《公路桥涵施工技术规范》（JTG/T F50—2011）附录 C2。

⑥ 每股钢绞线的断、滑丝数不得超过 1 根，每断面钢绞线的断、滑丝数不超过钢丝总数的 1%，不允许整根钢饺线拉断。

⑦ 钢绞线运抵工地后应垫高放置在室内并防止锈蚀。

⑧ 钢绞线的切割不应采用电焊或气焊切割，而应采用圆盘踞机械切割。

（9）锚具和垫板：

① 锚具除检查外观、精度及质量出厂证明书外，对锚具的强度（包括疲劳强度）、硬度（锚板及夹片）、错固效率应进行抽验。

② 应逐个检查垫板喇叭管尾端内有无毛刺，对有毛刺者应予退货，不准使用。

（10）预应力质量控制：

① 预应力张拉时，应同时满足混凝土强度达到 100%及龄期不少于 14 d 的条件。

② 预应力的张拉班组必须固定，且应在有经验的预应力张拉工长的指导下进行，不允许临时工承担此项工作。

③ 施加预应力应对称张拉。每次张拉应有完整的原始张拉记录，且应在监理在场的情况下进行。

④ 为保证主梁预应力钢束张拉质量，实行张拉吨位和引伸量双控，且需两端同时张拉，以张拉吨位为主，引伸量误差应控制在 ± 6%范围内。

⑤ 在引伸量达不到设计要求时，允许灌中性肥皂水以减少其摩阻损失，但在压浆前应用高压水将中性肥皂水冲洗干净；也可将张拉吨位提高 3%。两种措施可同时采用。

⑥ 应根据每批钢绞线的实际直径相应调整千斤顶限位板的限位尺寸，最标准的限位板尺寸应使钢绞线只有夹片的牙痕而无刮伤。

（11）管道压浆：

考虑预应力混凝土 T 梁的耐久性和解决预应力孔道压浆不饱满、不密实的问题，采用真空辅助压浆工艺。真空辅助压浆要点及要求为：

① 预应力张拉完成后 24 h 内应对预应力管道进行压浆。

② 压浆除具备必需的设备外，应由有经验的熟练人员来操作。

③ 浆体由水泥、水、专用添加剂组成。浆体水胶比控制在 0.26 ~ 0.28，且 24 h 自由泌水率和 3 h 钢丝间泌水率均应为 0。浆体初凝时间应≥5 h；终凝时间应≤24 h。浆体 24 h 自由体积膨胀率应小于 3%。在标准养护条件下，浆体 7 d 抗压强度应≥40 MPa，28 天抗压强度应≥50 MPa。

④ 真空辅助压浆主要步骤：清除管道内的水和杂物→关闭其他通风口，开启真空泵抽管内空气→在 – 0.06 ~ – 0.10 MPa 稳定的真空负压下，将浆体泵入管道→关闭阀门和真空泵→打开排气阀→灌浆泵继续工作，在 0.5 ~ 0.7 MPa 下，持压 1 ~ 2 min→关闭灌浆泵及灌浆端阀门完成灌浆。

⑤ 浆体进入灌浆泵之前应通过 1.2 mm 的筛网进行过滤。

⑥ 灌浆孔数和位置必须做好记录、以防漏灌。

⑦ 储浆罐的体积应大于所要灌注的一条预应力孔道体积。

（12）钢筋施工：

① 所有钢筋的加工、安装和质量验收等均应按照《公路桥涵施工技术规范》（JTG/T F50—2011）的有关规定进行。

② 凡因施工需要而断开的钢筋当再次连接时，必须进行焊接并应符合施工技术规范的有关规定。

③ 当钢筋和预应力管道发生干扰时，可适当移动普通钢筋以保证钢束管道位置准确。钢束封锚端普通钢筋如影响预应力施工时，可适当弯折，但待预应力施工完毕后应及时恢复原位。

④ 施工中若钢筋发生冲突，允许适当调整位置，但混凝土保护层厚度应予以保证。如锚下螺旋筋与分布钢筋干扰时，可适当移动分布钢筋或调整分布钢筋间距。

⑤ 为保证多跨连续处预制 T 梁梁端预埋连接钢筋的长度和定位满足设计要求，其相邻 T 梁梁端预制时，应结合梁端位置的偏移、梁肋轴线交

角β等因素适当调整此处连接钢筋的空间位置（位置微调或扳弯），以确保T梁安装就位后，连接钢筋焊接的准确可靠。

6. 其　他

（1）桥面防水采用桥面专用防水材料，施工时参照有关标准的施工工艺施工。

（2）在预制T梁行车道板时，应将防撞护墙的锚固钢筋、伸缩缝有关部件等预先埋入，注意预留好泄水管孔洞。在浇筑连续处横梁时，须设置防震挡块预留孔。混凝土墙式护栏在墩顶、跨中位置必须设置1 cm宽的断缝；在伸缩缝处设置同伸缩缝宽度相同的断缝。

（3）预制T梁安装前，应核查各相邻T梁的轴线，梁端偏角（当为曲线折梁时）以及永久支座垫石中心坐标和高程是否满足设计要求。若不满足，应查明原因作出调整，方可进行T梁的吊装。永久支座垫石中心高程满足设计要求隐含着支座、T梁安装就位，桥面铺装施工后，桥面设计高程符合设计要求；因此，其垫石中心高程的调整应结合施工控制水平、安装前T梁跨中截面上拱值等因素来决定。永久支座垫石中心水平坐标允许偏差为±5 mm，高程允许偏差为±10 mm。

（4）施工前应对设计图纸进行全面校核，确保正确无误后方可进行施工；若发现图纸交代不清或有疑问的地方应及时与设计部门联系。

（5）预应力张拉宜采用智能张拉、压浆系统。

（6）其他未尽事宜应按《公路桥涵施工技术规范》（JTG/T F50—2011）办理。

（7）为更好落实交通部“五化”要求，本通用图在施工实施阶段应按《云南省高速公路施工标准化实施要点》（第1册工地建设）/（第2册工程施工）执行。

5.3.2　设计图纸

本研究根据《昆明（岷山）至楚雄（广通）高速公路扩建工程两阶段设计》第四册第四分册，公路桥涵设计通用图T梁上部构造通用图（图纸编号：YQT-SLT-240ZQ-30-1）进行预制T梁模型的建立。

5.3.3 BIM 建模成果

1. 40 m T 梁轮廓族（图 5.47、图 5.48）

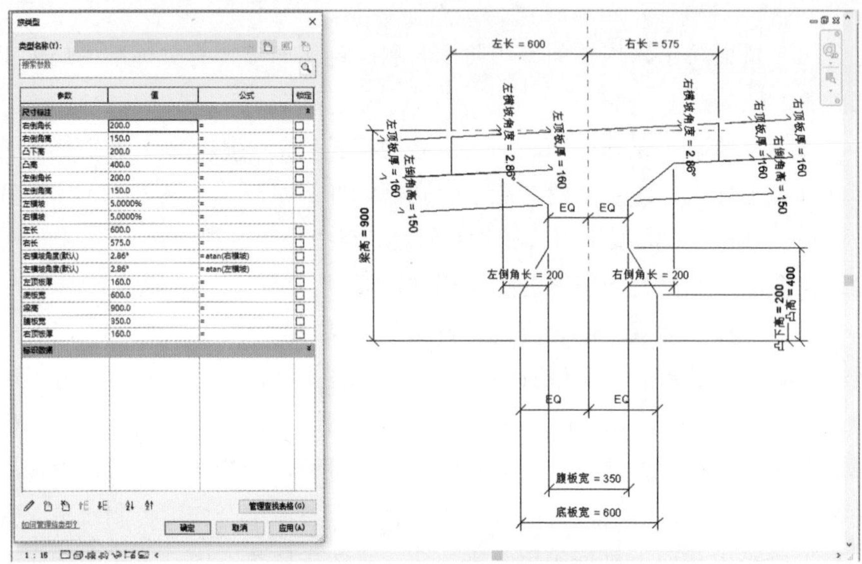

图 5.47 40 m T 梁通用轮廓族

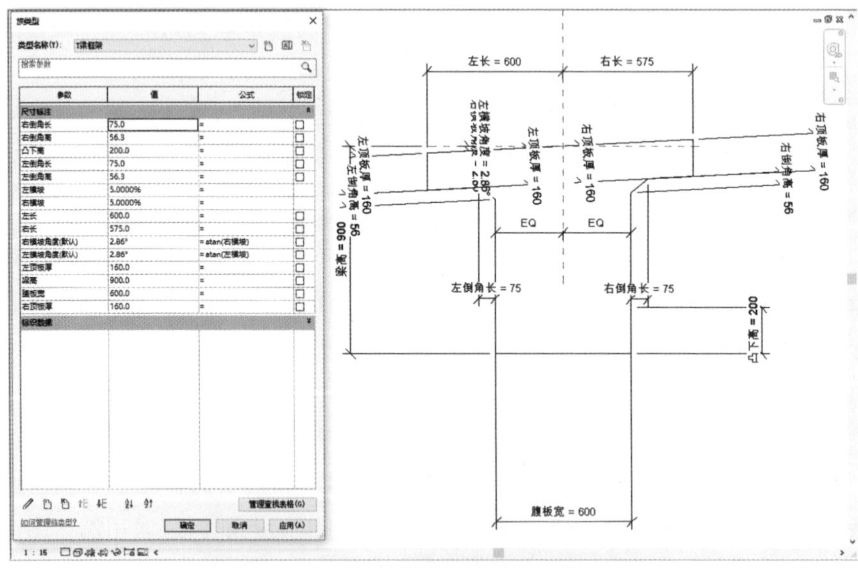

图 5.48 40 m T 梁支点框架通用轮廓族

2. 40 m T 梁左边梁（图 5.49 ~ 图 5.53）

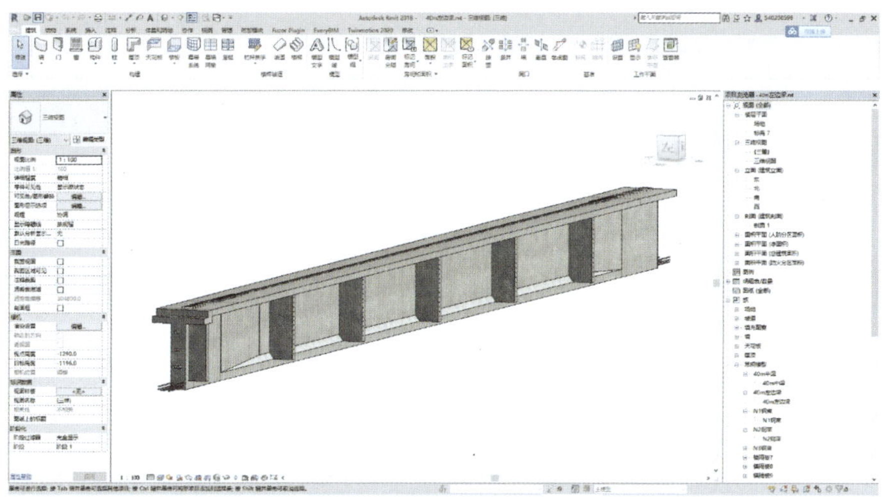

图 5.49　40 m T 梁左边梁三维视图

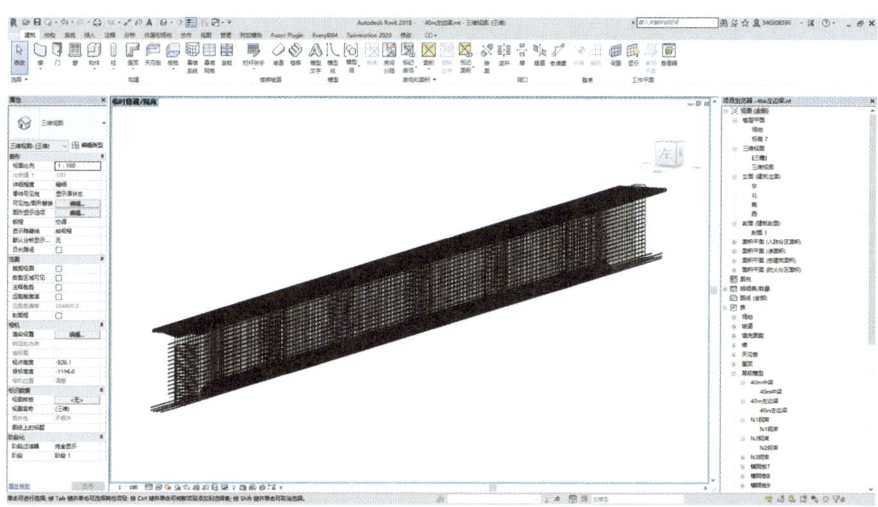

图 5.50　40 m T 梁左边梁钢筋三维视图

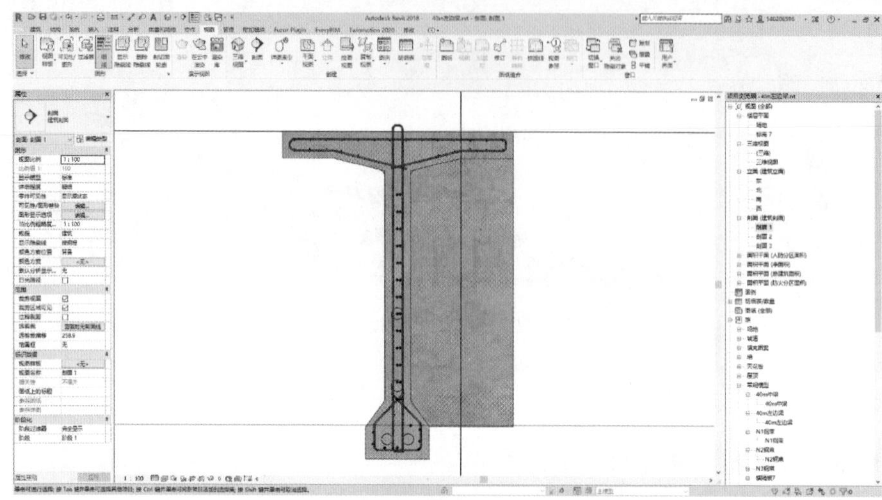

图 5.51　40 m T 梁左边梁剖面示意图 1

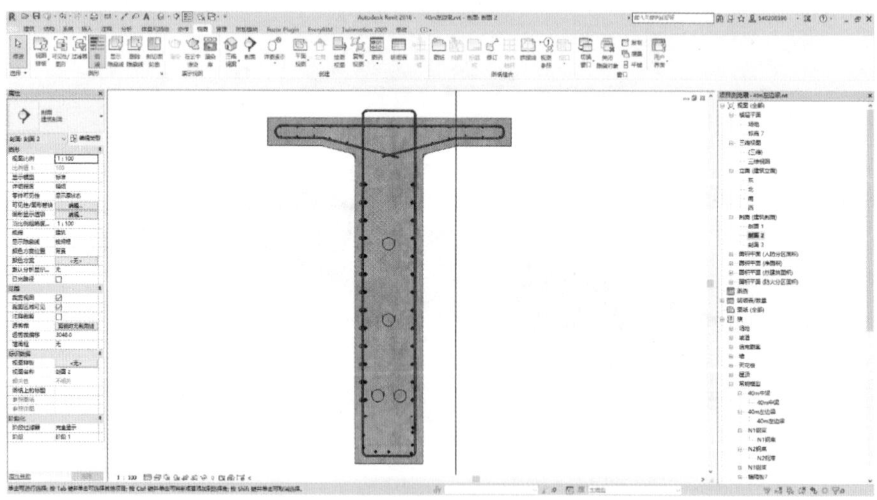

图 5.52　40 m T 梁左边梁剖面示意图 2

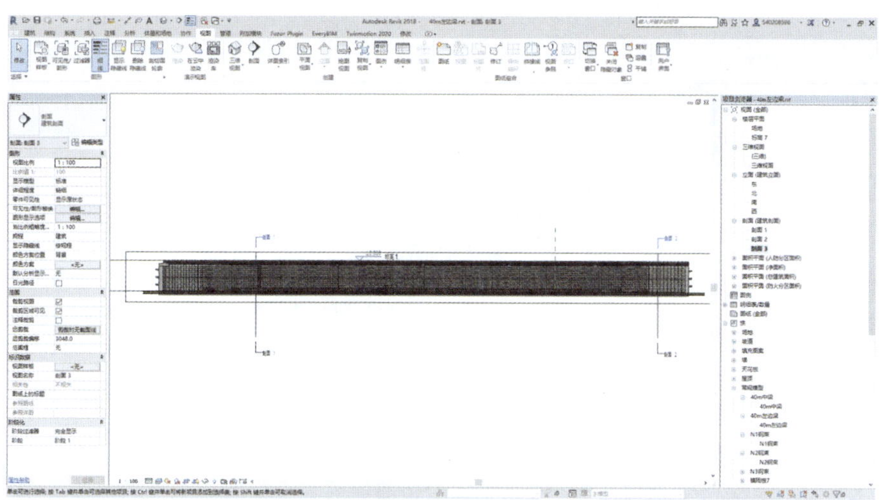

图 5.53　40 m T 梁左边梁剖面示意图 3

3. 40 m T 梁右边梁（图 5.54 ~ 图 5.58）

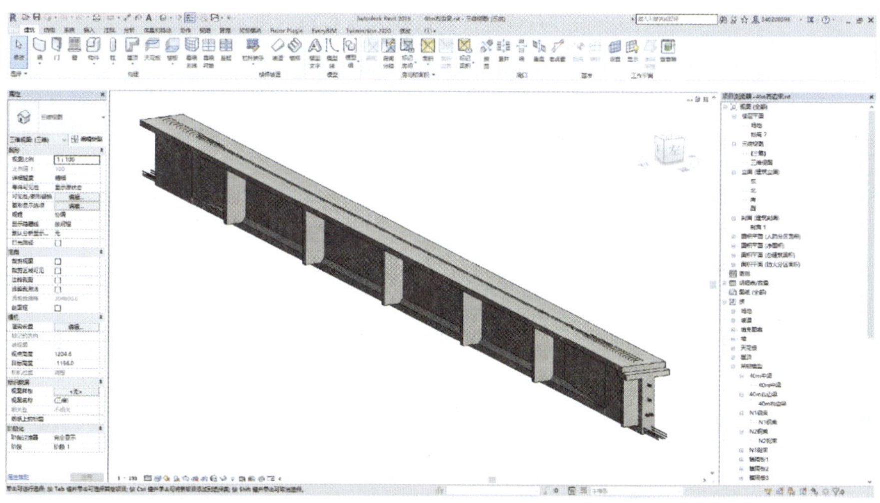

图 5.54　40 m T 梁右边梁三维视图

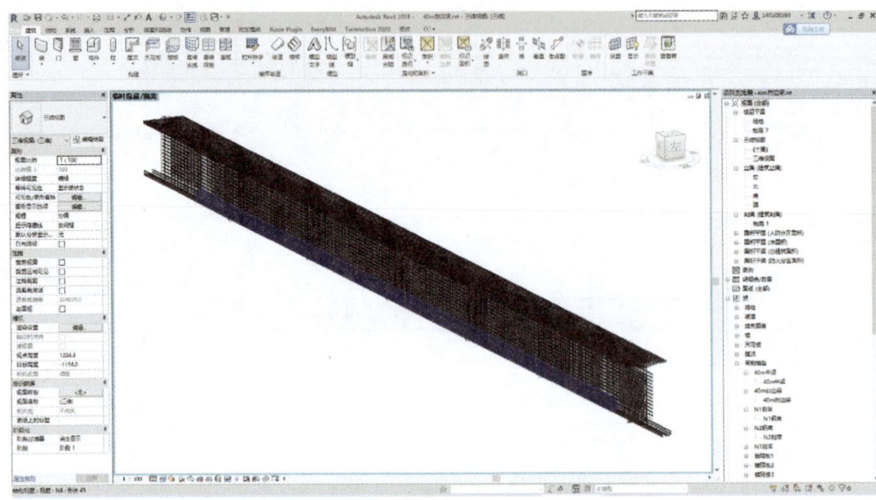

图 5.55　40 m T 梁右边梁钢筋三维视图

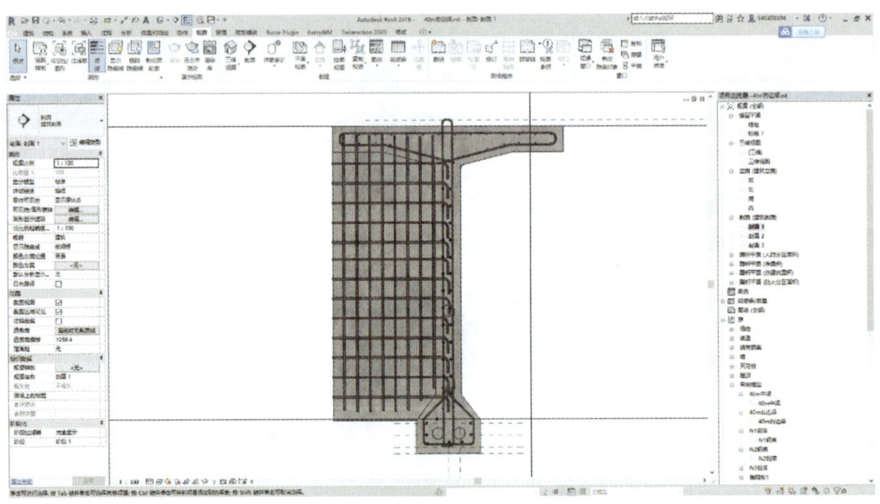

图 5.56　40 m T 梁右边梁剖面示意图 1

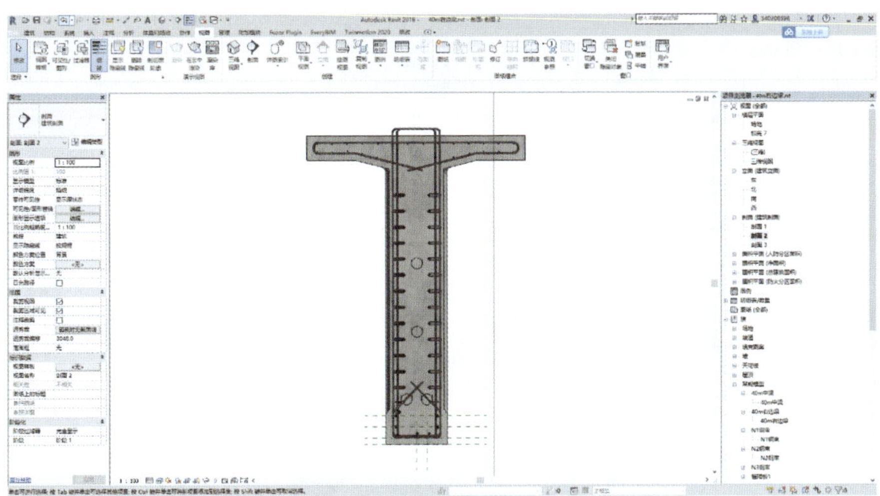

图 5.57　40 m T 梁右边梁剖面示意图 2

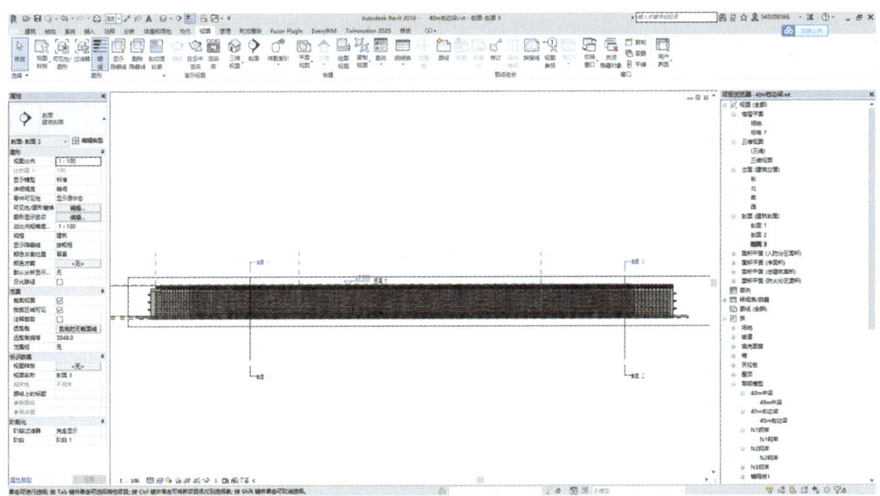

图 5.58　40 m T 梁右边梁剖面示意图 3

4. 40 m T梁中梁（图5.59～图5.61）

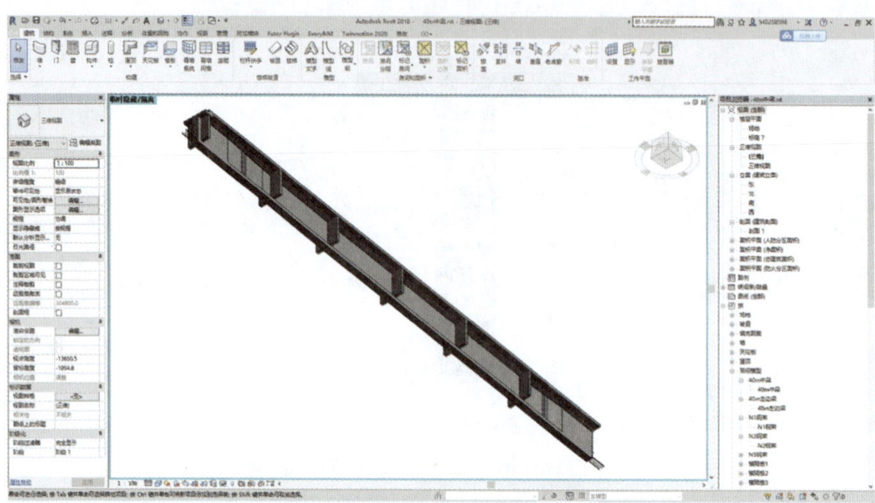

图5.59　40 m T梁中梁三维视图

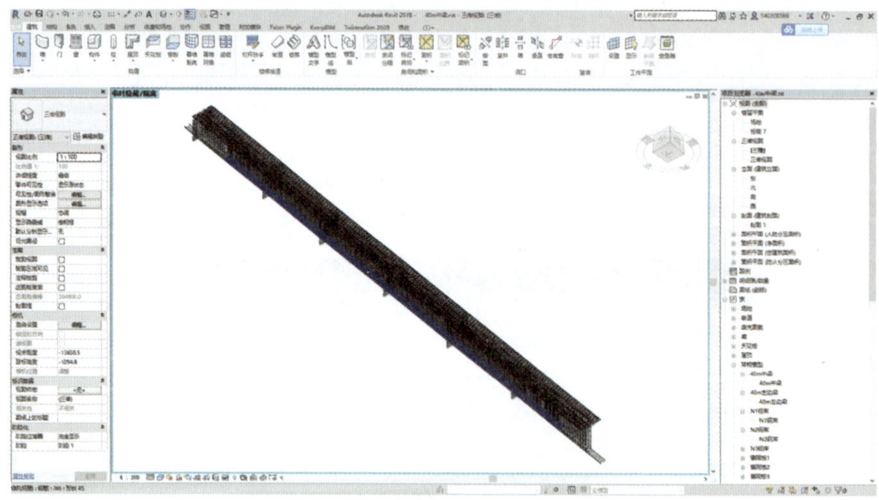

图5.60　40 m T梁中梁钢筋三维视图

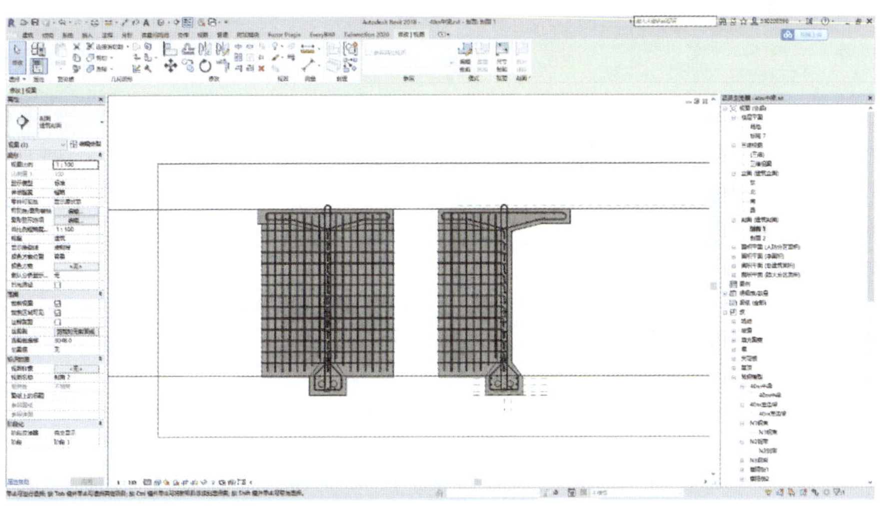

图 5.61 40 m T 梁中梁剖面示意图

5. 40 m T 梁组合模型（图 5.62、图 5.63）

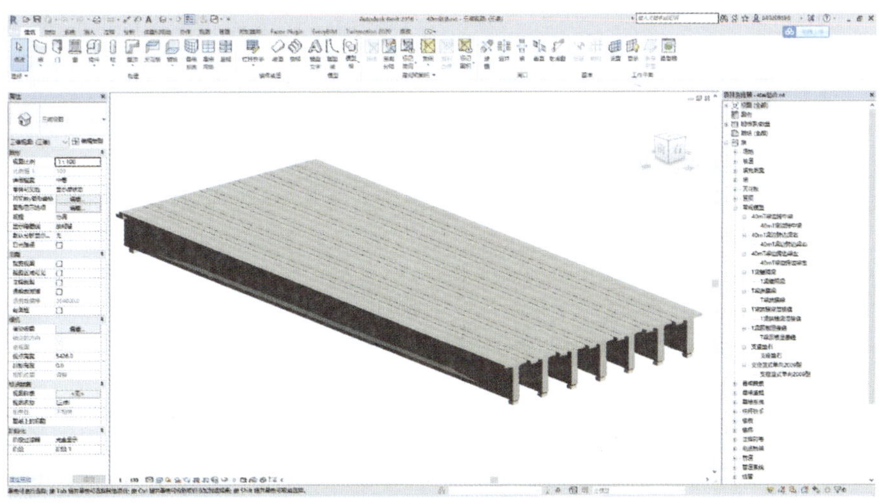

图 5.62 40 m T 梁单跨组合三维模型 1

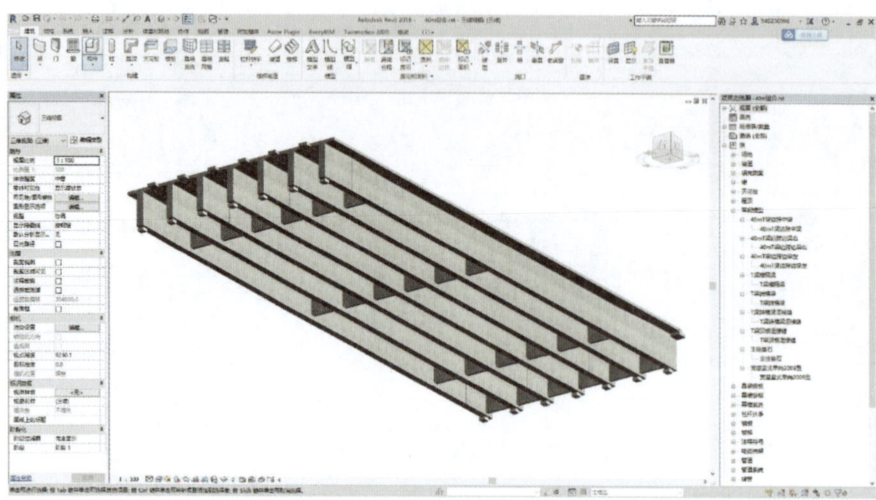

图 5.63　40 mT 梁单跨组合三维模型 2

6 预制梁桥 BIM 参数化建模应用实践

6.1 庄田大桥

6.1.1 庄田大桥左幅设计图纸数据整理

主田大桥左幅设计图纸数据整理见表 6.1 ~ 表 6.5。

表 6.1 庄田大桥左幅边梁参数数据整理

墩号	里程/（km/h）	数量	横桥向间距/m	斜交角度/（°）	第一个中梁顶设计高程/mm	路线偏移值/bit	梁面横坡	中梁类型	梁缝宽度/m	梁长/m	梁高/m	左侧第一个垫石底高程/mm
0#	61804.2	1	5.175	90	98.287	6.5	0.03	边跨边梁右小	0.06	30	2	96.137
1#	61834.1	1	5.175	90	98.541	6.5	0.03	中跨边梁右	0.06	30	2	96.391
2#	61864	1	5.175	90	98.816	6.5	0.03	中跨边梁右	0.06	30	2	96.666
3#	61894	1	5.175	90	99.099	6.5	0.03	中跨边梁右	0.06	30	2	96.949
4#	61924	1	5.175	90	99.405	6.5	0.03	中跨边梁右	0	30	2	97.255
5#	61954	1	5.175	90	99.705	6.5	0.03	中跨边梁右	0	30	2	97.555
6#	61983.4	1	5.175	90	97.7439	6.5	0.03	边跨中梁大	0.12	29.9	2	97.7935

表 6.2 庄田大桥左幅中梁参数数据整理

墩号	里程 /（km/h）	数量	横桥向间距/m	斜交角度 /（°）	第一个中梁顶设计高程/mm	路线偏移值 /bit	梁面横坡	中梁类型	梁缝宽度 /m	梁长/m	梁高/m	左侧第一个垫石底高程/mm
0#	61804.2	4	2.07	90	98.137	6.5	0.03	边跨中梁小	0.06	30	2	96.137
1#	61834.1	4	2.07	90	98.391	6.5	0.03	中跨中梁	0.06	30	2	96.391
2#	61864	4	2.07	90	98.666	6.5	0.03	中跨中梁	0.06	30	2	96.666
3a#	61894	4	2.07	90	98.949	6.5	0.03	中跨中梁	0.06	30	2	96.949
4#	61924	4	2.07	90	99.255	6.5	0.03	中跨中梁	0	30	2	97.255
5#	61954	4	2.07	90	99.555	6.5	0.03	边跨中梁大	0	30	2	97.555
6#	61983.4	4	2.07	90	97.7439	6.5	0.03	边跨中梁大	0.12	30	2	97.7935

表 6.3 庄田大桥左幅梁全部数据整理

墩号	里程 /（km/h）	数量	横桥向间距/m	斜交角度 /（°）	左侧第一个梁底高程	路线偏移值/bit	梁面横坡	纵向坡比	编号	族类型	材料	横向高程调整坡比
1	64085.01	1	7.2	90	0	− 8.46	− 0.0202	0.006	1	内边梁	C30 砼	0.02
1	64085.01	1	4.8	90	0	− 8.46	− 0.0202	0.0059	2	中梁	C30 砼	0.02
1	64085.01	1	2.4	90	0	− 8.46	− 0.0202	0.0059	3	中梁	C30 砼	0.02
1	64085.01	1	0	90	0	− 8.46	− 0.0202	0.0059	4	中梁	C30 砼	0.02
1	64085.01	1	− 2.4	90	0	− 8.46	− 0.0202	0.0058	5	中梁	C30 砼	0.02
1	64085.01	1	− 4.8	90	0	− 8.46	− 0.0202	0.0058	6	中梁	C30 砼	0.02

续表

墩号	里程 /（km/h）	数量	横桥向间距/m	斜交角度 /（°）	左侧第一个梁底高程	路线偏移值/bit	梁面横坡	纵向坡比	编号	族类型	材料	横向高程调整坡比
1	64085.01	1	−7.2	90	0	−8.46	−0.0202	0.0057	7	外边梁	C30 砼	0.02
2	64105.01	1	7.2	90	0	−8.46	−0.0209	0.006	1	内边梁	C30 砼	0.0204
2	64105.01	1	4.8	90	0	−8.46	−0.0209	0.0059	2	中梁	C30 砼	0.0204
2	64105.01	1	2.4	90	0	−8.46	−0.0209	0.0058	3	中梁	C30 砼	0.0204
2	64105.01	1	0	90	0	−8.46	−0.0209	0.0056	4	中梁	C30 砼	0.0204
2	64105.01	1	−2.4	90	0	−8.46	−0.0209	0.0055	5	中梁	C30 砼	0.0204
2	64105.01	1	−4.8	90	0	−8.46	−0.0209	0.0054	6	中梁	C30 砼	0.0204
2	64105.01	1	−7.2	90	0	−8.46	−0.0209	0.0053	7	外边梁	C30 砼	0.0204
3	64125.01	1	7.2	90	0	−8.46	−0.00218	0.006	1	内边梁	C30 砼	0.0213
3	64125.01	1	4.8	90	0	−8.46	−0.00218	0.0059	2	中梁	C30 砼	0.0213
3	64125.01	1	2.4	90	0	−8.46	−0.00218	0.0058	3	中梁	C30 砼	0.0213
3	64125.01	1	0	90	0	−8.46	−0.00218	0.0057	4	中梁	C30 砼	0.0213
3	64125.01	1	−2.4	90	0	−8.46	−0.00218	0.0055	5	中梁	C30 砼	0.0213
3	64125.01	1	−4.8	90	0	−8.46	−0.00218	0.0054	6	中梁	C30 砼	0.0213

续表

墩号	里程/（km/h）	数量	横桥向间距/m	斜交角度/（°）	左侧第一个梁底高程	路线偏移值/bit	梁面横坡	纵向坡比	编号	族类型	材料	横向高程调整坡比
3	64125.01	1	−7.2	90	0	−8.46	−0.00218	0.0053	7	外边梁	C30 砼	0.0213
4	64145.01	1	7.2	90	0	−8.46	−0.0228	0.0056	1	内边梁	C30 砼	0.0223
4	64145.01	1	4.8	90	0	−8.46	−0.0228	0.0055	2	中梁	C30 砼	0.0223
4	64145.01	1	2.4	90	0	−8.46	−0.0228	0.0053	3	中梁	C30 砼	0.0223
4	64145.01	1	0	90	0	−8.46	−0.0228	0.0052	4	中梁	C30 砼	0.0223
4	64145.01	1	−2.4	90	0	−8.46	−0.0228	0.0051	5	中梁	C30 砼	0.0223
4	64145.01	1	−4.8	90	0	−8.46	−0.0228	0.005	6	中梁	C30 砼	0.0223
4	64145.01	1	−7.2	90	0	−8.46	−0.0228	0.0049	7	外边梁	C30 砼	0.0223
5	64165.01	1	7.2	90	0	−8.45	−0.0237	0.0043	1	内边梁	C30 砼	0.0232
5	64165.01	1	4.8	90	0	−8.45	−0.0237	0.0042	2	中梁	C30 砼	0.0232
5	64165.01	1	2.4	90	0	−8.45	−0.0237	0.0041	3	中梁	C30 砼	0.0232
5	64165.01	1	0	90	0	−8.45	−0.0237	0.004	4	中梁	C30 砼	0.0232
5	64165.01	1	−2.4	90	0	−8.45	−0.0237	0.0039	5	中梁	C30 砼	0.0232
5	64165.01	1	−4.8	90	0	−8.45	−0.0237	0.0038	6	中梁	C30 砼	0.0232

续表

墩号	里程/（km/h）	数量	横桥向间距/m	斜交角度/（°）	左侧第一个梁底高程	路线偏移值/bit	梁面横坡	纵向坡比	编号	族类型	材料	横向高程调整坡比
5	64165.01	1	−7.2	90	0	−8.45	−0.0237	0.0037	7	外边梁	C30 砼	0.0232
6	64185.01	1	7.2	90	0	−8.45	−0.0247	0.0031	1	内边梁	C30 砼	0.0242
6	64185.01	1	4.8	90	0	−8.45	−0.0247	0.003	2	中梁	C30 砼	0.0242
6	64185.01	1	2.4	90	0	−8.45	−0.0247	0.0029	3	中梁	C30 砼	0.0242
6	64185.01	1	0	90	0	−8.45	−0.0247	0.0028	4	中梁	C30 砼	0.0242
6	64185.01	1	−2.4	90	0	−8.45	−0.0247	0.0027	5	中梁	C30 砼	0.0242
6	64185.01	1	−4.8	90	0	−8.45	−0.0247	0.0026	6	中梁	C30 砼	0.0242
6	64185.01	1	−7.2	90	0	−8.45	−0.0247	0.0025	7	外边梁	C30 砼	0.0242
7	64205.01	1	7.2	90	0	−8.45	−0.0256	0.0018	1	内边梁	C30 砼	0.0251
7	64205.01	1	4.8	90	0	−8.45	−0.0256	0.0017	2	中梁	C30 砼	0.0251
7	64205.01	1	2.4	90	0	−8.45	−0.0256	0.0016	3	中梁	C30 砼	0.0251
7	64205.01	1	0	90	0	−8.45	−0.0256	0.0015	4	中梁	C30 砼	0.0251
7	64205.01	1	−2.4	90	0	−8.45	−0.0256	0.0014	5	中梁	C30 砼	0.0251
7	64205.01	1	−4.8	90	0	−8.45	−0.0256	0.0013	6	中梁	C30 砼	0.0251

续表

墩号	里程/（km/h）	数量	横桥向间距/m	斜交角度/（°）	左侧第一个梁底高程	路线偏移值/bit	梁面横坡	纵向坡比	编号	族类型	材料	横向高程调整坡比
7	64205.01	1	−7.2	90	0	−8.45	−0.0256	0.0012	7	外边梁	C30 砼	0.0251
8	64225	1	7.2	90	0	−8.45	−0.0266	0.0006	1	内边梁	C30 砼	0.0261
8	64225	1	4.8	90	0	−8.45	−0.0266	0.0005	2	中梁	C30 砼	0.0261
8	64225	1	2.4	90	0	−8.45	−0.0266	0.0004	3	中梁	C30 砼	0.0261
8	64225	1	0	90	0	−8.45	−0.0266	0.0002	4	中梁	C30 砼	0.0261
8	64225	1	−2.4	90	0	−8.45	−0.0266	0.0001	5	中梁	C30 砼	0.0261
8	64225	1	−4.8	90	0	−8.45	−0.0266	0	6	中梁	C30 砼	0.0261
8	64225	1	−7.2	90	0	−8.45	−0.0266	−0.0001	7	外边梁	C30 砼	0.0261
9	64245	1	7.2	90	0	−8.44	−0.0275	−0.0007	1	内边梁	C30 砼	0.027
9	64245	1	4.8	90	0	−8.44	−0.0275	−0.0008	2	中梁	C30 砼	0.027
9	64245	1	2.4	90	0	−8.44	−0.0275	−0.0009	3	中梁	C30 砼	0.027
9	64245	1	0	90	0	−8.44	−0.0275	−0.001	4	中梁	C30 砼	0.027
9	64245	1	−2.4	90	0	−8.44	−0.0275	−0.0011	5	中梁	C30 砼	0.027
9	64245	1	−4.8	90	0	−8.44	−0.0275	−0.0012	6	中梁	C30 砼	0.027

续表

墩号	里程/（km/h）	数量	横桥向间距/m	斜交角度/（°）	左侧第一个梁底高程	路线偏移值/bit	梁面横坡	纵向坡比	编号	族类型	材料	横向高程调整坡比
9	64245	1	−7.2	90	0	−8.44	−0.0275	−0.0014	7	外边梁	C30 砼	0.027
10	64265	1	7.2	90	0	−8.44	−0.0285	−0.0019	1	内边梁	C30 砼	0.028
10	64265	1	4.8	90	0	−8.44	−0.0285	−0.002	2	中梁	C30 砼	0.028
10	64265	1	2.4	90	0	−8.44	−0.0285	−0.0021	3	中梁	C30 砼	0.028
10	64265	1	0	90	0	−8.44	−0.0285	−0.0022	4	中梁	C30 砼	0.028
10	64265	1	−2.4	90	0	−8.44	−0.0285	−0.0023	5	中梁	C30 砼	0.028
10	64265	1	−4.8	90	0	−8.44	−0.0285	−0.0024	6	中梁	C30 砼	0.028
10	64265	1	−7.2	90	0	−8.44	−0.0285	−0.0025	7	外边梁	C30 砼	0.028
11	64285	1	7.2	90	0	−8.45	−0.0285	−0.0025	1	内边梁	C30 砼	0.029
11	64285	1	4.8	90	0	−8.45	−0.0285	−0.0025	2	中梁	C30 砼	0.029
11	64285	1	2.4	90	0	−8.45	−0.0285	−0.0025	3	中梁	C30 砼	0.029
11	64285	1	0	90	0	−8.45	−0.0285	−0.0025	4	中梁	C30 砼	0.029
11	64285	1	−2.4	90	0	−8.45	−0.0285	−0.0025	5	中梁	C30 砼	0.029
11	64285	1	−4.8	90	0	−8.45	−0.0285	−0.0025	6	中梁	C30 砼	0.029
11	64285	1	−7.2	90	0	−8.45	−0.0285	−0.0025	7	外边梁	C30 砼	0.029

表 6.4　庄田大桥左幅线元法数据整理表

线形	线形代号-N（直线为 0，缓和曲线为 1，圆曲线为 2）	线元长度 -L_s	开始半径 -R_q	结束半径 -R_h	偏转方向-c_c（左为−1，右为 1，直线为 0）	起点方位角 -A_q	起算点坐标 -X（N）	起算点坐标 -Y（E）
圆曲线	2	26.9581	1700	1700	1	267.8227778	2789733.311	518680.3408
缓和曲线	1	240	1700	0	1			
缓和曲线	1	240	0	1900	−1			
圆曲线	2	425.6531	1900	1900	−1			
缓和曲线	1	240	1900	0	−1			
直线	0	1075.253	0	0	0			

表 6.5　庄田大桥左幅竖曲线数据整理表

变坡点编号	变坡点里程	变坡点高程	竖曲线半径
0	63800.018	1809.6362	
1	64420.555	1813.3594	16000
2	65500	1783.1349	55000
3	66300	1751.935	30000
4	68118.023	1710.512	

6.1.2 庄田大桥右幅设计图纸数据整理

庄田大桥右幅设计图纸数据整理见表 6.6 ~ 表 6.10。

表 6.6 庄田大桥右幅边梁参数数据整理

墩号	里程/（km/h）	梁数量	横桥向间距/m	斜交角度/（°）	第一个中梁顶设计高程/mm	路线偏移值/bit	梁面横坡	中梁类型	梁缝宽度/m	梁长/m	梁高/m	左侧第一个垫石底高程/mm
0#	61804.2	1	5.175	90	98.287	6.5	0.03	边跨边梁右小	0.06	30	2	96.137
1#	61834.1	1	5.175	90	98.541	6.5	0.03	中跨边梁右	0.06	30	2	96.391
2#	61864	1	5.175	90	98.816	6.5	0.03	中跨边梁右	0.06	30	2	96.666
3#	61894	1	5.175	90	99.099	6.5	0.03	中跨边梁右	0.06	30	2	96.949
4#	61924	1	5.175	90	99.405	6.5	0.03	中跨边梁右	0	30	2	97.255
5#	61954	1	5.175	90	99.705	6.5	0.03	中跨边梁右	0	30	2	97.555
6#	61983.4	1	5.175	90	97.7439	6.5	0.03	边跨中梁大	0.12	29.9	2	97.7935

表 6.7 庄田大桥右幅中梁参数数据整理

墩号	里程/（km/h）	梁数量	横桥向间距/m	斜交角度/（°）	第一个中梁顶设计高程/mm	路线偏移值/bit	梁面横坡	中梁类型	梁缝宽度/m	梁长/m	梁高/m	左侧第一个垫石底高程/mm
0#	61804.2	4	2.07	90	98.137	6.5	0.03	边跨中梁小	0.06	30	2	96.137
1#	61834.1	4	2.07	90	98.391	6.5	0.03	中跨中梁	0.06	30	2	96.391

续表

墩号	里程/（km/h）	梁数量	横桥向间距/m	斜交角度/（°）	第一个中梁顶设计高程/mm	路线偏移值/bit	梁面横坡	中梁类型	梁缝宽度/m	梁长/m	梁高/m	左侧第一个垫石底高程/mm
2#	61864	4	2.07	90	98.666	6.5	0.03	中跨中梁	0.06	30	2	96.666
3a#	61894	4	2.07	90	98.949	6.5	0.03	中跨中梁	0.06	30	2	96.949
4#	61924	4	2.07	90	99.255	6.5	0.03	中跨中梁	0	30	2	97.255
5#	61954	4	2.07	90	99.555	6.5	0.03	边跨中梁大	0	30	2	97.555
6#	61983.4	4	2.07	90	97.7439	6.5	0.03	边跨中梁大	0.12	30	2	97.7935

表 6.8　庄田大桥右幅梁全部数据整理

墩号	里程/（km/h）	梁数量	横桥向间距/m	斜交角度/（°）	左侧第一个梁底高程/mm	路线偏移值/bit	梁面横坡	纵向坡比	编号	族类型	材料	横向高程调整坡比
1	64085.01	1	−7.2	90	0	8.45	−0.0224	0.006	1	外边梁	C30 砼	−0.0224
1	64085.01	1	−4.8	90	0	8.45	−0.0224	0.0061	2	中梁	C30 砼	−0.0224
1	64085.01	1	−2.4	90	0	8.45	−0.0224	0.0062	3	中梁	C30 砼	−0.0224
1	64085.01	1	0	90	0	8.45	−0.0224	0.0063	4	中梁	C30 砼	−0.0224
1	64085.01	1	2.4	90	0	8.45	−0.0224	0.0064	5	中梁	C30 砼	−0.0224
1	64085.01	1	4.8	90	0	8.45	−0.0224	0.0065	6	中梁	C30 砼	−0.0224
1	64085.01	1	7.2	90	0	8.45	−0.0224	0.0066	7	内边梁	C30 砼	−0.0224

续表

墩号	里程/（km/h）	梁数量	横桥向间距/m	斜交角度/（°）	左侧第一个梁底高程/mm	路线偏移值/bit	梁面横坡	纵向坡比	编号	族类型	材料	横向高程调整坡比
2	64105.01	1	−7.2	90	0	8.46	−0.0211	0.006	1	外边梁	C30 砼	−0.0211
2	64105.01	1	−4.8	90	0	8.46	−0.0211	0.0061	2	中梁	C30 砼	−0.0211
2	64105.01	1	−2.4	90	0	8.46	−0.0211	0.0062	3	中梁	C30 砼	−0.0211
2	64105.01	1	0	90	0	8.46	−0.0211	0.0063	4	中梁	C30 砼	−0.0211
2	64105.01	1	2.4	90	0	8.46	−0.0211	0.0064	5	中梁	C30 砼	−0.0211
2	64105.01	1	4.8	90	0	8.46	−0.0211	0.0065	6	中梁	C30 砼	−0.0211
2	64105.01	1	7.2	90	0	8.46	−0.0211	0.0066	7	内边梁	C30 砼	−0.0211
3	64125.01	1	−7.2	90	0	8.46	−0.0207	0.006	1	外边梁	C30 砼	−0.0207
3	64125.01	1	−4.8	90	0	8.46	−0.0207	0.0061	2	中梁	C30 砼	−0.0207
3	64125.01	1	−2.4	90	0	8.46	−0.0207	0.0062	3	中梁	C30 砼	−0.0207
3	64125.01	1	0	90	0	8.46	−0.0207	0.0063	4	中梁	C30 砼	−0.0207
3	64125.01	1	2.4	90	0	8.46	−0.0207	0.0064	5	中梁	C30 砼	−0.0207
3	64125.01	1	4.8	90	0	8.46	−0.0207	0.0065	6	中梁	C30 砼	−0.0207
3	64125.01	1	7.2	90	0	8.46	−0.0207	0.0066	7	内边梁	C30 砼	−0.0207
4	64145.01	1	−7.2	90	0	8.47	−0.0201	0.006	1	外边梁	C30 砼	−0.0201

续表

墩号	里程/（km/h）	梁数量	横桥向间距/m	斜交角度/（°）	左侧第一个梁底高程/mm	路线偏移值/bit	梁面横坡	纵向坡比	编号	族类型	材料	横向高程调整坡比
4	64145.01	1	−4.8	90	0	8.47	−0.0201	0.0061	2	中梁	C30 砼	−0.0201
4	64145.01	1	−2.4	90	0	8.47	−0.0201	0.0062	3	中梁	C30 砼	−0.0201
4	64145.01	1	0	90	0	8.47	−0.0201	0.0063	4	中梁	C30 砼	−0.0201
4	64145.01	1	2.4	90	0	8.47	−0.0201	0.0064	5	中梁	C30 砼	−0.0201
4	64145.01	1	4.8	90	0	8.47	−0.0201	0.0065	6	中梁	C30 砼	−0.0201
4	64145.01	1	7.2	90	0	8.47	−0.0201	0.0066	7	内边梁	C30 砼	−0.0201
5	64165.01	1	−7.2	90	0	8.47	−0.0196	0.0057	1	外边梁	C30 砼	−0.0196
5	64165.01	1	−4.8	90	0	8.47	−0.0196	0.0058	2	中梁	C30 砼	−0.0196
5	64165.01	1	−2.4	90	0	8.47	−0.0196	0.0059	3	中梁	C30 砼	−0.0196
5	64165.01	1	0	90	0	8.47	−0.0196	0.0059	4	中梁	C30 砼	−0.0196
5	64165.01	1	2.4	90	0	8.47	−0.0196	0.006	5	中梁	C30 砼	−0.0196
5	64165.01	1	4.8	90	0	8.47	−0.0196	0.0061	6	中梁	C30 砼	−0.0196
5	64165.01	1	7.2	90	0	8.47	−0.0196	0.0062	7	内边梁	C30 砼	−0.0196
6	64185.01	1	−7.2	90	0	8.47	−0.0169	0.0046	1	外边梁	C30 砼	−0.0169

续表

墩号	里程 /（km/h）	梁数量	横桥向间距/m	斜交角度 /（°）	左侧第一个梁底高程 /mm	路线偏移值 /bit	梁面横坡	纵向坡比	编号	族类型	材料	横向高程调整坡比
6	64185.01	1	−4.8	90	0	8.47	−0.0169	0.0051	2	中梁	C30 砼	−0.0169
6	64185.01	1	−2.4	90	0	8.47	−0.0169	0.0057	3	中梁	C30 砼	−0.0169
6	64185.01	1	0	90	0	8.47	−0.0169	0.0063	4	中梁	C30 砼	−0.0169
6	64185.01	1	2.4	90	0	8.47	−0.0169	0.0068	5	中梁	C30 砼	−0.0169
6	64185.01	1	4.8	90	0	8.47	−0.0169	0.0074	6	中梁	C30 砼	−0.0169
6	64185.01	1	7.2	90	0	8.47	−0.0169	0.008	7	内边梁	C30 砼	−0.0169
7	64205.01	1	−7.2	90	0	8.48	−0.0121	0.0033	1	外边梁	C30 砼	−0.0121
7	64205.01	1	−4.8	90	0	8.48	−0.0121	0.0039	2	中梁	C30 砼	−0.0121
7	64205.01	1	−2.4	90	0	8.48	−0.0121	0.0045	3	中梁	C30 砼	−0.0121
7	64205.01	1	0	90	0	8.48	−0.0121	0.005	4	中梁	C30 砼	−0.0121
7	64205.01	1	2.4	90	0	8.48	−0.0121	0.0056	5	中梁	C30 砼	−0.0121
7	64205.01	1	4.8	90	0	8.48	−0.0121	0.0062	6	中梁	C30 砼	−0.0121
7	64205.01	1	7.2	90	0	8.48	−0.0121	0.0067	7	内边梁	C30 砼	−0.0121
8	64225	1	−7.2	90	0	8.49	−0.0074	0.0021	1	外边梁	C30 砼	−0.0074

续表

墩号	里程/(km/h)	梁数量	横桥向间距/m	斜交角度/(°)	左侧第一个梁底高程/mm	路线偏移值/bit	梁面横坡	纵向坡比	编号	族类型	材料	横向高程调整坡比
8	64225	1	−4.8	90	0	8.49	−0.0074	0.0026	2	中梁	C30 砼	−0.0074
8	64225	1	−2.4	90	0	8.49	−0.0074	0.0032	3	中梁	C30 砼	−0.0074
8	64225	1	0	90	0	8.49	−0.0074	0.0038	4	中梁	C30 砼	−0.0074
8	64225	1	2.4	90	0	8.49	−0.0074	0.0043	5	中梁	C30 砼	−0.0074
8	64225	1	4.8	90	0	8.49	−0.0074	0.0049	6	中梁	C30 砼	−0.0074
8	64225	1	7.2	90	0	8.49	−0.0074	0.0055	7	内边梁	C30 砼	−0.0074
9	64245	1	−7.2	90	0	8.5	−0.0026	0.0008	1	外边梁	C30 砼	−0.0026
9	64245	1	−4.8	90	0	8.5	−0.0026	0.0014	2	中梁	C30 砼	−0.0026
9	64245	1	−2.4	90	0	8.5	−0.0026	0.002	3	中梁	C30 砼	−0.0026
9	64245	1	0	90	0	8.5	−0.0026	0.0025	4	中梁	C30 砼	−0.0026
9	64245	1	2.4	90	0	8.5	−0.0026	0.0031	5	中梁	C30 砼	−0.0026
9	64245	1	4.8	90	0	8.5	−0.0026	0.0037	6	中梁	C30 砼	−0.0026
9	64245	1	7.2	90	0	8.5	−0.0026	0.0042	7	内边梁	C30 砼	−0.0026
10	64265	1	−7.2	90	0	8.51	0.0021	−0.0004	1	外边梁	C30 砼	0.0002

续表

墩号	里程/（km/h）	梁数量	横桥向间距/m	斜交角度/（°）	左侧第一个梁底高程/mm	路线偏移值/bit	梁面横坡	纵向坡比	编号	族类型	材料	横向高程调整坡比
10	64265	1	−4.8	90	0	8.51	0.0021	0.0001	2	中梁	C30 砼	0.0002
10	64265	1	−2.4	90	0	8.51	0.0021	0.0007	3	中梁	C30 砼	0.0002
10	64265	1	0	90	0	8.51	0.0021	0.0013	4	中梁	C30 砼	0.0002
10	64265	1	2.4	90	0	8.51	0.0021	0.0018	5	中梁	C30 砼	0.0002
10	64265	1	4.8	90	0	8.51	0.0021	0.0024	6	中梁	C30 砼	0.0002
10	64265	1	7.2	90	0	8.51	0.0021	0.003	7	内边梁	C30 砼	0.0002
11	64285	1	−7.2	90	0	8.51	0.0002	−0.0004	1	外边梁	C30 砼	0.0002
11	64285	1	−4.8	90	0	8.51	0.0002	0.0001	2	中梁	C30 砼	0.0002
11	64285	1	−2.4	90	0	8.51	0.0002	0.0007	3	中梁	C30 砼	0.0002
11	64285	1	0	90	0	8.51	0.0002	0.0013	4	中梁	C30 砼	0.0002
11	64285	1	2.4	90	0	8.51	0.0002	0.0018	5	中梁	C30 砼	0.0002
11	64285	1	4.8	90	0	8.51	0.0002	0.0024	6	中梁	C30 砼	0.0002
11	64285	1	7.2	90	0	8.51	0.0002	0.003	7	内边梁	C30 砼	0.0002

表 6.9　庄田大桥右幅线元法数据整理表

线型	线形代号-N（直线为 0，缓和曲线为 1，圆曲线为 2）	线元长度-L_s	开始半径-R_q	结束半径-R_h	偏转方向-c_c（左为−1，右为 1，直线为 0）	起点方位角-A_q	起算点坐标-X（N）	起算点坐标-Y（E）
圆曲线	2	112.0096	1700	1700	1	267.8227778	2789733.311	518680.3408
缓和曲线	1	240	1700	0	1			
缓和曲线	1	240	0	1500	−1			
圆曲线	2	395.3385	1500	1500	−1			
缓和曲线	1	240	1500	0	−1			
直线	0	1028.053	0	0	0			

表 6.10　庄田大桥右幅竖曲线数据整理表

变坡点编号	变坡点里程/（km/h）	变坡点高程/m	竖曲线半径/mm
0	63800.015	1809.6361	
1	64446.835	1813.517	16000
2	65500	1783.5018	55000
3	66300	1752.3018	30000
4	68118.023	1710.512	

6.1.3 庄田大桥参数化族构件

庄田大桥参数化族构件如图 6.1 ~ 图 6.4 所示。

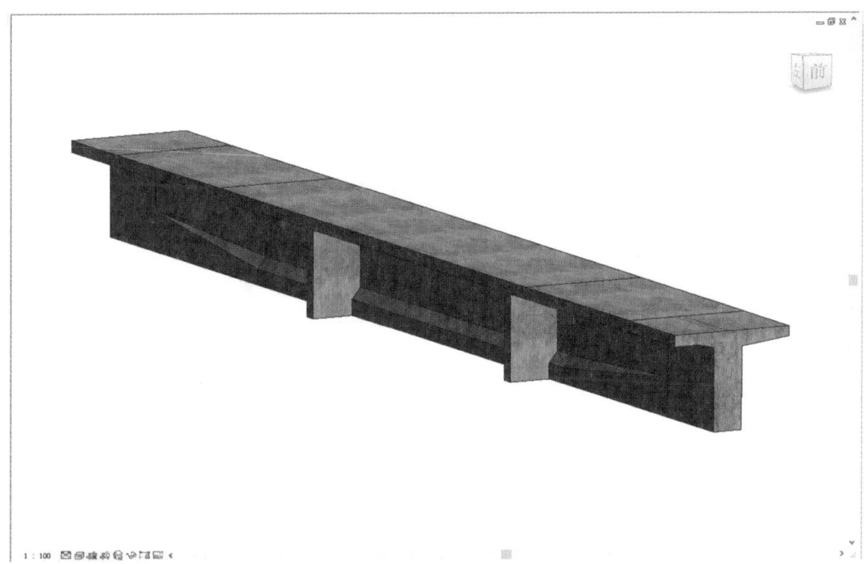

图 6.1 庄田大桥内边梁族

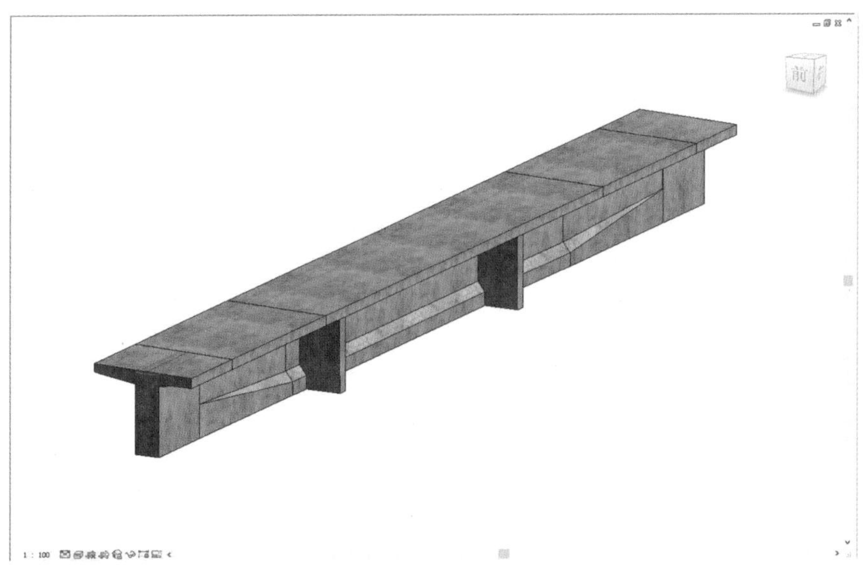

图 6.2 庄田大桥外边梁族

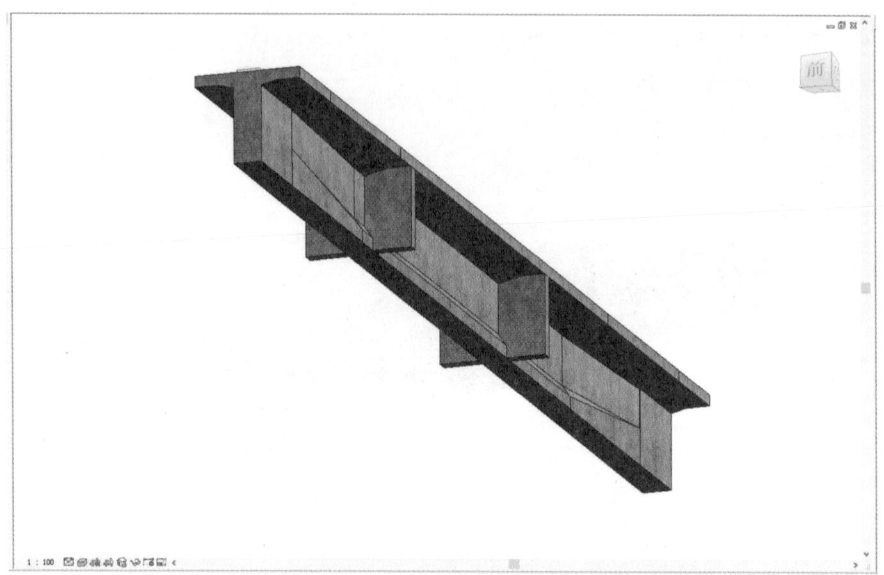

图 6.3 庄田大桥中梁族

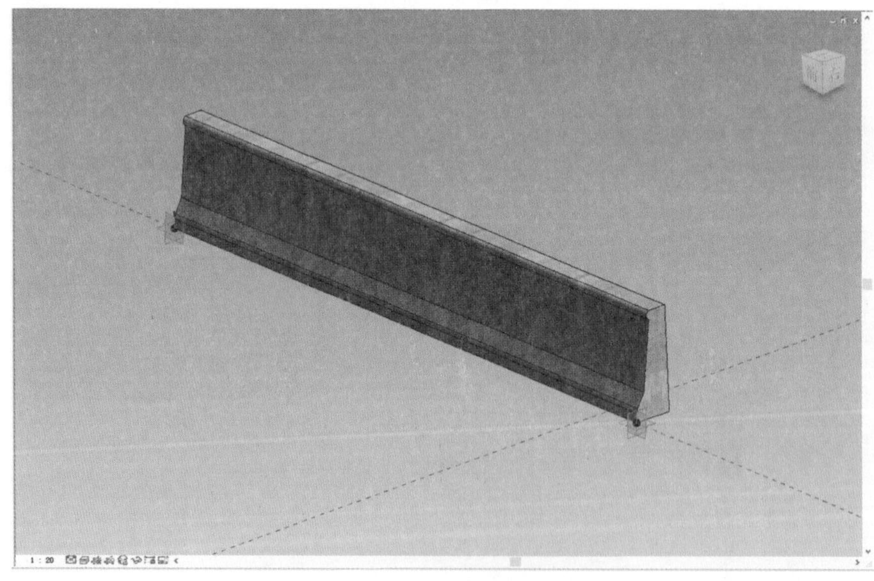

图 6.4 庄田大桥护栏自适应族

6.1.4 庄田大桥 Dynamo 参数化建模

为了能够将庄田大桥模型全部完成，本次研究利用 Dynamo 参数化建模工具完成庄田大桥各个构件的参数化驱动建模，如图 6.5 ~ 图 6.8 所示。

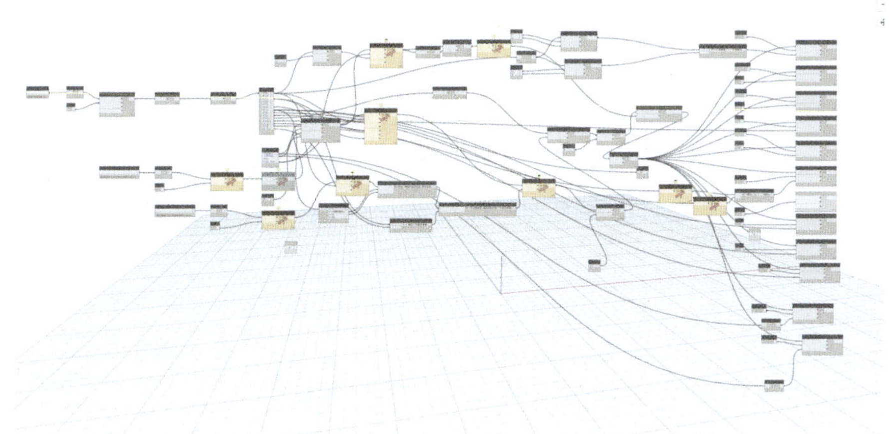

图 6.5 Dynamo 参数化梁设计

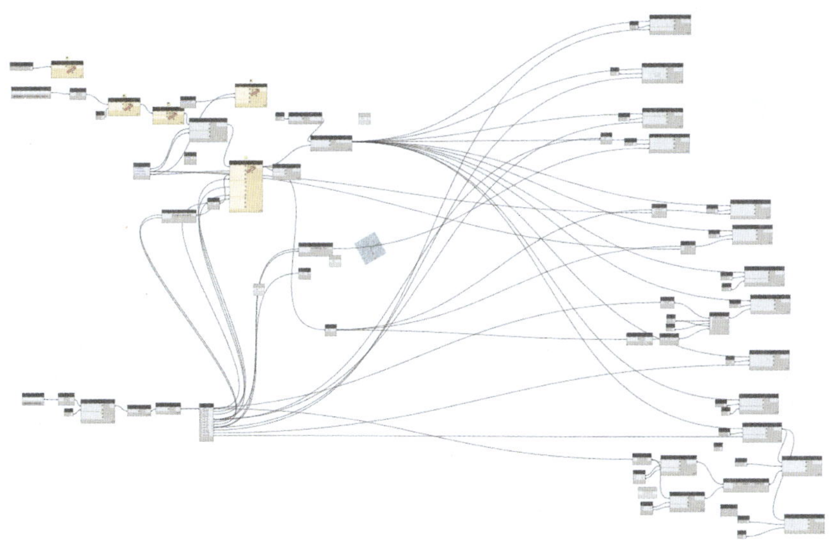

图 6.6 Dynamo 参数化基础设计

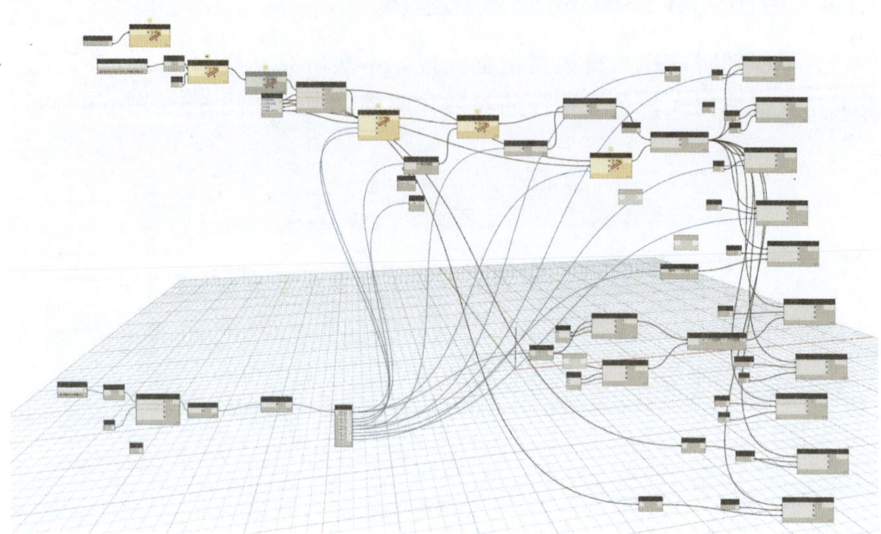

图 6.7 Dynamo 参数化桥台设计

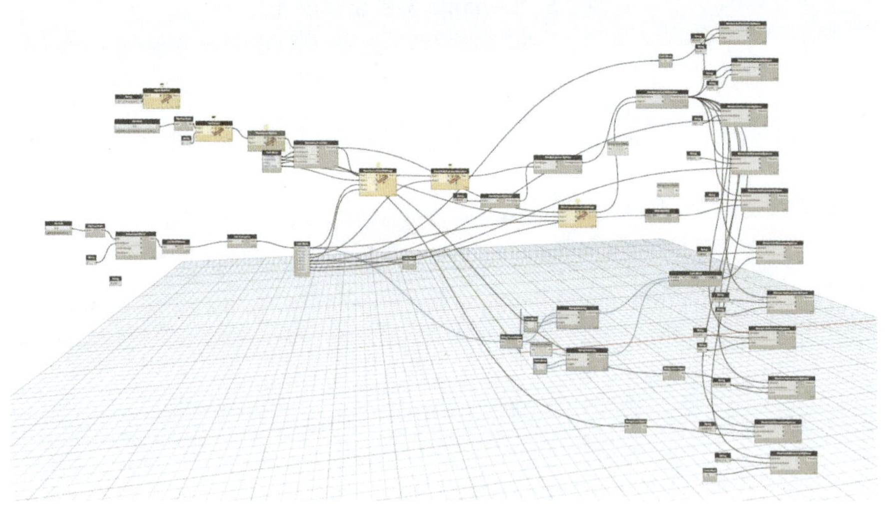

图 6.8 Dynamo 参数化盖梁设计

6.1.5 庄田大桥 BIM 模型

庄田大桥 BIM 模型如图 6.9 ~ 图 6.13 所示。

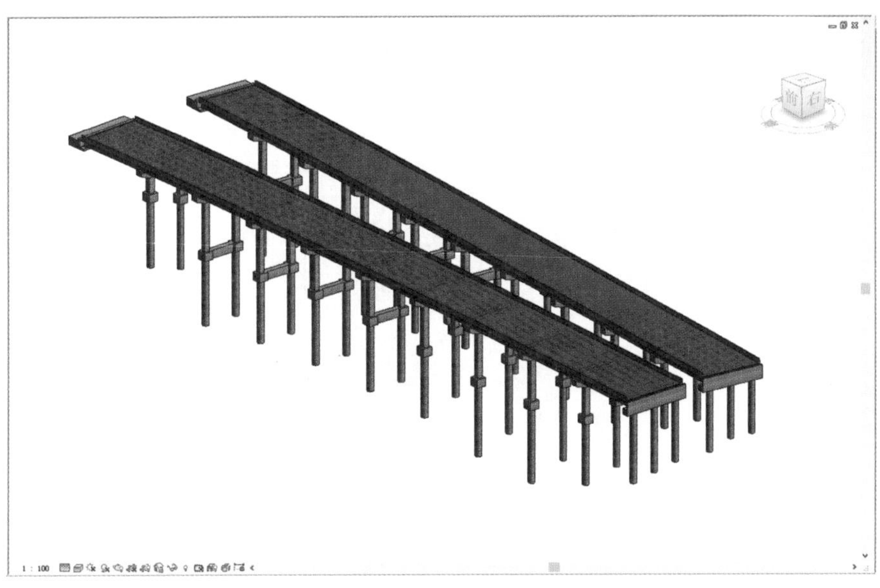

图 6.9 庄田大桥 BIM 模型三维视图

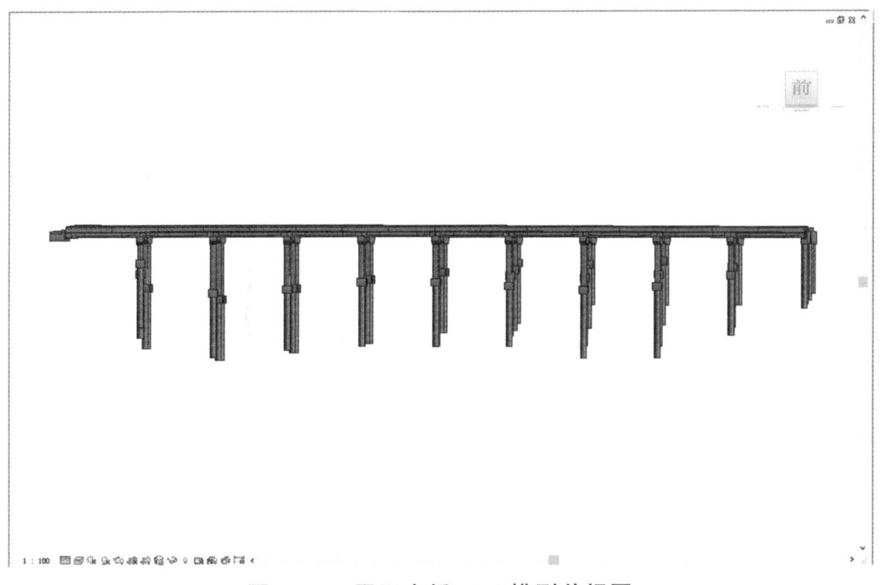

图 6.10 庄出大桥 BIM 模型前视图

图 6.11 庄田大桥 BIM 模型右视图

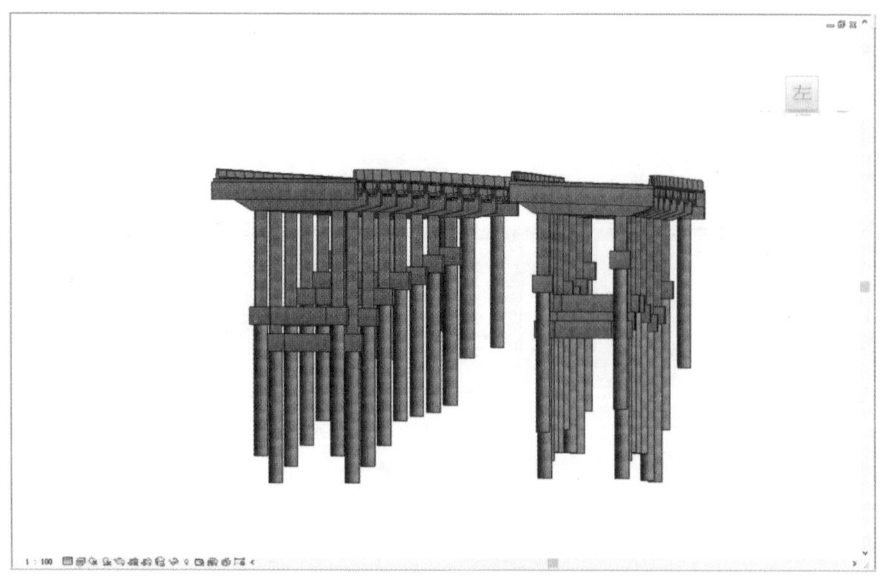

图 6.12 庄田大桥 BIM 模型左视图

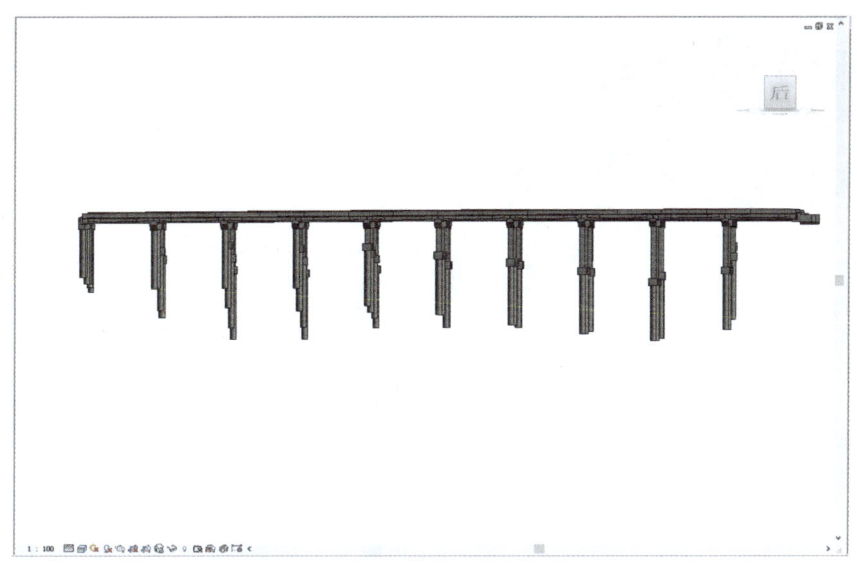

图 6.13 庄田大桥 BIM 模型后视图

6.1.6 庄田大桥控制点坐标提取

利用庄田大桥 BIM 模型以及 Revit 软件中的坐标提取功能完成庄田大桥上部 T 梁关键控制点坐标的提取与比对。具体步骤如下：

步骤 1：将 BIM 模型转换为三维视图样式。

步骤 2：利用 Revit 管理命令中的坐标选项，如图 6.14 所示。

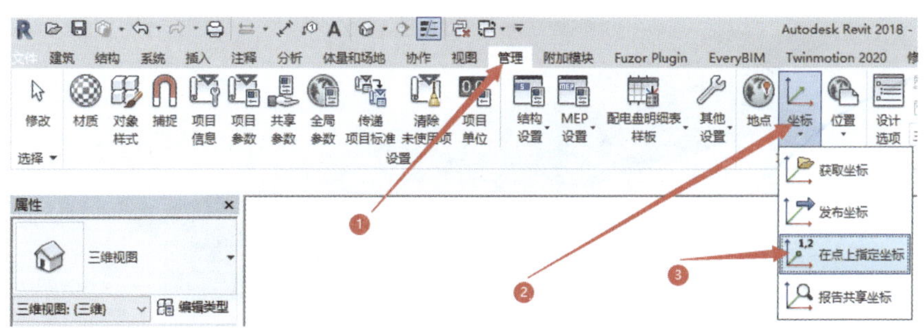

图 6.14 BIM 模型坐标提取方法示意图

步骤 3：完成 T 梁坐标提取与比对。

以庄田大桥为例，首先选取任意一跨的任意一片 T 梁，并隔离图元，如图 6.15 所示。

图 6.15 选取 BIM 模型中任意一片 T 梁示意图

利用 Revit 中的坐标获取工具，在梁片需要检查坐标的位置点击提取 BIM 模型的坐标值（图 6.16），对提取的坐标值进行记录整理。

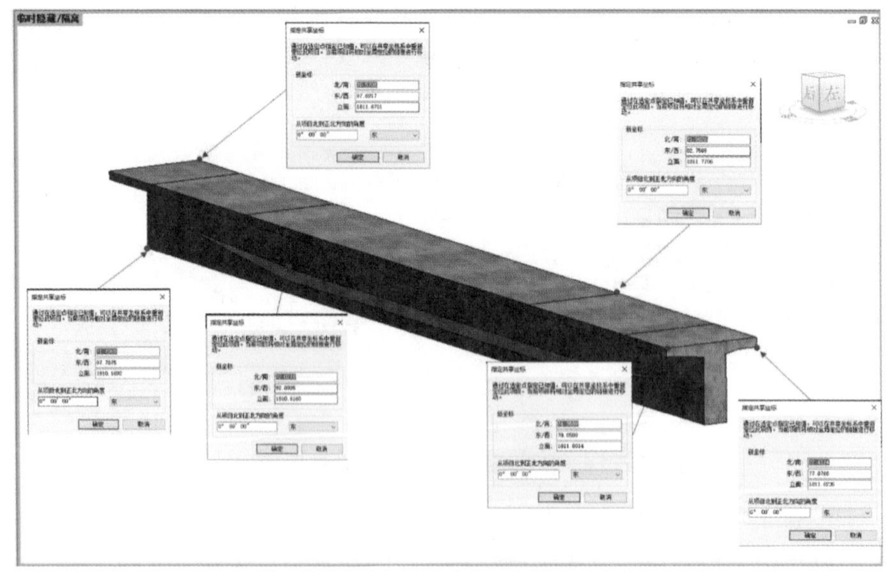

图 6.16 BIM 模型中提取关键控制点坐标信息

6.2 桃园 1 号大桥

6.2.1 桃园 1 号大桥左幅设计图纸数据整理

桃园 1 号大桥左幅设计图纸数据整理见表 6.11 ~ 表 6.14。

表 6.11 桃园 1 号大桥左幅上部结构参数数据整理

墩号	里程 /（km/h）	左幅盖梁横坡	T 梁距离/m							湿接缝距离/m						左幅梁面横坡
			1	2	3	4	5	6	7	1	2	3	4	5	6	
0	65404.94	0.02	1250	3650	6050	8450	10850	13250	15650	2450	4850	7250	9650	12050	14450	0.02
1	65434.94	0.02	1250	3650	6050	8450	10850	13250	15650	2450	4850	7250	9650	12050	14450	0.02
2	65464.93	0.02	1250	3650	6050	8450	10850	13250	15650	2450	4850	7250	9650	12050	14450	0.02
3	65494.93	0.02	1250	3650	6050	8450	10850	13250	15650	2450	4850	7250	9650	12050	14450	0.02
4	65524.93	0.02	1250	3650	6050	8450	10850	13250	15650	2450	4850	7250	9650	12050	14450	0.02
5	65554.93	0.02	1250	3650	6050	8450	10850	13250	15650	2450	4850	7250	9650	12050	14450	0.02
6	65584.93	0.02	1250	3650	6050	8450	10850	13250	15650	2450	4850	7250	9650	12050	14450	0.02
7	65614.93	0.02	1250	3650	6050	8450	10850	13250	15650	2450	4850	7250	9650	12050	14450	0.02
8	65644.93	0.02	1250	3650	6050	8450	10850	13250	15650	2450	4850	7250	9650	12050	14450	0.02
9	65674.93	0.02	1250	3650	6050	8450	10850	13250	15650	2450	4850	7250	9650	12050	14450	0.02

续表

墩号	里程/（km/h）	左幅盖梁横坡	T梁距离/m							湿接缝距离/m						左幅梁面横坡
			1	2	3	4	5	6	7	1	2	3	4	5	6	
10	65704.93	0.02	1250	3650	6050	8450	10850	13250	15650	2450	4850	7250	9650	12050	14450	0.02
11	65734.93	0.02	1250	3650	6050	8450	10850	13250	15650	2450	4850	7250	9650	12050	14450	0.02
12	65764.92	0.02	1250	3650	6050	8450	10850	13250	15650	2450	4850	7250	9650	12050	14450	0.02
13	65794.92	0.02	1250	3650	6050	8450	10850	13250	15650	2450	4850	7250	9650	12050	14450	0.02
14	65824.92	0.02	1250	3650	6050	8450	10850	13250	15650	2450	4850	7250	9650	12050	14450	0.02
15	65854.92	0.02	1250	3650	6050	8450	10850	13250	15650	2450	4850	7250	9650	12050	14450	0.02
16	65884.92	0.02	1250	3650	6050	8450	10850	13250	15650	2450	4850	7250	9650	12050	14450	0.02
17	65914.92	0.02	1250	3650	6050	8450	10850	13250	15650	2450	4850	7250	9650	12050	14450	0.02
18	65944.92	0.02	1250	3650	6050	8450	10850	13250	15650	2450	4850	7250	9650	12050	14450	0.02
19	65974.92	0.02	1250	3650	6050	8450	10850	13250	15650	2450	4850	7250	9650	12050	14450	0.02
20	66004.92	0.02	1250	3650	6050	8450	10850	13250	15650	2450	4850	7250	9650	12050	14450	0.02
21	66034.92	0.02	1250	3650	6050	8450	10850	13250	15650	2450	4850	7250	9650	12050	14450	0.0204
22	66064.92	0.0208	1250	3650	6050	8450	10850	13250	15650	2450	4850	7250	9650	12050	14450	0.0215
23	66094.92	0.0222	1250	3650	6050	8450	10850	13250	15650	2450	4850	7250	9650	12050	14450	0.023
24	66124.93	0.0237	1250	3650	6050	8450	10850	13250	15650	2450	4850	7250	9650	12050	14450	0.0244
25	66154.93	0.0251	1250	3650	6050	8450	10850	13250	15650	2450	4850	7250	9650	12050	14450	0.0258

续表

墩号	里程/（km/h）	左幅盖梁横坡	T梁距离/m							湿接缝距离/m						左幅梁面横坡
			1	2	3	4	5	6	7	1	2	3	4	5	6	
26	66184.93	0.0265	1250	3650	6050	8450	10850	13250	15650	2450	4850	7250	9650	12050	14450	0.0272
27	66214.93	0.028	1250	3650	6050	8450	10850	13250	15650	2450	4850	7250	9650	12050	14450	0.0287
28	66244.93	0.0294	1250	3650	6050	8450	10850	13250	15650	2450	4850	7250	9650	12050	14450	0.0297
29	66274.94	0.03	1250	3650	6050	8450	10850	13250	15650	2450	4850	7250	9650	12050	14450	0.03
30	66304.94	0.03	1250	3650	6050	8450	10850	13250	15650	2450	4850	7250	9650	12050	14450	0.03

表6.12 桃园1号大桥左幅系梁参数数据整理

桩编号	X处理	Y处理	宽/mm	高/mm	宽/mm	高/mm	构件名称	系梁顶标高/m	端部距中心距离/m
2#-桩基-1	−225303	−1127121	1100	1400	110	140	2#-系梁-1	1775.22	750
2#-桩基-2	−233896	−1124445	1100	2000	110	200	3#-系梁-1	1763.33	1300
3#-桩基-1	−234222	−1155763	1100	1400	110	140	3#-系梁-2	1771.28	750
3#-桩基-2	−242815	−1153087	1300	1700	130	170	4#-系梁-1	1750.52	900
4#-桩基-1	−243142	−1184405	1300	1700	130	170	4#-系梁-2	1759.57	900
4#-桩基-2	−251735	−1181729	1300	1700	130	170	4#-系梁-3	1768.62	900
5#-桩基-1	−251467	−1211138	2000	2500	200	250	5#-系梁-1	1740.79	1400
5#-桩基-3	−260060	−1208462	1300	1700	130	170	5#-系梁-2	1753.31	900

续表

桩编号	X处理	Y处理	宽/mm	高/mm	宽/mm	高/mm	构件名称	系梁顶标高/m	端部距中心距离/m
6#-桩基-1	−260387	−1239780	1300	1700	130	170	5#-系梁-3	1764.98	900
6#-桩基-3	−268980	−1237104	1300	1700	130	170	6#-系梁-1	1741.63	900
7#-桩基-1	−269306	−1268422	1300	1700	130	170	6#-系梁-2	1753.01	900
7#-桩基-3	−277899	−1265746	1300	1700	130	170	6#-系梁-3	1764.4	900
8#-桩基-1	−278226	−1297064	2000	2500	200	250	7#-系梁-1	1739.69	1400
8#-桩基-3	−286819	−1294388	1300	1700	130	170	7#-系梁-2	1751.87	900
9#-桩基-1	−287146	−1325707	1300	1700	130	170	7#-系梁-3	1763.21	900
9#-桩基-3	−295738	−1323031	2000	2500	200	250	8#-系梁-1	1739.61	1400
10#-桩基-1	−296065	−1354349	1300	1700	130	170	8#-系梁-2	1751.46	900
10#-桩基-3	−304658	−1351673	1300	1700	130	170	8#-系梁-3	1762.46	900
11#-桩基-1	−306934	−1382018	2000	2500	200	250	9#-系梁-1	1742.22	900
11#-桩基-3	−308331	−1386505	1300	1700	130	170	9#-系梁-2	1752.27	900
12#-桩基-1	−315853	−1410660	1300	1700	130	170	9#-系梁-3	1762.32	900
12#-桩基-3	−317251	−1415147	1300	1700	130	170	10#-系梁-1	1739.11	900
13#-桩基-1	−324773	−1439302	1300	1700	130	170	10#-系梁-2	1749.83	900
13#-桩基-3	−326170	−1443789	1300	1700	130	170	10#-系梁-3	1760.55	900

续表

桩编号	X 处理	Y 处理	宽/mm	高/mm	宽/mm	高/mm	构件名称	系梁顶标高/m	端部距中心距离/m
14#-桩基-1	−333693	−1467944	1300	1700	130	170	11#-系梁-1	1743.7	850
14#-桩基-3	−335090	−1472432	1300	1700	130	170	11#-系梁-2	1757.3	850
15#-桩基-1	−342613	−1496588	1300	1700	130	170	12#-系梁-1	1741.23	850
15#-桩基-3	−344010	−1501075	1300	1700	130	170	12#-系梁-2	1755.52	850
16#-桩基-1	−351533	−1525231	1300	1700	130	170	13#-系梁-1	1739.4	850
16#-桩基-3	−352930	−1529718	1300	1700	130	170	13#-系梁-2	1754.07	850
17#-桩基-1	−360452	−1553874	1300	1700	130	170	14#-系梁-1	1740.24	850
17#-桩基-3	−361850	−1558361	1300	1700	130	170	14#-系梁-2	1753.9	850
18#-桩基-1	−367424	−1583491	1300	1700	130	170	15#-系梁-1	1738.4	850
18#-桩基-3	−376017	−1580815	1300	1700	130	170	15#-系梁-2	1752.4	850
19#-桩基-1	−376344	−1612134	1300	1700	130	170	16#-系梁-1	1733.9	850
19#-桩基-3	−384937	−1609458	1300	1700	130	170	16#-系梁-2	1749.5	850
20#-桩基-1	−385264	−1640777	1300	1700	130	170	17#-系梁-1	1732.73	850
20#-桩基-3	−393857	−1638101	1300	1700	130	170	17#-系梁-2	1748.39	850
21#-桩基-1	−394183	−1669420	1300	1700	130	170	18#-系梁-1	1727.84	900
21#-桩基-3	−402776	−1666744	1300	1700	130	170	18#-系梁-2	1739.22	900
22#-桩基-1	−403098	−1698064	1300	1700	130	170	18#-系梁-3	1750.61	900
22#-桩基-3	−411689	−1695384	1300	1700	130	170	19#-系梁-1	1727.67	900

续表

桩编号	X 处理	Y 处理	宽/mm	高/mm	宽/mm	高/mm	构件名称	系梁顶标高/m	端部距中心距离/m
23#-桩基-1	−412051	−1726685	1300	1700	130	170	19#-系梁-2	1738.72	900
23#-桩基-3	−420634	−1723979	1300	1700	130	170	19#-系梁-3	1749.77	900
24#-桩基-1	−421124	−1755258	1300	1700	130	170	20#-系梁-1	1727.5	900
24#-桩基-3	−429691	−1752501	1300	1700	130	170	20#-系梁-2	1738.22	900
25#-桩基-1	−430397	−1783754	1300	1700	130	170	20#-系梁-3	1748.93	900
25#-桩基-3	−438940	−1780922	1300	1700	130	170	21#-系梁-1	1726.33	900
26#-桩基-1	−439951	−1812146	1300	1700	130	170	21#-系梁-2	1737.05	900
26#-桩基-3	−448460	−1809215	1300	1700	130	170	21#-系梁-3	1747.76	900
27#-桩基-1	−450545	−1842283	1300	1700	130	170	22#-系梁-1	1723.15	900
27#-桩基-2	−459011	−1839229	1300	1700	130	170	22#-系梁-2	1734.53	900
28#-桩基-1	−460932	−1870357	1300	1700	130	170	22#-系梁-3	1745.92	900
28#-桩基-2	−469344	−1867157	1300	1700	130	170	23#-系梁-1	1723.98	900
29#-桩基-1	−471844	−1898221	1300	1700	130	170	23#-系梁-2	1734.7	900
29#-桩基-2	−480191	−1894855	1300	1700	130	170	23#-系梁-3	1745.42	900
30#-桩基-1	−483311	−1925860	1300	1700	130	170	24#-系梁-1	1718.85	900
30#-桩基-2	−491589	−1922328	1300	1700	130	170	24#-系梁-2	1730.9	900

表 6.13 桃园 1 号大桥左幅下部构造参数数据整理

N 坐标	E 坐标	N 坐标偏移值	E 坐标偏移值	X	Y	柱顶标高/m	柱顶/mm	柱底标高/m	柱高/m	柱高/mm	横桥向尺寸/mm	顺桥向尺寸/mm
2789439.613	516940.2	−2789700	−518180	−260387	−1239780	1774.93	1774930	1739.93	35	35000	1800	1800
2789431.020	516942.9	−2789700	−518180	−268980	−1237104	1774.75	1774750	1736.75	38	38000	1800	1800
2789430.694	516911.6	−2789700	−518180	−269306	−1268422	1773.87	1773870	1739.69	34.2	34180	1800	1800
2789420.911	516910.4	−2789700	−518180	−279089	−1269565	1773.69	1773690	1739.69	34	34000	1800	1800
2789421.774	516882.9	−2789700	−518180	−278226	−1297064	1772.79	1772790	1739.61	33.2	33180	1800	1800
2789411.992	516881.8	−2789700	−518180	−288008	−1298208	1772.61	1772610	1739.61	33	33000	1800	1800
2789412.854	516854.3	−2789700	−518180	−287146	−1325707	1771.70	1771700	1735.70	36	36000	1800	1800
2789403.072	516853.2	−2789700	−518180	−296928	−1326850	1771.52	1771520	1740.52	31	31000	1800	1800
2789403.935	516825.7	−2789700	−518180	−296065	−1354349	1770.59	1770590	1734.59	36	36000	1800	1800
2789394.153	516824.5	−2789700	−518180	−305847	−1355492	1770.41	1770410	1737.41	33	33000	1800	1800
2789393.066	516798	−2789700	−518180	−306934	−1382018	1769.42	1769420	1728.34	41.1	41080	1700	1700
2789387.182	516794.9	−2789700	−518180	−312818	−1385107	1769.34	1769340	1728.34	41	41000	1700	1700
2789384.147	516769.3	−2789700	−518180	−315853	−1410660	1768.28	1768280	1725.20	43.1	43080	1700	1700
2789378.262	516766.3	−2789700	−518180	−321738	−1413750	1768.20	1768200	1725.20	43	43000	1700	1700

续表

N 坐标	E 坐标	N 坐标偏移值	E 坐标偏移值	X	Y	柱顶标高/m	柱顶/mm	柱底标高/m	柱高/m	柱高/mm	横桥向尺寸/mm	顺桥向尺寸/mm
2789375.227	516740.7	−2789700	−518180	−324773	−1439302	1767.12	1767120	1723.04	44.1	44080	1700	1700
2789369.342	516737.6	−2789700	−518180	−330658	−1442392	1767.04	1767040	1723.04	44	44000	1700	1700
2789366.307	516712.1	−2789700	−518180	−333693	−1467944	1765.95	1765950	1724.87	41.1	41080	1700	1700
2789360.423	516709	−2789700	−518180	−339577	−1471034	1765.87	1765870	1724.87	41	41000	1700	1700
2789357.387	516683.4	−2789700	−518180	−342613	−1496588	1764.78	1764780	1722.70	42.1	42080	1700	1700
2789351.503	516680.3	−2789700	−518180	−348497	−1499678	1764.70	1764700	1722.70	42	42000	1700	1700
2789348.467	516654.8	−2789700	−518180	−351533	−1525231	1763.61	1763610	1716.53	47.1	47080	1700	1700
2789342.583	516651.7	−2789700	−518180	−357417	−1528321	1763.53	1763530	1716.53	47	47000	1700	1700
2789339.548	516626.1	−2789700	−518180	−360452	−1553874	1762.44	1762440	1715.36	47.1	47080	1700	1700
2789333.663	516623	−2789700	−518180	−366337	−1556964	1762.36	1762360	1715.36	47	47000	1700	1700
2789332.576	516596.5	−2789700	−518180	−367424	−1583491	1761.32	1761320	1721.32	40	40000	1800	1800
2789322.794	516595.4	−2789700	−518180	−377206	−1584634	1761.14	1761140	1726.14	35	35000	1800	1800
2789323.656	516567.9	−2789700	−518180	−376344	−1612134	1760.15	1760150	1720.15	40	40000	1800	1800
2789313.874	516566.7	−2789700	−518180	−386126	−1613277	1759.97	1759970	1725.97	34	34000	1800	1800

续表

N坐标	E坐标	N坐标偏移值	E坐标偏移值	X	Y	柱顶标高/m	柱顶/mm	柱底标高/m	柱高/m	柱高/mm	横桥向尺寸/mm	顺桥向尺寸/mm
2789314.736	516539.2	−2789700	−518180	−385264	−1640777	1758.98	1758980	1719.98	39	39000	1800	1800
2789304.954	516538.1	−2789700	−518180	−395046	−1641920	1758.80	1758800	1725.80	33	33000	1800	1800
2789305.817	516510.6	−2789700	−518180	−394183	−1669420	1757.81	1757810	1718.81	39	39000	1800	1800
2789296.035	516509.4	−2789700	−518180	−403965	−1670564	1757.63	1757630	1724.63	33	33000	1800	1800
2789296.902	516481.9	−2789700	−518180	−403098	−1698064	1756.64	1756640	1716.64	40	40000	1800	1800
2789287.119	516480.8	−2789700	−518180	−412881	−1699202	1756.45	1756450	1721.45	35	35000	1800	1800
2789287.949	516453.3	−2789700	−518180	−412051	−1726685	1755.48	1755480	1716.48	39	39000	1800	1800
2789278.163	516452.2	−2789700	−518180	−421837	−1727794	1755.28	1755280	1722.28	33	33000	1800	1800
2789278.876	516424.7	−2789700	−518180	−421124	−1755258	1754.36	1754360	1714.36	40	40000	1800	1800
2789269.084	516423.7	−2789700	−518180	−430916	−1756309	1754.15	1754150	1717.15	37	37000	1800	1800
2789269.603	516396.2	−2789700	−518180	−430397	−1783754	1753.27	1753270	1714.04	39.2	39230	1800	1800
2789259.802	516395.3	−2789700	−518180	−440198	−1784719	1753.04	1753040	1714.04	39	39000	1800	1800
2789260.049	516367.9	−2789700	−518180	−439951	−1812146	1752.20	1752200	1714.96	37.2	37240	1800	1800
2789250.237	516367	−2789700	−518180	−449763	−1812997	1751.96	1751960	1714.96	37	37000	1800	1800

表 6.14 桃园 1 号大桥左幅曲线要素参数数据整理

桩号	坐标		高程	5	6	7
	X/m	Y/m		X/mm	Y/mm	Z/mm
ZK65 + 400.000	2789497.787	517113.699	1785.468	−202213	−1066301	1785468
ZK65 + 405.000	2789496.301	517108.926	1785.311	−203699	−1071074	1785311
ZK65 + 410.000	2789494.814	517104.152	1785.153	−205186	−1075848	1785153
ZK65 + 415.000	2789493.327	517099.378	1784.994	−206673	−1080622	1784994
ZK65 + 420.000	2789491.841	517094.604	1784.836	−208159	−1085396	1784836
ZK65 + 425.000	2789490.354	517089.830	1784.676	−209646	−1090170	1784676
ZK65 + 430.000	2789488.867	517085.056	1784.517	−211133	−1094944	1784517
ZK65 + 435.000	2789487.381	517080.282	1784.356	−212619	−1099718	1784356
ZK65 + 440.000	2789485.894	517075.509	1784.196	−214106	−1104491	1784196
ZK65 + 445.000	2789484.407	517070.735	1784.035	−215593	−1109265	1784035
ZK65 + 450.000	2789482.921	517065.961	1783.873	−217079	−1114039	1783873
ZK65 + 455.000	2789481.434	517061.187	1783.711	−218566	−1118813	1783711
ZK65 + 460.000	2789479.947	517056.413	1783.548	−220053	−1123587	1783548
ZK65 + 465.000	2789478.461	517051.639	1783.385	−221539	−1128361	1783385
ZK65 + 470.000	2789476.974	517046.865	1783.222	−223026	−1133135	1783222
ZK65 + 475.000	2789475.487	517042.091	1783.058	−224513	−1137909	1783058

续表

桩号	坐标		高程	5	6	7
	X/m	Y/m		X/mm	Y/mm	Z/mm
ZK65 + 480.000	2789474.001	517037.318	1782.894	−225999	−1142682	1782894
ZK65 + 485.000	2789472.514	517032.544	1782.729	−227486	−1147456	1782729
ZK65 + 490.000	2789471.027	517027.770	1782.564	−228973	−1152230	1782564
ZK65 + 495.000	2789469.541	517022.996	1782.398	−230459	−1157004	1782398
ZK65 + 500.000	2789468.054	517018.222	1782.232	−231946	−1161778	1782232
ZK65 + 505.000	2789466.567	517013.448	1782.066	−233433	−1166552	1782066
ZK65 + 510.000	2789465.081	517008.674	1781.899	−234919	−1171326	1781899
ZK65 + 515.000	2789463.594	517003.900	1781.731	−236406	−1176100	1781731
ZK65 + 520.000	2789462.107	516999.127	1781.563	−237893	−1180873	1781563
ZK65 + 525.000	2789460.621	516994.353	1781.395	−239379	−1185647	1781395
ZK65 + 530.000	2789459.134	516989.579	1781.226	−240866	−1190421	1781226
ZK65 + 535.000	2789457.647	516984.805	1781.057	−242353	−1195195	1781057
ZK65 + 540.000	2789456.161	516980.031	1780.887	−243839	−1199969	1780887
ZK65 + 545.000	2789454.674	516975.257	1780.717	−245326	−1204743	1780717
ZK65 + 550.000	2789453.187	516970.483	1780.546	−246813	−1209517	1780546

续表

桩号	坐标		高程	5	6	7
	X/m	*Y*/m		*X*/mm	*Y*/mm	*Z*/mm
ZK65 + 555.000	2789451.701	516965.710	1780.375	−248299	−1214290	1780375
ZK65 + 560.000	2789450.214	516960.936	1780.203	−249786	−1219064	1780203
ZK65 + 565.000	2789448.727	516956.162	1780.031	−251273	−1223838	1780031
ZK65 + 570.000	2789447.241	516951.388	1779.859	−252759	−1228612	1779859
ZK65 + 575.000	2789445.754	516946.614	1779.686	−254246	−1233386	1779686
ZK65 + 580.000	2789444.267	516941.840	1779.512	−255733	−1238160	1779512
ZK65 + 585.000	2789442.781	516937.066	1779.338	−257219	−1242934	1779338
ZK65 + 590.000	2789441.294	516932.292	1779.164	−258706	−1247708	1779164
ZK65 + 595.000	2789439.807	516927.519	1778.989	−260193	−1252481	1778989
ZK65 + 600.000	2789438.321	516922.745	1778.814	−261679	−1257255	1778814
ZK65 + 605.000	2789436.834	516917.971	1778.639	−263166	−1262029	1778639
ZK65 + 610.000	2789435.347	516913.197	1778.462	−264653	−1266803	1778462
ZK65 + 615.000	2789433.861	516908.423	1778.286	−266139	−1271577	1778286
ZK65 + 620.000	2789432.374	516903.649	1778.109	−267626	−1276351	1778109
ZK65 + 625.000	2789430.887	516898.875	1777.931	−269113	−1281125	1777931

续表

桩号	坐标		高程	5	6	7
	X/m	Y/m		X/mm	Y/mm	Z/mm
ZK65 + 630.000	2789429.401	516894.101	1777.753	−270599	−1285899	1777753
ZK65 + 635.000	2789427.914	516889.328	1777.575	−272086	−1290672	1777575
ZK65 + 640.000	2789426.427	516884.554	1777.396	−273573	−1295446	1777396
ZK65 + 645.000	2789424.941	516879.780	1777.217	−275059	−1300220	1777217
ZK65 + 650.000	2789423.454	516875.006	1777.037	−276546	−1304994	1777037
ZK65 + 655.000	2789421.967	516870.232	1776.857	−278033	−1309768	1776857
ZK65 + 660.000	2789420.481	516865.458	1776.676	−279519	−1314542	1776676
ZK65 + 665.000	2789418.994	516860.684	1776.495	−281006	−1319316	1776495
ZK65 + 670.000	2789417.507	516855.911	1776.313	−282493	−1324089	1776313
ZK65 + 675.000	2789416.021	516851.137	1776.131	−283979	−1328863	1776131
ZK65 + 680.000	2789414.534	516846.363	1775.949	−285466	−1333637	1775949
ZK65 + 685.000	2789413.047	516841.589	1775.766	−286953	−1338411	1775766
ZK65 + 690.000	2789411.561	516836.815	1775.583	−288439	−1343185	1775583
ZK65 + 695.000	2789410.074	516832.041	1775.399	−289926	−1347959	1775399
ZK65 + 700.000	2789408.587	516827.267	1775.214	−291413	−1352733	1775214

续表

桩号	坐标		高程	5	6	7
	X/m	Y/m		X/mm	Y/mm	Z/mm
ZK65＋705.000	2789407.101	516822.493	1775.030	−292899	−1357507	1775030
ZK65＋710.000	2789405.614	516817.720	1774.844	−294386	−1362280	1774844
ZK65＋715.000	2789404.127	516812.946	1774.659	−295873	−1367054	1774659
ZK65＋720.000	2789402.641	516808.172	1774.473	−297359	−1371828	1774473
ZK65＋725.000	2789401.154	516803.398	1774.286	−298846	−1376602	1774286
ZK65＋730.000	2789399.667	516798.624	1774.099	−300333	−1381376	1774099
ZK65＋735.000	2789398.181	516793.850	1773.912	−301819	−1386150	1773912
ZK65＋740.000	2789396.694	516789.076	1773.724	−303306	−1390924	1773724
ZK65＋745.000	2789395.207	516784.302	1773.535	−304793	−1395698	1773535
ZK65＋750.000	2789393.721	516779.529	1773.346	−306279	−1400471	1773346
ZK65＋755.000	2789392.234	516774.755	1773.157	−307766	−1405245	1773157
ZK65＋760.000	2789390.747	516769.981	1772.967	−309253	−1410019	1772967
ZK65＋765.000	2789389.261	516765.207	1772.777	−310739	−1414793	1772777
ZK65＋770.000	2789387.774	516760.433	1772.586	−312226	−1419567	1772586
ZK65＋775.000	2789386.287	516755.659	1772.395	−313713	−1424341	1772395

续表

桩号	坐标		高程	5	6	7
	X/m	Y/m		X/mm	Y/mm	Z/mm
ZK65 + 780.000	2789384.801	516750.885	1772.204	−315199	−1429115	1772204
ZK65 + 785.000	2789383.314	516746.112	1772.012	−316686	−1433888	1772012
ZK65 + 790.000	2789381.827	516741.338	1771.819	−318173	−1438662	1771819
ZK65 + 795.000	2789380.341	516736.564	1771.626	−319659	−1443436	1771626
ZK65 + 800.000	2789378.854	516731.790	1771.433	−321146	−1448210	1771433
ZK65 + 805.000	2789377.367	516727.016	1771.239	−322633	−1452984	1771239
ZK65 + 810.000	2789375.881	516722.242	1771.045	−324119	−1457758	1771045
ZK65 + 815.000	2789374.394	516717.468	1770.850	−325606	−1462532	1770850
ZK65 + 815.125	2789374.357	516717.349	1770.845	−325643	−1462651	1770845
ZK65 + 820.000	2789372.907	516712.694	1770.655	−327093	−1467306	1770655
ZK65 + 825.000	2789371.421	516707.921	1770.460	−328579	−1472079	1770460
ZK65 + 830.000	2789369.934	516703.147	1770.265	−330066	−1476853	1770265
ZK65 + 835.000	2789368.447	516698.373	1770.070	−331553	−1481627	1770070
ZK65 + 840.000	2789366.961	516693.599	1769.875	−333039	−1486401	1769875
ZK65 + 845.000	2789365.474	516688.825	1769.680	−334526	−1491175	1769680

续表

桩号	坐标		高程	5	6	7
	X/m	Y/m		X/mm	Y/mm	Z/mm
ZK65 + 850.000	2789363.987	516684.051	1769.485	−336013	−1495949	1769485
ZK65 + 855.000	2789362.501	516679.277	1769.290	−337499	−1500723	1769290
ZK65 + 860.000	2789361.014	516674.503	1769.095	−338986	−1505497	1769095
ZK65 + 865.000	2789359.527	516669.730	1768.900	−340473	−1510270	1768900
ZK65 + 870.000	2789358.041	516664.956	1768.705	−341959	−1515044	1768705
ZK65 + 875.000	2789356.554	516660.182	1768.510	−343446	−1519818	1768510
ZK65 + 880.000	2789355.068	516655.408	1768.315	−344932	−1524592	1768315
ZK65 + 885.000	2789353.581	516650.634	1768.120	−346419	−1529366	1768120
ZK65 + 890.000	2789352.094	516645.860	1767.925	−347906	−1534140	1767925
ZK65 + 895.000	2789350.608	516641.086	1767.730	−349392	−1538914	1767730
ZK65 + 900.000	2789349.121	516636.313	1767.535	−350879	−1543687	1767535
ZK65 + 905.000	2789347.634	516631.539	1767.340	−352366	−1548461	1767340
ZK65 + 910.000	2789346.148	516626.765	1767.145	−353852	−1553235	1767145
ZK65 + 915.000	2789344.661	516621.991	1766.950	−355339	−1558009	1766950
ZK65 + 920.000	2789343.174	516617.217	1766.755	−356826	−1562783	1766755

续表

桩号	坐标		高程	5	6	7
	X/m	Y/m		X/mm	Y/mm	Z/mm
ZK65 + 925.000	2789341.688	516612.443	1766.560	−358312	−1567557	1766560
ZK65 + 930.000	2789340.201	516607.669	1766.365	−359799	−1572331	1766365
ZK65 + 935.000	2789338.714	516602.895	1766.170	−361286	−1577105	1766170
ZK65 + 940.000	2789337.228	516598.122	1765.975	−362772	−1581878	1765975
ZK65 + 945.000	2789335.741	516593.348	1765.780	−364259	−1586652	1765780
ZK65 + 950.000	2789334.254	516588.574	1765.585	−365746	−1591426	1765585
ZK65 + 955.000	2789332.768	516583.800	1765.390	−367232	−1596200	1765390
ZK65 + 960.000	2789331.281	516579.026	1765.195	−368719	−1600974	1765195
ZK65 + 965.000	2789329.794	516574.252	1765.000	−370206	−1605748	1765000
ZK65 + 970.000	2789328.308	516569.478	1764.805	−371692	−1610522	1764805
ZK65 + 975.000	2789326.821	516564.704	1764.610	−373179	−1615296	1764610
ZK65 + 980.000	2789325.334	516559.931	1764.415	−374666	−1620069	1764415
ZK65 + 985.000	2789323.848	516555.157	1764.220	−376152	−1624843	1764220
ZK65 + 990.000	2789322.361	516550.383	1764.025	−377639	−1629617	1764025
ZK65 + 995.000	2789320.874	516545.609	1763.830	−379126	−1634391	1763830

续表

桩号	坐标		高程	5	6	7
	X/m	Y/m		X/mm	Y/mm	Z/mm
ZK66＋000.000	2789319.388	516540.835	1763.635	−380612	−1639165	1763635
ZK66＋005.000	2789317.901	516536.061	1763.440	−382099	−1643939	1763440
ZK66＋010.000	2789316.414	516531.287	1763.245	−383586	−1648713	1763245
ZK66＋015.000	2789314.928	516526.513	1763.050	−385072	−1653487	1763050
ZK66＋020.000	2789313.441	516521.740	1762.855	−386559	−1658260	1762855
ZK66＋025.000	2789311.954	516516.966	1762.660	−388046	−1663034	1762660
ZK66＋030.000	2789310.468	516512.192	1762.465	−389532	−1667808	1762465
ZK66＋035.000	2789308.981	516507.418	1762.270	−391019	−1672582	1762270
ZK66＋040.000	2789307.494	516502.644	1762.075	−392506	−1677356	1762075
ZK66＋045.000	2789306.008	516497.870	1761.880	−393992	−1682130	1761880
ZK66＋047.883	2789305.150	516495.118	1761.768	−394850	−1684882	1761768
ZK66＋050.000	2789304.521	516493.097	1761.685	−395479	−1686903	1761685
ZK66＋055.000	2789303.034	516488.323	1761.490	−396966	−1691677	1761490
ZK66＋060.000	2789301.547	516483.549	1761.295	−398453	−1696451	1761295
ZK66＋060.003	2789301.546	516483.546	1761.295	−398454	−1696454	1761295

续表

桩号	坐标		高程	5	6	7
	X/m	Y/m		X/mm	Y/mm	Z/mm
ZK66 + 065.000	2789300.058	516478.776	1761.100	−399942	−1701224	1761100
ZK66 + 070.000	2789298.569	516474.003	1760.907	−401431	−1705997	1760907
ZK66 + 075.000	2789297.078	516469.230	1760.714	−402922	−1710770	1760714
ZK66 + 080.000	2789295.584	516464.459	1760.522	−404416	−1715541	1760522
ZK66 + 085.000	2789294.089	516459.688	1760.330	−405911	−1720312	1760330
ZK66 + 090.000	2789292.590	516454.917	1760.140	−407410	−1725083	1760140
ZK66 + 095.000	2789291.088	516450.148	1759.950	−408912	−1729852	1759950
ZK66 + 100.000	2789289.583	516445.380	1759.762	−410417	−1734620	1759762
ZK66 + 105.000	2789288.074	516440.613	1759.574	−411926	−1739387	1759574
ZK66 + 110.000	2789286.560	516435.848	1759.387	−413440	−1744152	1759387
ZK66 + 115.000	2789285.042	516431.084	1759.200	−414958	−1748916	1759200
ZK66 + 120.000	2789283.518	516426.322	1759.015	−416482	−1753678	1759015
ZK66 + 125.000	2789281.990	516421.561	1758.830	−418010	−1758439	1758830
ZK66 + 130.000	2789280.455	516416.803	1758.647	−419545	−1763197	1758647
ZK66 + 135.000	2789278.914	516412.046	1758.464	−421086	−1767954	1758464

续表

桩号	坐标		高程	5	6	7
	X/m	Y/m		X/mm	Y/mm	Z/mm
ZK66+140.000	2789277.367	516407.291	1758.282	−422633	−1772709	1758282
ZK66+145.000	2789275.812	516402.539	1758.100	−424188	−1777461	1758100
ZK66+150.000	2789274.251	516397.789	1757.920	−425749	−1782211	1757920
ZK66+155.000	2789272.681	516393.042	1757.740	−427319	−1786958	1757740
ZK66+160.000	2789271.104	516388.297	1757.562	−428896	−1791703	1757562
ZK66+165.000	2789269.518	516383.556	1757.384	−430482	−1796444	1757384
ZK66+170.000	2789267.923	516378.817	1757.207	−432077	−1801183	1757207
ZK66+175.000	2789266.319	516374.081	1757.030	−433681	−1805919	1757030
ZK66+180.000	2789264.706	516369.348	1756.855	−435294	−1810652	1756855
ZK66+185.000	2789263.083	516364.619	1756.680	−436917	−1815381	1756680
ZK66+190.000	2789261.449	516359.894	1756.507	−438551	−1820106	1756507
ZK66+195.000	2789259.805	516355.172	1756.334	−440195	−1824828	1756334
ZK66+200.000	2789258.149	516350.454	1756.162	−441851	−1829546	1756162
ZK66+205.000	2789256.483	516345.740	1755.990	−443517	−1834260	1755990
ZK66+210.000	2789254.804	516341.030	1755.820	−445196	−1838970	1755820

续表

桩号	坐标		高程	5	6	7
	X/m	Y/m		X/mm	Y/mm	Z/mm
ZK66 + 215.000	2789253.113	516336.324	1755.650	−446887	−1843676	1755650
ZK66 + 220.000	2789251.410	516331.623	1755.482	−448590	−1848377	1755482
ZK66 + 225.000	2789249.694	516326.927	1755.314	−450306	−1853073	1755314
ZK66 + 230.000	2789247.965	516322.235	1755.147	−452035	−1857765	1755147
ZK66 + 235.000	2789246.223	516317.549	1754.980	−453777	−1862451	1754980
ZK66 + 240.000	2789244.466	516312.868	1754.815	−455534	−1867132	1754815
ZK66 + 245.000	2789242.695	516308.192	1754.650	−457305	−1871808	1754650
ZK66 + 250.000	2789240.910	516303.521	1754.487	−459090	−1876479	1754487
ZK66 + 255.000	2789239.110	516298.857	1754.324	−460890	−1881143	1754324
ZK66 + 257.883	2789238.064	516296.170	1754.230	−461936	−1883830	1754230
ZK66 + 260.000	2789237.294	516294.198	1754.162	−462706	−1885802	1754162
ZK66 + 265.000	2789235.463	516289.546	1754.000	−464537	−1890454	1754000
ZK66 + 270.000	2789233.616	516284.899	1753.840	−466384	−1895101	1753840
ZK66 + 275.000	2789231.754	516280.259	1753.680	−468246	−1899741	1753680
ZK66 + 280.000	2789229.876	516275.625	1753.522	−470124	−1904375	1753522

续表

桩号	坐标		高程	5	6	7
	X/m	Y/m		X/mm	Y/mm	Z/mm
ZK66＋285.000	2789227.983	516270.997	1753.364	−472017	−1909003	1753364
ZK66＋290.000	2789226.074	516266.376	1753.207	−473926	−1913624	1753207
ZK66＋295.000	2789224.150	516261.761	1753.050	−475850	−1918239	1753050
ZK66＋300.000	2789222.211	516257.152	1752.895	−477789	−1922848	1752895

6.2.2 桃园 1 号大桥右幅设计图纸数据整理

桃园 1 号大桥右幅设计图纸数据整理见表 6.15 ~ 表 6.18。

表 6.15 桃园 1 号大桥右幅上部结构参数数据整理

墩号	右幅盖梁横坡	T 梁距离/mm							湿接缝距离/mm						幅梁面横坡
		1	2	3	4	5	6	7	1	2	3	4	5	6	
0	0.02	−1250	−3650	−6050	−8450	−10850	−13250	−15650	−2450	−4850	−7250	−9650	−12050	−14450	0.02
1	0.02	−1250	−3650	−6050	−8450	−10850	−13250	−15650	−2450	−4850	−7250	−9650	−12050	−14450	0.02
2	0.02	−1250	−3650	−6050	−8450	−10850	−13250	−15650	−2450	−4850	−7250	−9650	−12050	−14450	0.02
3	0.02	−1250	−3650	−6050	−8450	−10850	−13250	−15650	−2450	−4850	−7250	−9650	−12050	−14450	0.02
4	0.02	−1250	−3650	−6050	−8450	−10850	−13250	−15650	−2450	−4850	−7250	−9650	−12050	−14450	0.02

续表

墩号	右幅盖梁横坡	T 梁距离/mm							湿接缝距离/mm						幅梁面横坡
		1	2	3	4	5	6	7	1	2	3	4	5	6	
5	0.02	−1250	−3650	−6050	−8450	−10850	−13250	−15650	−2450	−4850	−7250	−9650	−12050	−14450	0.02
6	0.02	−1250	−3650	−6050	−8450	−10850	−13250	−15650	−2450	−4850	−7250	−9650	−12050	−14450	0.02
7	0.02	−1250	−3650	−6050	−8450	−10850	−13250	−15650	−2450	−4850	−7250	−9650	−12050	−14450	0.02
8	0.02	−1250	−3650	−6050	−8450	−10850	−13250	−15650	−2450	−4850	−7250	−9650	−12050	−14450	0.02
9	0.02	−1250	−3650	−6050	−8450	−10850	−13250	−15650	−2450	−4850	−7250	−9650	−12050	−14450	0.02
10	0.02	−1250	−3650	−6050	−8450	−10850	−13250	−15650	−2450	−4850	−7250	−9650	−12050	−14450	0.02
11	0.02	−1250	−3650	−6050	−8450	−10850	−13250	−15650	−2450	−4850	−7250	−9650	−12050	−14450	0.02
12	0.02	−1250	−3650	−6050	−8450	−10850	−13250	−15650	−2450	−4850	−7250	−9650	−12050	−14450	0.02
13	0.02	−1250	−3650	−6050	−8450	−10850	−13250	−15650	−2450	−4850	−7250	−9650	−12050	−14450	0.02
14	0.02	−1250	−3650	−6050	−8450	−10850	−13250	−15650	−2450	−4850	−7250	−9650	−12050	−14450	0.02
15	0.02	−1250	−3650	−6050	−8450	−10850	−13250	−15650	−2450	−4850	−7250	−9650	−12050	−14450	0.02
16	0.02	−1250	−3650	−6050	−8450	−10850	−13250	−15650	−2450	−4850	−7250	−9650	−12050	−14450	0.02
17	0.02	−1250	−3650	−6050	−8450	−10850	−13250	−15650	−2450	−4850	−7250	−9650	−12050	−14450	0.02
18	0.02	−1250	−3650	−6050	−8450	−10850	−13250	−15650	−2450	−4850	−7250	−9650	−12050	−14450	0.02
19	0.02	−1250	−3650	−6050	−8450	−10850	−13250	−15650	−2450	−4850	−7250	−9650	−12050	−14450	0.02
20	0.02	−1250	−3650	−6050	−8450	−10850	−13250	−15650	−2450	−4850	−7250	−9650	−12050	−14450	0.02

续表

墩号	右幅盖梁横坡	T 梁距离/mm							湿接缝距离/mm						幅梁面横坡
		1	2	3	4	5	6	7	1	2	3	4	5	6	
21	0.02	−1250	−3650	−6050	−8450	−10850	−13250	−15650	−2450	−4850	−7250	−9650	−12050	−14450	0.0165
22	0.013	−1250	−3650	−6050	−8450	−10850	−13250	−15650	−2450	−4850	−7250	−9650	−12050	−14450	0.0094
23	0.0058	−1250	−3650	−6050	−8450	−10850	−13250	−15650	−2450	−4850	−7250	−9650	−12050	−14450	0.0022
24	−0.0013	−1250	−3650	−6050	−8450	−10850	−13250	−15650	−2450	−4850	−7250	−9650	−12050	−14450	−0.0049
25	−0.0085	−1250	−3650	−6050	−8450	−10850	−13250	−15650	−2450	−4850	−7250	−9650	−12050	−14450	−0.012
26	−0.0156	−1250	−3650	−6050	−8450	−10850	−13250	−15650	−2450	−4850	−7250	−9650	−12050	−14450	−0.0192
27	−0.0228	−1250	−3650	−6050	−8450	−10850	−13250	−15650	−2450	−4850	−7250	−9650	−12050	−14450	−0.0263
28	−0.0299	−1250	−3650	−6050	−8450	−10850	−13250	−15650	−2450	−4850	−7250	−9650	−12050	−14450	−0.03
29	−0.03	−1250	−3650	−6050	−8450	−10850	−13250	−15650	−2450	−4850	−7250	−9650	−12050	−14450	

表 6.16 桃园 1 号大桥右幅系梁参数数据整理

桩编号	X 处理	Y 处理	宽/m	高/m	构件名称	系梁顶标高/m	端部距中心距离/m	宽/m	高/m	距离/m
2#-桩基-1	−189570	−1146099	1100	2000	2#-系梁-1	1774.61	1300	110	200	260
2#-桩基-2	−181042	−1148974	1100	2000	3#-系梁-1	1769.6	1300	110	200	260
3#-桩基-1	−199152	−1174527	1300	1700	4#-系梁-1	1760.27	900	130	170	180

续表

桩编号	X 处理	Y 处理	宽/m	高/m	构件名称	系梁顶标高/m	端部距中心距离/m	宽/m	高/m	距离/m
3#-桩基-2	−190623	−1177402	1300	1700	4#-系梁-2	1768.84	900	130	170	180
4#-桩基-1	−208733	−1202955	1100	1400	5#-系梁-1	1770.92	750	110	140	150
4#-桩基-2	−200204	−1205829	1100	1400	6#-系梁-1	1766.86	750	110	140	150
5#-桩基-1	−218314	−1231382	1300	1700	7#-系梁-1	1759.08	900	130	170	180
5#-桩基-2	−209786	−1234257	1300	1700	7#-系梁-2	1766.66	900	130	170	180
6#-桩基-1	−227896	−1259810	1300	1700	8#-系梁-1	1757.99	900	130	170	180
6#-桩基-2	−219367	−1262685	1300	1700	8#-系梁-2	1765.56	900	130	170	180
7#-桩基-1	−237477	−1288238	1300	1700	9#-系梁-1	1755.88	900	130	170	180
7#-桩基-2	−228948	−1291112	1300	1700	9#-系梁-2	1763.95	900	130	170	180
8#-桩基-1	−247058	−1316666	1300	1700	10#-系梁-1	1757.75	900	130	170	180
8#-桩基-2	−238529	−1319540	1300	1700	10#-系梁-2	1764.33	900	130	170	180
9#-桩基-1	−256639	−1345093	1100	1400	11#-系梁-1	1761.31	750	110	140	150
9#-桩基-2	−248111	−1347968	1100	1400	12#-系梁-1	1758.15	750	110	140	150
10#-桩基-1	−266221	−1373521	1300	1700	13#-系梁-1	1754.28	900	130	170	180
10#-桩基-2	−257692	−1376395	1300	1700	13#-系梁-2	1760.85	900	130	170	180

续表

桩编号	X处理	Y处理	宽/m	高/m	构件名称	系梁顶标高/m	端部距中心距离/m	宽/m	高/m	距离/m
11#-桩基-1	−275802	−1401949	1300	1700	14#-系梁-1	1756.11	900	130	170	180
11#-桩基-2	−267273	−1404823	1300	1700	14#-系梁-2	1761.18	900	130	170	180
12#-桩基-1	−285383	−1430376	1300	1700	15#-系梁-1	1749.94	900	130	170	180
12#-桩基-2	−276854	−1433251	1300	1700	15#-系梁-2	1757.51	900	130	170	180
13#-桩基-1	−294964	−1458804	1300	1700	16#-系梁-1	1743.77	900	130	170	180
13#-桩基-2	−286436	−1461679	1300	1700	16#-系梁-2	1753.84	900	130	170	180
14#-桩基-1	−304546	−1487233	1300	1700	17#-系梁-1	1731.6	900	130	170	180
14#-桩基-2	−296017	−1490108	1300	1700	17#-系梁-2	1741.98	900	130	170	180
15#-桩基-1	−314128	−1515662	1300	1700	17#-系梁-3	1752.36	900	130	170	180
15#-桩基-2	−305599	−1518536	1300	1700	18#-系梁-1	1734.48	850	130	170	170
16#-桩基-1	−323709	−1544091	1300	1700	18#-系梁-2	1748.48	850	130	170	170
16#-桩基-2	−315181	−1546965	1300	1700	19#-系梁-1	1733.97	850	130	170	170
17#-桩基-1	−332652	−1570624	1300	1700	19#-系梁-2	1747.64	850	130	170	170
17#-桩基-2	−333930	−1574415	1300	1700	20#-系梁-1	1727.09	900	130	170	180
18#-桩基-1	−340085	−1599408	1300	1700	20#-系梁-2	1737.8	900	130	170	180

续表

桩编号	X处理	Y处理	宽/m	高/m	构件名称	系梁顶标高/m	端部距中心距离/m	宽/m	高/m	距离/m
18#-桩基-2	−335631	−1600909	1300	1700	20#-系梁-3	1748.52	900	130	170	180
19#-桩基-1	−349666	−1627837	1300	1700	21#-系梁-1	1727.92	900	130	170	180
19#-桩基-2	−345212	−1629338	1300	1700	21#-系梁-2	1737.97	900	130	170	180
20#-桩基-1	−361397	−1655910	1300	1700	21#-系梁-3	1748.02	900	130	170	180
20#-桩基-2	−362675	−1659701	1300	1700	22#-系梁-1	1726.84	900	130	170	180
21#-桩基-1	−370976	−1684340	1300	1700	22#-系梁-2	1736.89	900	130	170	180
21#-桩基-2	−372254	−1688130	1300	1700	22#-系梁-3	1746.94	900	130	170	180
22#-桩基-1	−380552	−1712777	1300	1700	23#-系梁-1	1724.8	900	130	170	180
22#-桩基-2	−381835	−1716565	1300	1700	23#-系梁-2	1735.18	900	130	170	180
23#-桩基-1	−390206	−1741201	1300	1700	23#-系梁-3	1745.56	900	130	170	180
23#-桩基-2	−391505	−1744984	1300	1700	24#-系梁-1	1726.78	900	130	170	180
24#-桩基-1	−400020	−1769582	1300	1700	24#-系梁-2	1736.17	900	130	170	180
24#-桩基-2	−401346	−1773356	1300	1700	24#-系梁-3	1745.55	900	130	170	180
25#-桩基-1	−410074	−1797892	1300	1700	25#-系梁-1	1720.8	900	130	170	180
25#-桩基-2	−411437	−1801653	1300	1700	25#-系梁-2	1731.85	900	130	170	180

续表

桩编号	X 处理	Y 处理	宽/m	高/m	构件名称	系梁顶标高/m	端部距中心距离/m	宽/m	高/m	距离/m
26#-桩基-1	−421153	−1827970	1300	1700	25#-系梁-3	1742.9	900	130	170	180
26#-桩基-2	−412732	−1831146	1300	1700	26#-系梁-1	1730.15	900	130	170	180
27#-桩基-1	−431956	−1856028	1300	1700	26#-系梁-2	1741.93	900	130	170	180
27#-桩基-2	−423586	−1859335	1100	1400	27#-系梁-1	1746.62	750	110	140	150

表 6.17　桃园 1 号大桥右幅下部构造参数数据整理

N 坐标	E 坐标	N 坐标偏移值	E 坐标偏移值	X	Y	桩顶标高/m	桩顶/mm	桩底标高/m	桩径/m	桩长/m	桩径/mm	桩长/mm
2789520.011	517062.3	−2789700	−518180	−179989	−1117672	1779.78	1779780	1762.78	180	17	1800	17000
2789528.539	517059.5	−2789700	−518180	−171461	−1120546	1779.6	1779600	1762.6	180	17	1800	17000
2789510.430	517033.9	−2789700	−518180	−189570	−1146099	1772.6	1772600	1752.6	180	20	1800	20000
2789518.958	517031	−2789700	−518180	−181042	−1148974	1772.6	1772600	1752.6	180	20	1800	20000
2789500.848	517005.5	−2789700	−518180	−199152	−1174527	1767.6	1767600	1745.6	180	22	1800	22000
2789509.377	517002.6	−2789700	−518180	−190623	−1177402	1767.6	1767600	1745.6	180	22	1800	22000
2789491.267	516977	−2789700	−518180	−208733	−1202955	1752.75	1752750	1730.75	220	22	2200	22000
2789499.796	516974.2	−2789700	−518180	−200204	−1205829	1756.57	1756570	1734.57	220	22	2200	22000

续表

N坐标	E坐标	N坐标偏移值	E坐标偏移值	X	Y	桩顶标高/m	桩顶/mm	桩底标高/m	桩径/m	桩长/m	桩径/mm	桩长/mm
2789481.686	516948.6	−2789700	−518180	−218314	−1231382	1763.7	1763700	1741.7	180	22	1800	22000
2789490.214	516945.7	−2789700	−518180	−209786	−1234257	1767.52	1767520	1745.52	180	22	1800	22000
2789472.104	516920.2	−2789700	−518180	−227896	−1259810	1759.64	1759640	1736.64	180	23	1800	23000
2789480.633	516917.3	−2789700	−518180	−219367	−1262685	1763.46	1763460	1740.46	180	23	1800	23000
2789462.523	516891.8	−2789700	−518180	−237477	−1288238	1751.56	1751560	1728.56	220	23	2200	23000
2789471.052	516888.9	−2789700	−518180	−228948	−1291112	1755.38	1755380	1732.38	220	23	2200	23000
2789452.942	516863.3	−2789700	−518180	−247058	−1316666	1750.47	1750470	1728.47	220	22	2200	22000
2789461.471	516860.5	−2789700	−518180	−238529	−1319540	1754.29	1754290	1732.29	220	22	2200	22000
2789443.361	516834.9	−2789700	−518180	−256639	−1345093	1747.36	1747360	1724.36	220	23	2200	23000
2789451.889	516832	−2789700	−518180	−248111	−1347968	1752.18	1752180	1729.18	220	23	2200	23000
2789433.779	516806.5	−2789700	−518180	−266221	−1373521	1750.23	1750230	1730.23	220	20	2200	20000
2789442.308	516803.6	−2789700	−518180	−257692	−1376395	1754.05	1754050	1734.05	220	20	2200	20000
2789424.198	516778.1	−2789700	−518180	−275802	−1401949	1753.09	1753090	1732.09	180	21	1800	21000
2789432.727	516775.2	−2789700	−518180	−267273	−1404823	1757.91	1757910	1736.9	180	21	1800	21010
2789414.617	516749.6	−2789700	−518180	−285383	−1430376	1752.93	1752930	1727.93	180	25	1800	25000
2789423.146	516746.7	−2789700	−518180	−276854	−1433251	1754.75	1754750	1731.75	180	23	1800	23000

续表

N 坐标	E 坐标	N 坐标偏移值	E 坐标偏移值	X	Y	桩顶标高/m	桩顶/mm	桩底标高/m	桩径/m	桩长/m	桩径/mm	桩长/mm
2789405.036	516721.2	−2789700	−518180	−294964	−1458804	1746.76	1746760	1725.76	220	21	2200	21000
2789413.564	516718.3	−2789700	−518180	−286436	−1461679	1750.58	1750580	1729.58	220	21	2200	21000
2789395.454	516692.8	−2789700	−518180	−304546	−1487233	1747.59	1747590	1731.59	220	16	2200	16000
2789403.983	516689.9	−2789700	−518180	−296017	−1490108	1752.41	1752410	1736.41	220	16	2200	16000
2789385.872	516664.3	−2789700	−518180	−314128	−1515662	1743.42	1743420	1724.42	220	19	2200	19000
2789394.401	516661.5	−2789700	−518180	−305599	−1518536	1746.24	1746240	1727.24	220	19	2200	19000
2789376.291	516635.9	−2789700	−518180	−323709	−1544091	1736.25	1736250	1715.25	220	21	2200	21000
2789384.819	516633	−2789700	−518180	−315181	−1546965	1740.07	1740070	1719.07	220	21	2200	21000
2789367.348	516609.4	−2789700	−518180	−332652	−1570624	1723.58	1723580	1702.58	160	21	1600	21000
2789366.07	516605.6	−2789700	−518180	−333930	−1574415	1723.58	1723580	1702.58	160	21	1600	21000
2789375.876	516606.5	−2789700	−518180	−324124	−1573499	1727.4	1727400	1706.4	160	21	1600	21000
2789374.599	516602.7	−2789700	−518180	−325401	−1577289	1727.4	1727400	1706.4	160	21	1600	21000
2789359.915	516580.6	−2789700	−518180	−340085	−1599408	1716.28	1716280	1691.28	170	25	1700	25000
2789364.369	516579.1	−2789700	−518180	−335631	−1600909	1716.28	1716280	1691.28	170	25	1700	25000
2789358.414	516576.1	−2789700	−518180	−341586	−1603862	1716.28	1716280	1691.28	170	25	1700	25000
2789362.868	516574.6	−2789700	−518180	−337132	−1605363	1716.28	1716280	1691.28	170	25	1700	25000

续表

N 坐标	E 坐标	N 坐标偏移值	E 坐标偏移值	X	Y	桩顶标高/m	桩顶/mm	桩底标高/m	桩径/m	桩长/m	桩径/mm	桩长/mm
2789350.334	516552.2	−2789700	−518180	−349666	−1627837	1716.11	1716110	1689.11	170	27	1700	27000
2789354.788	516550.7	−2789700	−518180	−345212	−1629338	1716.11	1716110	1689.11	170	27	1700	27000
2789348.833	516547.7	−2789700	−518180	−351167	−1632290	1716.11	1716110	1689.11	170	27	1700	27000
2789353.287	516546.2	−2789700	−518180	−346713	−1633792	1716.11	1716110	1689.11	170	27	1700	27000
2789338.603	516524.1	−2789700	−518180	−361397	−1655910	1716.07	1716070	1693.07	180	23	1800	23000
2789337.325	516520.3	−2789700	−518180	−362675	−1659701	1716.07	1716070	1693.07	180	23	1800	23000
2789347.132	516521.2	−2789700	−518180	−352868	−1658785	1722.89	1722890	1699.89	180	23	1800	23000
2789345.854	516517.4	−2789700	−518180	−354146	−1662575	1722.89	1722890	1699.89	180	23	1800	23000
2789329.024	516495.7	−2789700	−518180	−370976	−1684340	1718.9	1718900	1694.9	180	24	1800	24000
2789327.746	516491.9	−2789700	−518180	−372254	−1688130	1718.9	1718900	1694.9	180	24	1800	24000
2789337.553	516492.8	−2789700	−518180	−362447	−1687214	1723.72	1723720	1699.72	180	24	1800	24000
2789336.275	516489	−2789700	−518180	−363725	−1691005	1723.72	1723720	1699.72	180	24	1800	24000
2789319.448	516467.2	−2789700	−518180	−380552	−1712777	1717.76	1717760	1696.76	180	21	1800	21000
2789318.165	516463.4	−2789700	−518180	−381835	−1716565	1717.76	1717760	1696.76	180	21	1800	21000
2789327.973	516464.3	−2789700	−518180	−372027	−1715663	1722.64	1722640	1701.64	180	21	1800	21000
2789326.69	516460.5	−2789700	−518180	−373310	−1719452	1722.64	1722640	1701.64	180	21	1800	21000
2789309.794	516438.8	−2789700	−518180	−390206	−1741201	1715.65	1715650	1694.65	160	21	1600	21000

续表

N 坐标	E 坐标	N 坐标偏移值	E 坐标偏移值	*X*	*Y*	桩顶标高/m	桩顶/mm	桩底标高/m	桩径/m	桩长/m	桩径/mm	桩长/mm
2789308.495	516435	−2789700	−518180	−391505	−1744984	1715.65	1715650	1694.65	160	21	1600	21000
2789318.306	516435.9	−2789700	−518180	−381694	−1744123	1720.6	1720600	1699.6	160	21	1600	21000
2789317.007	516432.1	−2789700	−518180	−382993	−1747906	1720.6	1720600	1699.6	160	21	1600	21000
2789299.98	516410.4	−2789700	−518180	−400020	−1769582	1719.57	1719570	1699.57	160	20	1600	20000
2789298.654	516406.6	−2789700	−518180	−401346	−1773356	1719.57	1719570	1699.57	160	20	1600	20000
2789308.471	516407.4	−2789700	−518180	−391529	−1772565	1722.58	1722580	1702.58	160	20	1600	20000
2789307.146	516403.7	−2789700	−518180	−392854	−1776339	1722.58	1722580	1702.58	160	20	1600	20000
2789289.926	516382.1	−2789700	−518180	−410074	−1797892	1714.52	1714520	1693.52	160	21	1600	21000
2789288.563	516378.3	−2789700	−518180	−411437	−1801653	1714.52	1714520	1693.52	160	21	1600	21000
2789298.387	516379	−2789700	−518180	−401613	−1800960	1716.6	1716600	1695.6	160	21	1600	21000
2789297.024	516375.3	−2789700	−518180	−402976	−1804720	1716.6	1716600	1695.6	160	21	1600	21000
2789278.847	516352	−2789700	−518180	−421153	−1827970	1728.15	1728150	1710.15	220	18	2200	18000
2789287.268	516348.9	−2789700	−518180	−412732	−1831146	1728.15	1728150	1710.15	220	18	2200	18000
2789268.044	516324	−2789700	−518180	−431956	−1856028	1739.02	1739020	1714.02	180	25	1800	25000
2789276.414	516320.7	−2789700	−518180	−423586	−1859335	1743.22	1743220	1718.22	180	25	1800	25000
2789256.756	516296.1	−2789700	−518180	−443244	−1883907	1744.06	1744060	1724.06	180	20	1800	20000
2789265.064	516292.6	−2789700	−518180	−434936	−1887368	1750.33	1750330	1730.33	180	20	1800	20000

表 6.18 桃园 1 号大桥右幅曲线要素参数数据整理

序号	桩号	坐标		高程/m	5.00	6.00	7.00
		X/m	Y/m		X/mm	Y/mm	Z/mm
336	K65 + 420.000	2789527.414	517096.699	1785.386	−172586.00	−1083301.00	1785386.00
337	K65 + 425.000	2789525.817	517091.961	1785.224	−174183.00	−1088039.00	1785224.00
338	K65 + 430.000	2789524.22	517087.222	1785.062	−175780.00	−1092778.00	1785062.00
339	K65 + 435.000	2789522.623	517082.484	1784.899	−177377.00	−1097516.00	1784899.00
340	K65 + 440.000	2789521.026	517077.746	1784.736	−178974.00	−1102254.00	1784736.00
341	K65 + 445.000	2789519.429	517073.008	1784.573	−180571.00	−1106992.00	1784573.00
342	K65 + 450.000	2789517.832	517068.27	1784.409	−182168.00	−1111730.00	1784409.00
343	K65 + 455.000	2789516.235	517063.532	1784.244	−183765.00	−1116468.00	1784244.00
344	K65 + 460.000	2789514.638	517058.794	1784.079	−185362.00	−1121206.00	1784079.00
345	K65 + 465.000	2789513.041	517054.056	1783.914	−186959.00	−1125944.00	1783914.00
346	K65 + 470.000	2789511.444	517049.317	1783.748	−188556.00	−1130683.00	1783748.00
347	K65 + 475.000	2789509.847	517044.579	1783.582	−190153.00	−1135421.00	1783582.00
348	K65 + 480.000	2789508.25	517039.841	1783.415	−191750.00	−1140159.00	1783415.00
349	K65 + 485.000	2789506.654	517035.103	1783.248	−193346.00	−1144897.00	1783248.00
350	K65 + 490.000	2789505.057	517030.365	1783.08	−194943.00	−1149635.00	1783080.00
351	K65 + 495.000	2789503.46	517025.627	1782.912	−196540.00	−1154373.00	1782912.00

续表

序号	桩号	坐标		高程/m	5.00	6.00	7.00
		X/m	Y/m		X/mm	Y/mm	Z/mm
352	K65 + 500.000	2789501.863	517020.889	1782.744	−198137.00	−1159111.00	1782744.00
353	K65 + 505.000	2789500.266	517016.151	1782.575	−199734.00	−1163849.00	1782575.00
354	K65 + 510.000	2789498.669	517011.412	1782.405	−201331.00	−1168588.00	1782405.00
355	K65 + 515.000	2789497.072	517006.674	1782.236	−202928.00	−1173326.00	1782236.00
356	K65 + 520.000	2789495.475	517001.936	1782.065	−204525.00	−1178064.00	1782065.00
357	K65 + 525.000	2789493.878	516997.198	1781.894	−206122.00	−1182802.00	1781894.00
358	K65 + 530.000	2789492.281	516992.46	1781.723	−207719.00	−1187540.00	1781723.00
359	K65 + 535.000	2789490.684	516987.722	1781.551	−209316.00	−1192278.00	1781551.00
360	K65 + 540.000	2789489.087	516982.984	1781.379	−210913.00	−1197016.00	1781379.00
361	K65 + 545.000	2789487.49	516978.246	1781.207	−212510.00	−1201754.00	1781207.00
362	K65 + 550.000	2789485.893	516973.507	1781.034	−214107.00	−1206493.00	1781034.00
363	K65 + 555.000	2789484.296	516968.769	1780.86	−215704.00	−1211231.00	1780860.00
364	K65 + 560.000	2789482.699	516964.031	1780.686	−217301.00	−1215969.00	1780686.00
365	K65 + 565.000	2789481.103	516959.293	1780.512	−218897.00	−1220707.00	1780512.00
366	K65 + 570.000	2789479.506	516954.555	1780.337	−220494.00	−1225445.00	1780337.00

续表

序号	桩号	坐标		高程/m	5.00	6.00	7.00
		X/m	Y/m		X/mm	Y/mm	Z/mm
367	K65 + 575.000	2789477.909	516949.817	1780.161	−222091.00	−1230183.00	1780161.00
368	K65 + 580.000	2789476.312	516945.079	1779.986	−223688.00	−1234921.00	1779986.00
369	K65 + 585.000	2789474.715	516940.341	1779.809	−225285.00	−1239659.00	1779809.00
370	K65 + 590.000	2789473.118	516935.602	1779.633	−226882.00	−1244398.00	1779633.00
371	K65 + 595.000	2789471.521	516930.864	1779.456	−228479.00	−1249136.00	1779456.00
372	K65 + 600.000	2789469.924	516926.126	1779.278	−230076.00	−1253874.00	1779278.00
373	K65 + 605.000	2789468.327	516921.388	1779.1	−231673.00	−1258612.00	1779100.00
374	K65 + 610.000	2789466.73	516916.65	1778.921	−233270.00	−1263350.00	1778921.00
375	K65 + 615.000	2789465.133	516911.912	1778.742	−234867.00	−1268088.00	1778742.00
376	K65 + 620.000	2789463.536	516907.174	1778.563	−236464.00	−1272826.00	1778563.00
377	K65 + 625.000	2789461.939	516902.436	1778.383	−238061.00	−1277564.00	1778383.00
378	K65 + 630.000	2789460.342	516897.698	1778.203	−239658.00	−1282302.00	1778203.00
379	K65 + 635.000	2789458.745	516892.959	1778.022	−241255.00	−1287041.00	1778022.00
380	K65 + 640.000	2789457.149	516888.221	1777.841	−242851.00	−1291779.00	1777841.00
381	K65 + 645.000	2789455.552	516883.483	1777.659	−244448.00	−1296517.00	1777659.00

续表

序号	桩号	坐标		高程 /m	5.00	6.00	7.00
		X/m	Y/m		X/mm	Y/mm	Z/mm
382	K65 + 650.000	2789453.955	516878.745	1777.477	−246045.00	−1301255.00	1777477.00
383	K65 + 655.000	2789452.358	516874.007	1777.294	−247642.00	−1305993.00	1777294.00
384	K65 + 660.000	2789450.761	516869.269	1777.111	−249239.00	−1310731.00	1777111.00
385	K65 + 665.000	2789449.164	516864.531	1776.928	−250836.00	−1315469.00	1776928.00
386	K65 + 670.000	2789447.567	516859.793	1776.744	−252433.00	−1320207.00	1776744.00
387	K65 + 675.000	2789445.97	516855.054	1776.559	−254030.00	−1324946.00	1776559.00
388	K65 + 680.000	2789444.373	516850.316	1776.374	−255627.00	−1329684.00	1776374.00
389	K65 + 685.000	2789442.776	516845.578	1776.189	−257224.00	−1334422.00	1776189.00
390	K65 + 690.000	2789441.179	516840.84	1776.003	−258821.00	−1339160.00	1776003.00
391	K65 + 695.000	2789439.582	516836.102	1775.817	−260418.00	−1343898.00	1775817.00
392	K65 + 700.000	2789437.985	516831.364	1775.63	−262015.00	−1348636.00	1775630.00
393	K65 + 705.000	2789436.388	516826.626	1775.443	−263612.00	−1353374.00	1775443.00
394	K65 + 710.000	2789434.791	516821.888	1775.255	−265209.00	−1358112.00	1775255.00
395	K65 + 715.000	2789433.194	516817.149	1775.067	−266806.00	−1362851.00	1775067.00
396	K65 + 720.000	2789431.598	516812.411	1774.879	−268402.00	−1367589.00	1774879.00

续表

序号	桩号	坐标		高程/m	5.00	6.00	7.00
		X/m	Y/m		X/mm	Y/mm	Z/mm
397	K65 + 725.000	2789430.001	516807.673	1774.69	−269999.00	−1372327.00	1774690.00
398	K65 + 730.000	2789428.404	516802.935	1774.5	−271596.00	−1377065.00	1774500.00
399	K65 + 735.000	2789426.807	516798.197	1774.311	−273193.00	−1381803.00	1774311.00
400	K65 + 740.000	2789425.21	516793.459	1774.12	−274790.00	−1386541.00	1774120.00
401	K65 + 745.000	2789423.613	516788.721	1773.929	−276387.00	−1391279.00	1773929.00
402	K65 + 750.000	2789422.016	516783.983	1773.738	−277984.00	−1396017.00	1773738.00
403	K65 + 755.000	2789420.419	516779.244	1773.546	−279581.00	−1400756.00	1773546.00
404	K65 + 760.000	2789418.822	516774.506	1773.354	−281178.00	−1405494.00	1773354.00
405	K65 + 765.000	2789417.225	516769.768	1773.162	−282775.00	−1410232.00	1773162.00
406	K65 + 770.000	2789415.628	516765.03	1772.969	−284372.00	−1414970.00	1772969.00
407	K65 + 775.000	2789414.031	516760.292	1772.775	−285969.00	−1419708.00	1772775.00
408	K65 + 780.000	2789412.434	516755.554	1772.581	−287566.00	−1424446.00	1772581.00
409	K65 + 785.000	2789410.837	516750.816	1772.387	−289163.00	−1429184.00	1772387.00
410	K65 + 788.751	2789409.639	516747.261	1772.241	−290361.00	−1432739.00	1772241.00
411	K65 + 790.000	2789409.24	516746.078	1772.192	−290760.00	−1433922.00	1772192.00

续表

序号	桩号	坐标		高程/m	5.00	6.00	7.00
		X/m	Y/m		X/mm	Y/mm	Z/mm
412	K65 + 795.000	2789407.644	516741.34	1771.997	−292356.00	−1438660.00	1771997.00
413	K65 + 800.000	2789406.047	516736.601	1771.802	−293953.00	−1443399.00	1771802.00
414	K65 + 805.000	2789404.45	516731.863	1771.607	−295550.00	−1448137.00	1771607.00
415	K65 + 810.000	2789402.853	516727.125	1771.412	−297147.00	−1452875.00	1771412.00
416	K65 + 815.000	2789401.256	516722.387	1771.217	−298744.00	−1457613.00	1771217.00
417	K65 + 820.000	2789399.659	516717.649	1771.022	−300341.00	−1462351.00	1771022.00
418	K65 + 825.000	2789398.062	516712.911	1770.827	−301938.00	−1467089.00	1770827.00
419	K65 + 830.000	2789396.465	516708.173	1770.632	−303535.00	−1471827.00	1770632.00
420	K65 + 835.000	2789394.868	516703.435	1770.437	−305132.00	−1476565.00	1770437.00
421	K65 + 840.000	2789393.271	516698.696	1770.242	−306729.00	−1481304.00	1770242.00
422	K65 + 845.000	2789391.674	516693.958	1770.047	−308326.00	−1486042.00	1770047.00
423	K65 + 850.000	2789390.077	516689.22	1769.852	−309923.00	−1490780.00	1769852.00
424	K65 + 855.000	2789388.48	516684.482	1769.657	−311520.00	−1495518.00	1769657.00
425	K65 + 860.000	2789386.883	516679.744	1769.462	−313117.00	−1500256.00	1769462.00
426	K65 + 865.000	2789385.286	516675.006	1769.267	−314714.00	−1504994.00	1769267.00

续表

序号	桩号	坐标		高程/m	5.00	6.00	7.00
		X/m	Y/m		X/mm	Y/mm	Z/mm
427	K65 + 870.000	2789383.689	516670.268	1769.072	−316311.00	−1509732.00	1769072.00
428	K65 + 875.000	2789382.093	516665.53	1768.877	−317907.00	−1514470.00	1768877.00
429	K65 + 880.000	2789380.496	516660.791	1768.682	−319504.00	−1519209.00	1768682.00
430	K65 + 885.000	2789378.899	516656.053	1768.487	−321101.00	−1523947.00	1768487.00
431	K65 + 890.000	2789377.302	516651.315	1768.292	−322698.00	−1528685.00	1768292.00
432	K65 + 895.000	2789375.705	516646.577	1768.097	−324295.00	−1533423.00	1768097.00
433	K65 + 900.000	2789374.108	516641.839	1767.902	−325892.00	−1538161.00	1767902.00
434	K65 + 905.000	2789372.511	516637.101	1767.707	−327489.00	−1542899.00	1767707.00
435	K65 + 910.000	2789370.914	516632.363	1767.512	−329086.00	−1547637.00	1767512.00
436	K65 + 915.000	2789369.317	516627.625	1767.317	−330683.00	−1552375.00	1767317.00
437	K65 + 920.000	2789367.72	516622.886	1767.122	−332280.00	−1557114.00	1767122.00
438	K65 + 925.000	2789366.123	516618.148	1766.927	−333877.00	−1561852.00	1766927.00
439	K65 + 930.000	2789364.526	516613.41	1766.732	−335474.00	−1566590.00	1766732.00
440	K65 + 935.000	2789362.929	516608.672	1766.537	−337071.00	−1571328.00	1766537.00
441	K65 + 940.000	2789361.332	516603.934	1766.342	−338668.00	−1576066.00	1766342.00

续表

序号	桩号	坐标		高程/m	5.00	6.00	7.00
		X/m	Y/m		X/mm	Y/mm	Z/mm
442	K65+945.000	2789359.735	516599.196	1766.147	−340265.00	−1580804.00	1766147.00
443	K65+950.000	2789358.139	516594.458	1765.952	−341861.00	−1585542.00	1765952.00
444	K65+955.000	2789356.542	516589.72	1765.757	−343458.00	−1590280.00	1765757.00
445	K65+960.000	2789354.945	516584.981	1765.562	−345055.00	−1595019.00	1765562.00
446	K65+965.000	2789353.348	516580.243	1765.367	−346652.00	−1599757.00	1765367.00
447	K65+970.000	2789351.751	516575.505	1765.172	−348249.00	−1604495.00	1765172.00
448	K65+975.000	2789350.154	516570.767	1764.977	−349846.00	−1609233.00	1764977.00
449	K65+980.000	2789348.557	516566.029	1764.782	−351443.00	−1613971.00	1764782.00
450	K65+985.000	2789346.96	516561.291	1764.587	−353040.00	−1618709.00	1764587.00
451	K65+990.000	2789345.363	516556.553	1764.392	−354637.00	−1623447.00	1764392.00
452	K65+995.000	2789343.766	516551.815	1764.197	−356234.00	−1628185.00	1764197.00
453	K66+000.000	2789342.169	516547.077	1764.002	−357831.00	−1632923.00	1764002.00
454	K66+005.000	2789340.572	516542.338	1763.807	−359428.00	−1637662.00	1763807.00
455	K66+010.000	2789338.975	516537.6	1763.612	−361025.00	−1642400.00	1763612.00
456	K66+015.000	2789337.378	516532.862	1763.417	−362622.00	−1647138.00	1763417.00

续表

序号	桩号	坐标		高程 /m	5.00	6.00	7.00
		X/m	Y/m		X/mm	Y/mm	Z/mm
457	K66+020.000	2789335.781	516528.124	1763.222	−364219.00	−1651876.00	1763222.00
458	K66+025.000	2789334.184	516523.386	1763.027	−365816.00	−1656614.00	1763027.00
459	K66+030.000	2789332.588	516518.648	1762.832	−367412.00	−1661352.00	1762832.00
460	K66+035.000	2789330.991	516513.91	1762.637	−369009.00	−1666090.00	1762637.00
461	K66+040.000	2789329.394	516509.172	1762.442	−370606.00	−1670828.00	1762442.00
462	K66+045.000	2789327.797	516504.433	1762.247	−372203.00	−1675567.00	1762247.00
463	K66+050.000	2789326.2	516499.695	1762.052	−373800.00	−1680305.00	1762052.00
464	K66+055.000	2789324.603	516494.957	1761.857	−375397.00	−1685043.00	1761857.00
465	K66+055.416	2789324.47	516494.563	1761.841	−375530.00	−1685437.00	1761841.00
466	K66+060.000	2789323.006	516490.219	1761.662	−376994.00	−1689781.00	1761662.00
467	K66+065.000	2789321.409	516485.481	1761.467	−378591.00	−1694519.00	1761467.00
468	K66+070.000	2789319.811	516480.744	1761.273	−380189.00	−1699256.00	1761273.00
469	K66+075.000	2789318.212	516476.006	1761.081	−381788.00	−1703994.00	1761081.00
470	K66+080.000	2789316.611	516471.269	1760.888	−383389.00	−1708731.00	1760888.00
471	K66+085.000	2789315.008	516466.533	1760.697	−384992.00	−1713467.00	1760697.00

续表

序号	桩号	坐标		高程/m	5.00	6.00	7.00
		X/m	Y/m		X/mm	Y/mm	Z/mm
472	K66 + 090.000	2789313.404	516461.798	1760.507	−386596.00	−1718202.00	1760507.00
473	K66 + 095.000	2789311.796	516457.063	1760.317	−388204.00	−1722937.00	1760317.00
474	K66 + 100.000	2789310.186	516452.329	1760.128	−389814.00	−1727671.00	1760128.00
475	K66 + 105.000	2789308.573	516447.597	1759.941	−391427.00	−1732403.00	1759941.00
476	K66 + 110.000	2789306.955	516442.866	1759.753	−393045.00	−1737134.00	1759753.00
477	K66 + 115.000	2789305.334	516438.136	1759.567	−394666.00	−1741864.00	1759567.00
478	K66 + 120.000	2789303.708	516433.408	1759.382	−396292.00	−1746592.00	1759382.00
479	K66 + 125.000	2789302.077	516428.681	1759.197	−397923.00	−1751319.00	1759197.00
480	K66 + 130.000	2789300.441	516423.956	1759.013	−399559.00	−1756044.00	1759013.00
481	K66 + 135.000	2789298.8	516419.234	1758.831	−401200.00	−1760766.00	1758831.00
482	K66 + 140.000	2789297.152	516414.513	1758.648	−402848.00	−1765487.00	1758648.00
483	K66 + 145.000	2789295.498	516409.794	1758.467	−404502.00	−1770206.00	1758467.00
484	K66 + 150.000	2789293.838	516405.078	1758.287	−406162.00	−1774922.00	1758287.00
485	K66 + 155.000	2789292.17	516400.364	1758.107	−407830.00	−1779636.00	1758107.00
486	K66 + 160.000	2789290.495	516395.653	1757.928	−409505.00	−1784347.00	1757928.00

续表

序号	桩号	坐标		高程/m	5.00	6.00	7.00
		X/m	*Y*/m		*X*/mm	*Y*/mm	*Z*/mm
487	K66＋165.000	2789288.812	516390.945	1757.751	−411188.00	−1789055.00	1757751.00
488	K66＋170.000	2789287.121	516386.24	1757.573	−412879.00	−1793760.00	1757573.00
489	K66＋175.000	2789285.421	516381.537	1757.397	−414579.00	−1798463.00	1757397.00
490	K66＋180.000	2789283.713	516376.838	1757.222	−416287.00	−1803162.00	1757222.00
491	K66＋185.000	2789281.995	516372.143	1757.047	−418005.00	−1807857.00	1757047.00
492	K66＋190.000	2789280.267	516367.451	1756.873	−419733.00	−1812549.00	1756873.00
493	K66＋195.000	2789278.53	516362.762	1756.701	−421470.00	−1817238.00	1756701.00
494	K66＋200.000	2789276.782	516358.078	1756.528	−423218.00	−1821922.00	1756528.00
495	K66＋205.000	2789275.023	516353.397	1756.357	−424977.00	−1826603.00	1756357.00
496	K66＋210.000	2789273.253	516348.721	1756.187	−426747.00	−1831279.00	1756187.00
497	K66＋215.000	2789271.472	516344.049	1756.017	−428528.00	−1835951.00	1756017.00
498	K66＋220.000	2789269.679	516339.382	1755.848	−430321.00	−1840618.00	1755848.00
499	K66＋225.000	2789267.874	516334.719	1755.681	−432126.00	−1845281.00	1755681.00
500	K66＋230.000	2789266.056	516330.061	1755.513	−433944.00	−1849939.00	1755513.00
501	K66＋235.000	2789264.225	516325.408	1755.347	−435775.00	−1854592.00	1755347.00

续表

序号	桩号	坐标		高程/m	5.00	6.00	7.00
		X/m	Y/m		X/mm	Y/mm	Z/mm
502	K66+240.000	2789262.381	516320.761	1755.182	−437619.00	−1859239.00	1755182.00
503	K66+245.000	2789260.523	516316.119	1755.017	−439477.00	−1863881.00	1755017.00
504	K66+250.000	2789258.652	516311.482	1754.853	−441348.00	−1868518.00	1754853.00
505	K66+255.000	2789256.766	516306.851	1754.691	−443234.00	−1873149.00	1754691.00
506	K66+260.000	2789254.866	516302.227	1754.528	−445134.00	−1877773.00	1754528.00
507	K66+265.000	2789252.95	516297.608	1754.367	−447050.00	−1882392.00	1754367.00
508	K66+265.416	2789252.79	516297.224	1754.354	−447210.00	−1882776.00	1754354.00
509	K66+270.000	2789251.019	516292.996	1754.207	−448981.00	−1887004.00	1754207.00
510	K66+275.000	2789249.073	516288.39	1754.047	−450927.00	−1891610.00	1754047.00
511	K66+280.000	2789247.111	516283.791	1753.888	−452889.00	−1896209.00	1753888.00
512	K66+285.000	2789245.135	516279.199	1753.731	−454865.00	−1900801.00	1753731.00
513	K66+290.000	2789243.142	516274.613	1753.573	−456858.00	−1905387.00	1753573.00
514	K66+295.000	2789241.135	516270.033	1753.417	−458865.00	−1909967.00	1753417.00
515	K66+300.000	2789239.112	516265.461	1753.262	−460888.00	−1914539.00	1753262.00

6.2.3 桃园 1 号大桥参数化族构件

桃园 1 号大桥参数化族构件如图 6.17 ~ 图 6.21 所示。

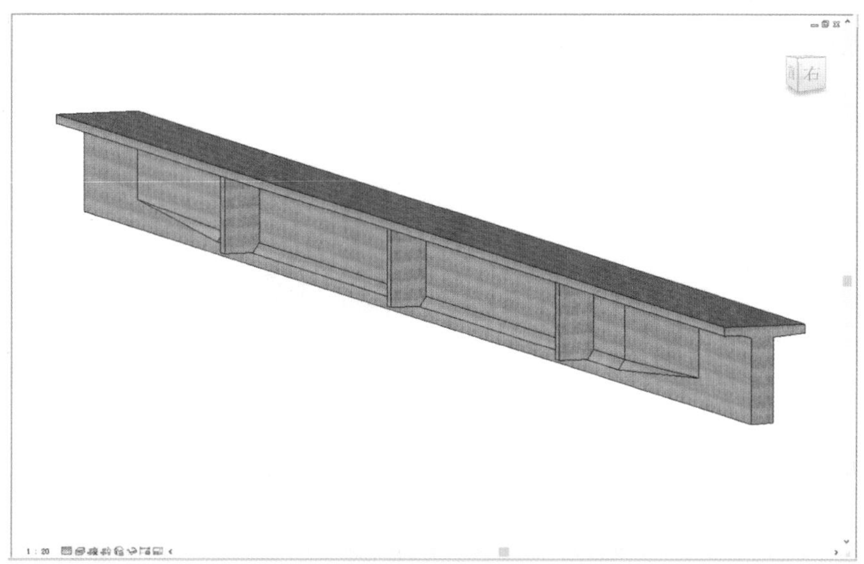

图 6.17 桃园 1 号大桥左边梁族

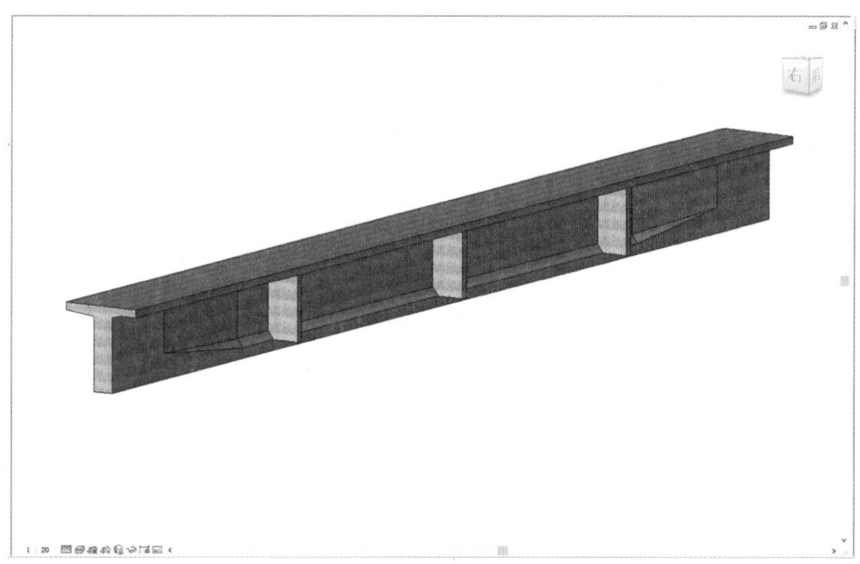

图 6.18 桃园 1 号大桥右边梁族

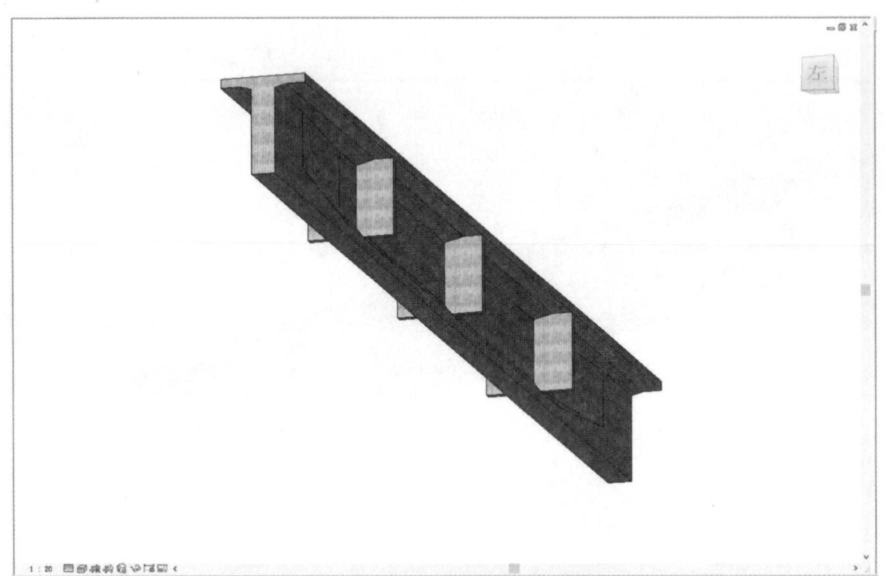

图 6.19 桃园 1 号大桥中梁族

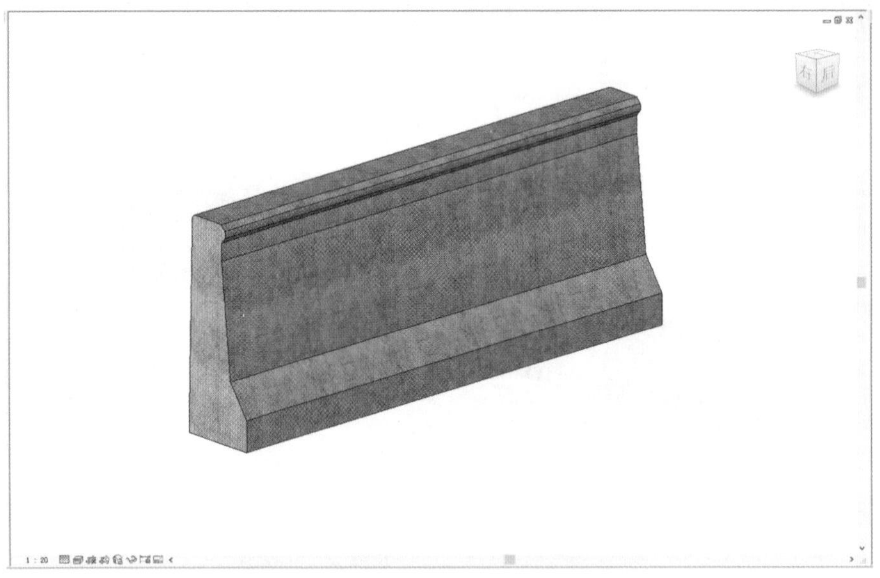

图 6.20 桃园 1 号大桥防撞护栏族

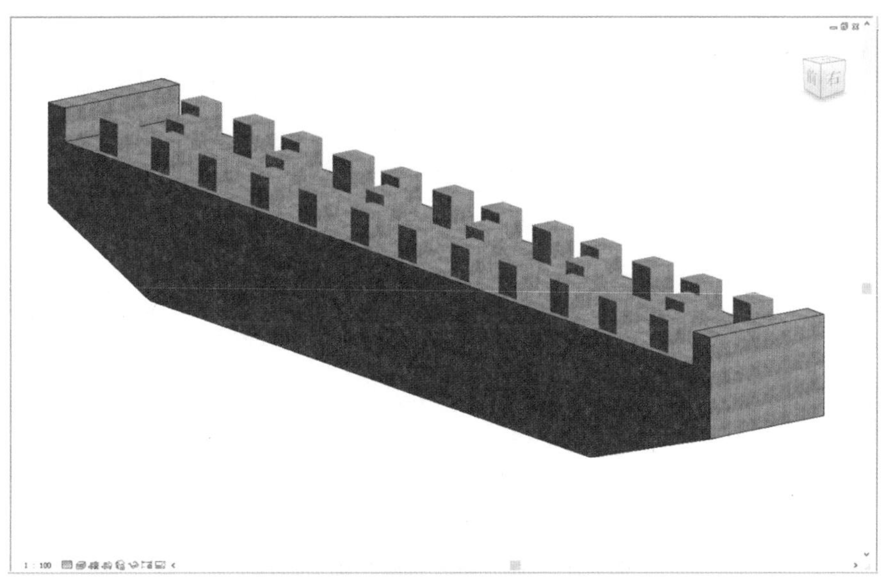

图 6.21 桃园 1 号大桥盖梁族

6.2.4 桃园 1 号大桥 Dynamo 参数化建模

桃园 1 号大桥 Dynamo 参数化建模如图 6.22 ~ 图 6.27 所示。

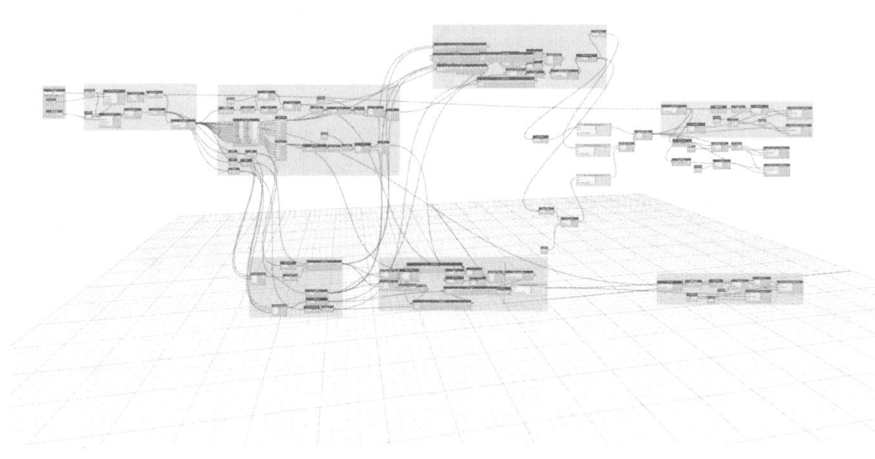

图 6.22 Dynamo 参数化梁设计

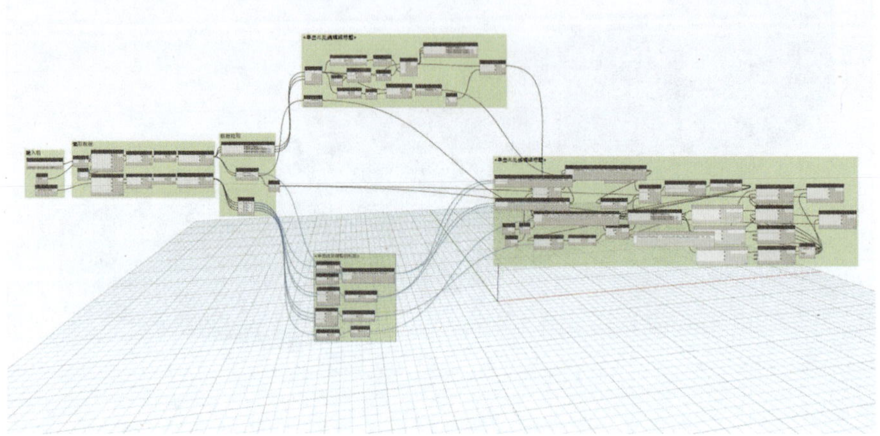

图 6.23 Dynamo 参数化桥面设计

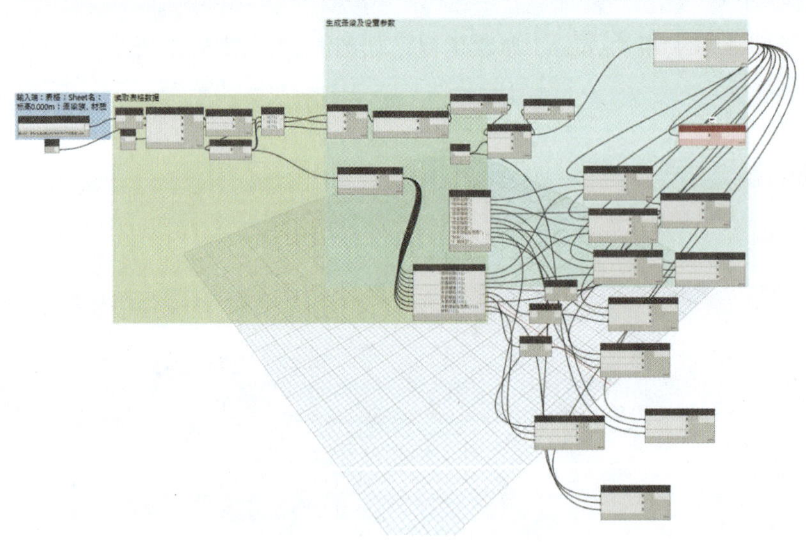

图 6.24 Dynamo 参数化盖梁设计

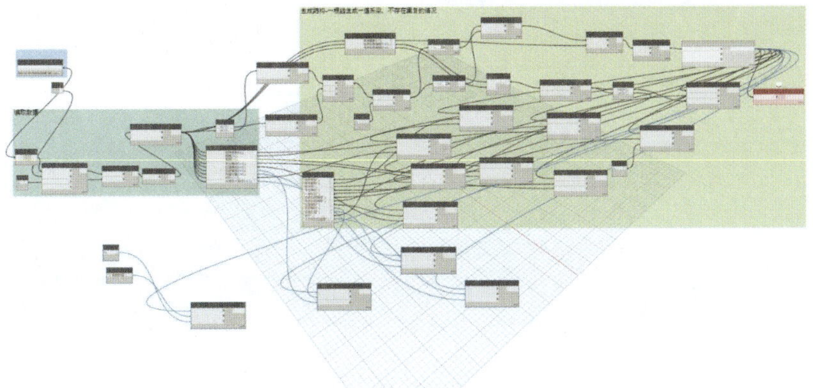

图 6.25 Dynamo 参数化系梁设计

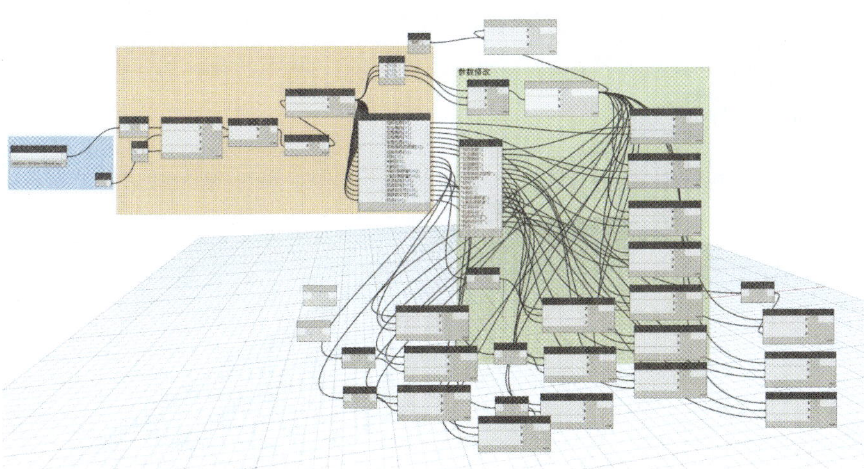

图 6.26 Dynamo 参数化墩柱设计

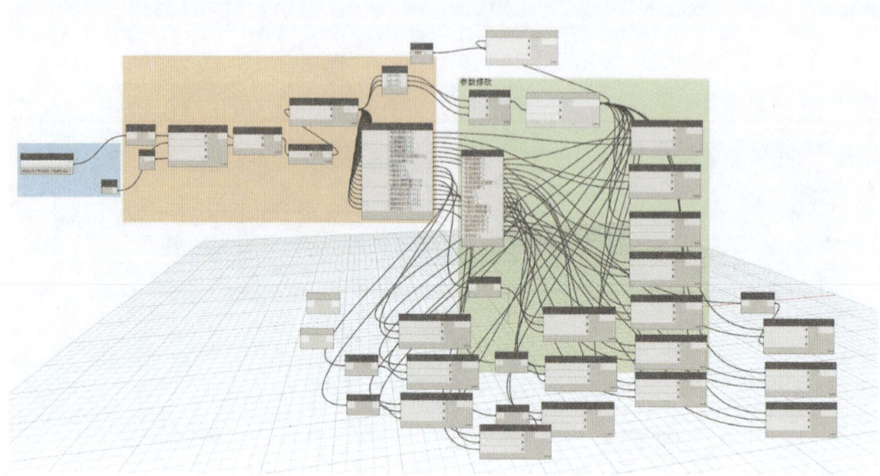

图 6.27 Dynamo 参数化承台设计

6.2.5 桃园 1 号大桥 BIM 模型

桃园 1 号大桥 BIM 模型如图 6.28 ~ 图 6.32 所示。

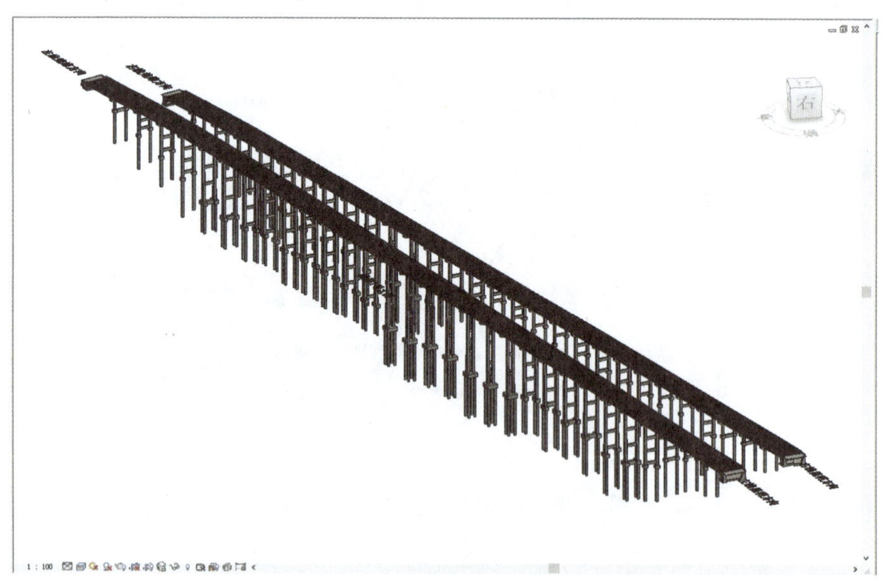

图 6.28 桃园 1 号大桥 BIM 模型三维视图

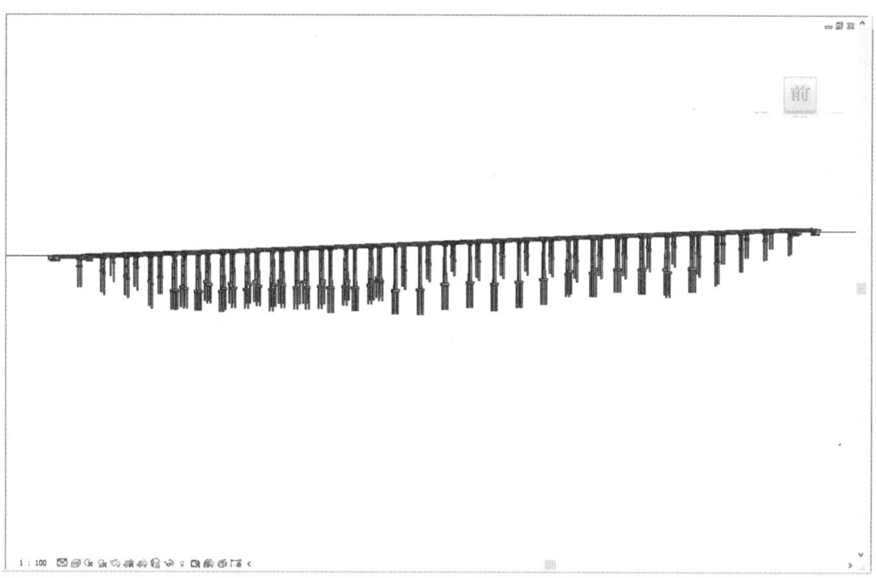

图 6.29 桃园 1 号大桥 BIM 模型前视图

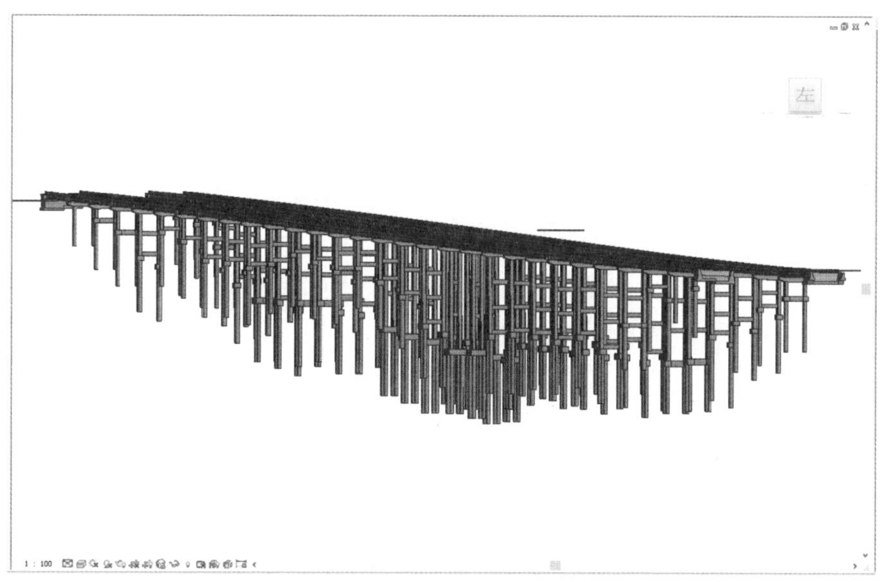

图 6.30 桃园 1 号大桥 BIM 模型左视图

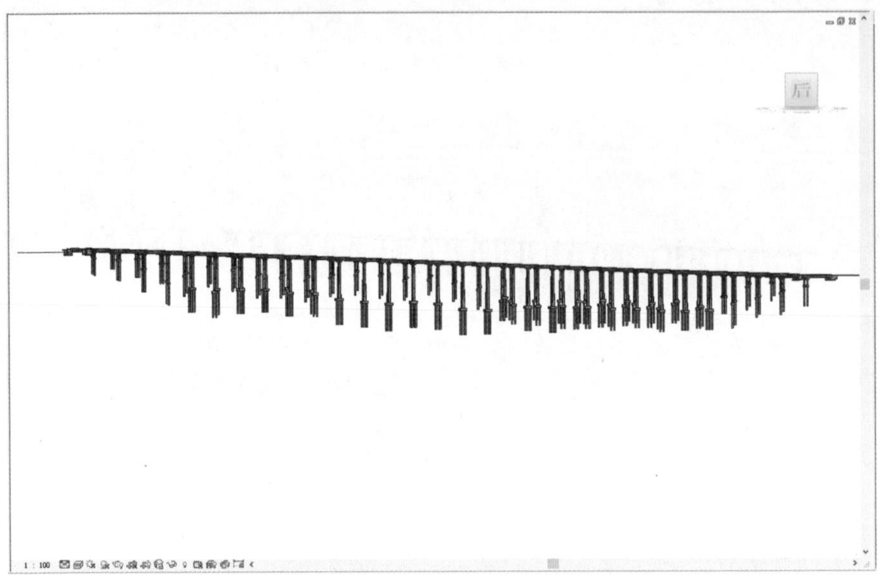

图 6.31　桃园 1 号大桥 BIM 模型后视图

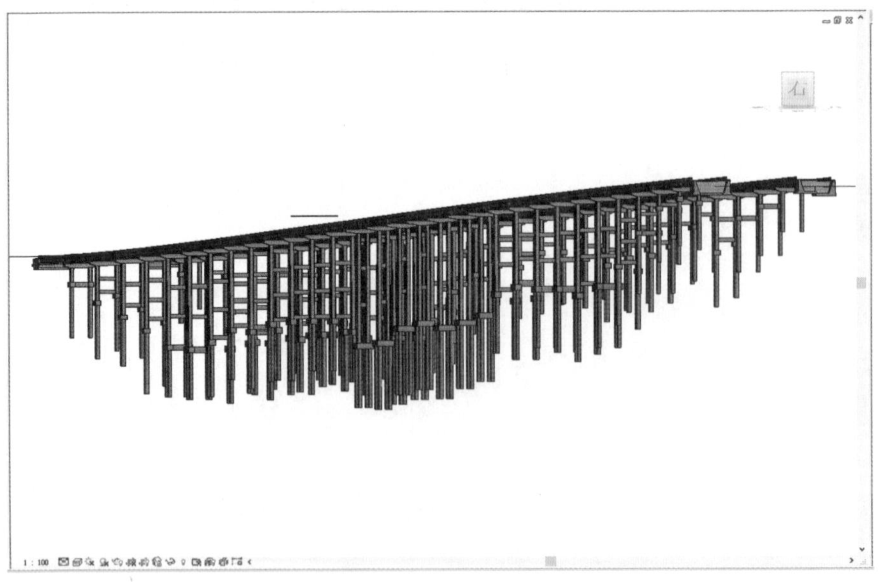

图 6.32　桃园 1 号大桥 BIM 模型右视图

6.2.6 桃园 1 号大桥控制点坐标提取

利用桃园 1 号大桥 BIM 模型以及 Revit 软件中的坐标提取功能完成桃园 1 号大桥上部 T 梁关键控制点坐标的提取与比对，如图 6.33 所示。

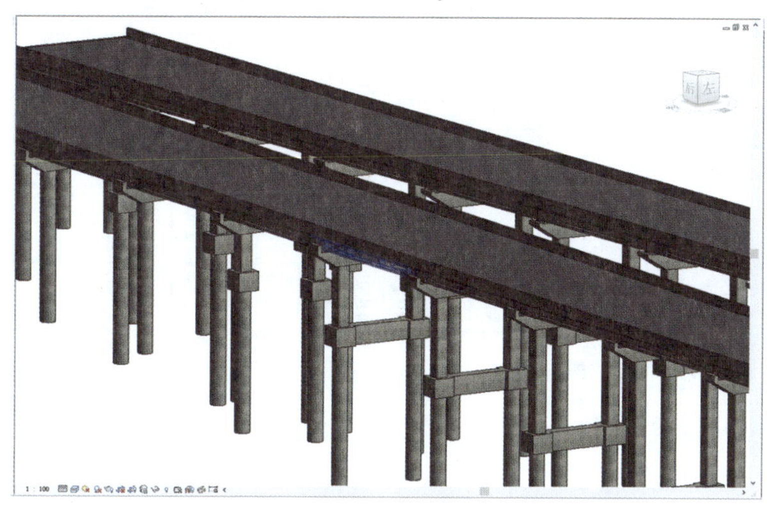

图 6.33 选取 BIM 模型中任意一片 T 梁示意图

利用 Revit 中的坐标获取工具，在梁片需要检查坐标的位置点击提取 BIM 模型的坐标值（图 6.34），对提取的坐标值记录整理。

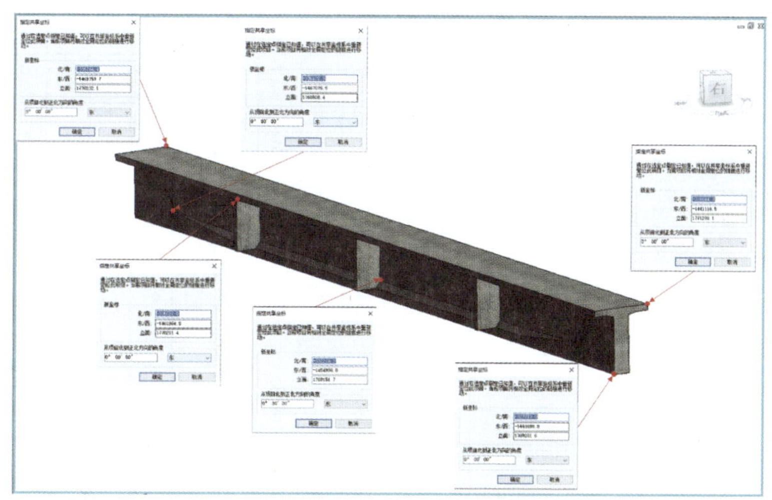

图 6.34 BIM 模型中提取关键控制点坐标信息

6.3 桃园 2 号大桥

6.3.1 桃园 2 号大桥左幅设计图纸数据整理

桃园 2 号大桥左幅设计图纸数据整理见表 6.19 ~ 表 6.22。

表 6.19 桃园 2 号大桥左幅上部结构预制梁参数数据整理

墩号	里程/(km/h)	左幅盖梁横坡	T 梁距离/mm							湿接缝距离/mm						左幅梁面横坡
			1	2	3	4	5	6	7	1	2	3	4	5	6	
0	66485.00	0.03	1250	3650	6050	8450	10850	13250	15650	2450	4850	7250	9650	12050	14450	−0.03
1	66514.95	0.03	1250	3650	6050	8450	10850	13250	15650	2450	4850	7250	9650	12050	14450	−0.0299
2	66544.95	0.03	1250	3650	6050	8450	10850	13250	15650	2450	4850	7250	9650	12050	14450	−0.0291
3	66574.95	0.03	1250	3650	6050	8450	10850	13250	15650	2450	4850	7250	9650	12050	14450	−0.0277
4	66604.95	0.03	1250	3650	6050	8450	10850	13250	15650	2450	4850	7250	9650	12050	14450	−0.0263
5	66634.95	0.03	1250	3650	6050	8450	10850	13250	15650	2450	4850	7250	9650	12050	14450	−0.0249
6	66664.95	0.02	1250	3650	6050	8450	10850	13250	15650	2450	4850	7250	9650	12050	14450	−0.0234
7	66694.85	0.02	1250	3650	6050	8450	10850	13250	15650	2450	4850	7250	9650	12050	14450	−0.022
8	66724.95	0.02	1250	3650	6050	8450	10850	13250	15650	2450	4850	7250	9650	12050	14450	−0.0203
9	66754.95	0.02	1250	3650	6050	8450	10850	13250	15650	2450	4850	7250	9650	12050	14450	−0.0157
10	66784.95	0.01	1250	3650	6050	8450	10850	13250	15650	2450	4850	7250	9650	12050	14450	−0.0086
11	66814.95	0.01	1250	3650	6050	8450	10850	13250	15650	2450	4850	7250	9650	12050	14450	

表 6.20 桃园2号大桥左幅上部结构垫石参数数据整理

墩号	里程/（km/h）	左幅横坡	左幅偏距 1/mm	左幅偏距 2/mm	左幅偏距 3/mm	左幅偏距 4/mm	左幅偏距 5/mm	左幅偏距 6/mm	左幅偏距 7/mm
0	66485.5	0.03	1250	3650	6050	8450	10850	13250	15650
1	66514.95	0.03	1250	3650	6050	8450	10850	13250	15650
2	66544.95	0.0299	1250	3650	6050	8450	10850	13250	15650
3	66574.4	0.0284	1250	3650	6050	8450	10850	13250	15650
4	66575.5	0.0284	1250	3650	6050	8450	10850	13250	15650
5	66604.95	0.027	1250	3650	6050	8450	10850	13250	15650
6	66634.95	0.0256	1250	3650	6050	8450	10850	13250	15650
7	66664.4	0.0241	1250	3650	6050	8450	10850	13250	15650
8	66665.5	0.0241	1250	3650	6050	8450	10850	13250	15650
9	66694.85	0.0227	1250	3650	6050	8450	10850	13250	15650
10	66724.95	0.0213	1250	3650	6050	8450	10850	13250	15650
11	66754.95	0.0193	1250	3650	6050	8450	10850	13250	15650
12	66784.95	0.0121	1250	3650	6050	8450	10850	13250	15650
13	66814.45	0.005	1250	3650	6050	8450	10850	13250	15650

表 6.21　桃园 2 号大桥左幅桩基础参数数据整理

构件名称	项目名称	材料	N 坐标	E 坐标	X	Y	桩顶标高 /m	桩底标高 /m	桩径 /mm	桩长 /mm
0#-桩基-1	桃园 2 号大桥	C30 混凝土	2789145.987	516107.185	−554013	−2072815	1744.02	1727.02	1600	17000
0#-桩基-2	桃园 2 号大桥	C30 混凝土	2789140.756	516110.124	−559244	−2069876	1743.84	1726.84	1600	17000
0#-桩基-3	桃园 2 号大桥	C30 混凝土	2789135.525	516113.064	−564475	−2066936	1743.66	1726.66	1600	17000
1#-桩基-1	桃园 2 号大桥	C30 混凝土	2789129.99	516082.439	−570010	−2097561	1730.65	1706.65	1800	24000
1#-桩基-2	桃园 2 号大桥	C30 混凝土	2789122.233	516087.004	−577767	−2092996	1730.65	1706.65	1800	24000
2#-桩基-1	桃园 2 号大桥	C30 混凝土	2789114.552	516056.805	−585448	−2123195	1720.94	1699.94	2200	21000
2#-桩基-2	桃园 2 号大桥	C30 混凝土	2789106.889	516061.524	−593111	−2118476	1720.94	1699.94	2200	21000
3#-桩基-1	桃园 2 号大桥	C30 混凝土	2789098.615	516031.472	−601385	−2148528	1711.52	1690.52	2200	21000
3#-桩基-2	桃园 2 号大桥	C30 混凝土	2789091.039	516036.33	−608961	−2143670	1709.26	1688.26	2200	21000
4#-桩基-1	桃园 2 号大桥	C30 混凝土	2789083.352	516008.069	−616648	−2171931	1705.33	1683.33	1600	22000
4#-桩基-2	桃园 2 号大桥	C30 混凝土	2789081.142	516004.736	−618858	−2175264	1705.33	1683.33	1600	22000
4#-桩基-3	桃园 2 号大桥	C30 混凝土	2789075.852	516013.044	−624148	−2166956	1709.09	1687.09	1600	22000
4#-桩基-4	桃园 2 号大桥	C30 混凝土	2789073.641	516009.71	−626359	−2170290	1709.09	1687.09	1600	22000
5#-桩基-1	桃园 2 号大桥	C30 混凝土	2789065.524	515981.556	−634476	−2198444	1722.15	1703.15	2200	19000
5#-桩基-2	桃园 2 号大桥	C30 混凝土	2789058.087	515986.624	−641913	−2193376	1724.92	1705.92	2200	19000
6#-桩基-1	桃园 2 号大桥	C30 混凝土	2789048.519	515956.887	−651481	−2223113	1731.48	1709.46	1800	22020

续表

构件名称	项目名称	材料	N坐标	E坐标	X	Y	桩顶标高/m	桩底标高/m	桩径/mm	桩长/mm
6#-桩基-2	桃园2号大桥	C30混凝土	2789041.131	515962.028	−658869	−2217972	1732.24	1712.24	1800	20000
7#-桩基-1	桃园2号大桥	C30混凝土	2789031.303	515932.352	−668697	−2247648	1724.77	1701.77	1800	23000
7#-桩基-2	桃园2号大桥	C30混凝土	2789023.951	515937.543	−676049	−2242457	1728.57	1705.57	1800	23000
8#-桩基-1	桃园2号大桥	C30混凝土	2789013.948	515907.901	−686052	−2272099	1727.59	1705.59	1800	22000
8#-桩基-2	桃园2号大桥	C30混凝土	2789006.617	515913.121	−693383	−2266879	1731.4	1709.4	1800	22000
9#-桩基-1	桃园2号大桥	C30混凝土	2788996.523	515883.485	−703477	−2296515	1732.4	1713.4	1800	19000
9#-桩基-2	桃园2号大桥	C30混凝土	2788989.198	515888.714	−710802	−2291286	1737.4	1718.23	1800	19170
10#-桩基-1	桃园2号大桥	C30混凝土	2788979.09	515859.063	−720910	−2320937	1736.74	1719.74	1800	17000
10#-桩基-2	桃园2号大桥	C30混凝土	2788971.756	515864.279	−728244	−2315721	1736.63	1719.63	1800	17000

表6.22 桃园2号大桥左幅桩位坐标参数数据整理

序号	桩号	坐标		高程/m	5.00	6.00	7.00
		X/m	Y/m		X/mm	Y/mm	Z/mm
551	66+480.000	2789150.729	516110.783	1748.286	(549271.00)	(2069217.00)	1748286.00
552	66+485.000	2789148.287	516106.42	1748.158	(551713.00)	(2073580.00)	1748158.00
553	66+490.000	2789145.83	516102.066	1748.032	(554170.00)	(2077934.00)	1748032.00
554	66+495.000	2789143.359	516097.719	1747.906	(556641.00)	(2082281.00)	1747906.00

续表

序号	桩号	坐标		高程 /m	5.00	6.00	7.00
		X/m	Y/m		X/mm	Y/mm	Z/mm
555	66 + 500.000	2789140.873	516093.381	1747.781	(559127.00)	(2086619.00)	1747781.00
556	66 + 505.000	2789138.373	516089.051	1747.657	(561627.00)	(2090949.00)	1747657.00
557	66 + 510.000	2789135.859	516084.729	1747.534	(564141.00)	(2095271.00)	1747534.00
558	66 + 515.000	2789133.33	516080.415	1747.411	(566670.00)	(2099585.00)	1747411.00
559	66 + 520.000	2789130.787	516076.111	1747.29	(569213.00)	(2103889.00)	1747290.00
560	66 + 525.000	2789128.229	516071.814	1747.169	(571771.00)	(2108186.00)	1747169.00
561	66 + 530.000	2789125.657	516067.527	1747.049	(574343.00)	(2112473.00)	1747049.00
562	66 + 535.000	2789123.071	516063.247	1746.93	(576929.00)	(2116753.00)	1746930.00
563	66 + 540.000	2789120.47	516058.977	1746.811	(579530.00)	(2121023.00)	1746811.00
564	66 + 541.917	2789119.47	516057.342	1746.766	(580530.00)	(2122658.00)	1746766.00
565	66 + 545.000	2789117.856	516054.715	1746.694	(582144.00)	(2125285.00)	1746694.00
566	66 + 550.000	2789115.227	516050.462	1746.577	(584773.00)	(2129538.00)	1746577.00
567	66 + 555.000	2789112.585	516046.217	1746.462	(587415.00)	(2133783.00)	1746462.00
568	66 + 557.026	2789111.51	516044.499	1746.415	(588490.00)	(2135501.00)	1746415.00

续表

序号	桩号	坐标		高程/m	5.00	6.00	7.00
		X/m	Y/m		X/mm	Y/mm	Z/mm
569	66 + 560.000	2789109.929	516041.98	1746.347	(590071.00)	(2138020.00)	1746347.00
570	66 + 565.000	2789107.261	516037.752	1746.232	(592739.00)	(2142248.00)	1746232.00
571	66 + 570.000	2789104.58	516033.531	1746.117	(595420.00)	(2146469.00)	1746117.00
572	66 + 575.000	2789101.887	516029.319	1746.002	(598113.00)	(2150681.00)	1746002.00
573	66 + 580.000	2789099.182	516025.113	1745.887	(600818.00)	(2154887.00)	1745887.00
574	66 + 585.000	2789096.466	516020.916	1745.772	(603534.00)	(2159084.00)	1745772.00
575	66 + 590.000	2789093.738	516016.725	1745.657	(606262.00)	(2163275.00)	1745657.00
576	66 + 595.000	2789091	516012.542	1745.542	(609000.00)	(2167458.00)	1745542.00
577	66 + 600.000	2789088.251	516008.365	1745.427	(611749.00)	(2171635.00)	1745427.00
578	66 + 605.000	2789085.492	516004.195	1745.312	(614508.00)	(2175805.00)	1745312.00
579	66 + 610.000	2789082.724	516000.031	1745.197	(617276.00)	(2179969.00)	1745197.00
580	66 + 615.000	2789079.946	515995.874	1745.082	(620054.00)	(2184126.00)	1745082.00
581	66 + 620.000	2789077.159	515991.723	1744.967	(622841.00)	(2188277.00)	1744967.00
582	66 + 625.000	2789074.364	515987.577	1744.852	(625636.00)	(2192423.00)	1744852.00

续表

序号	桩号	坐标		高程 /m	5.00	6.00	7.00
		X/m	Y/m		X/mm	Y/mm	Z/mm
583	66＋630.000	2789071.56	515983.437	1744.737	（628440.00）	（2196563.00）	1744737.00
584	66＋635.000	2789068.748	515979.303	1744.622	（631252.00）	（2200697.00）	1744622.00
585	66＋640.000	2789065.928	515975.174	1744.507	（634072.00）	（2204826.00）	1744507.00
586	66＋645.000	2789063.101	515971.05	1744.392	（636899.00）	（2208950.00）	1744392.00
587	66＋650.000	2789060.268	515966.93	1744.277	（639732.00）	（2213070.00）	1744277.00
588	66＋655.000	2789057.427	515962.816	1744.162	（642573.00）	（2217184.00）	1744162.00
589	66＋660.000	2789054.58	515958.705	1744.047	（645420.00）	（2221295.00）	1744047.00
590	66＋665.000	2789051.727	515954.599	1743.932	（648273.00）	（2225401.00）	1743932.00
591	66＋670.000	2789048.869	515950.497	1743.817	（651131.00）	（2229503.00）	1743817.00
592	66＋675.000	2789046.005	515946.398	1743.702	（653995.00）	（2233602.00）	1743702.00
593	66＋680.000	2789043.136	515942.303	1743.587	（656864.00）	（2237697.00）	1743587.00
594	66＋685.000	2789040.262	515938.211	1743.472	（659738.00）	（2241789.00）	1743472.00
595	66＋690.000	2789037.384	515934.122	1743.357	（662616.00）	（2245878.00）	1743357.00
596	66＋695.000	2789034.503	515930.037	1743.242	（665497.00）	（2249963.00）	1743242.00

续表

序号	桩号	坐标		高程/m	5.00	6.00	7.00
		X/m	Y/m		X/mm	Y/mm	Z/mm
597	66 + 700.000	2789031.617	515925.953	1743.127	(668383.00)	(2254047.00)	1743127.00
598	66 + 705.000	2789028.728	515921.872	1743.012	(671272.00)	(2258128.00)	1743012.00
599	66 + 710.000	2789025.836	515917.794	1742.897	(674164.00)	(2262206.00)	1742897.00
600	66 + 715.000	2789022.941	515913.717	1742.782	(677059.00)	(2266283.00)	1742782.00
601	66 + 720.000	2789020.044	515909.642	1742.667	(679956.00)	(2270358.00)	1742667.00
602	66 + 725.000	2789017.145	515905.568	1742.552	(682855.00)	(2274432.00)	1742552.00
603	66 + 730.000	2789014.244	515901.495	1742.437	(685756.00)	(2278505.00)	1742437.00
604	66 + 735.000	2789011.342	515897.424	1742.322	(688658.00)	(2282576.00)	1742322.00
605	66 + 740.000	2789008.438	515893.353	1742.207	(691562.00)	(2286647.00)	1742207.00
606	66 + 745.000	2789005.534	515889.283	1742.092	(694466.00)	(2290717.00)	1742092.00
607	66 + 750.000	2789002.63	515885.214	1741.977	(697370.00)	(2294786.00)	1741977.00
608	66 + 751.917	2789001.516	515883.653	1741.933	(698484.00)	(2296347.00)	1741933.00
609	66 + 755.000	2788999.725	515881.144	1741.862	(700275.00)	(2298856.00)	1741862.00

续表

序号	桩号	坐标		高程/m	5.00	6.00	7.00
		X/m	Y/m		X/mm	Y/mm	Z/mm
610	66＋760.000	2788996.82	515877.074	1741.747	（703180.00）	（2302926.00）	1741747.00
611	66＋765.000	2788993.916	515873.004	1741.632	（706084.00）	（2306996.00）	1741632.00
612	66＋770.000	2788991.013	515868.933	1741.517	（708987.00）	（2311067.00）	1741517.00
613	66＋775.000	2788988.111	515864.861	1741.402	（711889.00）	（2315139.00）	1741402.00
614	66＋780.000	2788985.21	515860.789	1741.287	（714790.00）	（2319211.00）	1741287.00
615	66＋785.000	2788982.311	515856.715	1741.172	（717689.00）	（2323285.00）	1741172.00
616	66＋790.000	2788979.414	515852.64	1741.057	（720586.00）	（2327360.00）	1741057.00
617	66＋795.000	2788976.519	515848.563	1740.942	（723481.00）	（2331437.00）	1740942.00
618	66＋800.000	2788973.627	515844.485	1740.827	（726373.00）	（2335515.00）	1740827.00
619	66＋805.000	2788970.737	515840.404	1740.712	（729263.00）	（2339596.00）	1740712.00
620	66＋810.000	2788967.851	515836.321	1740.597	（732149.00）	（2343679.00）	1740597.00
621	66＋815.000	2788964.969	515832.235	1740.482	（735031.00）	（2347765.00）	1740482.00
622	66＋820.000	2788962.09	515828.147	1740.367	（737910.00）	（2351853.00）	1740367.00

6.3.2 桃园2号大桥右幅设计图纸数据整理

桃园2号大桥右幅设计图纸数据整理见表6.23～表6.26。

表6.23 桃园2号大桥右幅上部结构预制梁参数数据整理

里程	右幅盖梁横坡	T梁距离/mm							湿接缝距离/mm						幅梁面横坡
		1	2	3	4	5	6	7	1	2	3	4	5	6	
66498.2	0.03	−1250	−3650	−6050	−8450	−10850	−13250	−15650	−2450	−4850	−7250	−9650	−12050	−14450	0.0289
66528.7	0.0278	−1250	−3650	−6050	−8450	−10850	−13250	−15650	−2450	−4850	−7250	−9650	−12050	−14450	0.0242
66559.2	0.0206	−1250	−3650	−6050	−8450	−10850	−13250	−15650	−2450	−4850	−7250	−9650	−12050	−14450	0.0169
66589.7	0.0133	−1250	−3650	−6050	−8450	−10850	−13250	−15650	−2450	−4850	−7250	−9650	−12050	−14450	0.0097
66620.2	0.006	−1250	−3650	−6050	−8450	−10850	−13250	−15650	−2450	−4850	−7250	−9650	−12050	−14450	0.0024
66650.7	−0.0012	−1250	−3650	−6050	−8450	−10850	−13250	−15650	−2450	−4850	−7250	−9650	−12050	−14450	−0.0049
66681.2	−0.0085	−1250	−3650	−6050	−8450	−10850	−13250	−15650	−2450	−4850	−7250	−9650	−12050	−14450	−0.0121
66711.7	−0.0157	−1250	−3650	−6050	−8450	−10850	−13250	−15650	−2450	−4850	−7250	−9650	−12050	−14450	−0.0182
66742.2	−0.0206	−1250	−3650	−6050	−8450	−10850	−13250	−15650	−2450	−4850	−7250	−9650	−12050	−14450	−0.0213
66772.7	−0.0221	−1250	−3650	−6050	−8450	−10850	−13250	−15650	−2450	−4850	−7250	−9650	−12050	−14450	−0.0228
66803.2	−0.0235	−1250	−3650	−6050	−8450	−10850	−13250	−15650	−2450	−4850	−7250	−9650	−12050	−14450	−0.0242
66833.7	−0.025	−1250	−3650	−6050	−8450	−10850	−13250	−15650	−2450	−4850	−7250	−9650	−12050	−14450	

表 6.24　桃园 2 号大桥右幅上部结构垫石参数数据整理

墩号	里程 /（km/h）	左幅横坡	左幅偏距 1 /mm	左幅偏距 2 /mm	左幅偏距 3 /mm	左幅偏距 4 /mm	左幅偏距 5 /mm	左幅偏距 6 /mm	左幅偏距 7 /mm
0	66498.7	0.03	−1250	−3650	−6050	−8450	−10850	−13250	−15650
1	66528.7	0.0278	−1250	−3650	−6050	−8450	−10850	−13250	−15650
2	66559.2	0.0206	−1250	−3650	−6050	−8450	−10850	−13250	−15650
3	66589.15	0.0133	−1250	−3650	−6050	−8450	−10850	−13250	−15650
4	66590.25	0.0133	−1250	−3650	−6050	−8450	−10850	−13250	−15650
5	66620.2	0.006	−1250	−3650	−6050	−8450	−10850	−13250	−15650
6	66650.7	−0.0012	−1250	−3650	−6050	−8450	−10850	−13250	−15650
7	66681.2	−0.0085	−1250	−3650	−6050	−8450	−10850	−13250	−15650
8	66711.15	−0.0157	−1250	−3650	−6050	−8450	−10850	−13250	−15650
9	66712.25	−0.0157	−1250	−3650	−6050	−8450	−10850	−13250	−15650
10	66742.2	−0.0206	−1250	−3650	−6050	−8450	−10850	−13250	−15650
11	66772.7	−0.0221	−1250	−3650	−6050	−8450	−10850	−13250	−15650
12	66803.2	−0.0235	−1250	−3650	−6050	−8450	−10850	−13250	−15650
13	66833.2	−0.025	−1250	−3650	−6050	−8450	−10850	−13250	−15650

表 6.25 桃园 2 号大桥右幅桩基础参数数据整理

位置编码	N 坐标	E 坐标	N 坐标偏移值	E 坐标偏移值	桩顶标高/m	桩底标高/m	桩径/m	桩长/m
K66 + 498.21	2789149.235	516089.399	−2789700	−518180	1743.74	1726.74	160	17
K66 + 498.21	2789154.351	516086.265	−2789700	−518180	1743.92	1726.92	160	17
K66 + 498.21	2789159.468	516083.131	−2789700	−518180	1744.1	1727.1	160	17
K66 + 528.7	2789134.719	516063.025	−2789700	−518180	1729.5	1705.5	180	24
K66 + 528.7	2789142.297	516058.17	−2789700	−518180	1729.5	1705.5	180	24
K66 + 559.20	2789117.972	516037.444	−2789700	−518180	1719.21	1697.21	220	22
K66 + 559.20	2789125.462	516032.453	−2789700	−518180	1719.21	1697.21	220	22
K66 + 589.7	2789101.947	516013.802	−2789700	−518180	1706.8	1685.8	160	21
K66 + 589.7	2789099.68	516010.507	−2789700	−518180	1706.8	1685.8	160	21
K66 + 589.7	2789109.361	516008.7	−2789700	−518180	1710.92	1689.92	160	21
K66 + 589.7	2789107.093	516005.405	−2789700	−518180	1710.92	1689.92	160	21
K66 + 620.2	2789084.475	515988.744	−2789700	−518180	1706.13	1684.13	160	22
K66 + 620.2	2789082.167	515985.477	−2789700	−518180	1706.13	1684.13	160	22

续表

位置编码	N 坐标	E 坐标	N 坐标偏移值	E 坐标偏移值	桩顶标高 /m	桩底标高 /m	桩径 /m	桩长 /m
K66 + 620.2	2789091.826	515983.552	−2789700	−518180	1706.13	1684.13	160	22
K66 + 620.2	2789089.519	515980.285	−2789700	−518180	1706.13	1684.13	160	22
K66 + 650.7	2789065.571	515962.262	−2789700	−518180	1721.86	1701.86	220	20
K66 + 650.7	2789072.875	515957.004	−2789700	−518180	1715.84	1695.84	220	20
K66 + 681.2	2789047.639	515937.56	−2789700	−518180	1723.13	1705.13	220	18
K66 + 681.2	2789054.911	515932.257	−2789700	−518180	1719.06	1701.06	220	18
K66 + 711.7	2789029.598	515912.952	−2789700	−518180	1718.41	1697.41	220	21
K66 + 711.7	2789036.853	515907.626	−2789700	−518180	1714.27	1693.27	220	21
K66 + 742.2	2789011.526	515888.382	−2789700	−518180	1727.51	1707.51	180	20
K66 + 742.2	2789018.779	515883.054	−2789700	−518180	1727.51	1707.51	180	20
K66 + 772.7	2788993.493	515863.796	−2789700	−518180	1729.99	1707.99	180	22
K66 + 772.7	2789000.76	515858.486	−2789700	−518180	1726.79	1704.79	180	22
K66 + 803.2	2788975.563	515839.149	−2789700	−518180	1736.28	1715.28	180	21
K66 + 803.2	2788982.858	515833.878	−2789700	−518180	1727.07	1706.07	180	21

表 6.26 桃园 2 号大桥右幅桩位坐标参数数据整理

序号	桩号	X/m	Y/m	Z/m	X/mm	Y/mm	Z/mm
555	K66 + 495.000	2789149.14	516093.808	1747.877	−550860.00	−2086192.00	1747877.00
556	K66 + 500.000	2789146.53	516089.543	1747.754	−553470.00	−2090457.00	1747754.00
557	K66 + 505.000	2789143.906	516085.287	1747.633	−556094.00	−2094713.00	1747633.00
558	K66 + 510.000	2789141.269	516081.04	1747.512	−558731.00	−2098960.00	1747512.00
559	K66 + 515.000	2789138.616	516076.801	1747.393	−561384.00	−2103199.00	1747393.00
560	K66 + 519.614	2789136.156	516072.897	1747.283	−563844.00	−2107103.00	1747283.00
561	K66 + 520.000	2789135.95	516072.571	1747.274	−564050.00	−2107429.00	1747274.00
562	K66 + 525.000	2789133.27	516068.35	1747.156	−566730.00	−2111650.00	1747156.00
563	K66 + 530.000	2789130.576	516064.138	1747.038	−569424.00	−2115862.00	1747038.00
564	K66 + 535.000	2789127.869	516059.934	1746.922	−572131.00	−2120066.00	1746922.00
565	K66 + 540.000	2789125.149	516055.739	1746.806	−574851.00	−2124261.00	1746806.00
566	K66 + 541.065	2789124.568	516054.847	1746.782	−575432.00	−2125153.00	1746782.00
567	K66 + 545.000	2789122.416	516051.552	1746.691	−577584.00	−2128448.00	1746691.00
568	K66 + 550.000	2789119.671	516047.373	1746.576	−580329.00	−2132627.00	1746576.00
569	K66 + 555.000	2789116.914	516043.202	1746.461	−583086.00	−2136798.00	1746461.00
570	K66 + 560.000	2789114.145	516039.038	1746.346	−585855.00	−2140962.00	1746346.00
571	K66 + 565.000	2789111.365	516034.882	1746.231	−588635.00	−2145118.00	1746231.00

续表

序号	桩号	*X*/m	*Y*/m	*Z*/m	*X*/mm	*Y*/mm	*Z*/mm
572	K66 + 570.000	2789108.575	516030.733	1746.116	−591425.00	−2149267.00	1746116.00
573	K66 + 575.000	2789105.774	516026.592	1746.001	−594226.00	−2153408.00	1746001.00
574	K66 + 580.000	2789102.962	516022.457	1745.886	−597038.00	−2157543.00	1745886.00
575	K66 + 585.000	2789100.141	516018.329	1745.771	−599859.00	−2161671.00	1745771.00
576	K66 + 590.000	2789097.311	516014.207	1745.656	−602689.00	−2165793.00	1745656.00
577	K66 + 595.000	2789094.471	516010.092	1745.541	−605529.00	−2169908.00	1745541.00
578	K66 + 600.000	2789091.623	516005.982	1745.426	−608377.00	−2174018.00	1745426.00
579	K66 + 605.000	2789088.766	516001.879	1745.311	−611234.00	−2178121.00	1745311.00
580	K66 + 610.000	2789085.901	515997.781	1745.196	−614099.00	−2182219.00	1745196.00
581	K66 + 615.000	2789083.028	515993.689	1745.081	−616972.00	−2186311.00	1745081.00
582	K66 + 620.000	2789080.148	515989.602	1744.966	−619852.00	−2190398.00	1744966.00
583	K66 + 625.000	2789077.26	515985.52	1744.851	−622740.00	−2194480.00	1744851.00
584	K66 + 630.000	2789074.366	515981.442	1744.736	−625634.00	−2198558.00	1744736.00
585	K66 + 635.000	2789071.466	515977.37	1744.621	−628534.00	−2202630.00	1744621.00

续表

序号	桩号	X/m	Y/m	Z/m	X/mm	Y/mm	Z/mm
586	K66＋640.000	2789068.559	515973.301	1744.506	−631441.00	−2206699.00	1744506.00
587	K66＋645.000	2789065.646	515969.237	1744.391	−634354.00	−2210763.00	1744391.00
588	K66＋650.000	2789062.728	515965.177	1744.276	−637272.00	−2214823.00	1744276.00
589	K66＋655.000	2789059.805	515961.12	1744.161	−640195.00	−2218880.00	1744161.00
590	K66＋660.000	2789056.878	515957.067	1744.046	−643122.00	−2222933.00	1744046.00
591	K66＋665.000	2789053.945	515953.017	1743.931	−646055.00	−2226983.00	1743931.00
592	K66＋670.000	2789051.009	515948.971	1743.816	−648991.00	−2231029.00	1743816.00
593	K66＋675.000	2789048.068	515944.926	1743.701	−651932.00	−2235074.00	1743701.00
594	K66＋680.000	2789045.125	515940.885	1743.586	−654875.00	−2239115.00	1743586.00
595	K66＋685.000	2789042.178	515936.846	1743.471	−657822.00	−2243154.00	1743471.00
596	K66＋690.000	2789039.228	515932.809	1743.356	−660772.00	−2247191.00	1743356.00
597	K66＋695.000	2789036.275	515928.773	1743.241	−663725.00	−2251227.00	1743241.00
598	K66＋700.000	2789033.321	515924.74	1743.126	−666679.00	−2255260.00	1743126.00
599	K66＋705.000	2789030.364	515920.707	1743.011	−669636.00	−2259293.00	1743011.00

续表

序号	桩号	X/m	Y/m	Z/m	X/mm	Y/mm	Z/mm
600	K66 + 710.000	2789027.406	515916.676	1742.896	−672594.00	−2263324.00	1742896.00
601	K66 + 715.000	2789024.447	515912.646	1742.781	−675553.00	−2267354.00	1742781.00
602	K66 + 720.000	2789021.487	515908.617	1742.666	−678513.00	−2271383.00	1742666.00
603	K66 + 725.000	2789018.526	515904.588	1742.551	−681474.00	−2275412.00	1742551.00
604	K66 + 729.614	2789015.793	515900.87	1742.445	−684207.00	−2279130.00	1742445.00
605	K66 + 730.000	2789015.565	515900.559	1742.436	−684435.00	−2279441.00	1742436.00
606	K66 + 735.000	2789012.603	515896.53	1742.321	−687397.00	−2283470.00	1742321.00
607	K66 + 740.000	2789009.643	515892.501	1742.206	−690357.00	−2287499.00	1742206.00
608	K66 + 745.000	2789006.682	515888.471	1742.091	−693318.00	−2291529.00	1742091.00
609	K66 + 750.000	2789003.723	515884.441	1741.976	−696277.00	−2295559.00	1741976.00
610	K66 + 755.000	2789000.765	515880.41	1741.861	−699235.00	−2299590.00	1741861.00
611	K66 + 760.000	2788997.808	515876.378	1741.746	−702192.00	−2303622.00	1741746.00
612	K66 + 765.000	2788994.854	515872.344	1741.631	−705146.00	−2307656.00	1741631.00
613	K66 + 770.000	2788991.901	515868.309	1741.516	−708099.00	−2311691.00	1741516.00

续表

序号	桩号	X/m	Y/m	Z/m	X/mm	Y/mm	Z/mm
614	K66 + 775.000	2788988.951	515864.272	1741.401	−711049.00	−2315728.00	1741401.00
615	K66 + 780.000	2788986.004	515860.233	1741.286	−713996.00	−2319767.00	1741286.00
616	K66 + 785.000	2788983.059	515856.192	1741.171	−716941.00	−2323808.00	1741171.00
617	K66 + 790.000	2788980.118	515852.149	1741.056	−719882.00	−2327851.00	1741056.00
618	K66 + 795.000	2788977.181	515848.102	1740.941	−722819.00	−2331898.00	1740941.00
619	K66 + 800.000	2788974.247	515844.053	1740.826	−725753.00	−2335947.00	1740826.00
620	K66 + 805.000	2788971.318	515840.001	1740.711	−728682.00	−2339999.00	1740711.00
621	K66 + 810.000	2788968.393	515835.946	1740.596	−731607.00	−2344054.00	1740596.00
622	K66 + 815.000	2788965.473	515831.887	1740.481	−734527.00	−2348113.00	1740481.00
623	K66 + 820.000	2788962.559	515827.825	1740.366	−737441.00	−2352175.00	1740366.00
624	K66 + 825.000	2788959.649	515823.758	1740.251	−740351.00	−2356242.00	1740251.00
625	K66 + 830.000	2788956.746	515819.687	1740.136	−743254.00	−2360313.00	1740136.00
626	K66 + 835.000	2788953.849	515815.612	1740.021	−746151.00	−2364388.00	1740021.00

6.3.3 桃园 2 号大桥参数化族构件

桃园 2 号大桥参数化族构件如图 6.35 ~ 图 6.41 所示。

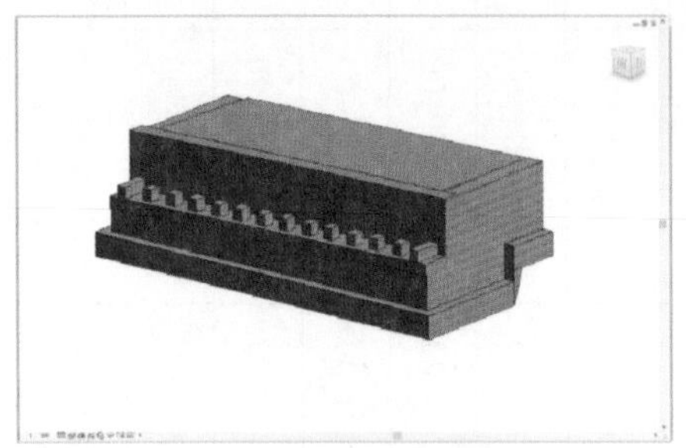
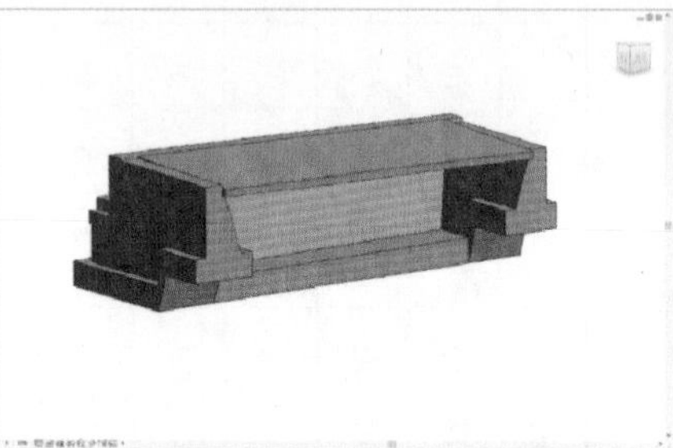

图 6.35 桃园 2 号大桥左幅 31#桥台三维模型

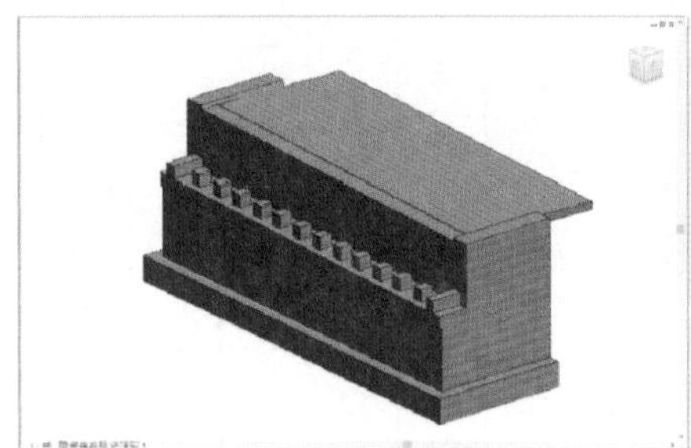
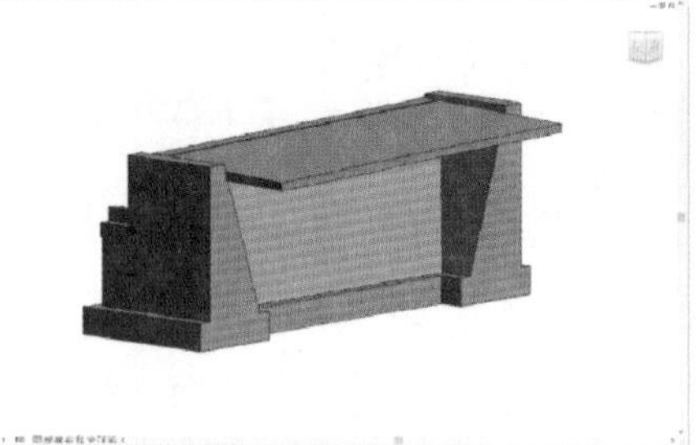

图 6.36 桃园 2 号大桥左幅 0#桥台三维模型

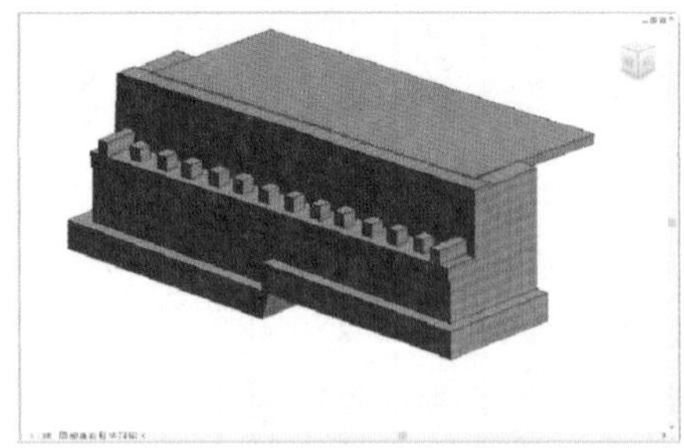
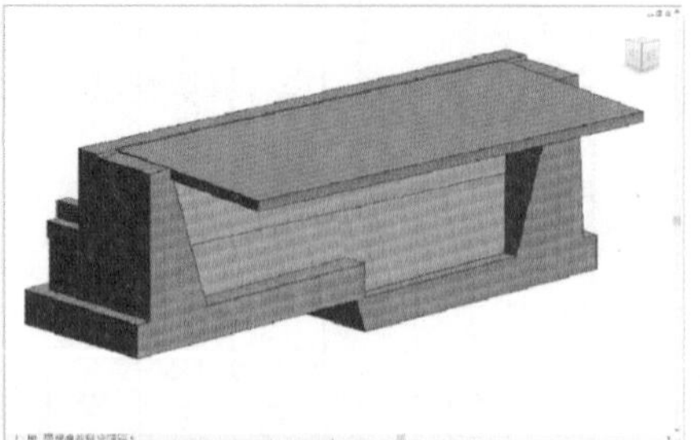

图 6.37 桃园 2 号大桥右幅 29#桥台三维模型

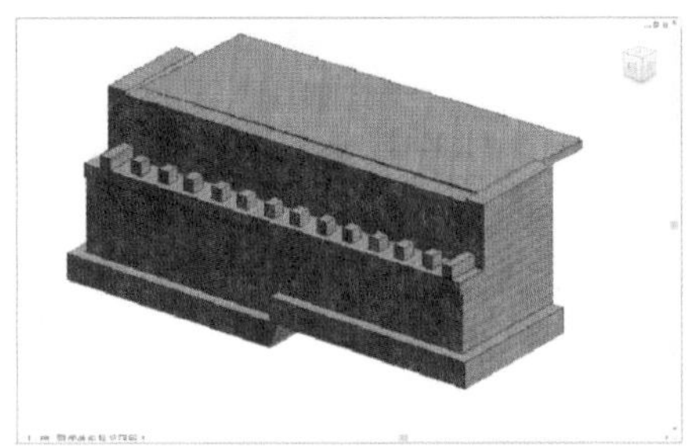
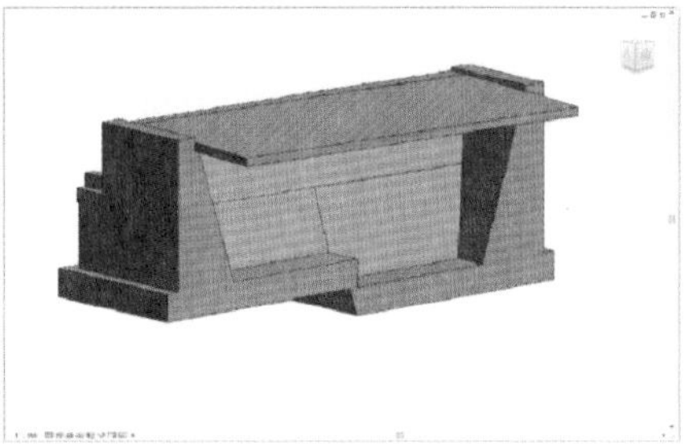

图 6.38 桃园 2 号大桥右幅 0#桥台三维模型

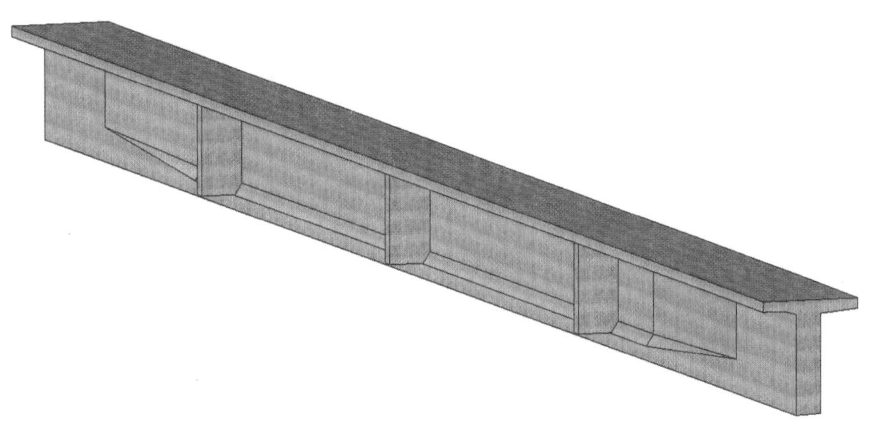

图 6.39 桃园 2 号大桥左边梁三维模型

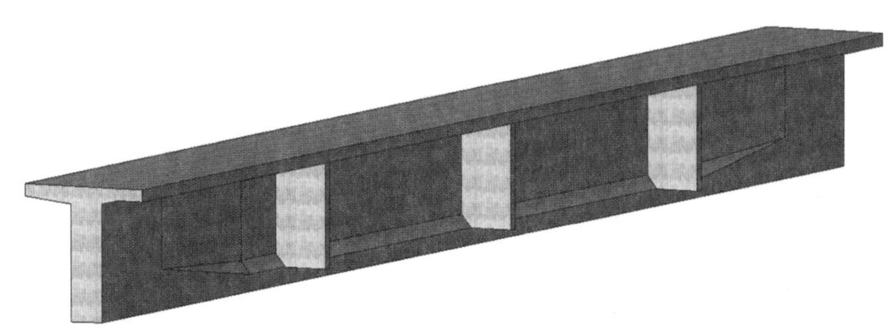

图 6.40 桃园 2 号大桥右边梁三维模型

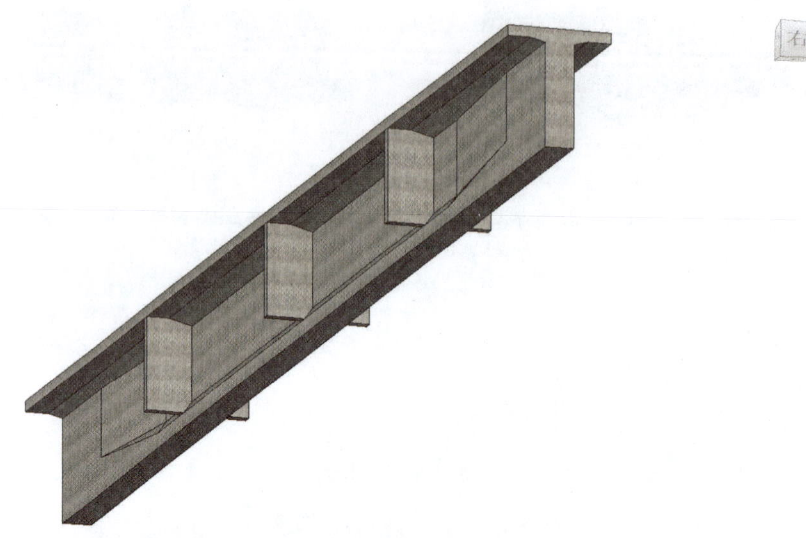

图 6.41 桃园 2 号大桥中梁三维模型

6.3.4 桃园 2 号大桥 Dynamo 参数化建模

桃园 2 号大桥 Dynamo 参数化建模如图 6.42 ~ 图 6.47 所示。

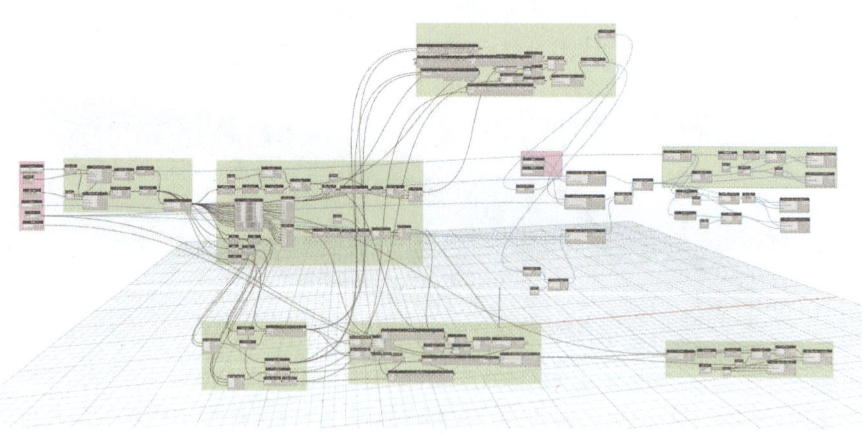

图 6.42 Dynamo 参数化梁设计

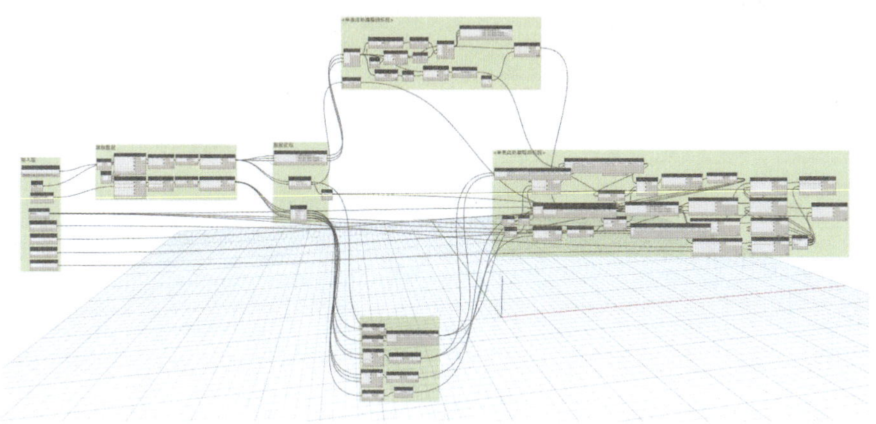

图 6.43 Dynamo 参数化桥面设计

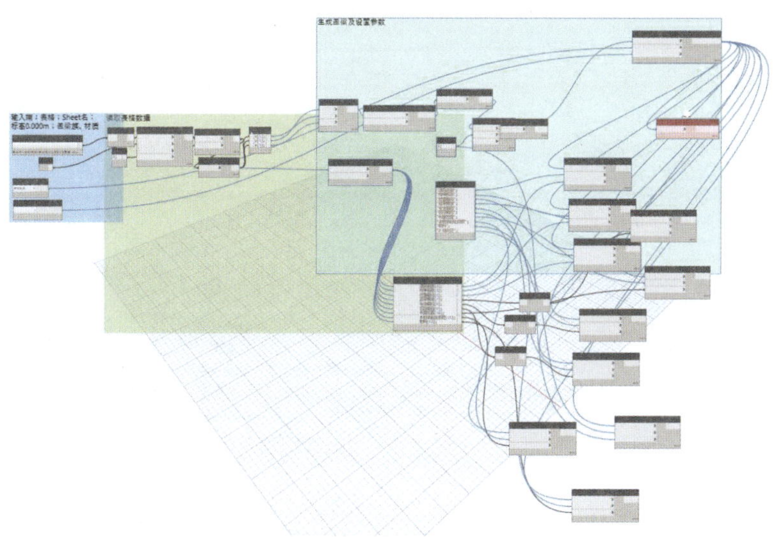

图 6.44 Dynamo 参数化盖梁设计

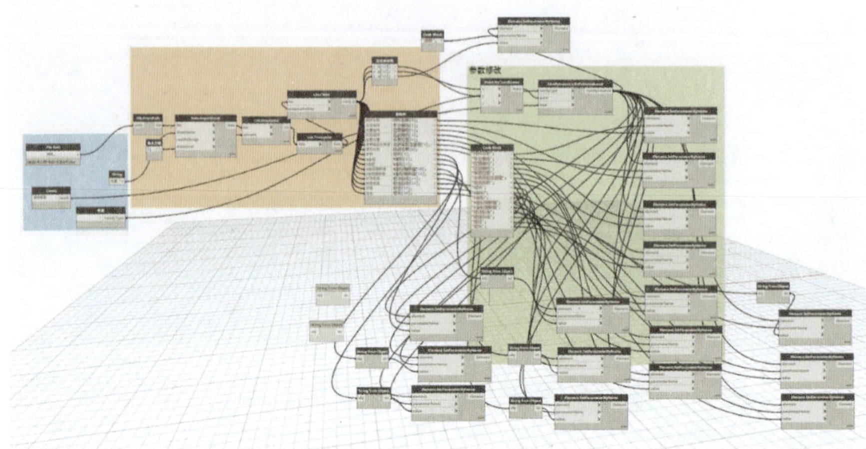

图 6.45 Dynamo 参数化桩基础设计

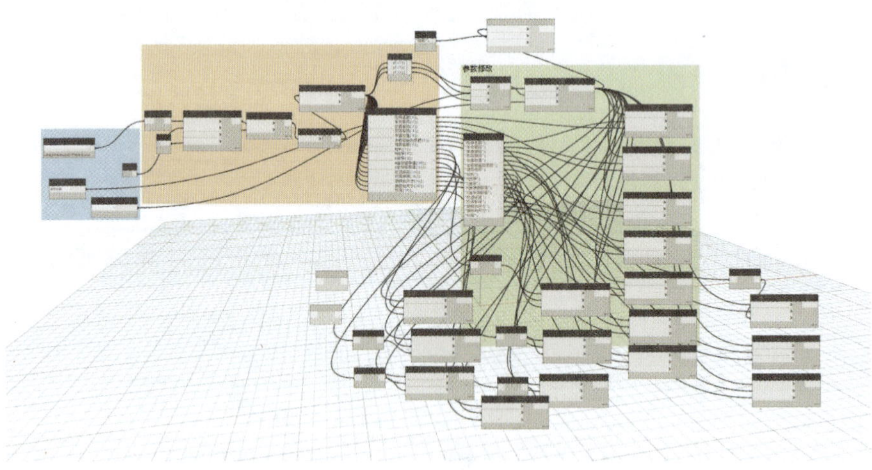

图 6.46 Dynamo 参数化墩柱设计

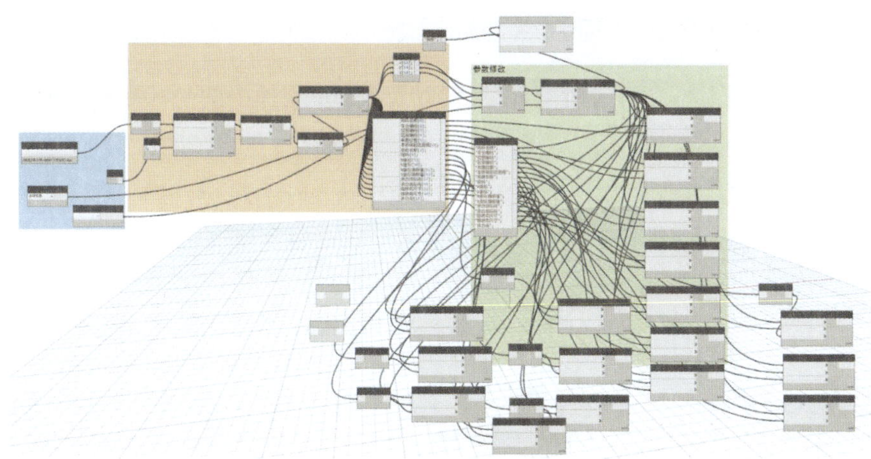

图 6.47 Dynamo 参数化承台设计

6.3.5 桃园 2 号大桥 BIM 模型

桃园 2 号大桥 BIM 模型如图 6.48 所示。

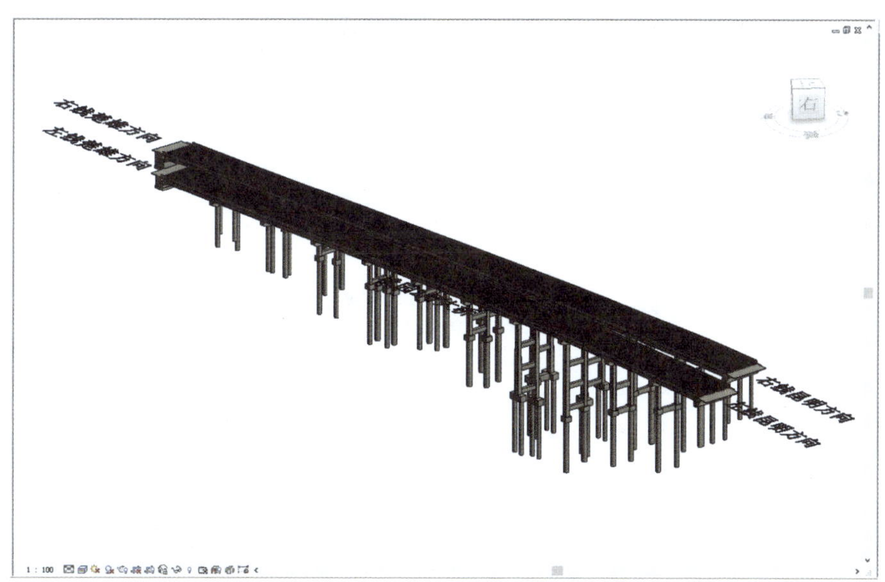

图 6.48 桃园 2 号大桥 BIM 三维模型

6.3.6 桃园 2 号大桥控制点坐标提取

利用桃园大桥 2 号大桥 BIM 模型以及 Revit 软件中的坐标提取功能完成桃园 2 号大桥上部 T 梁关键控制点坐标的提取与比对（图 6.49）。利用 Revit 中的坐标获取工具，在梁片需要检查坐标的位置点击提取 BIM 模型的坐标值，对提取的坐标值记录整理。

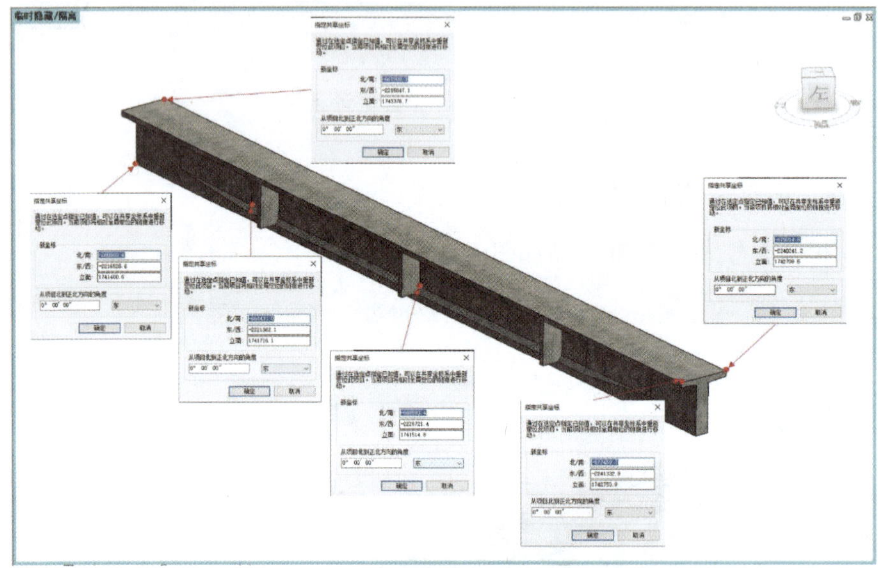

图 6.49 桃园 2 号大桥 BIM 模型中提取关键控制点坐标信息

6.4 横山村 1 号大桥

6.4.1 横山村 1 号大桥左幅设计图纸数据整理

横山村 1 号大桥左幅设计图纸数据整理见表 6.27 ~ 表 6.31。

表 6.27 横山村 1 号大桥左幅上部结构预制梁参数数据整理

墩号	里程	盖梁横坡	T 梁距离/mm							湿接缝距离/mm						幅梁面横坡
			1	2	3	4	5	6	7	1	2	3	4	5	6	
0	66929.95	−0.024	1250	3650	6050	8450	10850	13250	15650	2450	4850	7250	9650	12050	14450	0.026
1	66959.95	−0.0295	1250	3650	6050	8450	10850	13250	15650	2450	4850	7250	9650	12050	14450	0.0298
2	66989.95	−0.03	1250	3650	6050	8450	10850	13250	15650	2450	4850	7250	9650	12050	14450	0.03
3	67019.95	−0.03	1250	3650	6050	8450	10850	13250	15650	2450	4850	7250	9650	12050	14450	0.03
4	67049.95	−0.03	1250	3650	6050	8450	10850	13250	15650	2450	4850	7250	9650	12050	14450	0.03
5	67079.95	−0.03	1250	3650	6050	8450	10850	13250	15650	2450	4850	7250	9650	12050	14450	0.03
6	67109.95	−0.03	1250	3650	6050	8450	10850	13250	15650	2450	4850	7250	9650	12050	14450	0.03
7	67139.95	−0.03	1250	3650	6050	8450	10850	13250	15650	2450	4850	7250	9650	12050	14450	0.03

续表

墩号	里程	盖梁横坡	T 梁距离/mm							湿接缝距离/mm						幅梁面横坡
			1	2	3	4	5	6	7	1	2	3	4	5	6	
8	67169.95	−0.03	1250	3650	6050	8450	10850	13250	15650	2450	4850	7250	9650	12050	14450	0.03
9	67199.95	−0.03	1250	3650	6050	8450	10850	13250	15650	2450	4850	7250	9650	12050	14450	0.03
10	67229.95	−0.03	1250	3650	6050	8450	10850	13250	15650	2450	4850	7250	9650	12050	14450	0.03
11	67259.95	−0.03	1250	3650	6050	8450	10850	13250	15650	2450	4850	7250	9650	12050	14450	0.03
12	67289.95	−0.03	1250	3650	6050	8450	10850	13250	15650	2450	4850	7250	9650	12050	14450	0.03
13	67319.95	−0.03	1250	3650	6050	8450	10850	13250	15650	2450	4850	7250	9650	12050	14450	0.03
14	67349.95	−0.03	1250	3650	6050	8450	10850	13250	15650	2450	4850	7250	9650	12050	14450	0.03

表 6.28 横山村 1 号大桥左幅垫石参数数据整理

墩号	里程 /（km/h）	右幅盖梁横坡	T 梁距离 1 /mm	T 梁距离 2 /mm	T 梁距离 3 /mm	T 梁距离 4 /mm	T 梁距离 5 /mm	T 梁距离 6 /mm	T 梁距离 7 /mm
0	66930.45	−0.024	1250	3650	6050	8450	10850	13250	15650
1	66959.95	−0.0295	1250	3650	6050	8450	10850	13250	15650
2	66989.95	−0.03	1250	3650	6050	8450	10850	13250	15650

续表

墩号	里程 /（km/h）	右幅盖梁横坡	T梁距离1 /mm	T梁距离2 /mm	T梁距离3 /mm	T梁距离4 /mm	T梁距离5 /mm	T梁距离6 /mm	T梁距离7 /mm
3	67019.95	−0.03	1250	3650	6050	8450	10850	13250	15650
4	67049.4	−0.03	1250	3650	6050	8450	10850	13250	15650
4	67050.5	−0.03	1250	3650	6050	8450	10850	13250	15650
5	67079.95	−0.03	1250	3650	6050	8450	10850	13250	15650
6	67109.95	−0.03	1250	3650	6050	8450	10850	13250	15650
7	67139.95	−0.03	1250	3650	6050	8450	10850	13250	15650
8	67169.95	−0.03	1250	3650	6050	8450	10850	13250	15650
9	67199.4	−0.03	1250	3650	6050	8450	10850	13250	15650
9	67200.5	−0.03	1250	3650	6050	8450	10850	13250	15650
10	67229.95	−0.03	1250	3650	6050	8450	10850	13250	15650
11	67259.95	−0.03	1250	3650	6050	8450	10850	13250	15650
12	67289.95	−0.03	1250	3650	6050	8450	10850	13250	15650
13	67319.95	−0.03	1250	3650	6050	8450	10850	13250	15650
14	67349.45	−0.03	1250	3650	6050	8450	10850	13250	15650

表 6.29 横山村 1 号大桥左幅桩基础参数数据整理

构件名称	N 坐标	E 坐标	N 坐标偏移值	E 坐标偏移值	X	Y	桩顶标高 /m	桩顶 /mm	桩长 /mm
公式	2789483.617	517081.521	−2789700	−518180	−216383	−1098479	1773.98	1773980	19000
1#-桩基-1	2788880.863	515713.959	−2789700	−518180	−819137	−2466041	1722.6	1722600	23000
1#-桩基-2	2788873.217	515718.705	−2789700	−518180	−826783	−2461295	1722.6	1722600	23000
2#-桩基-1	2788865.241	515688.257	−2789700	−518180	−834759	−2491743	1715.15	1715150	22000
2#-桩基-2	2788857.507	515692.859	−2789700	−518180	−842493	−2487141	1720.42	1720420	22000
3#-桩基-1	2788850.105	515662.268	−2789700	−518180	−849895	−2517732	1705.46	1705460	20000
3#-桩基-2	2788842.286	515666.724	−2789700	−518180	−857714	−2513276	1712.73	1712730	20000
4#-桩基-1	2788835.458	515635.999	−2789700	−518180	−864542	−2544001	1698.77	1698770	21000
4#-桩基-2	2788827.557	515640.307	−2789700	−518180	−872443	−2539693	1705.04	1705040	21000
5#-桩基-1	2788822.231	515611.233	−2789700	−518180	−877769	−2568767	1694.35	1694350	22000
5#-桩基-2	2788820.383	515607.686	−2789700	−518180	−879617	−2572314	1694.35	1694350	22000
5#-桩基-3	2788814.25	515615.393	−2789700	−518180	−885750	−2564607	1694.35	1694350	22000
5#-桩基-4	2788812.402	515611.846	−2789700	−518180	−887598	−2568154	1694.35	1694350	22000
6#-桩基-1	2788808.547	515584.45	−2789700	−518180	−891453	−2595550	1694.16	1694160	22000
6#-桩基-2	2788806.765	515580.869	−2789700	−518180	−893235	−2599131	1694.16	1694160	22000
6#-桩基-3	2788800.489	515588.46	−2789700	−518180	−899511	−2591540	1694.16	1694160	22000

续表

构件名称	N 坐标	E 坐标	N 坐标偏移值	E 坐标偏移值	X	Y	桩顶标高 /m	桩顶 /mm	桩长 /mm
6#-桩基-4	2788798.707	515584.879	−2789700	−518180	−901293	−2595121	1694.16	1694160	22000
7#-桩基-1	2788795.366	515557.416	−2789700	−518180	−904634	−2622584	1694.2	1694200	22000
7#-桩基-2	2788793.652	515553.802	−2789700	−518180	−906348	−2626198	1694.2	1694200	22000
7#-桩基-3	2788787.235	515561.273	−2789700	−518180	−912765	−2618727	1697.47	1697470	22000
7#-桩基-4	2788785.52	515557.66	−2789700	−518180	−914480	−2622340	1697.47	1697470	22000
8#-桩基-1	2788781.872	515528.316	−2789700	−518180	−918128	−2651684	1704.01	1704010	23000
8#-桩基-2	2788773.67	515532.021	−2789700	−518180	−926330	−2647979	1708.28	1708280	23000
9#-桩基-1	2788769.749	515500.791	−2789700	−518180	−930251	−2679209	1713.32	1713320	22000
9#-桩基-2	2788761.479	515504.341	−2789700	−518180	−938521	−2675659	1717.59	1717590	22000
10#-桩基-1	2788758.144	515473.044	−2789700	−518180	−941856	−2706956	1714.63	1714630	21000
10#-桩基-2	2788749.809	515476.439	−2789700	−518180	−950191	−2703561	1717.9	1717900	21000
11#-桩基-1	2788747.061	515445.084	−2789700	−518180	−952939	−2734916	1713.21	1713210	26010
11#-桩基-2	2788738.664	515448.322	−2789700	−518180	−961336	−2731678	1713.21	1713210	26010
12#-桩基-1	2788736.505	515416.921	−2789700	−518180	−963495	−2763079	1716.25	1716250	21000
12#-桩基-2	2788728.048	515420.001	−2789700	−518180	−971952	−2759999	1721.52	1721520	21000
13#-桩基-1	2788726.478	515388.566	−2789700	−518180	−973522	−2791434	1724.56	1724560	18000
13#-桩基-2	2788717.965	515391.486	−2789700	−518180	−982035	−2788514	1724.83	1724830	8000

表 6.30　横山村 1 号大桥左幅承台参数数据整理

构件名称	N 坐标	E 坐标	X	Y	承台底标高/m	承台顶标高/m	承台高/m	承台高/mm	顺桥向尺寸/m	横桥向尺寸/m	顺桥方向	横桥方向
1#-承台-1	2788880.86	515713.959	−819137	−2466041	1722.60	1724.60	2	2000	260	260	2600	2600
1#-承台-2	2788873.22	515718.705	−826783	−2461295	1722.60	1724.60	2	2000	260	260	2600	2600
2#-承台-1	2788865.24	515688.257	−834759	−2491743	1715.15	1717.15	2	2000	260	260	2600	2600
2#-承台-2	2788857.51	515692.859	−842493	−2487141	1720.42	1722.42	2	2000	260	260	2600	2600
3#-承台-1	2788850.11	515662.268	−849895	−2517732	1705.46	1707.46	2	2000	300	300	3000	3000
3#-承台-2	2788842.29	515666.724	−857714	−2513276	1712.73	1714.73	2	2000	300	300	3000	3000
4#-承台-1	2788835.46	515635.999	−864542	−2544001	1698.77	1700.77	2	2000	300	300	3000	3000
4#-承台-2	2788827.56	515640.307	−872443	−2539693	1705.04	1707.04	2	2000	300	300	3000	3000
5#-承台-1	2788822.23	515611.233	−877769	−2568767	1694.35	1696.85	2.5	2500	660	280	6600	2800
5#-承台-2	2788820.38	515607.686	−879617	−2572314	1694.35	1696.85	2.5	2500	660	280	6600	2800
5#-承台-3	2788814.25	515615.393	−885750	−2564607	1694.35	1696.85	2.5	2500	660	280	6600	2800
5#-承台-4	2788812.4	515611.846	−887598	−2568154	1694.35	1696.85	2.5	2500	660	280	6600	2800
6#-承台-1	2788808.55	515584.45	−891453	−2595550	1694.16	1696.66	2.5	2500	660	280	6600	2800
6#-承台-2	2788806.77	515580.869	−893235	−2599131	1694.16	1696.66	2.5	2500	660	280	6600	2800
6#-承台-3	2788800.49	515588.46	−899511	−2591540	1694.16	1696.66	2.5	2500	660	280	6600	2800
6#-承台-4	2788798.71	515584.879	−901293	−2595121	1694.16	1696.66	2.5	2500	660	280	6600	2800

续表

构件名称	N 坐标	E 坐标	X	Y	承台底标高/m	承台顶标高/m	承台高/m	承台高/mm	顺桥向尺寸/m	横桥向尺寸/m	顺桥方向	横桥方向
7#-承台-1	2788795.37	515557.416	−904634	−2622584	1694.20	1696.70	2.5	2500	660	280	6600	2800
7#-承台-2	2788793.65	515553.802	−906348	−2626198	1694.20	1696.70	2.5	2500	660	280	6600	2800
7#-承台-3	2788787.24	515561.273	−912765	−2618727	1697.47	1699.97	2.5	2500	660	280	6600	2800
7#-承台-4	2788785.52	515557.66	−914480	−2622340	1697.47	1699.97	2.5	2500	660	280	6600	2800
8#-承台-1	2788781.87	515528.316	−918128	−2651684	1704.01	1706.01	2	2000	300	300	3000	3000
8#-承台-2	2788773.67	515532.021	−926330	−2647979	1708.28	1710.28	2	2000	300	300	3000	3000
9#-承台-1	2788769.75	515500.791	−930251	−2679209	1713.32	1715.32	2	2000	260	260	2600	2600
9#-承台-2	2788761.48	515504.341	−938521	−2675659	1717.59	1719.59	2	2000	260	260	2600	2600
10#-承台-1	2788758.14	515473.044	−941856	−2706956	1714.63	1716.63	2	2000	260	260	2600	2600
10#-承台-2	2788749.81	515476.439	−950191	−2703561	1717.90	1719.90	2	2000	260	260	2600	2600
11#-承台-1	2788747.06	515445.084	−952939	−2734916	1713.21	1715.21	2	2000	260	260	2600	2600
11#-承台-2	2788738.66	515448.322	−961336	−2731678	1713.21	1715.21	2	2000	260	260	2600	2600
12#-承台-1	2788736.51	515416.921	−963495	−2763079	1716.25	1718.25	2	2000	260	260	2600	2600
12#-承台-2	2788728.05	515420.001	−971952	−2759999	1721.52	1723.52	2	2000	260	260	2600	2600
13#-承台-1	2788726.48	515388.566	−973522	−2791434	1724.56	1724.56	0	0	0	0	0	0
13#-承台-2	2788717.97	515391.486	−982035	−2788514	1724.83	1724.83	0	0	0	0	0	0

表 6.31 横山村 1 号大桥左幅墩柱参数数据整理

构件名称	N 坐标	E 坐标	X	Y	柱顶标高/m	柱顶/mm	柱底标高/m	柱高/m	柱高/mm	横桥向尺寸/mm	顺桥向尺寸/mm	柱径
1#-墩柱-1	2788880.863	515713.959	−819137	−2466041	1732.84	1732840	1724.60	8.24	8240	1500	1500	0
1#-墩柱-2	2788873.217	515718.705	−826783	−2461295	1733.10	1733100	1724.60	8.5	8500	1500	1500	0
2#-墩柱-1	2788865.241	515688.257	−834759	−2491743	1732.15	1732150	1717.15	15	15000	1500	1500	0
2#-墩柱-2	2788857.507	515692.859	−842493	−2487141	1732.42	1732420	1722.42	10	10000	1500	1500	0
3#-墩柱-1	2788850.105	515662.268	−849895	−2517732	1731.46	1731460	1707.46	24	24000	2200	2200	0
3#-墩柱-2	2788842.286	515666.724	−857714	−2513276	1731.73	1731730	1714.73	17	17000	2200	2200	0
4#-墩柱-1	2788835.458	515635.999	−864542	−2544001	1730.77	1730770	1700.77	30	30000	1800	1800	0
4#-墩柱-2	2788827.557	515640.307	−872443	−2539693	1731.04	1731040	1707.04	24	24000	1800	1800	0
5#-墩柱-1	2788822.231	515611.233	−877769	−2568767	1730.08	1730080	1696.85	33.2	33230	1800	1800	0
5#-墩柱-2	2788820.383	515607.686	−879617	−2572314	1730.08	1730080	1696.85	33.2	33230	1800	1800	0
5#-墩柱-3	2788814.25	515615.393	−885750	−2564607	1730.35	1730350	1696.85	33.5	33500	1800	1800	0
5#-墩柱-4	2788812.402	515611.846	−887598	−2568154	1730.35	1730350	1696.85	33.5	33500	1800	1800	0
6#-墩柱-1	2788808.547	515584.45	−891453	−2595550	1729.39	1729390	1696.66	32.7	32730	1800	1800	0
6#-墩柱-2	2788806.765	515580.869	−893235	−2599131	1729.39	1729390	1696.66	32.7	32730	1800	1800	0
6#-墩柱-3	2788800.489	515588.46	−899511	−2591540	1729.66	1729660	1696.66	33	33000	1800	1800	0

续表

构件名称	N坐标	E坐标	X	Y	柱顶标高/m	柱顶/mm	柱底标高/m	柱高/m	柱高/mm	横桥向尺寸/mm	顺桥向尺寸/mm	柱径
6#-墩柱-4	2788798.707	515584.879	−901293	−2595121	1729.66	1729660	1696.66	33	33000	1800	1800	0
7#-墩柱-1	2788795.366	515557.416	−904634	−2622584	1728.70	1728700	1696.70	32	32000	1800	1800	0
7#-墩柱-2	2788793.652	515553.802	−906348	−2626198	1728.70	1728700	1696.70	32	32000	1800	1800	0
7#-墩柱-3	2788787.235	515561.273	−912765	−2618727	1728.97	1728970	1699.97	29	29000	1800	1800	0
7#-墩柱-4	2788785.52	515557.66	−914480	−2622340	1728.97	1728970	1699.97	29	29000	1800	1800	0
8#-墩柱-1	2788781.872	515528.316	−918128	−2651684	1728.01	1728010	1706.01	22	22000	1800	1800	0
8#-墩柱-2	2788773.67	515532.021	−926330	−2647979	1728.28	1728280	1710.28	18	18000	1800	1800	0
9#-墩柱-1	2788769.749	515500.791	−930251	−2679209	1727.32	1727320	1715.32	12	12000	1500	1500	0
9#-墩柱-2	2788761.479	515504.341	−938521	−2675659	1727.59	1727590	1719.59	8	8000	1500	1500	0
10#-墩柱-1	2788758.144	515473.044	−941856	−2706956	1726.63	1726630	1716.63	10	10000	1500	1500	0
10#-墩柱-2	2788749.809	515476.439	−950191	−2703561	1726.90	1726900	1719.90	7	7000	1500	1500	0
11#-墩柱-1	2788747.061	515445.084	−952939	−2734916	1725.94	1725940	1715.21	10.7	10730	1500	1500	0
11#-墩柱-2	2788738.664	515448.322	−961336	−2731678	1726.21	1726210	1715.21	11	11000	1500	1500	0
12#-墩柱-1	2788736.505	515416.921	−963495	−2763079	1725.25	1725250	1718.25	7	7000	1500	1500	0
12#-墩柱-2	2788728.048	515420.001	−971952	−2759999	1725.52	1725520	1723.52	2	2000	1500	1500	0

6.4.2 横山村 1 号大桥右幅设计图纸数据整理

横山村 1 号大桥右幅设计图纸数据整理见表 6.32 ~ 表 6.36。

表 6.32 横山村 1 号大桥右幅上部结构预制梁参数数据整理

墩号	里程/（km/h）	盖梁横坡	T 梁距离/mm							湿接缝距离/mm						梁面横坡
			1	2	3	4	5	6	7	1	2	3	4	5	6	
0	66899.95	0.0281	−1250	−3650	−6050	−8450	−10850	−13250	−15650	−2450	−4850	−7250	−9650	−12050	−14450	0.0288
1	66929.95	0.0295	−1250	−3650	−6050	−8450	−10850	−13250	−15650	−2450	−4850	−7250	−9650	−12050	−14450	0.0298
2	66959.95	0.03	−1250	−3650	−6050	−8450	−10850	−13250	−15650	−2450	−4850	−7250	−9650	−12050	−14450	0.03
3	66989.95	0.03	−1250	−3650	−6050	−8450	−10850	−13250	−15650	−2450	−4850	−7250	−9650	−12050	−14450	0.03
4	67019.95	0.03	−1250	−3650	−6050	−8450	−10850	−13250	−15650	−2450	−4850	−7250	−9650	−12050	−14450	0.03
5	67049.95	0.03	−1250	−3650	−6050	−8450	−10850	−13250	−15650	−2450	−4850	−7250	−9650	−12050	−14450	0.03
6	67079.95	0.03	−1250	−3650	−6050	−8450	−10850	−13250	−15650	−2450	−4850	−7250	−9650	−12050	−14450	0.03
7	67109.95	0.03	−1250	−3650	−6050	−8450	−10850	−13250	−15650	−2450	−4850	−7250	−9650	−12050	−14450	0.03
8	67139.95	0.03	−1250	−3650	−6050	−8450	−10850	−13250	−15650	−2450	−4850	−7250	−9650	−12050	−14450	0.03
9	67169.95	0.03	−1250	−3650	−6050	−8450	−10850	−13250	−15650	−2450	−4850	−7250	−9650	−12050	−14450	0.03
10	67199.95	0.03	−1250	−3650	−6050	−8450	−10850	−13250	−15650	−2450	−4850	−7250	−9650	−12050	−14450	0.03
11	67229.95	0.03	−1250	−3650	−6050	−8450	−10850	−13250	−15650	−2450	−4850	−7250	−9650	−12050	−14450	0.03
12	67259.95	0.03	−1250	−3650	−6050	−8450	−10850	−13250	−15650	−2450	−4850	−7250	−9650	−12050	−14450	0.03

续表

墩号	里程 /（km/h）	盖梁横坡	T 梁距离/mm							湿接缝距离/mm						梁面横坡
			1	2	3	4	5	6	7	1	2	3	4	5	6	
13	67289.95	0.03	−1250	−3650	−6050	−8450	−10850	−13250	−15650	−2450	−4850	−7250	−9650	−12050	−14450	0.03
14	67319.95	0.03	−1250	−3650	−6050	−8450	−10850	−13250	−15650	−2450	−4850	−7250	−9650	−12050	−14450	0.03
15	67349.95	0.03	−1250	−3650	−6050	−8450	−10850	−13250	−15650	−2450	−4850	−7250	−9650	−12050	−14450	0.03
16	67379.95	0.03	−1250	−3650	−6050	−8450	−10850	−13250	−15650	−2450	−4850	−7250	−9650	−12050	−14450	0.03
17	67409.95	0.03	−1250	−3650	−6050	−8450	−10850	−13250	−15650	−2450	−4850	−7250	−9650	−12050	−14450	0.03
18	67439.95	0.03	−1250	−3650	−6050	−8450	−10850	−13250	−15650	−2450	−4850	−7250	−9650	−12050	−14450	0.03
19	67469.95	0.03	−1250	−3650	−6050	−8450	−10850	−13250	−15650	−2450	−4850	−7250	−9650	−12050	−14450	0.03
20	67499.95	0.03	−1250	−3650	−6050	−8450	−10850	−13250	−15650	−2450	−4850	−7250	−9650	−12050	−14450	

表 6.33 横山村 1 号大桥右幅垫石参数数据整理

墩号	里程 /（km/h）	右幅盖梁横坡	T 梁距离 1 /mm	T 梁距离 2 /mm	T 梁距离 3 /mm	T 梁距离 4 /mm	T 梁距离 5 /mm	T 梁距离 6 /mm	T 梁距离 7 /mm
0	66900.45	0.0281	−1250	−3650	−6050	−8450	−10850	−13250	−15650
1	66929.95	0.0295	−1250	−3650	−6050	−8450	−10850	−13250	−15650
2	66959.95	0.03	−1250	−3650	−6050	−8450	−10850	−13250	−15650
3	66989.4	0.03	−1250	−3650	−6050	−8450	−10850	−13250	−15650
3	66990.5	0.03	−1250	−3650	−6050	−8450	−10850	−13250	−15650
4	67019.95	0.03	−1250	−3650	−6050	−8450	−10850	−13250	−15650

续表

墩号	里程 /（km/h）	右幅盖梁横坡	T梁距离1 /mm	T梁距离2 /mm	T梁距离3 /mm	T梁距离4 /mm	T梁距离5 /mm	T梁距离6 /mm	T梁距离7 /mm
5	67049.95	0.03	−1250	−3650	−6050	−8450	−10850	−13250	−15650
6	67079.95	0.03	−1250	−3650	−6050	−8450	−10850	−13250	−15650
7	67109.4	0.03	−1250	−3650	−6050	−8450	−10850	−13250	−15650
7	67110.5	0.03	−1250	−3650	−6050	−8450	−10850	−13250	−15650
8	67139.95	0.03	−1250	−3650	−6050	−8450	−10850	−13250	−15650
9	67169.95	0.03	−1250	−3650	−6050	−8450	−10850	−13250	−15650
10	67199.95	0.03	−1250	−3650	−6050	−8450	−10850	−13250	−15650
11	67229.4	0.03	−1250	−3650	−6050	−8450	−10850	−13250	−15650
11	67230.5	0.03	−1250	−3650	−6050	−8450	−10850	−13250	−15650
12	67259.95	0.03	−1250	−3650	−6050	−8450	−10850	−13250	−15650
13	67289.95	0.03	−1250	−3650	−6050	−8450	−10850	−13250	−15650
14	67319.95	0.03	−1250	−3650	−6050	−8450	−10850	−13250	−15650
15	67349.4	0.03	−1250	−3650	−6050	−8450	−10850	−13250	−15650
15	67350.5	0.03	−1250	−3650	−6050	−8450	−10850	−13250	−15650
16	67379.95	0.03	−1250	−3650	−6050	−8450	−10850	−13250	−15650
17	67409.95	0.03	−1250	−3650	−6050	−8450	−10850	−13250	−15650
18	67439.95	0.03	−1250	−3650	−6050	−8450	−10850	−13250	−15650
19	67469.95	0.03	−1250	−3650	−6050	−8450	−10850	−13250	−15650
20	67499.45	0.03	−1250	−3650	−6050	−8450	−10850	−13250	−15650

表 6.34　横山村 1 号大桥右幅桩基础参数数据整理

构件名称	N 坐标	E 坐标	X	Y	桩顶标高 /m	桩顶 /mm	桩底标高 /m	桩径 /m	桩长 /m	桩径	桩长
1#-桩基-1	2788903.681	515735.017	−796319	−2444983	1733.35	1733350	1712.35	180	21	1800	21000
1#-桩基-2	2788911.238	515730.129	−788762	−2449871	1733.08	1733080	1712.08	180	21	1800	21000
2#-桩基-1	2788887.66	515709.739	−812340	−2470261	1721.66	1721660	1697.66	180	24	1800	24000
2#-桩基-2	2788895.307	515704.993	−804693	−2475007	1721.39	1721390	1695.39	180	26	1800	26000
3#-桩基-1	2788872.117	515684.166	−827883	−2495834	1711.97	1711970	1692.97	220	19	2200	19000
3#-桩基-2	2788879.851	515679.564	−820149	−2500436	1708.7	1708700	1689.7	220	19	2200	19000
4#-桩基-1	2788858.046	515660.044	−841954	−2519956	1696.51	1696510	1675.51	160	21	1600	21000
4#-桩基-2	2788856.066	515656.568	−843934	−2523432	1696.51	1696510	1675.51	160	21	1600	21000
4#-桩基-3	2788865.866	515655.588	−834134	−2524412	1696.51	1696510	1675.51	160	21	1600	21000
4#-桩基-4	2788863.885	515652.112	−836115	−2527888	1696.51	1696510	1675.51	160	21	1600	21000
5#-桩基-1	2788843.44	515633.924	−856560	−2546076	1695.59	1695590	1674.59	160	21	1600	21000
5#-桩基-2	2788841.525	515630.412	−858475	−2549588	1695.59	1695590	1674.59	160	21	1600	21000
5#-桩基-3	2788851.342	515629.615	−848658	−2550385	1700.82	1700820	1679.82	160	21	1600	21000
5#-桩基-4	2788849.427	515626.103	−850573	−2553897	1700.82	1700820	1679.82	160	21	1600	21000
6#-桩基-1	2788828.402	515605.761	−871598	−2574239	1698.9	1698900	1676.9	220	22	2200	22000
6#-桩基-2	2788836.383	515601.602	−863617	−2578398	1703.63	1703630	1681.63	220	22	2200	22000

续表

构件名称	N 坐标	E 坐标	X	Y	桩顶标高 /m	桩顶 /mm	桩底标高 /m	桩径 /m	桩长 /m	桩径	桩长
7#-桩基-1	2788814.818	515579.095	−885182	−2600905	1700.21	1700210	1678.21	220	22	2200	22000
7#-桩基-2	2788822.876	515575.086	−877124	−2604914	1702.94	1702940	1680.94	220	22	2200	22000
8#-桩基-1	2788802.595	515553.986	−897405	−2626014	1694.02	1694020	1672.02	160	22	1600	22000
8#-桩基-2	2788800.88	515550.372	−899120	−2629628	1694.02	1694020	1672.02	160	22	1600	22000
8#-桩基-3	2788810.726	515550.129	−889274	−2629871	1699.75	1699750	1677.75	160	22	1600	22000
8#-桩基-4	2788809.012	515546.515	−890988	−2633485	1699.75	1699750	1677.75	160	22	1600	22000
9#-桩基-1	2788789.163	515525.023	−910837	−2654977	1700.83	1700830	1676.83	220	24	2200	24000
9#-桩基-2	2788797.366	515521.318	−902634	−2658682	1696.56	1696560	1672.83	220	23.73	2200	23730
10#-桩基-1	2788777.101	515497.635	−922899	−2682365	1709.14	1709140	1690.14	220	19	2200	19000
10#-桩基-2	2788785.371	515494.085	−914629	−2685915	1705.87	1705870	1686.87	220	19	2200	19000
11#-桩基-1	2788765.554	515470.026	−934446	−2709974	1711.45	1711450	1693.45	220	18	2200	18000
11#-桩基-2	2788773.889	515466.632	−926111	−2713368	1708.18	1708180	1690.18	220	18	2200	18000
12#-桩基-1	2788754.526	515442.206	−945474	−2737794	1709.76	1709760	1688.76	220	21	2200	21000
12#-桩基-2	2788762.924	515438.968	−937076	−2741032	1707.49	1707490	1686.49	220	21	2200	21000

续表

构件名称	N 坐标	E 坐标	X	Y	桩顶标高 /m	桩顶 /mm	桩底标高 /m	桩径 /m	桩长 /m	桩径	桩长
13#-桩基-1	2788744.023	515414.183	−955977	−2765817	1709.07	1709070	1689.07	220	20	2200	20000
13#-桩基-2	2788752.479	515411.104	−947521	−2768896	1702.8	1702800	1682.8	220	20	2200	20000
14#-桩基-1	2788734.046	515385.969	−965954	−2794031	1714.38	1714380	1693.38	180	21	1800	21000
14#-桩基-2	2788742.559	515383.049	−957441	−2796951	1707.11	1707110	1686.1	180	21.01	1800	21010
15#-桩基-1	2788724.6	515357.573	−975400	−2822427	1723.69	1723690	1703.69	180	20	1800	20000
15#-桩基-2	2788733.166	515354.812	−966834	−2825188	1710.42	1710420	1690.42	180	20	1800	20000
16#-桩基-1	2788715.688	515329.004	−984312	−2850996	1723	1723000	1705	180	18	1800	18000
16#-桩基-2	2788724.305	515326.405	−975695	−2853595	1714.73	1714730	1696.73	180	18	1800	18000
17#-桩基-1	2788707.314	515300.273	−992686	−2879727	1718.31	1718310	1699.31	180	19	1800	19000
17#-桩基-2	2788715.978	515297.836	−984022	−2882164	1712.04	1712040	1693.04	180	19	1800	19000
18#-桩基-1	2788699.479	515271.391	−1000521	−2908609	1717.62	1717620	1698.62	180	19	1800	19000
18#-桩基-2	2788708.187	515269.117	−991813	−2910883	1711.35	1711350	1692.35	180	19	1800	19000
19#-桩基-1	2788692.188	515242.366	−1007812	−2937634	1720.93	1720930	1702.93	180	18	1800	18000
19#-桩基-2	2788700.937	515240.256	−999063	−2939744	1720.66	1720660	1702.66	180	18	1800	18000

表 6.35 横山村 1 号大桥右幅承台参数数据整理

构件名称	N 坐标	E 坐标	X	Y	承台底标高/m	承台顶标高/m	承台高/m	承台高/mm	顺桥向尺寸/m	横桥向尺寸/m	顺桥方向	横桥方向
1#-承台-1	2788903.68	515735.017	−796319	−2444983	1733.35	1733.35	0	0	0	0	0	0
1#-承台-2	2788911.24	515730.129	−788762	−2449871	1733.08	1733.08	0	0	0	0	0	0
2#-承台-1	2788887.66	515709.739	−812340	−2470261	1721.66	1723.66	2	2000	260	260	2600	2600
2#-承台-2	2788895.31	515704.993	−804693	−2475007	1721.39	1723.39	2	2000	260	260	2600	2600
3#-承台-1	2788872.12	515684.166	−827883	−2495834	1711.97	1713.97	2	2000	300	300	3000	3000
3#-承台-2	2788879.85	515679.564	−820149	−2500436	1708.70	1710.70	2	2000	300	300	3000	3000
4#-承台-1	2788858.05	515660.044	−841954	−2519956	1696.51	1699.01	2.5	2500	660	280	6600	2800
4#-承台-2	2788856.07	515656.568	−843934	−2523432	1696.51	1699.01	2.5	2500	660	280	6600	2800
4#-承台-3	2788865.87	515655.588	−834134	−2524412	1696.51	1699.01	2.5	2500	660	280	6600	2800
4#-承台-4	2788863.89	515652.112	−836115	−2527888	1696.51	1699.01	2.5	2500	660	280	6600	2800
5#-承台-1	2788843.44	515633.924	−856560	−2546076	1695.59	1698.09	2.5	2500	660	280	6600	2800
5#-承台-2	2788841.53	515630.412	−858475	−2549588	1695.59	1698.09	2.5	2500	660	280	6600	2800
5#-承台-3	2788851.34	515629.615	−848658	−2550385	1700.82	1703.32	2.5	2500	660	280	6600	2800
5#-承台-4	2788849.43	515626.103	−850573	−2553897	1700.82	1703.32	2.5	2500	660	280	6600	2800
6#-承台-1	2788828.4	515605.761	−871598	−2574239	1698.90	1700.90	2	2000	300	300	3000	3000

续表

构件名称	N 坐标	E 坐标	X	Y	承台底标高/m	承台顶标高/m	承台高/m	承台高/mm	顺桥向尺寸/m	横桥向尺寸/m	顺桥方向	横桥方向
6#-承台-2	2788836.38	515601.602	−863617	−2578398	1703.63	1705.63	2	2000	300	300	3000	3000
7#-承台-1	2788814.82	515579.095	−885182	−2600905	1700.21	1702.21	2	2000	300	300	3000	3000
7#-承台-2	2788822.88	515575.086	−877124	−2604914	1702.94	1704.94	2	2000	300	300	3000	3000
8#-承台-1	2788802.6	515553.986	−897405	−2626014	1694.02	1696.52	2.5	2500	660	280	6600	2800
8#-承台-2	2788800.88	515550.372	−899120	−2629628	1694.02	1696.52	2.5	2500	660	280	6600	2800
8#-承台-3	2788810.73	515550.129	−889274	−2629871	1699.75	1702.25	2.5	2500	660	280	6600	2800
8#-承台-4	2788809.01	515546.515	−890988	−2633485	1699.75	1702.25	2.5	2500	660	280	6600	2800
9#-承台-1	2788789.16	515525.023	−910837	−2654977	1700.83	1702.83	2	2000	300	300	3000	3000
9#-承台-2	2788797.37	515521.318	−902634	−2658682	1696.56	1698.56	2	2000	300	300	3000	3000
10#-承台-1	2788777.1	515497.635	−922899	−2682365	1709.14	1711.14	2	2000	300	300	3000	3000
10#-承台-2	2788785.37	515494.085	−914629	−2685915	1705.87	1707.87	2	2000	300	300	3000	3000
11#-承台-1	2788765.55	515470.026	−934446	−2709974	1711.45	1713.45	2	2000	300	300	3000	3000
11#-承台-2	2788773.89	515466.632	−926111	−2713368	1708.18	1710.18	2	2000	300	300	3000	3000
12#-承台-1	2788754.53	515442.206	−945474	−2737794	1709.76	1711.76	2	2000	300	300	3000	3000
12#-承台-2	2788762.92	515438.968	−937076	−2741032	1707.49	1709.49	2	2000	300	300	3000	3000

续表

构件名称	N 坐标	E 坐标	X	Y	承台底标高/m	承台顶标高/m	承台高/m	承台高/mm	顺桥向尺寸/m	横桥向尺寸/m	顺桥方向	横桥方向
13#-承台-1	2788744.02	515414.183	−955977	−2765817	1709.07	1711.07	2	2000	300	300	3000	3000
13#-承台-2	2788752.48	515411.104	−947521	−2768896	1702.80	1704.80	2	2000	300	300	3000	3000
14#-承台-1	2788734.05	515385.969	−965954	−2794031	1714.38	1716.38	2	2000	260	260	2600	2600
14#-承台-2	2788742.56	515383.049	−957441	−2796951	1707.11	1709.11	2	2000	260	260	2600	2600
15#-承台-1	2788724.6	515357.573	−975400	−2822427	1723.69	1723.69	0	0	0	0	0	0
15#-承台-2	2788733.17	515354.812	−966834	−2825188	1710.42	1712.42	2	2000	260	260	2600	2600
16#-承台-1	2788715.69	515329.004	−984312	−2850996	1723.00	1723.00	0	0	0	0	0	0
16#-承台-2	2788724.31	515326.405	−975695	−2853595	1714.73	1716.73	2	2000	260	260	2600	2600
17#-承台-1	2788707.31	515300.273	−992686	−2879727	1718.31	1720.31	2	2000	260	260	2600	2600
17#-承台-2	2788715.98	515297.836	−984022	−2882164	1712.04	1714.04	2	2000	260	260	2600	2600
18#-承台-1	2788699.48	515271.391	−1E+06	−2908609	1717.62	1719.62	2	2000	260	260	2600	2600
18#-承台-2	2788708.19	515269.117	−991813	−2910883	1711.35	1713.35	2	2000	260	260	2600	2600
19#-承台-1	2788692.19	515242.366	−1E+06	−2937634	1720.93	1720.93	0	0	0	0	0	0
19#-承台-2	2788700.94	515240.256	−999063	−2939744	1720.66	1720.66	0	0	0	0	0	0

表 6.36 横山村 1 号大桥右幅墩柱参数数据整理

构件名称	N 坐标	E 坐标	N 坐标偏移值	E 坐标偏移值	X	Y	柱顶标高/m	柱底标高/m	柱高/mm	横桥向尺寸/mm	顺桥向尺寸/mm
1#-墩柱-1	2788903.681	515735.017	−2789700	−518180	−796319	−2444983	0.00	1733.35	0	0	0
1#-墩柱-2	2788911.238	515730.129	−2789700	−518180	−788762	−2449871	0.00	1733.08	0	0	0
2#-墩柱-1	2788887.66	515709.739	−2789700	−518180	−812340	−2470261	1732.66	1723.66	9000	1500	1500
2#-墩柱-2	2788895.307	515704.993	−2789700	−518180	−804693	−2475007	1732.39	1723.39	9000	1500	1500
3#-墩柱-1	2788872.117	515684.166	−2789700	−518180	−827883	−2495834	1731.97	1713.97	18000	1800	1800
3#-墩柱-2	2788879.851	515679.564	−2789700	−518180	−820149	−2500436	1731.70	1710.70	21000	1800	1800
4#-墩柱-1	2788858.046	515660.044	−2789700	−518180	−841954	−2519956	1731.28	1699.01	32270	1800	1800
4#-墩柱-2	2788856.066	515656.568	−2789700	−518180	−843934	−2523432	1731.28	1699.01	32270	1800	1800
4#-墩柱-3	2788865.866	515655.588	−2789700	−518180	−834134	−2524412	1731.28	1699.01	32270	1800	1800
4#-墩柱-4	2788863.885	515652.112	−2789700	−518180	−836115	−2527888	1731.28	1699.01	32270	1800	1800
5#-墩柱-1	2788843.44	515633.924	−2789700	−518180	−856560	−2546076	1730.59	1698.09	32500	1800	1800
5#-墩柱-2	2788841.525	515630.412	−2789700	−518180	−858475	−2549588	1730.59	1698.09	32500	1800	1800
5#-墩柱-3	2788851.342	515629.615	−2789700	−518180	−848658	−2550385	1730.32	1703.32	27000	1800	1800
5#-墩柱-4	2788849.427	515626.103	−2789700	−518180	−850573	−2553897	1730.32	1703.32	27000	1800	1800

续表

构件名称	N 坐标	E 坐标	N 坐标偏移值	E 坐标偏移值	X	Y	柱顶标高/m	柱底标高/m	柱高/mm	横桥向尺寸/mm	顺桥向尺寸/mm
6#-墩柱-1	2788828.402	515605.761	−2789700	−518180	−871598	−2574239	1729.90	1700.90	29000	1800	1800
6#-墩柱-2	2788836.383	515601.602	−2789700	−518180	−863617	−2578398	1729.63	1705.63	24000	1800	1800
7#-墩柱-1	2788814.818	515579.095	−2789700	−518180	−885182	−2600905	1729.63	1702.21	27420	1800	1800
7#-墩柱-2	2788822.876	515575.086	−2789700	−518180	−877124	−2604914	1728.94	1704.94	24000	1800	1800
8#-墩柱-1	2788802.595	515553.986	−2789700	−518180	−897405	−2626014	1728.52	1696.52	32000	1800	1800
8#-墩柱-2	2788800.88	515550.372	−2789700	−518180	−899120	−2629628	1728.52	1696.52	32000	1800	1800
8#-墩柱-3	2788810.726	515550.129	−2789700	−518180	−889274	−2629871	1728.25	1702.25	26000	1800	1800
8#-墩柱-4	2788809.012	515546.515	−2789700	−518180	−890988	−2633485	1728.25	1702.25	26000	1800	1800
9#-墩柱-1	2788789.163	515525.023	−2789700	−518180	−910837	−2654977	1727.83	1702.83	25000	1800	1800
9#-墩柱-2	2788797.366	515521.318	−2789700	−518180	−902634	−2658682	1727.56	1698.56	29000	1800	1800
10#-墩柱-1	2788777.101	515497.635	−2789700	−518180	−922899	−2682365	1727.14	1711.14	16000	1800	1800
10#-墩柱-2	2788785.371	515494.085	−2789700	−518180	−914629	−2685915	1726.87	1707.87	19000	1800	1800
11#-墩柱-1	2788765.554	515470.026	−2789700	−518180	−934446	−2709974	1726.45	1713.45	13000	1800	1800
11#-墩柱-2	2788773.889	515466.632	−2789700	−518180	−926111	−2713368	1726.18	1710.18	16000	1800	1800
12#-墩柱-1	2788754.526	515442.206	−2789700	−518180	−945474	−2737794	1725.76	1711.76	14000	1800	1800

续表

构件名称	N坐标	E坐标	N坐标偏移值	E坐标偏移值	X	Y	柱顶标高/m	柱底标高/m	柱高/mm	横桥向尺寸/mm	顺桥向尺寸/mm
12#-墩柱-2	2788762.924	515438.968	−2789700	−518180	−937076	−2741032	1725.49	1709.49	16000	1800	1800
13#-墩柱-1	2788744.023	515414.183	−2789700	−518180	−955977	−2765817	1725.07	1711.07	14000	1800	1800
13#-墩柱-2	2788752.479	515411.104	−2789700	−518180	−947521	−2768896	1724.80	1704.80	20000	1800	1800
14#-墩柱-1	2788734.046	515385.969	−2789700	−518180	−965954	−2794031	1724.38	1716.38	8000	1500	1500
14#-墩柱-2	2788742.559	515383.049	−2789700	−518180	−957441	−2796951	1724.11	1709.11	15000	1500	1500
15#-墩柱-1	2788724.6	515357.573	−2789700	−518180	−975400	−2822427	0.00	1723.69	0	0	0
15#-墩柱-2	2788733.166	515354.812	−2789700	−518180	−966834	−2825188	1723.42	1712.42	11000	1500	1500
16#-墩柱-1	2788715.688	515329.004	−2789700	−518180	−984312	−2850996	1723.00	1723.00	0	0	0
16#-墩柱-2	2788724.305	515326.405	−2789700	−518180	−975695	−2853595	1722.73	1716.73	6000	1500	1500
17#-墩柱-1	2788707.314	515300.273	−2789700	−518180	−992686	−2879727	1722.31	1720.31	2000	1500	1500
17#-墩柱-2	2788715.978	515297.836	−2789700	−518180	−984022	−2882164	1722.04	1714.04	8000	1500	1500
18#-墩柱-1	2788699.479	515271.391	−2789700	−518180	−1000521	−2908609	1721.62	1719.62	2000	1500	1500
18#-墩柱-2	2788708.187	515269.117	−2789700	−518180	−991813	−2910883	1721.35	1713.35	8000	1500	1500
19#-墩柱-1	2788692.188	515242.366	−2789700	−518180	−1007812	−2937634	0.00	1720.93	0	0	0
19#-墩柱-2	2788700.937	515240.256	−2789700	−518180	−999063	−2939744	0.00	1720.66	0	0	0

6.4.3 横山村 1 号大桥参数化族构件

横山村 1 号大桥参数化族构件如图 6.50 ~ 图 6.56 所示。

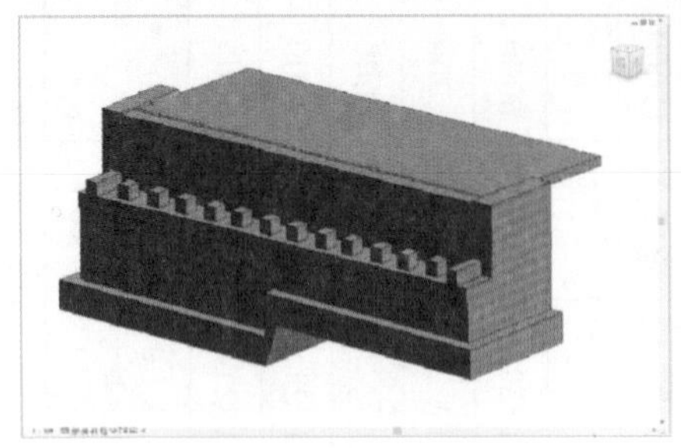
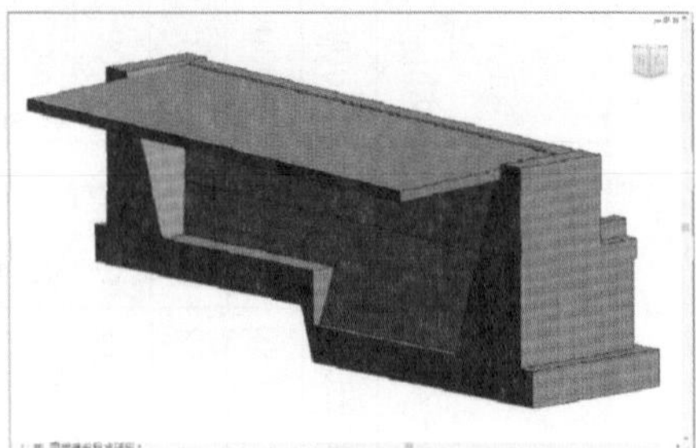

图 6.50 横山村 1 号大桥左幅 0#桥台三维模型

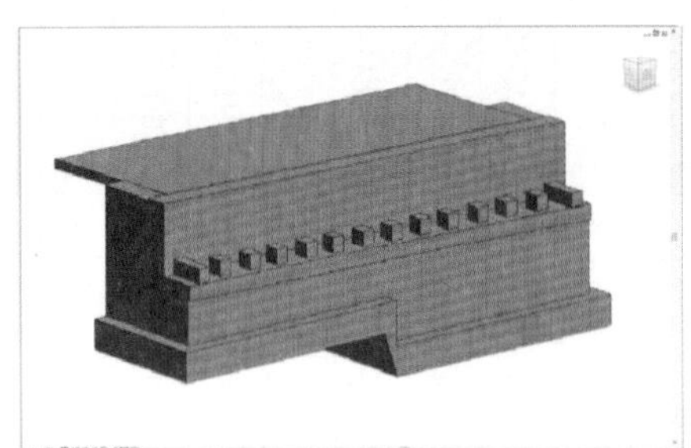
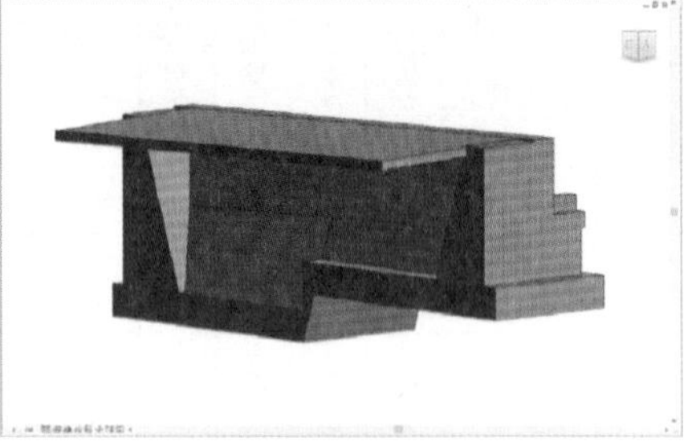

图 6.51 横山村 1 号大桥左幅 14#桥台三维模型

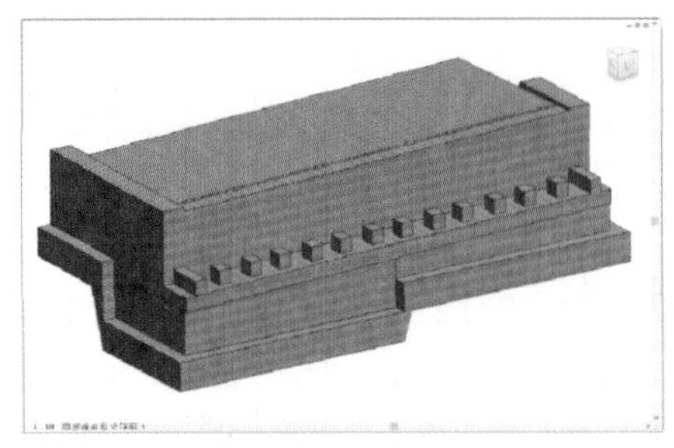
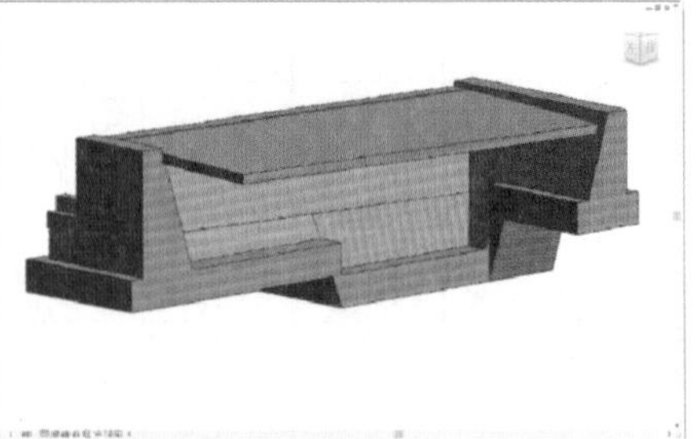

图 6.52 横山村 1 号大桥右幅 0#桥台三维模型

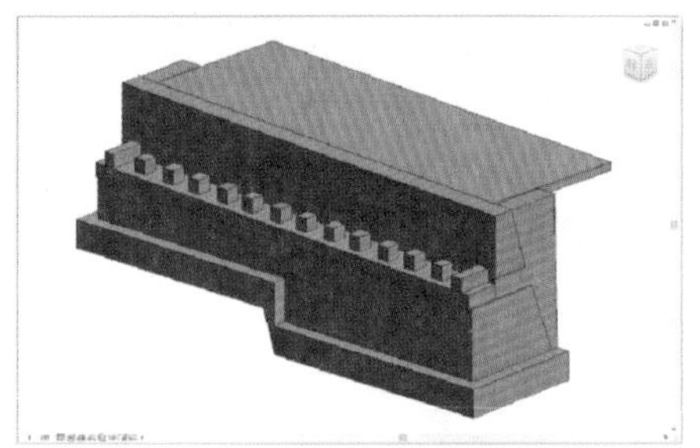
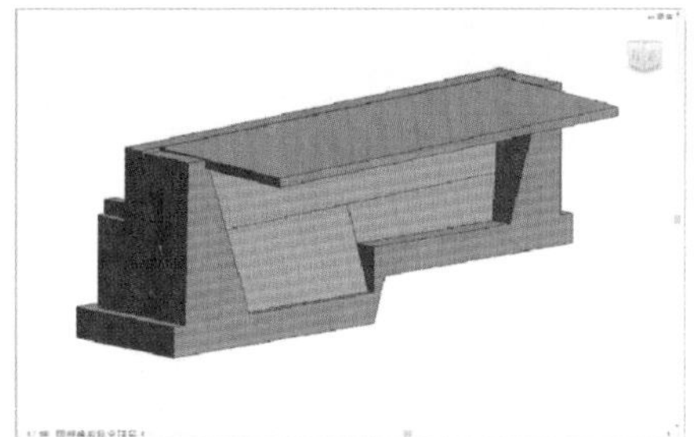

图 6.53　横山村 1 号大桥右幅 20#桥台三维模型

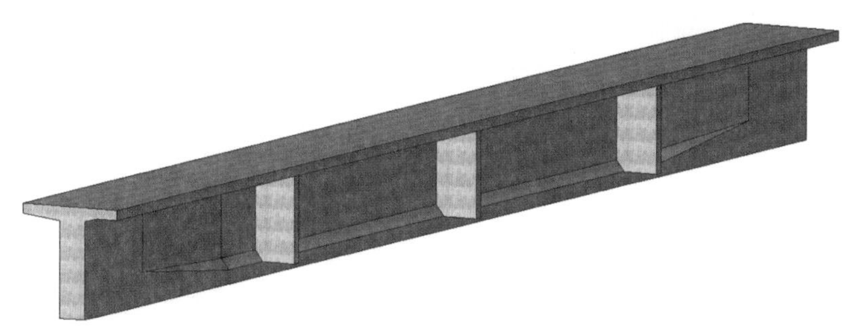

图 6.54　横山村 1 号大桥右边梁三维模型

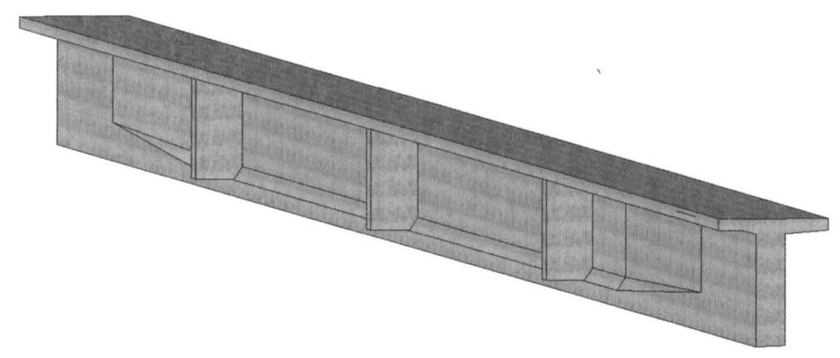

图 6.55　横山村 1 号大桥左边梁三维模型

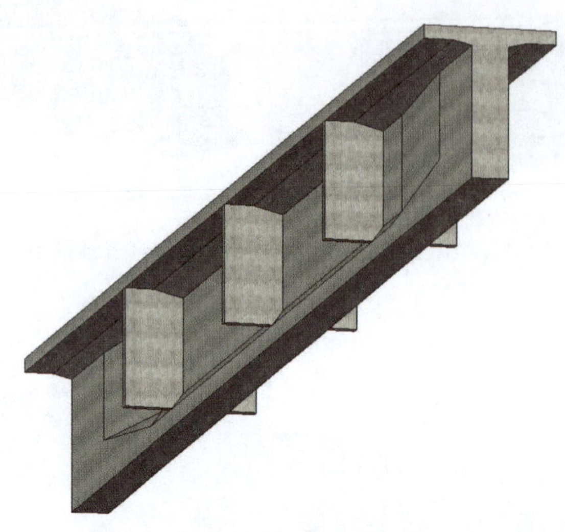

图 6.56　横山村 1 号大桥中梁三维模型

6.4.4　横山村 1 号大桥 Dynamo 参数化建模

横山村 1 号大桥 Dynamo 参数化建模如图 6.57、图 6.58 所示。

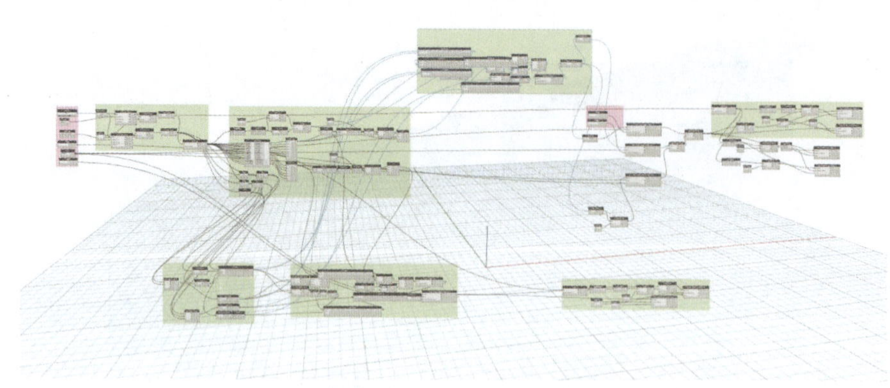

图 6.57　横山村 1 号大桥 Dynamo 参数化梁设计

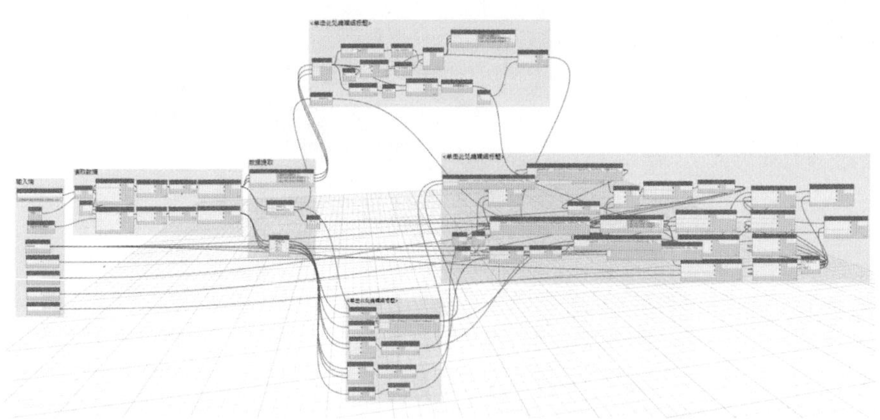

图 6.58 横山村 1 号大桥 Dynamo 参数化桥面设计

6.4.5 横山村 1 号大桥 BIM 模型

横山村 1 号大桥 BIM 模型如图 6.59 ~ 图 6.62 所示。

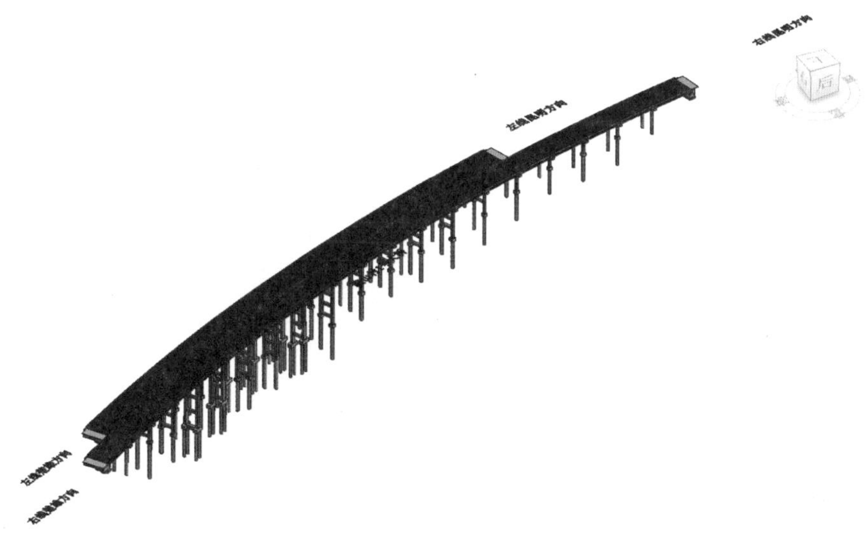

图 6.59 横山村 1 号大桥 BIM 三维模型 1

图 6.60 横山村 1 号大桥 BIM 三维模型 2

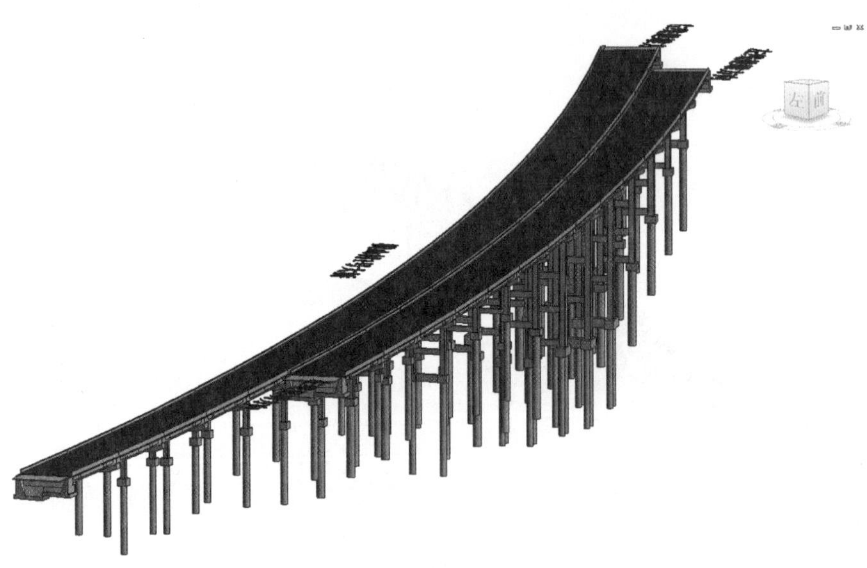

图 6.61 横山村 1 号大桥 BIM 三维模型 3

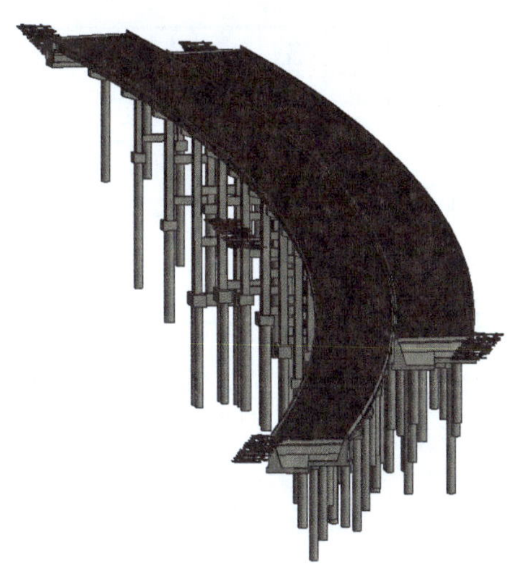

图 6.62　横山村 1 号大桥 BIM 三维模型 4

6.4.6　横山村 1 号大桥控制点坐标提取

利用横山村 1 号大桥 BIM 模型以及 Revit 软件中的坐标提取功能完成桃园 2 号大桥上部 T 梁关键控制点坐标的提取与比对，如图 6.63 所示。

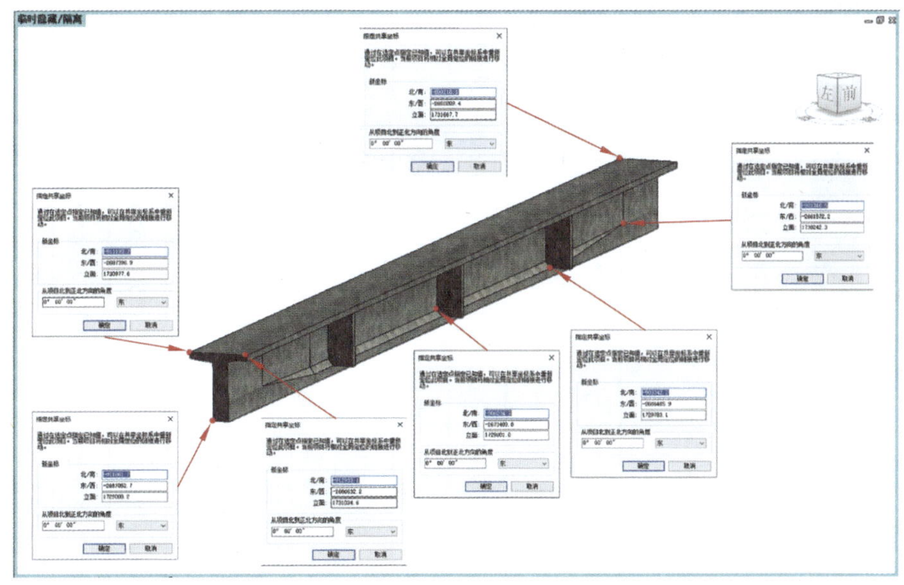

图 6.63　横山村 1 号大桥 BIM 模型中提取关键控制点坐标信息

6.5 横山村 2 号大桥

6.5.1 横山村 2 号大桥左幅设计图纸数据整理

横山村 2 号大桥左幅设计图纸数据整理见表 6.37 ~ 表 6.41。

表 6.37 横山村 2 号大桥左幅上部结构预制梁参数数据整理

墩号	里程/（km/h）	盖梁横坡	T 梁距离/mm							湿接缝距离/mm						梁面横坡
			1	2	3	4	5	6	7	1	2	3	4	5	6	
0	67594.94	-0.0201	1250	3650	6050	8450	10850	13250	15650	2450	4850	7250	9650	12050	14450	-0.0154
1	67634.94	-0.0106	1250	3650	6050	8450	10850	13250	15650	2450	4850	7250	9650	12050	14450	-0.0059
2	67674.94	-0.011	1250	3650	6050	8450	10850	13250	15650	2450	4850	7250	9650	12050	14450	0.0037
3	67714.94	0.0084	1250	3650	6050	8450	10850	13250	15650	2450	4850	7250	9650	12050	14450	0.0132
4	67754.94	0.018	1250	3650	6050	8450	10850	13250	15650	2450	4850	7250	9650	12050	14450	0.019
5	67794.95	0.02	1250	3650	6050	8450	10850	13250	15650	2450	4850	7250	9650	12050	14450	0.02
6	67834.95	0.02	1250	3650	6050	8450	10850	13250	15650	2450	4850	7250	9650	12050	14450	0.02
7	67874.95	0.02	1250	3650	6050	8450	10850	13250	15650	2450	4850	7250	9650	12050	14450	0.02

续表

墩号	里程 /（km/h）	盖梁横坡	T 梁距离/mm							湿接缝距离/mm						梁面横坡
			1	2	3	4	5	6	7	1	2	3	4	5	6	
8	67914.95	0.02	1250	3650	6050	8450	10850	13250	15650	2450	4850	7250	9650	12050	14450	0.02
9	67954.95	0.02	1250	3650	6050	8450	10850	13250	15650	2450	4850	7250	9650	12050	14450	0.02
10	67994.96	0.02	1250	3650	6050	8450	10850	13250	15650	2450	4850	7250	9650	12050	14450	0.02
11	68034.96	0.02	1250	3650	6050	8450	10850	13250	15650	2450	4850	7250	9650	12050	14450	0.02
12	68074.96	0.02	1250	3650	6050	8450	10850	13250	15650	2450	4850	7250	9650	12050	14450	0.02
13	68114.96	0.02	1250	3650	6050	8450	10850	13250	15650	2450	4850	7250	9650	12050	14450	0.02
14	68154.97	0.02	1250	3650	6050	8450	10850	13250	15650	2450	4850	7250	9650	12050	14450	0.02
15	68194.97	0.02	1250	3650	6050	8450	10850	13250	15650	2450	4850	7250	9650	12050	14450	0.02
16	68234.97	0.02	1250	3650	6050	8450	10850	13250	15650	2450	4850	7250	9650	12050	14450	0.02
17	68274.98	0.02	1250	3650	6050	8450	10850	13250	15650	2450	4850	7250	9650	12050	14450	0.02
18	68314.98	0.02	1250	3650	6050	8450	10850	13250	15650	2450	4850	7250	9650	12050	14450	0.02
19	68354.98	0.02	1250	3650	6050	8450	10850	13250	15650	2450	4850	7250	9650	12050	14450	0.02
20	68394.98	0.02	1250	3650	6050	8450	10850	13250	15650	2450	4850	7250	9650	12050	14450	0.02
21	68434.98	0.02	1250	3650	6050	8450	10850	13250	15650	2450	4850	7250	9650	12050	14450	

表 6.38　横山村 2 号大桥左幅垫石参数数据整理

墩号	里程 /（km/h）	左幅盖梁横坡	T 梁距离 1 /mm	T 梁距离 2 /mm	T 梁距离 3 /mm	T 梁距离 4 /mm	T 梁距离 5 /mm	T 梁距离 6 /mm	T 梁距离 7 /mm
0	67595.44	−0.0201	1250	3650	6050	8450	10850	13250	15650
1	67634.94	−0.0106	1250	3650	6050	8450	10850	13250	15650
2	67674.94	−0.011	1250	3650	6050	8450	10850	13250	15650
3	67714.39	0.0084	1250	3650	6050	8450	10850	13250	15650
3	67715.49	0.0084	1250	3650	6050	8450	10850	13250	15650
4	67754.94	0.018	1250	3650	6050	8450	10850	13250	15650
5	67794.95	0.02	1250	3650	6050	8450	10850	13250	15650
6	67834.95	0.02	1250	3650	6050	8450	10850	13250	15650
7	67874.4	0.02	1250	3650	6050	8450	10850	13250	15650
7	67875.5	0.02	1250	3650	6050	8450	10850	13250	15650
8	67914.95	0.02	1250	3650	6050	8450	10850	13250	15650
9	67954.95	0.02	1250	3650	6050	8450	10850	13250	15650
10	67994.41	0.02	1250	3650	6050	8450	10850	13250	15650
10	67995.51	0.02	1250	3650	6050	8450	10850	13250	15650

续表

墩号	里程 /（km/h）	左幅盖梁横坡	T 梁距离 1 /mm	T 梁距离 2 /mm	T 梁距离 3 /mm	T 梁距离 4 /mm	T 梁距离 5 /mm	T 梁距离 6 /mm	T 梁距离 7 /mm
11	68034.96	0.02	1250	3650	6050	8450	10850	13250	15650
12	68074.96	0.02	1250	3650	6050	8450	10850	13250	15650
13	68114.41	0.02	1250	3650	6050	8450	10850	13250	15650
13	68115.51	0.02	1250	3650	6050	8450	10850	13250	15650
14	68154.97	0.02	1250	3650	6050	8450	10850	13250	15650
15	68194.97	0.02	1250	3650	6050	8450	10850	13250	15650
16	68234.97	0.02	1250	3650	6050	8450	10850	13250	15650
17	68274.98	0.02	1250	3650	6050	8450	10850	13250	15650
18	68314.43	0.02	1250	3650	6050	8450	10850	13250	15650
18	68315.53	0.02	1250	3650	6050	8450	10850	13250	15650
19	68354.98	0.02	1250	3650	6050	8450	10850	13250	15650
20	68394.98	0.02	1250	3650	6050	8450	10850	13250	15650
21	68434.48	0.02	1250	3650	6050	8450	10850	13250	15650

表 6.39 横山村 2 号大桥左幅桩基础参数数据整理

构件名称	N 坐标	E 坐标	X	Y	桩顶标高/m	桩底标高/m	桩径/mm	桩长/mm
公式	2789483.617	517081.521	−216383	−1098479	1773.98	1754.98	1800	19000
1#-桩基-1	2788653.746	515081.804	−1046254	−3098196	1707.83	1686.83	2000	21000
1#-桩基-2	2788644.838	515083.091	−1055162	−3096909	1716.93	1695.93	2000	21000
2#-桩基-1	2788648.321	515042.121	−1051679	−3137879	1704.88	1681.88	2000	23000
2#-桩基-2	2788639.398	515043.293	−1060602	−3136707	1708.89	1685.89	2000	23000
3#-桩基-1	2788643.317	515002.403	−1056683	−3177597	1684.94	1659.94	2200	25000
3#-桩基-2	2788634.385	515003.501	−1065615	−3176499	1690.86	1665.86	2200	25000
4#-桩基-1	2788638.812	514964.909	−1061188	−3215091	1680.33	1680.33	1800	13000
4#-桩基-2	2788638.278	514960.441	−1061722	−3219559	1680.33	1667.33	1800	13000
4#-桩基-3	2788629.876	514965.977	−1070124	−3214023	1680.33	1667.33	1800	13000
4#-桩基-4	2788629.341	514961.509	−1070659	−3218491	1680.33	1667.33	1800	13000
5#-桩基-1	2788634.072	514925.194	−1065928	−3254806	1678.39	1660.39	1800	18000
5#-桩基-2	2788633.535	514920.726	−1066465	−3259274	1678.39	1660.39	1800	18000
5#-桩基-3	2788625.137	514926.269	−1074863	−3253731	1678.39	1660.39	1800	18000
5#-桩基-4	2788624.599	514921.801	−1075401	−3258199	1678.39	1660.39	1800	18000
6#-桩基-1	2788629.246	514885.499	−1070754	−3294501	1675.51	1651.51	1800	24000

续表

构件名称	N 坐标	E 坐标	X	Y	桩顶标高/m	桩底标高/m	桩径/mm	桩长/mm
6#-桩基-2	2788628.692	514881.033	−1071308	−3298967	1675.51	1651.51	1800	24000
6#-桩基-3	2788620.315	514886.608	−1079685	−3293392	1675.51	1651.51	1800	24000
6#-桩基-4	2788619.761	514882.142	−1080239	−3297858	1675.51	1651.51	1800	24000
7#-桩基-1	2788624.222	514845.84	−1075778	−3334160	1675.67	1648.67	1800	27000
7#-桩基-2	2788623.638	514841.378	−1076362	−3338622	1675.67	1648.67	1800	27000
7#-桩基-3	2788615.298	514847.008	−1084702	−3332992	1675.67	1648.67	1800	27000
7#-桩基-4	2788614.714	514842.546	−1085286	−3337454	1675.67	1648.67	1800	27000
8#-桩基-1	2788618.572	514804.005	−1081428	−3375995	1692.56	1665.56	2200	27000
8#-桩基-2	2788609.659	514805.258	−1090341	−3374742	1686.38	1659.38	2200	27000
9#-桩基-1	2788612.779	514764.474	−1087221	−3415526	1693.8	1669.8	2200	24000
9#-桩基-2	2788603.883	514765.838	−1096117	−3414162	1686.62	1662.62	2200	24000
10#-桩基-1	2788606.438	514725.038	−1093562	−3454962	1687.09	1661.09	2200	26000
10#-桩基-2	2788597.564	514726.539	−1102436	−3453461	1680.91	1654.91	2200	26000
11#-桩基-1	2788599.847	514687.937	−1100153	−3492063	1676.93	1651.93	1800	25000
11#-桩基-2	2788599.018	514683.514	−1100982	−3496486	1676.93	1651.93	1800	25000
11#-桩基-3	2788591.002	514689.596	−1108998	−3490404	1671.75	1646.75	1800	25000

续表

构件名称	N 坐标	E 坐标	X	Y	桩顶标高 /m	桩底标高 /m	桩径 /mm	桩长 /mm
11#-桩基-4	2788590.172	514685.173	−1109828	−3494827	1671.75	1646.75	1800	25000
12#-桩基-1	2788592.17	514648.751	−1107830	−3531249	1670.3	1643.3	1800	27000
12#-桩基-2	2788591.26	514644.344	−1108740	−3535656	1670.3	1643.3	1800	27000
12#-桩基-3	2788583.356	514650.571	−1116644	−3529429	1665.12	1638.12	1800	27000
12#-桩基-4	2788582.446	514646.164	−1117554	−3533836	1665.12	1638.12	1800	27000
13#-桩基-1	2788584.87	514609.979	−1115130	−3570021	1655.52	1639.52	2200	16000
13#-桩基-2	2788579.504	514611.188	−1120496	−3568812	1655.52	1639.52	2200	16000
13#-桩基-3	2788574.139	514612.398	−1125861	−3567602	1655.52	1639.52	2200	16000
13#-桩基-4	2788583.66	514604.613	−1116340	−3575387	1655.52	1639.52	2200	16000
13#-桩基-5	2788578.294	514605.823	−1121706	−3574177	1655.52	1639.52	2200	16000
13#-桩基-6	2788572.929	514607.033	−1127071	−3572967	1655.52	1639.52	2200	16000
14#-桩基-1	2788575.778	514571.078	−1124222	−3608922	1649.98	1625.98	2200	24000
14#-桩基-2	2788570.435	514572.385	−1129565	−3607615	1649.98	1625.98	2200	24000
14#-桩基-3	2788565.093	514573.692	−1134907	−3606308	1649.98	1625.98	2200	24000
14#-桩基-4	2788574.47	514565.736	−1125530	−3614264	1649.98	1625.98	2200	24000
14#-桩基-5	2788569.128	514567.043	−1130872	−3612957	1649.98	1625.98	2200	24000

续表

构件名称	N 坐标	E 坐标	X	Y	桩顶标高 /m	桩底标高 /m	桩径 /mm	桩长 /mm
14#-桩基-6	2788563.786	514568.35	−1136214	−3611650	1649.98	1625.98	2200	24000
15#-桩基-1	2788565.98	514532.349	−1134020	−3647651	1636.48	1610.48	2200	26000
15#-桩基-2	2788560.662	514533.753	−1139338	−3646247	1636.48	1610.48	2200	26000
15#-桩基-3	2788555.344	514535.157	−1144656	−3644843	1636.48	1610.48	2200	26000
15#-桩基-4	2788564.576	514527.031	−1135424	−3652969	1636.48	1610.48	2200	26000
15#-桩基-5	2788559.258	514528.435	−1140742	−3651565	1636.48	1610.48	2200	26000
15#-桩基-6	2788553.94	514529.839	−1146060	−3650161	1636.48	1610.48	2200	26000
16#-桩基-1	2788555.48	514493.805	−1144520	−3686195	1621.52	1587.52	2200	34000
16#-桩基-2	2788550.188	514495.305	−1149812	−3684695	1621.52	1587.52	2200	34000
16#-桩基-3	2788544.897	514496.806	−1155103	−3683194	1621.52	1587.52	2200	34000
16#-桩基-4	2788553.979	514488.513	−1146021	−3691487	1621.52	1587.52	2200	34000
16#-桩基-5	2788548.688	514490.014	−1151312	−3689986	1621.52	1587.52	2200	34000
16#-桩基-6	2788543.396	514491.514	−1156604	−3688486	1621.52	1587.52	2200	34000
17#-桩基-1	2788544.279	514455.458	−1155721	−3724542	1636.61	1606.61	2200	30000
17#-桩基-2	2788539.015	514457.055	−1160985	−3722945	1636.61	1606.61	2200	30000
17#-桩基-3	2788533.752	514458.651	−1166248	−3721349	1636.61	1606.61	2200	30000

续表

构件名称	N 坐标	E 坐标	X	Y	桩顶标高 /m	桩底标高 /m	桩径 /mm	桩长 /mm
17#-桩基-4	2788542.682	514450.195	−1157318	−3729805	1636.61	1606.61	2200	30000
17#-桩基-5	2788537.419	514451.791	−1162581	−3728209	1636.61	1606.61	2200	30000
17#-桩基-6	2788532.156	514453.388	−1167844	−3726612	1636.61	1606.61	2200	30000
18#-桩基-1	2788532.381	514417.32	−1167619	−3762680	1649.38	1623.24	2200	26140
18#-桩基-2	2788527.147	514419.008	−1172853	−3760992	1649.38	1623.24	2200	26140
18#-桩基-3	2788521.912	514420.696	−1178088	−3759304	1649.38	1623.24	2200	26140
18#-桩基-4	2788530.693	514412.085	−1169307	−3767915	1649.38	1623.24	2200	26140
18#-桩基-5	2788525.458	514413.773	−1174542	−3766227	1649.38	1623.24	2200	26140
18#-桩基-6	2788520.224	514415.462	−1179776	−3764538	1649.38	1623.24	2200	26140
19#-桩基-1	2788518.751	514379.221	−1181249	−3800779	1661.91	1631.91	1800	30000
19#-桩基-2	2788517.307	514374.959	−1182693	−3805041	1661.91	1631.91	1800	30000
19#-桩基-3	2788510.226	514382.109	−1189774	−3797891	1661.91	1631.91	1800	30000
19#-桩基-4	2788508.783	514377.847	−1191217	−3802153	1661.91	1631.91	1800	30000
20#-桩基-1	2788504.97	514339.328	−1195030	−3840672	1683.12	1661.12	2200	22000
20#-桩基-2	2788496.48	514342.316	−1203520	−3837684	1683.12	1661.12	2200	22000

表 6.40 横山村 2 号大桥左幅承台参数数据整理

构件名称	N 坐标	E 坐标	承台底标高/m	承台底标高/mm	承台顶标高/m	承台高/m	承台高/mm	顺桥向尺寸/cm	横桥向尺寸/cm	顺桥方向	横桥方向
1#-承台-1	2788653.75	515081.804	1707.83	1707830	1709.83	2	2000	280	280	2800	2800
2#-承台-1	2788648.32	515042.121	1704.88	1704880	1706.88	2	2000	280	280	2800	2800
2#-承台-2	2788639.4	515043.293	1708.89	1708890	1710.89	2	2000	280	280	2800	2800
3#-承台-1	2788643.32	515002.403	1684.94	1684940	1686.94	2	2000	300	300	3000	3000
3#-承台-2	2788634.39	515003.501	1690.86	1690860	1692.86	2	2000	300	300	3000	3000
4#-承台-1	2788638.81	514964.909	1680.33	1680330	1682.83	2.5	2500	750	300	7500	3000
4#-承台-2	2788629.88	514965.977	1680.33	1680330	1682.83	2.5	2500	750	300	7500	3000
5#-承台-1	2788634.07	514925.194	1678.39	1678390	1680.89	2.5	2500	750	300	7500	3000
5#-承台-2	2788625.14	514926.269	1678.39	1678390	1680.89	2.5	2500	750	300	7500	3000
6#-承台-1	2788629.25	514885.499	1675.51	1675510	1678.01	2.5	2500	750	300	7500	3000
6#-承台-2	2788620.32	514886.608	1675.51	1675510	1678.01	2.5	2500	750	300	7500	3000
7#-承台-1	2788624.22	514845.84	1675.67	1675670	1678.17	2.5	2500	750	300	7500	3000
7#-承台-2	2788615.3	514847.008	1675.67	1675670	1678.17	2.5	2500	750	300	7500	3000
8#-承台-1	2788618.57	514804.005	1692.56	1692560	1694.56	2	2000	300	300	3000	3000
8#-承台-2	2788609.66	514805.258	1686.38	1686380	1688.38	2	2000	300	300	3000	3000
9#-承台-1	2788612.78	514764.474	1693.80	1693800	1695.80	2	2000	300	300	3000	3000
9#-承台-2	2788603.88	514765.838	1686.62	1686620	1688.62	2	2000	300	300	3000	3000

续表

构件名称	N坐标	E坐标	承台底标高/m	承台底标高/mm	承台顶标高/m	承台高/m	承台高/mm	顺桥向尺寸/cm	横桥向尺寸/cm	顺桥方向	横桥方向
10#-承台-1	2788606.44	514725.038	1687.09	1687090	1689.09	2	2000	300	300	3000	3000
10#-承台-2	2788597.56	514726.539	1680.91	1680910	1682.91	2	2000	300	300	3000	3000
11#-承台-1	2788599.85	514687.937	1676.93	1676930	1679.43	2.5	2500	750	300	7500	3000
11#-承台-2	2788591	514689.596	1671.75	1671750	1674.25	2.5	2500	750	300	7500	3000
12#-承台-1	2788592.17	514648.751	1670.30	1670300	1672.80	2.5	2500	750	300	7500	3000
12#-承台-2	2788583.36	514650.571	1665.12	1665120	1667.62	2.5	2500	750	300	7500	3000
13#-承台-1	2788584.87	514609.979	1655.52	1655520	1659.02	3.5	3500	910	1460	9100	14600
14#-承台-1	2788575.78	514571.078	1649.98	1649980	1653.48	3.5	3500	910	1460	9100	14600
15#-承台-1	2788565.98	514532.349	1636.48	1636480	1639.98	3.5	3500	910	1460	9100	14600
16#-承台-1	2788555.48	514493.805	1621.52	1621520	1625.02	3.5	3500	910	1460	9100	14600
17#-承台-1	2788544.28	514455.458	1636.61	1636610	1640.11	3.5	3500	910	1460	9100	14600
18#-承台-1	2788532.38	514417.32	1649.38	1649380	1652.88	3.5	3500	910	1460	9100	14600
19#-承台-1	2788518.75	514379.221	1661.91	1661910	1664.41	2.5	2500	750	300	7500	3000
19#-承台-2	2788510.23	514382.109	1661.91	1661910	1664.41	2.5	2500	750	300	7500	3000
20#-承台-1	2788504.97	514339.328	1683.12	1683120	1685.12	2	2000	300	300	3000	3000
20#-承台-2	2788496.48	514342.316	1683.12	1683120	1685.12	2	2000	300	300	3000	3000

表 6.41　横山村 2 号大桥左幅坐标参数数据整理

序号	桩号	桩号	坐标		高程 /m	5	6	7
			X/m	Y/m		X/mm	Y/mm	Z/mm
777	ZK67 + 580.000	67580	2788666.267	515135.506	1722.887	−1033733	−3044494	1722887
778	ZK67 + 585.000	67585	2788665.433	515130.576	1722.772	−1034567	−3049424	1722772
779	ZK67 + 590.000	67590	2788664.611	515125.644	1722.657	−1035389	−3054356	1722657
780	ZK67 + 595.000	67595	2788663.803	515120.709	1722.542	−1036197	−3059291	1722542
781	ZK67 + 600.000	67600	2788663.007	515115.773	1722.427	−1036993	−3064227	1722427
782	ZK67 + 605.000	67605	2788662.222	515110.835	1722.312	−1037778	−3069165	1722312
783	ZK67 + 610.000	67610	2788661.450	515105.895	1722.197	−1038550	−3074105	1722197
784	ZK67 + 615.000	67615	2788660.689	515100.953	1722.082	−1039311	−3079047	1722082
785	ZK67 + 620.000	67620	2788659.939	515096.010	1721.967	−1040061	−3083990	1721967
786	ZK67 + 625.000	67625	2788659.199	515091.065	1721.852	−1040801	−3088935	1721852
787	ZK67 + 630.000	67630	2788658.469	515086.119	1721.737	−1041531	−3093881	1721737
788	ZK67 + 635.000	67635	2788657.750	515081.171	1721.622	−1042250	−3098829	1721622
789	ZK67 + 640.000	67640	2788657.040	515076.221	1721.507	−1042960	−3103779	1721507
790	ZK67 + 645.000	67645	2788656.338	515071.271	1721.392	−1043662	−3108729	1721392
791	ZK67 + 650.000	67650	2788655.646	515066.319	1721.277	−1044354	−3113681	1721277
792	ZK67 + 655.000	67655	2788654.962	515061.366	1721.162	−1045038	−3118634	1721162

续表

序号	桩号	桩号	坐标		高程/m	5	6	7
			X/m	Y/m		X/mm	Y/mm	Z/mm
793	ZK67 + 660.000	67660	2788654.286	515056.412	1721.047	−1045714	−3123588	1721047
794	ZK67 + 665.000	67665	2788653.618	515051.457	1720.932	−1046382	−3128543	1720932
795	ZK67 + 670.000	67670	2788652.957	515046.501	1720.817	−1047043	−3133499	1720817
796	ZK67 + 675.000	67675	2788652.303	515041.543	1720.702	−1047697	−3138457	1720702
797	ZK67 + 680.000	67680	2788651.655	515036.586	1720.587	−1048345	−3143414	1720587
798	ZK67 + 685.000	67685	2788651.014	515031.627	1720.472	−1048986	−3148373	1720472
799	ZK67 + 690.000	67690	2788650.378	515026.667	1720.357	−1049622	−3153333	1720357
800	ZK67 + 695.000	67695	2788649.748	515021.707	1720.242	−1050252	−3158293	1720242
801	ZK67 + 700.000	67700	2788649.122	515016.747	1720.127	−1050878	−3163253	1720127
802	ZK67 + 705.000	67705	2788648.502	515011.785	1720.012	−1051498	−3168215	1720012
803	ZK67 + 710.000	67710	2788647.886	515006.823	1719.897	−1052114	−3173177	1719897
804	ZK67 + 715.000	67715	2788647.274	515001.861	1719.782	−1052726	−3178139	1719782
805	ZK67 + 720.000	67720	2788646.665	514996.898	1719.667	−1053335	−3183102	1719667
806	ZK67 + 725.000	67725	2788646.060	514991.935	1719.552	−1053940	−3188065	1719552
807	ZK67 + 730.000	67730	2788645.457	514986.971	1719.437	−1054543	−3193029	1719437

续表

序号	桩号	桩号	坐标		高程/m	5	6	7
			X/m	Y/m		X/mm	Y/mm	Z/mm
808	ZK67 + 735.000	67735	2788644.857	514982.008	1719.322	−1055143	−3197992	1719322
809	ZK67 + 740.000	67740	2788644.259	514977.043	1719.207	−1055741	−3202957	1719207
810	ZK67 + 745.000	67745	2788643.663	514972.079	1719.092	−1056337	−3207921	1719092
811	ZK67 + 750.000	67750	2788643.068	514967.115	1718.977	−1056932	−3212885	1718977
812	ZK67 + 755.000	67755	2788642.474	514962.150	1718.862	−1057526	−3217850	1718862
813	ZK67 + 760.000	67760	2788641.881	514957.185	1718.747	−1058119	−3222815	1718747
814	ZK67 + 763.583	67763.58	2788641.456	514953.628	1718.664	−1058544	−3226372	1718664
815	ZK67 + 765.000	67765	2788641.288	514952.221	1718.632	−1058712	−3227779	1718632
816	ZK67 + 770.000	67770	2788640.695	514947.256	1718.517	−1059305	−3232744	1718517
817	ZK67 + 775.000	67775	2788640.102	514942.292	1718.402	−1059898	−3237708	1718402
818	ZK67 + 776.013	67776.01	2788639.982	514941.285	1718.378	−1060018	−3238715	1718378
819	ZK67 + 780.000	67780	2788639.508	514937.327	1718.287	−1060492	−3242673	1718287
820	ZK67 + 785.000	67785	2788638.914	514932.362	1718.173	−1061086	−3247638	1718173
821	ZK67 + 790.000	67790	2788638.318	514927.398	1718.059	−1061682	−3252602	1718059
822	ZK67 + 795.000	67795	2788637.722	514922.434	1717.946	−1062278	−3257566	1717946

续表

序号	桩号	桩号	坐标		高程 /m	5	6	7
			X/m	Y/m		X/mm	Y/mm	Z/mm
823	ZK67+800.000	67800	2788637.123	514917.470	1717.834	−1062877	−3262530	1717834
824	ZK67+805.000	67805	2788636.524	514912.506	1717.723	−1063476	−3267494	1717723
825	ZK67+810.000	67810	2788635.922	514907.542	1717.612	−1064078	−3272458	1717612
826	ZK67+815.000	67815	2788635.318	514902.579	1717.502	−1064682	−3277421	1717502
827	ZK67+820.000	67820	2788634.712	514897.616	1717.392	−1065288	−3282384	1717392
828	ZK67+825.000	67825	2788634.104	514892.653	1717.283	−1065896	−3287347	1717283
829	ZK67+830.000	67830	2788633.492	514887.690	1717.175	−1066508	−3292310	1717175
830	ZK67+835.000	67835	2788632.878	514882.728	1717.067	−1067122	−3297272	1717067
831	ZK67+840.000	67840	2788632.260	514877.766	1716.960	−1067740	−3302234	1716960
832	ZK67+845.000	67845	2788631.639	514872.805	1716.854	−1068361	−3307195	1716854
833	ZK67+850.000	67850	2788631.015	514867.844	1716.749	−1068985	−3312156	1716749
834	ZK67+855.000	67855	2788630.386	514862.884	1716.644	−1069614	−3317116	1716644
835	ZK67+860.000	67860	2788629.754	514857.924	1716.539	−1070246	−3322076	1716539
836	ZK67+865.000	67865	2788629.116	514852.965	1716.436	−1070884	−3327035	1716436
837	ZK67+870.000	67870	2788628.475	514848.006	1716.333	−1071525	−3331994	1716333

续表

序号	桩号	桩号	坐标		高程 /m	5	6	7
			X/m	Y/m		X/mm	Y/mm	Z/mm
838	ZK67+875.000	67875	2788627.828	514843.048	1716.230	−1072172	−3336952	1716230
839	ZK67+880.000	67880	2788627.177	514838.091	1716.129	−1072823	−3341909	1716129
840	ZK67+885.000	67885	2788626.520	514833.134	1716.028	−1073480	−3346866	1716028
841	ZK67+890.000	67890	2788625.858	514828.178	1715.928	−1074142	−3351822	1715928
842	ZK67+895.000	67895	2788625.190	514823.223	1715.828	−1074810	−3356777	1715828
843	ZK67+900.000	67900	2788624.517	514818.269	1715.729	−1075483	−3361731	1715729
844	ZK67+905.000	67905	2788623.837	514813.315	1715.630	−1076163	−3366685	1715630
845	ZK67+910.000	67910	2788623.150	514808.362	1715.533	−1076850	−3371638	1715533
846	ZK67+915.000	67915	2788622.457	514803.411	1715.436	−1077543	−3376589	1715436
847	ZK67+920.000	67920	2788621.758	514798.460	1715.339	−1078242	−3381540	1715339
848	ZK67+925.000	67925	2788621.051	514793.510	1715.244	−1078949	−3386490	1715244
849	ZK67+930.000	67930	2788620.337	514788.561	1715.149	−1079663	−3391439	1715149
850	ZK67+935.000	67935	2788619.616	514783.614	1715.054	−1080384	−3396386	1715054
851	ZK67+940.000	67940	2788618.886	514778.667	1714.960	−1081114	−3401333	1714960
852	ZK67+945.000	67945	2788618.149	514773.722	1714.867	−1081851	−3406278	1714867

续表

序号	桩号	桩号	坐标		高程/m	5	6	7
			X/m	Y/m		X/mm	Y/mm	Z/mm
853	ZK67+950.000	67950	2788617.404	514768.777	1714.775	−1082596	−3411223	1714775
854	ZK67+955.000	67955	2788616.650	514763.835	1714.683	−1083350	−3416165	1714683
855	ZK67+960.000	67960	2788615.888	514758.893	1714.592	−1084112	−3421107	1714592
856	ZK67+965.000	67965	2788615.117	514753.953	1714.501	−1084883	−3426047	1714501
857	ZK67+970.000	67970	2788614.337	514749.014	1714.412	−1085663	−3430986	1714412
858	ZK67+975.000	67975	2788613.548	514744.077	1714.323	−1086452	−3435923	1714323
859	ZK67+980.000	67980	2788612.749	514739.141	1714.234	−1087251	−3440859	1714234
860	ZK67+985.000	67985	2788611.940	514734.207	1714.146	−1088060	−3445793	1714146
861	ZK67+990.000	67990	2788611.122	514729.274	1714.059	−1088878	−3450726	1714059
862	ZK67+995.000	67995	2788610.293	514724.343	1713.973	−1089707	−3455657	1713973
863	ZK68+000.000	68000	2788609.454	514719.414	1713.887	−1090546	−3460586	1713887
864	ZK68+005.000	68005	2788608.604	514714.487	1713.801	−1091396	−3465513	1713801
865	ZK68+010.000	68010	2788607.744	514709.562	1713.717	−1092256	−3470438	1713717
866	ZK68+013.583	68013.58	2788607.120	514706.033	1713.657	−1092880	−3473967	1713657
867	ZK68+015.000	68015	2788606.872	514704.638	1713.633	−1093128	−3475362	1713633

续表

序号	桩号	桩号	坐标		高程 /m	5	6	7
			X/m	Y/m		X/mm	Y/mm	Z/mm
868	ZK68 + 020.000	68020	2788605.990	514699.717	1713.550	−1094010	−3480283	1713550
869	ZK68 + 025.000	68025	2788605.096	514694.797	1713.467	−1094904	−3485203	1713467
870	ZK68 + 030.000	68030	2788604.191	514689.880	1713.385	−1095809	−3490120	1713385
871	ZK68 + 035.000	68035	2788603.275	514684.965	1713.304	−1096725	−3495035	1713304
872	ZK68 + 040.000	68040	2788602.347	514680.051	1713.223	−1097653	−3499949	1713223
873	ZK68 + 045.000	68045	2788601.409	514675.140	1713.144	−1098591	−3504860	1713144
874	ZK68 + 050.000	68050	2788600.459	514670.231	1713.064	−1099541	−3509769	1713064
875	ZK68 + 055.000	68055	2788599.498	514665.324	1712.986	−1100502	−3514676	1712986
876	ZK68 + 060.000	68060	2788598.526	514660.420	1712.908	−1101474	−3519580	1712908
877	ZK68 + 065.000	68065	2788597.543	514655.517	1712.830	−1102457	−3524483	1712830
878	ZK68 + 070.000	68070	2788596.549	514650.617	1712.754	−1103451	−3529383	1712754
879	ZK68 + 075.000	68075	2788595.544	514645.719	1712.678	−1104456	−3534281	1712678
880	ZK68 + 080.000	68080	2788594.527	514640.824	1712.602	−1105473	−3539176	1712602
881	ZK68 + 085.000	68085	2788593.499	514635.930	1712.528	−1106501	−3544070	1712528
882	ZK68 + 090.000	68090	2788592.461	514631.040	1712.454	−1107539	−3548960	1712454

续表

序号	桩号	桩号	坐标		高程/m	5	6	7
			X/m	Y/m		X/mm	Y/mm	Z/mm
883	ZK68 + 095.000	68095	2788591.411	514626.151	1712.380	−1108589	−3553849	1712380
884	ZK68 + 100.000	68100	2788590.350	514621.265	1712.308	−1109650	−3558735	1712308
885	ZK68 + 105.000	68105	2788589.278	514616.381	1712.236	−1110722	−3563619	1712236
886	ZK68 + 110.000	68110	2788588.195	514611.500	1712.164	−1111805	−3568500	1712164
887	ZK68 + 115.000	68115	2788587.100	514606.621	1712.094	−1112900	−3573379	1712094
888	ZK68 + 118.023	68118.02	2788586.433	514603.673	1712.051	−1113567	−3576327	1712051
889	ZK68 + 120.000	68120	2788585.995	514601.745	1712.023	−1114005	−3578255	1712023
890	ZK68 + 125.000	68125	2788584.879	514596.871	1711.954	−1115121	−3583129	1711954
891	ZK68 + 130.000	68130	2788583.751	514592.000	1711.885	−1116249	−3588000	1711885
892	ZK68 + 135.000	68135	2788582.612	514587.131	1711.817	−1117388	−3592869	1711817
893	ZK68 + 140.000	68140	2788581.463	514582.265	1711.750	−1118537	−3597735	1711750
894	ZK68 + 145.000	68145	2788580.302	514577.402	1711.683	−1119698	−3602598	1711683
895	ZK68 + 150.000	68150	2788579.130	514572.541	1711.617	−1120870	−3607459	1711617
896	ZK68 + 150.224	68150.22	2788579.077	514572.323	1711.614	−1120923	−3607677	1711614
897	ZK68 + 155.000	68155	2788577.948	514567.683	1711.551	−1122052	−3612317	1711551

续表

序号	桩号	桩号	坐标		高程/m	5	6	7
			X/m	Y/m		X/mm	Y/mm	Z/mm
898	ZK68 + 160.000	68160	2788576.754	514562.828	1711.487	−1123246	−3617172	1711487
899	ZK68 + 165.000	68165	2788575.549	514557.975	1711.422	−1124451	−3622025	1711422
900	ZK68 + 170.000	68170	2788574.333	514553.125	1711.359	−1125667	−3626875	1711359
901	ZK68 + 175.000	68175	2788573.106	514548.278	1711.296	−1126894	−3631722	1711296
902	ZK68 + 180.000	68180	2788571.868	514543.434	1711.234	−1128132	−3636566	1711234
903	ZK68 + 185.000	68185	2788570.619	514538.592	1711.172	−1129381	−3641408	1711172
904	ZK68 + 190.000	68190	2788569.359	514533.753	1711.112	−1130641	−3646247	1711112
905	ZK68 + 195.000	68195	2788568.088	514528.918	1711.051	−1131912	−3651082	1711051
906	ZK68 + 200.000	68200	2788566.806	514524.085	1710.992	−1133194	−3655915	1710992
907	ZK68 + 205.000	68205	2788565.514	514519.255	1710.933	−1134486	−3660745	1710933
908	ZK68 + 210.000	68210	2788564.210	514514.428	1710.875	−1135790	−3665572	1710875
909	ZK68 + 215.000	68215	2788562.895	514509.604	1710.817	−1137105	−3670396	1710817
910	ZK68 + 220.000	68220	2788561.569	514504.783	1710.760	−1138431	−3675217	1710760
911	ZK68 + 225.000	68225	2788560.232	514499.965	1710.704	−1139768	−3680035	1710704
912	ZK68 + 230.000	68230	2788558.885	514495.150	1710.648	−1141115	−3684850	1710648

续表

序号	桩号	桩号	坐标		高程/m	5	6	7
			X/m	Y/m		X/mm	Y/mm	Z/mm
913	ZK68 + 235.000	68235	2788557.526	514490.338	1710.593	−1142474	−3689662	1710593
914	ZK68 + 240.000	68240	2788556.156	514485.529	1710.539	−1143844	−3694471	1710539
915	ZK68 + 245.000	68245	2788554.776	514480.723	1710.486	−1145224	−3699277	1710486
916	ZK68 + 250.000	68250	2788553.385	514475.921	1710.433	−1146615	−3704079	1710433
917	ZK68 + 255.000	68255	2788551.982	514471.122	1710.380	−1148018	−3708878	1710380
918	ZK68 + 260.000	68260	2788550.569	514466.326	1710.329	−1149431	−3713674	1710329
919	ZK68 + 265.000	68265	2788549.145	514461.533	1710.278	−1150855	−3718467	1710278
920	ZK68 + 270.000	68270	2788547.710	514456.743	1710.227	−1152290	−3723257	1710227
921	ZK68 + 275.000	68275	2788546.264	514451.957	1710.178	−1153736	−3728043	1710178
922	ZK68 + 280.000	68280	2788544.807	514447.174	1710.129	−1155193	−3732826	1710129
923	ZK68 + 285.000	68285	2788543.340	514442.394	1710.080	−1156660	−3737606	1710080
924	ZK68 + 286.866	68286.87	2788542.789	514440.611	1710.062	−1157211	−3739389	1710062
925	ZK68 + 290.000	68290	2788541.861	514437.617	1710.033	−1158139	−3742383	1710033
926	ZK68 + 295.000	68295	2788540.372	514432.844	1709.986	−1159628	−3747156	1709986
927	ZK68 + 300.000	68300	2788538.872	514428.074	1709.939	−1161128	−3751926	1709939

续表

序号	桩号	桩号	坐标		高程 /m	5	6	7
			X/m	Y/m		X/mm	Y/mm	Z/mm
928	ZK68 + 305.000	68305	2788537.362	514423.308	1709.893	−1162638	−3756692	1709893
929	ZK68 + 310.000	68310	2788535.842	514418.545	1709.848	−1164158	−3761455	1709848
930	ZK68 + 315.000	68315	2788534.313	514413.784	1709.804	−1165687	−3766216	1709804
931	ZK68 + 320.000	68320	2788532.773	514409.027	1709.760	−1167227	−3770973	1709760
932	ZK68 + 325.000	68325	2788531.224	514404.273	1709.717	−1168776	−3775727	1709717
933	ZK68 + 330.000	68330	2788529.666	514399.522	1709.675	−1170334	−3780478	1709675
934	ZK68 + 335.000	68335	2788528.100	514394.774	1709.633	−1171900	−3785226	1709633
935	ZK68 + 340.000	68340	2788526.524	514390.029	1709.592	−1173476	−3789971	1709592
936	ZK68 + 345.000	68345	2788524.940	514385.286	1709.551	−1175060	−3794714	1709551
937	ZK68 + 350.000	68350	2788523.348	514380.547	1709.512	−1176652	−3799453	1709512
938	ZK68 + 355.000	68355	2788521.747	514375.810	1709.472	−1178253	−3804190	1709472
939	ZK68 + 360.000	68360	2788520.139	514371.075	1709.434	−1179861	−3808925	1709434
940	ZK68 + 365.000	68365	2788518.523	514366.344	1709.396	−1181477	−3813656	1709396
941	ZK68 + 370.000	68370	2788516.900	514361.614	1709.359	−1183100	−3818386	1709359
942	ZK68 + 375.000	68375	2788515.269	514356.888	1709.322	−1184731	−3823112	1709322

续表

序号	桩号	桩号	坐标		高程/m	5	6	7
			X/m	Y/m		X/mm	Y/mm	Z/mm
943	ZK68 + 380.000	68380	2788513.632	514352.163	1709.287	−1186368	−3827837	1709287
944	ZK68 + 385.000	68385	2788511.988	514347.441	1709.251	−1188012	−3832559	1709251
945	ZK68 + 390.000	68390	2788510.337	514342.722	1709.217	−1189663	−3837278	1709217
946	ZK68 + 395.000	68395	2788508.680	514338.004	1709.183	−1191320	−3841996	1709183
947	ZK68 + 400.000	68400	2788507.017	514333.289	1709.150	−1192983	−3846711	1709150
948	ZK68 + 405.000	68405	2788505.349	514328.576	1709.117	−1194651	−3851424	1709117
949	ZK68 + 410.000	68410	2788503.674	514323.864	1709.085	−1196326	−3856136	1709085
950	ZK68 + 415.000	68415	2788501.994	514319.155	1709.054	−1198006	−3860845	1709054
951	ZK68 + 420.000	68420	2788500.309	514314.448	1709.023	−1199691	−3865552	1709023
952	ZK68 + 425.000	68425	2788498.619	514309.742	1708.993	−1201381	−3870258	1708993
953	ZK68 + 430.000	68430	2788496.924	514305.038	1708.964	−1203076	−3874962	1708964
954	ZK68 + 435.000	68435	2788495.224	514300.336	1708.935	−1204776	−3879664	1708935
955	ZK68 + 440.000	68440	2788493.521	514295.635	1708.908	−1206479	−3884365	1708908
956	ZK68 + 445.000	68445	2788491.813	514290.936	1708.880	−1208187	−3889064	1708880
957	ZK68 + 450.000	68450	2788490.101	514286.238	1708.854	−1209899	−3893762	1708854

续表

序号	桩号	桩号	坐标		高程/m	5	6	7
			X/m	Y/m		X/mm	Y/mm	Z/mm
958	ZK68 + 455.000	68455	2788488.385	514281.541	1708.828	−1211615	−3898459	1708828
959	ZK68 + 460.000	68460	2788486.666	514276.846	1708.802	−1213334	−3903154	1708802
960	ZK68 + 460.033	68460.03	2788486.655	514276.816	1708.802	−1213345	−3903184	1708802
961	ZK68 + 465.000	68465	2788484.944	514272.152	1708.777	−1215056	−3907848	1708777
962	ZK68 + 470.000	68470	2788483.218	514267.459	1708.752	−1216782	−3912541	1708752
963	ZK68 + 475.000	68475	2788481.490	514262.768	1708.727	−1218510	−3917232	1708727
964	ZK68 + 480.000	68480	2788479.759	514258.077	1708.702	−1220241	−3921923	1708702
965	ZK68 + 485.000	68485	2788478.025	514253.387	1708.677	−1221975	−3926613	1708677
966	ZK68 + 490.000	68490	2788476.290	514248.698	1708.652	−1223710	−3931302	1708652
967	ZK68 + 495.000	68495	2788474.552	514244.009	1708.627	−1225448	−3935991	1708627
968	ZK68 + 500.000	68500	2788472.813	514239.322	1708.602	−1227187	−3940678	1708602
969	ZK68 + 505.000	68505	2788471.072	514234.635	1708.577	−1228928	−3945365	1708577
970	ZK68 + 510.000	68510	2788469.330	514229.948	1708.552	−1230670	−3950052	1708552
971	ZK68 + 515.000	68515	2788467.586	514225.262	1708.527	−1232414	−3954738	1708527
972	ZK68 + 520.000	68520	2788465.842	514220.576	1708.502	−1234158	−3959424	1708502

续表

序号	桩号	桩号	坐标		高程/m	5	6	7
			X/m	Y/m		X/mm	Y/mm	Z/mm
973	ZK68＋525.000	68525	2788464.097	514215.890	1708.477	−1235903	−3964110	1708477
974	ZK68＋530.000	68530	2788462.351	514211.205	1708.452	−1237649	−3968795	1708452
975	ZK68＋535.000	68535	2788460.605	514206.520	1708.427	−1239395	−3973480	1708427
976	ZK68＋536.865	68536.87	2788459.954	514204.772	1708.418	−1240046	−3975228	1708418
977	ZK68＋540.000	68540	2788458.859	514201.834	1708.402	−1241141	−3978166	1708402
978	ZK68＋545.000	68545	2788457.113	514197.149	1708.377	−1242887	−3982851	1708377
979	ZK68＋550.000	68550	2788455.368	514192.464	1708.352	−1244632	−3987536	1708352
980	ZK68＋555.000	68555	2788453.624	514187.778	1708.327	−1246376	−3992222	1708327
981	ZK68＋560.000	68560	2788451.880	514183.091	1708.302	−1248120	−3996909	1708302
982	ZK68＋565.000	68565	2788450.139	514178.405	1708.277	−1249861	−4001595	1708277
983	ZK68＋570.000	68570	2788448.399	514173.717	1708.252	−1251601	−4006283	1708252
984	ZK68＋575.000	68575	2788446.661	514169.029	1708.227	−1253339	−4010971	1708227
985	ZK68＋580.000	68580	2788444.926	514164.339	1708.202	−1255074	−4015661	1708202
986	ZK68＋585.000	68585	2788443.194	514159.649	1708.177	−1256806	−4020351	1708177
987	ZK68＋590.000	68590	2788441.465	514154.958	1708.152	−1258535	−4025042	1708152

续表

序号	桩号	桩号	坐标		高程/m	5	6	7
			X/m	Y/m		X/mm	Y/mm	Z/mm
988	ZK68 + 595.000	68595	2788439.739	514150.265	1708.127	−1260261	−4029735	1708127
989	ZK68 + 600.000	68600	2788438.017	514145.571	1708.102	−1261983	−4034429	1708102
990	ZK68 + 605.000	68605	2788436.300	514140.875	1708.077	−1263700	−4039125	1708077
991	ZK68 + 610.000	68610	2788434.586	514136.178	1708.052	−1265414	−4043822	1708052
992	ZK68 + 615.000	68615	2788432.878	514131.479	1708.027	−1267122	−4048521	1708027
993	ZK68 + 620.000	68620	2788431.175	514126.778	1708.002	−1268825	−4053222	1708002
994	ZK68 + 625.000	68625	2788429.477	514122.075	1707.977	−1270523	−4057925	1707977
995	ZK68 + 630.000	68630	2788427.785	514117.370	1707.952	−1272215	−4062630	1707952
996	ZK68 + 635.000	68635	2788426.099	514112.662	1707.927	−1273901	−4067338	1707927
997	ZK68 + 640.000	68640	2788424.420	514107.953	1707.902	−1275580	−4072047	1707902
998	ZK68 + 645.000	68645	2788422.747	514103.241	1707.877	−1277253	−4076759	1707877
999	ZK68 + 650.000	68650	2788421.082	514098.526	1707.852	−1278918	−4081474	1707852
1000	ZK68 + 655.000	68655	2788419.424	514093.809	1707.827	−1280576	−4086191	1707827
1001	ZK68 + 660.000	68660	2788417.774	514089.089	1707.802	−1282226	−4090911	1707802
1002	ZK68 + 665.000	68665	2788416.132	514084.367	1707.777	−1283868	−4095633	1707777

续表

序号	桩号	桩号	坐标		高程 /m	5	6	7
			X/m	Y/m		X/mm	Y/mm	Z/mm
1003	ZK68 + 670.000	68670	2788414.498	514079.641	1707.752	−1285502	−4100359	1707752
1004	ZK68 + 675.000	68675	2788412.874	514074.912	1707.727	−1287126	−4105088	1707727
1005	ZK68 + 680.000	68680	2788411.258	514070.181	1707.702	−1288742	−4109819	1707702
1006	ZK68 + 685.000	68685	2788409.652	514065.446	1707.677	−1290348	−4114554	1707677
1007	ZK68 + 690.000	68690	2788408.056	514060.707	1707.652	−1291944	−4119293	1707652
1008	ZK68 + 695.000	68695	2788406.470	514055.965	1707.627	−1293530	−4124035	1707627
1009	ZK68 + 700.000	68700	2788404.894	514051.220	1707.602	−1295106	−4128780	1707602
1010	ZK68 + 705.000	68705	2788403.330	514046.471	1707.577	−1296670	−4133529	1707577
1011	ZK68 + 710.000	68710	2788401.776	514041.719	1707.552	−1298224	−4138281	1707552
1012	ZK68 + 715.000	68715	2788400.234	514036.962	1707.527	−1299766	−4143038	1707527
1013	ZK68 + 720.000	68720	2788398.704	514032.202	1707.502	−1301296	−4147798	1707502
1014	ZK68 + 725.000	68725	2788397.186	514027.438	1707.477	−1302814	−4152562	1707477
1015	ZK68 + 730.000	68730	2788395.681	514022.670	1707.452	−1304319	−4157330	1707452
1016	ZK68 + 735.000	68735	2788394.188	514017.898	1707.427	−1305812	−4162102	1707427
1017	ZK68 + 740.000	68740	2788392.709	514013.122	1707.402	−1307291	−4166878	1707402

续表

序号	桩号	桩号	坐标		高程/m	5	6	7
			X/m	Y/m		X/mm	Y/mm	Z/mm
1018	ZK68 + 745.000	68745	2788391.243	514008.342	1707.377	−1308757	−4171658	1707377
1019	ZK68 + 746.865	68746.87	2788390.700	514006.557	1707.368	−1309300	−4173443	1707368
1020	ZK68 + 750.000	68750	2788389.792	514003.557	1707.352	−1310208	−4176443	1707352
1021	ZK68 + 755.000	68755	2788388.354	513998.768	1707.327	−1311646	−4181232	1707327
1022	ZK68 + 760.000	68760	2788386.931	513993.975	1707.302	−1313069	−4186025	1707302
1023	ZK68 + 765.000	68765	2788385.521	513989.178	1707.277	−1314479	−4190822	1707277
1024	ZK68 + 770.000	68770	2788384.126	513984.376	1707.252	−1315874	−4195624	1707252
1025	ZK68 + 775.000	68775	2788382.745	513979.571	1707.227	−1317255	−4200429	1707227
1026	ZK68 + 780.000	68780	2788381.378	513974.762	1707.202	−1318622	−4205238	1707202
1027	ZK68 + 785.000	68785	2788380.025	513969.948	1707.177	−1319975	−4210052	1707177
1028	ZK68 + 790.000	68790	2788378.686	513965.131	1707.152	−1321314	−4214869	1707152
1029	ZK68 + 795.000	68795	2788377.362	513960.309	1707.127	−1322638	−4219691	1707127
1030	ZK68 + 800.000	68800	2788376.051	513955.484	1707.102	−1323949	−4224516	1707102
1031	ZK68 + 805.000	68805	2788374.755	513950.655	1707.077	−1325245	−4229345	1707077
1032	ZK68 + 810.000	68810	2788373.473	513945.822	1707.052	−1326527	−4234178	1707052

续表

序号	桩号	桩号	坐标		高程/m	5	6	7
			X/m	Y/m		X/mm	Y/mm	Z/mm
1033	ZK68 + 815.000	68815	2788372.205	513940.985	1707.027	−1327795	−4239015	1707027
1034	ZK68 + 820.000	68820	2788370.952	513936.145	1707.002	−1329048	−4243855	1707002
1035	ZK68 + 825.000	68825	2788369.713	513931.301	1706.977	−1330287	−4248699	1706977
1036	ZK68 + 830.000	68830	2788368.488	513926.453	1706.952	−1331512	−4253547	1706952
1037	*ZK68 + 830.000	*68830.000	2788368.484	513926.437	1706.952	−1331516	−4253563	1706952
1038	ZK68 + 835.000	68835	2788367.273	513921.586	1706.927	−1332727	−4258414	1706927
1039	ZK68 + 840.000	68840	2788366.077	513916.731	1706.902	−1333923	−4263269	1706902
1040	ZK68 + 845.000	68845	2788364.894	513911.873	1706.877	−1335106	−4268127	1706877
1041	ZK68 + 850.000	68850	2788363.727	513907.011	1706.852	−1336273	−4272989	1706852
1042	ZK68 + 855.000	68855	2788362.573	513902.146	1706.827	−1337427	−4277854	1706827
1043	ZK68 + 860.000	68860	2788361.434	513897.277	1706.802	−1338566	−4282723	1706802
1044	ZK68 + 865.000	68865	2788360.309	513892.406	1706.777	−1339691	−4287594	1706777
1045	ZK68 + 870.000	68870	2788359.198	513887.531	1706.752	−1340802	−4292469	1706752
1046	ZK68 + 875.000	68875	2788358.102	513882.652	1706.727	−1341898	−4297348	1706727
1047	ZK68 + 880.000	68880	2788357.020	513877.771	1706.702	−1342980	−4302229	1706702

续表

序号	桩号	桩号	坐标		高程/m	5	6	7
			X/m	Y/m		X/mm	Y/mm	Z/mm
1048	ZK68+885.000	68885	2788355.953	513872.886	1706.677	−1344047	−4307114	1706677
1049	ZK68+890.000	68890	2788354.900	513867.998	1706.652	−1345100	−4312002	1706652
1050	ZK68+895.000	68895	2788353.861	513863.107	1706.627	−1346139	−4316893	1706627
1051	ZK68+900.000	68900	2788352.837	513858.213	1706.602	−1347163	−4321787	1706602
1052	ZK68+905.000	68905	2788351.827	513853.316	1706.577	−1348173	−4326684	1706577
1053	ZK68+910.000	68910	2788350.831	513848.416	1706.552	−1349169	−4331584	1706552
1054	ZK68+915.000	68915	2788349.850	513843.514	1706.527	−1350150	−4336486	1706527
1055	ZK68+920.000	68920	2788348.883	513838.608	1706.502	−1351117	−4341392	1706502
1056	ZK68+925.000	68925	2788347.931	513833.700	1706.477	−1352069	−4346300	1706477
1057	ZK68+930.000	68930	2788346.993	513828.788	1706.452	−1353007	−4351212	1706452
1058	ZK68+935.000	68935	2788346.070	513823.874	1706.427	−1353930	−4356126	1706427
1059	ZK68+940.000	68940	2788345.161	513818.958	1706.402	−1354839	−4361042	1706402
1060	ZK68+945.000	68945	2788344.266	513814.038	1706.377	−1355734	−4365962	1706377
1061	ZK68+950.000	68950	2788343.386	513809.116	1706.352	−1356614	−4370884	1706352

续表

序号	桩号	桩号	坐标		高程/m	5	6	7
			X/m	Y/m		X/mm	Y/mm	Z/mm
1062	ZK68+955.000	68955	2788342.521	513804.192	1706.327	−1357479	−4375808	1706327
1063	ZK68+960.000	68960	2788341.670	513799.265	1706.302	−1358330	−4380735	1706302
1064	ZK68+965.000	68965	2788340.833	513794.335	1706.277	−1359167	−4385665	1706277
1065	ZK68+970.000	68970	2788340.011	513789.403	1706.252	−1359989	−4390597	1706252
1066	ZK68+975.000	68975	2788339.204	513784.469	1706.227	−1360796	−4395531	1706227
1067	ZK68+980.000	68980	2788338.411	513779.532	1706.202	−1361589	−4400468	1706202
1068	ZK68+982.779	68982.78	2788337.976	513776.787	1706.189	−1362024	−4403213	1706189
1069	ZK68+985.000	68985	2788337.632	513774.593	1706.177	−1362368	−4405407	1706177
1070	ZK68+990.000	68990	2788336.868	513769.652	1706.152	−1363132	−4410348	1706152
1071	ZK68+995.000	68995	2788336.119	513764.708	1706.127	−1363881	−4415292	1706127
1072	ZK69+000.000	69000	2788335.384	513759.763	1706.102	−1364616	−4420237	1706102
1073	ZK69+005.000	69005	2788334.664	513754.815	1706.077	−1365336	−4425185	1706077
1074	ZK69+010.000	69010	2788333.958	513749.865	1706.052	−1366042	−4430135	1706052
1075	ZK69+015.000	69015	2788333.267	513744.913	1706.027	−1366733	−4435087	1706027

续表

序号	桩号	桩号	坐标		高程 /m	5	6	7
			X/m	*Y*/m		*X*/mm	*Y*/mm	*Z*/mm
1076	ZK69 + 020.000	69020	2788332.590	513739.959	1706.002	−1367410	−4440041	1706002
1077	ZK69 + 025.000	69025	2788331.928	513735.003	1705.977	−1368072	−4444997	1705977
1078	ZK69 + 030.000	69030	2788331.281	513730.045	1705.952	−1368719	−4449955	1705952
1079	ZK69 + 035.000	69035	2788330.648	513725.085	1705.927	−1369352	−4454915	1705927
1080	ZK69 + 040.000	69040	2788330.029	513720.124	1705.902	−1369971	−4459876	1705902
1081	ZK69 + 045.000	69045	2788329.426	513715.160	1705.877	−1370574	−4464840	1705877
1082	ZK69 + 050.000	69050	2788328.836	513710.195	1705.852	−1371164	−4469805	1705852
1083	ZK69 + 055.000	69055	2788328.262	513705.228	1705.827	−1371738	−4474772	1705827
1084	ZK69 + 060.000	69060	2788327.702	513700.260	1705.802	−1372298	−4479740	1705802
1085	ZK69 + 065.000	69065	2788327.157	513695.289	1705.777	−1372843	−4484711	1705777
1086	ZK69 + 070.000	69070	2788326.626	513690.318	1705.752	−1373374	−4489682	1705752
1087	ZK69 + 075.000	69075	2788326.110	513685.344	1705.727	−1373890	−4494656	1705727
1088	ZK69 + 080.000	69080	2788325.609	513680.370	1705.702	−1374391	−4499630	1705702
1089	ZK69 + 085.000	69085	2788325.122	513675.393	1705.677	−1374878	−4504607	1705677

续表

序号	桩号	桩号	坐标		高程/m	5	6	7
			X/m	Y/m		X/mm	Y/mm	Z/mm
1090	ZK69+090.000	69090	2788324.650	513670.416	1705.652	−1375350	−4509584	1705652
1091	ZK69+095.000	69095	2788324.192	513665.437	1705.627	−1375808	−4514563	1705627
1092	ZK69+100.000	69100	2788323.749	513660.456	1705.602	−1376251	−4519544	1705602
1093	ZK69+105.000	69105	2788323.321	513655.475	1705.577	−1376679	−4524525	1705577
1094	ZK69+110.000	69110	2788322.908	513650.492	1705.552	−1377092	−4529508	1705552
1095	ZK69+115.000	69115	2788322.509	513645.508	1705.527	−1377491	−4534492	1705527
1096	ZK69+120.000	69120	2788322.125	513640.523	1705.502	−1377875	−4539477	1705502
1097	ZK69+125.000	69125	2788321.755	513635.536	1705.477	−1378245	−4544464	1705477
1098	ZK69+130.000	69130	2788321.400	513630.549	1705.452	−1378600	−4549451	1705452
1099	ZK69+135.000	69135	2788321.060	513625.560	1705.427	−1378940	−4554440	1705427
1100	ZK69+140.000	69140	2788320.734	513620.571	1705.402	−1379266	−4559429	1705402
1101	ZK69+145.000	69145	2788320.424	513615.581	1705.377	−1379576	−4564419	1705377
1102	ZK69+150.000	69150	2788320.127	513610.589	1705.352	−1379873	−4569411	1705352
1103	ZK69+155.000	69155	2788319.846	513605.597	1705.327	−1380154	−4574403	1705327

续表

序号	桩号	桩号	坐标		高程/m	5	6	7
			X/m	Y/m		X/mm	Y/mm	Z/mm
1104	ZK69 + 160.000	69160	2788319.579	513600.605	1705.302	−1380421	−4579395	1705302
1105	ZK69 + 165.000	69165	2788319.327	513595.611	1705.277	−1380673	−4584389	1705277
1106	ZK69 + 170.000	69170	2788319.089	513590.617	1705.252	−1380911	−4589383	1705252
1107	ZK69 + 175.000	69175	2788318.867	513585.621	1705.227	−1381133	−4594379	1705227
1108	ZK69 + 180.000	69180	2788318.659	513580.626	1705.202	−1381341	−4599374	1705202
1109	ZK69 + 185.000	69185	2788318.465	513575.630	1705.177	−1381535	−4604370	1705177
1110	ZK69 + 190.000	69190	2788318.286	513570.633	1705.152	−1381714	−4609367	1705152
1111	ZK69 + 195.000	69195	2788318.123	513565.635	1705.127	−1381877	−4614365	1705127
1112	ZK69 + 200.000	69200	2788317.973	513560.638	1705.102	−1382027	−4619362	1705102
1113	ZK69 + 205.000	69205	2788317.839	513555.640	1705.077	−1382161	−4624360	1705077
1114	ZK69 + 210.000	69210	2788317.719	513550.641	1705.052	−1382281	−4629359	1705052
1115	ZK69 + 215.000	69215	2788317.614	513545.642	1705.027	−1382386	−4634358	1705027
1116	ZK69 + 218.710	69218.71	2788317.545	513541.932	1705.009	−1382455	−4638068	1705009
1117	ZK69 + 220.000	69220	2788317.523	513540.643	1705.003	−1382477	−4639357	1705003

6.5.2 横山村 2 号大桥右幅设计图纸数据整理

横山村 2 号大桥右幅设计图纸数据整理见表 6.42 ~ 表 6.46。

表 6.42 横山村 2 号大桥右幅上部结构预制梁参数数据整理

墩号	里程/（km/h）	盖梁横坡	T梁距离/mm							湿接缝距离/mm						梁面横坡
			1	2	3	4	5	6	7	1	2	3	4	5	6	
0	67594.94	0.028	−1250	−3650	−6050	−8450	−10850	−13250	−15650	−2450	−4850	−7250	−9650	−12050	−14450	0.0271
1	67634.94	0.0261	−1250	−3650	−6050	−8450	−10850	−13250	−15650	−2450	−4850	−7250	−9650	−12050	−14450	0.0252
2	67674.94	0.0242	−1250	−3650	−6050	−8450	−10850	−13250	−15650	−2450	−4850	−7250	−9650	−12050	−14450	0.0233
3	67714.94	0.0223	−1250	−3650	−6050	−8450	−10850	−13250	−15650	−2450	−4850	−7250	−9650	−12050	−14450	0.0214
4	67754.94	0.0204	−1250	−3650	−6050	−8450	−10850	−13250	−15650	−2450	−4850	−7250	−9650	−12050	−14450	0.0202
5	67794.95	0.02	−1250	−3650	−6050	−8450	−10850	−13250	−15650	−2450	−4850	−7250	−9650	−12050	−14450	0.0198
6	67834.95	0.0197	−1250	−3650	−6050	−8450	−10850	−13250	−15650	−2450	−4850	−7250	−9650	−12050	−14450	0.0152
7	67874.95	0.0108	−1250	−3650	−6050	−8450	−10850	−13250	−15650	−2450	−4850	−7250	−9650	−12050	−14450	0.0064
8	67914.95	0.0019	−1250	−3650	−6050	−8450	−10850	−13250	−15650	−2450	−4850	−7250	−9650	−12050	−14450	−0.0025
9	67954.95	-0.007	−1250	−3650	−6050	−8450	−10850	−13250	−15650	−2450	−4850	−7250	−9650	−12050	−14450	−0.0114

续表

墩号	里程/(km/h)	盖梁横坡	T 梁距离/mm							湿接缝距离/mm						梁面横坡
			1	2	3	4	5	6	7	1	2	3	4	5	6	
10	67994.96	−0.0159	−1250	−3650	−6050	−8450	−10850	−13250	−15650	−2450	−4850	−7250	−9650	−12050	−14450	−0.0179
11	68034.96	−0.02	−1250	−3650	−6050	−8450	−10850	−13250	−15650	−2450	−4850	−7250	−9650	−12050	−14450	−0.02
12	68074.96	−0.02	−1250	−3650	−6050	−8450	−10850	−13250	−15650	−2450	−4850	−7250	−9650	−12050	−14450	−0.02
13	68114.96	−0.02	−1250	−3650	−6050	−8450	−10850	−13250	−15650	−2450	−4850	−7250	−9650	−12050	−14450	−0.02
14	68154.97	−0.02	−1250	−3650	−6050	−8450	−10850	−13250	−15650	−2450	−4850	−7250	−9650	−12050	−14450	−0.02
15	68194.97	−0.02	−1250	−3650	−6050	−8450	−10850	−13250	−15650	−2450	−4850	−7250	−9650	−12050	−14450	−0.019
16	68234.97	−0.0179	−1250	−3650	−6050	−8450	−10850	−13250	−15650	−2450	−4850	−7250	−9650	−12050	−14450	−0.0135
17	68274.98	−0.009	−1250	−3650	−6050	−8450	−10850	−13250	−15650	−2450	−4850	−7250	−9650	−12050	−14450	−0.0046
18	68314.98	−0.002	−1250	−3650	−6050	−8450	−10850	−13250	−15650	−2450	−4850	−7250	−9650	−12050	−14450	0.0043
19	68354.98	0.0087	−1250	−3650	−6050	−8450	−10850	−13250	−15650	−2450	−4850	−7250	−9650	−12050	−14450	0.0132
20	68394.98	0.0176	−1250	−3650	−6050	−8450	−10850	−13250	−15650	−2450	−4850	−7250	−9650	−12050	−14450	0.0188
21	68434.98	0.02	−1250	−3650	−6050	−8450	−10850	−13250	−15650	−2450	−4850	−7250	−9650	−12050	−14450	

表 6.43 横山村 2 号大桥右幅垫石参数数据整理

墩号	里程 /（km/h）	右幅盖梁横坡	T 梁距离 1 /mm	T 梁距离 2 /mm	T 梁距离 3 /mm	T 梁距离 4 /mm	T 梁距离 5 /mm	T 梁距离 6 /mm	T 梁距离 7 /mm
0	67595.44	0.028	−1250	−3650	−6050	−8450	−10850	−13250	−15650
1	67634.94	0.0261	−1250	−3650	−6050	−8450	−10850	−13250	−15650
2	67674.94	0.0242	−1250	−3650	−6050	−8450	−10850	−13250	−15650
3	67714.39	0.0223	−1250	−3650	−6050	−8450	−10850	−13250	−15650
3	67715.49	0.0223	−1250	−3650	−6050	−8450	−10850	−13250	−15650
4	67754.94	0.0204	−1250	−3650	−6050	−8450	−10850	−13250	−15650
5	67794.95	0.02	−1250	−3650	−6050	−8450	−10850	−13250	−15650
6	67834.95	0.0197	−1250	−3650	−6050	−8450	−10850	−13250	−15650
7	67874.4	0.0108	−1250	−3650	−6050	−8450	−10850	−13250	−15650
7	67875.5	0.0108	−1250	−3650	−6050	−8450	−10850	−13250	−15650
8	67914.95	0.0019	−1250	−3650	−6050	−8450	−10850	−13250	−15650
9	67954.95	−0.007	−1250	−3650	−6050	−8450	−10850	−13250	−15650
10	67994.41	−0.0159	−1250	−3650	−6050	−8450	−10850	−13250	−15650
10	67995.51	−0.0159	−1250	−3650	−6050	−8450	−10850	−13250	−15650

续表

墩号	里程 /（km/h）	右幅盖梁横坡	T 梁距离 1 /mm	T 梁距离 2 /mm	T 梁距离 3 /mm	T 梁距离 4 /mm	T 梁距离 5 /mm	T 梁距离 6 /mm	T 梁距离 7 /mm
11	68034.96	−0.02	−1250	−3650	−6050	−8450	−10850	−13250	−15650
12	68074.96	−0.02	−1250	−3650	−6050	−8450	−10850	−13250	−15650
13	68114.41	−0.02	−1250	−3650	−6050	−8450	−10850	−13250	−15650
13	68115.51	−0.02	−1250	−3650	−6050	−8450	−10850	−13250	−15650
14	68154.97	−0.02	−1250	−3650	−6050	−8450	−10850	−13250	−15650
15	68194.97	−0.02	−1250	−3650	−6050	−8450	−10850	−13250	−15650
16	68234.97	−0.0179	−1250	−3650	−6050	−8450	−10850	−13250	−15650
17	68274.98	−0.009	−1250	−3650	−6050	−8450	−10850	−13250	−15650
18	68314.43	−0.002	−1250	−3650	−6050	−8450	−10850	−13250	−15650
18	68315.53	−0.002	−1250	−3650	−6050	−8450	−10850	−13250	−15650
19	68354.98	0.0087	−1250	−3650	−6050	−8450	−10850	−13250	−15650
20	68394.98	0.0176	−1250	−3650	−6050	−8450	−10850	−13250	−15650
21	68434.48	0.02	−1250	−3650	−6050	−8450	−10850	−13250	−15650

表 6.44 横山村 2 号大桥右幅桩基参数数据整理

构件名称	N 坐标	E 坐标	X	Y	桩顶标高 /m	桩底标高 /m	桩径 /mm	桩长 /mm
1#-桩基-1	2788661.635	515080.665	−1038365	−3099335	1701.72	1680.72	2200	21000
1#-桩基-2	2788670.543	515079.378	−1029457	−3100622	1697.49	1676.49	2200	21000
2#-桩基-1	2788656.21	515041.086	−1043790	−3138914	1698.81	1675.81	2200	23000
2#-桩基-2	2788665.133	515039.915	−1034867	−3140085	1694.59	1671.59	2200	23000
3#-桩基-1	2788651.474	515003.667	−1048526	−3176333	1680.19	1655.19	1800	25000
3#-桩基-2	2788650.925	514999.2	−1049075	−3180800	1680.19	1655.19	1800	25000
3#-桩基-3	2788660.407	515002.558	−1039593	−3177442	1680.19	1655.19	1800	25000
3#-桩基-4	2788659.858	514998.102	−1040142	−3181898	1680.19	1655.19	1800	25000
4#-桩基-1	2788646.683	514963.363	−1053317	−3216637	1680.3	1667.3	1800	13000
4#-桩基-2	2788646.149	514959.5	−1053851	−3220500	1680.3	1667.3	1800	13000
4#-桩基-3	2788655.619	514952.9	−1044381	−3217100	1680.3	1667.3	1800	13000
4#-桩基-4	2788655.085	514958.432	−1044915	−3221568	1680.3	1667.3	1800	13000
5#-桩基-1	2788641.94	514924.247	−1058060	−3255753	1679.39	1661.39	1800	18000
5#-桩基-2	2788641.402	514919.779	−1058598	−3260221	1679.39	1661.39	1800	18000
5#-桩基-3	2788650.875	514923.172	−1049125	−3256828	1679.39	1661.39	1800	18000
5#-桩基-4	2788650.338	514918.704	−1049662	−3261296	1679.39	1661.39	1800	18000

续表

构件名称	N 坐标	E 坐标	X	Y	桩顶标高/m	桩底标高/m	桩径/mm	桩长/mm
6#-桩基-1	2788637.111	514884.522	−1062889	−3295478	1675.69	1651.69	1800	24000
6#-桩基-2	2788636.556	514880.057	−1063444	−3299943	1675.69	1651.69	1800	24000
6#-桩基-3	2788646.042	514883.414	−1053958	−3296586	1681.51	1657.51	1800	24000
6#-桩基-4	2788645.488	514878.948	−1054512	−3301052	1681.51	1657.51	1800	24000
7#-桩基-1	2788631.805	514842.578	−1068195	−3337422	1683.38	1659.38	2200	24000
7#-桩基-2	2788640.729	514841.41	−1059271	−3338590	1689.28	1664.28	2200	25000
8#-桩基-1	2788626.453	514802.897	−1073547	−3377103	1701.61	1673.61	2000	28000
8#-桩基-2	2788635.365	514801.643	−1064635	−3378357	1710.59	1682.59	2000	28000
9#-桩基-1	2788620.663	514763.265	−1079337	−3416735	1701.88	1677.88	2000	24000
9#-桩基-2	2788629.559	514761.901	−1070441	−3418099	1709.95	1685.95	2000	24000
10#-桩基-1	2788614.319	514723.706	−1085681	−3456294	1694.2	1669.2	2000	25000
10#-桩基-2	2788623.193	514722.205	−1076807	−3457795	1700.34	1674.34	2000	26000
11#-桩基-1	2788607.296	514684.251	−1092704	−3495749	1685.55	1659.55	2200	26000
11#-桩基-2	2788616.142	514682.591	−1083858	−3497409	1689.73	1663.73	2200	26000
12#-桩基-1	2788599.551	514644.93	−1100449	−3535070	1677.92	1650.92	2200	27000
12#-桩基-2	2788608.365	514643.11	−1091635	−3536890	1683.1	1655.1	2200	28000

续表

构件名称	N 坐标	E 坐标	X	Y	桩顶标高 /m	桩底标高 /m	桩径 /mm	桩长 /mm
13#-桩基-1	2788591.587	514607.951	−1108413	−3572049	1665.83	1646.83	1800	19000
13#-桩基-2	2788590.597	514603.561	−1109403	−3576439	1665.83	1646.83	1800	19000
13#-桩基-3	2788600.366	514605.972	−1099634	−3574028	1671.01	1651.01	1800	20000
13#-桩基-4	2788599.377	514601.582	−1100623	−3578418	1671.01	1651.01	1800	20000
14#-桩基-1	2788581.606	514569.652	−1118394	−3610348	1653.28	1629.28	2200	24000
14#-桩基-2	2788586.949	514568.344	−1113051	−3611656	1653.28	1629.28	2200	24000
14#-桩基-3	2788592.291	514567.037	−1107709	−3612963	1653.28	1629.28	2200	24000
14#-桩基-4	2788580.299	514564.309	−1119701	−3615691	1653.28	1629.28	2200	24000
14#-桩基-5	2788585.642	514563.002	−1114358	−3616998	1653.28	1629.28	2200	24000
14#-桩基-6	2788590.984	514561.695	−1109016	−3618305	1653.28	1629.28	2200	24000
15#-桩基-1	2788571.782	514530.817	−1128218	−3649183	1636.78	1610.78	2200	26000
15#-桩基-2	2788577.099	514529.413	−1122901	−3650587	1636.78	1610.78	2200	26000
15#-桩基-3	2788582.417	514528.009	−1117583	−3651991	1636.78	1610.78	2200	26000
15#-桩基-4	2788570.378	514525.499	−1129622	−3654501	1636.78	1610.78	2200	26000
15#-桩基-5	2788575.695	514524.095	−1124305	−3655905	1636.78	1610.78	2200	26000
15#-桩基-6	2788581.013	514522.691	−1118987	−3657309	1636.78	1610.78	2200	26000

续表

构件名称	N 坐标	E 坐标	X	Y	桩顶标高/m	桩底标高/m	桩径/mm	桩长/mm
16#-桩基-1	2788561.243	514492.17	−1138757	−3687830	1621.31	1587.31	2200	34000
16#-桩基-2	2788566.535	514490.67	−1133465	−3689330	1621.31	1587.31	2200	34000
16#-桩基-3	2788571.826	514489.17	−1128174	−3690830	1621.31	1587.31	2200	34000
16#-桩基-4	2788559.743	514486.879	−1140257	−3693121	1621.31	1587.31	2200	34000
16#-桩基-5	2788565.035	514485.379	−1134965	−3694621	1621.31	1587.31	2200	34000
16#-桩基-6	2788570.326	514483.878	−1129674	−3696122	1621.31	1587.31	2200	34000
17#-桩基-1	2788550.02	514453.723	−1149980	−3726277	1636.83	1606.83	2200	30000
17#-桩基-2	2788555.287	514452.138	−1144713	−3727862	1636.83	1606.83	2200	30000
17#-桩基-3	2788560.553	514450.553	−1139447	−3729447	1636.83	1606.83	2200	30000
17#-桩基-4	2788548.435	514448.456	−1151565	−3731544	1636.83	1606.83	2200	30000
17#-桩基-5	2788553.702	514446.872	−1146298	−3733128	1636.83	1606.83	2200	30000
17#-桩基-6	2788558.969	514445.287	−1141031	−3734713	1636.83	1606.83	2200	30000
18#-桩基-1	2788538.232	514415.456	−1161768	−3764544	1649.24	1623.24	2200	26000
18#-桩基-2	2788543.477	514413.802	−1156523	−3766198	1649.24	1623.24	2200	26000
18#-桩基-3	2788548.722	514412.148	−1151278	−3767852	1649.24	1623.24	2200	26000
18#-桩基-4	2788536.578	514410.21	−1163422	−3769790	1649.24	1623.24	2200	26000

续表

构件名称	N 坐标	E 坐标	X	Y	桩顶标高/m	桩底标高/m	桩径/mm	桩长/mm
18#-桩基-5	2788541.823	514408.556	−1158177	−3771444	1649.24	1623.24	2200	26000
18#-桩基-6	2788547.069	514406.902	−1152931	−3773098	1649.24	1623.24	2200	26000
19#-桩基-1	2788526.788	514376.553	−1173212	−3803447	1667.05	1639.05	1800	28000
19#-桩基-2	2788525.391	514372.276	−1174609	−3807724	1667.05	1639.05	1800	28000
19#-桩基-3	2788535.343	514373.759	−1164657	−3806241	1667.05	1639.05	1800	28000
19#-桩基-4	2788533.946	514369.482	−1166054	−3810518	1667.05	1639.05	1800	28000
20#-桩基-1	2788513.49	514336.417	−1186510	−3843583	1693.15	1671.15	2000	22000
20#-桩基-2	2788522.025	514333.561	−1177975	−3846439	1693.15	1671.15	2000	22000

表 6.45 横山村 2 号大桥右幅承台参数数据整理

构件名称	N 坐标	E 坐标	X	Y	承台底标高/m	承台顶标高/m	承台高/mm	顺桥向尺寸/cm	横桥向尺寸/cm	顺桥方向	横桥方向
1#-承台-1	2788661.64	515080.665	−1038365	−3099335	1701.72	1703.72	2000	300	300	3000	3000
1#-承台-2	2788670.54	515079.378	−1029457	−3100622	1697.49	1699.49	2000	300	300	3000	3000
2#-承台-1	2788656.21	515041.086	−1043790	−3138914	1698.81	1700.81	2000	300	300	3000	3000
2#-承台-2	2788665.13	515039.915	−1034867	−3140085	1694.59	1696.59	2000	300	300	3000	3000

续表

构件名称	N坐标	E坐标	X	Y	承台底标高/m	承台顶标高/m	承台高/mm	顺桥向尺寸/cm	横桥向尺寸/cm	顺桥方向	横桥方向
3#-承台-1	2788651.47	515003.667	−1048526	−3176333	1680.19	1682.69	2500	750	300	7500	3000
3#-承台-2	2788660.41	515002.558	−1039593	−3177442	1680.19	1682.69	2500	750	300	7500	3000
4#-承台-1	2788646.68	514963.363	−1053317	−3216637	1680.30	1682.80	2500	750	300	7500	3000
4#-承台-2	2788655.62	514962.9	−1044381	−3217100	1680.30	1682.80	2500	750	300	7500	3000
5#-承台-1	2788641.94	514924.247	−1058060	−3255753	1679.39	1681.89	2500	750	300	7500	3000
5#-承台-2	2788650.88	514923.172	−1049125	−3256828	1679.39	1681.89	2500	750	300	7500	3000
6#-承台-1	2788637.11	514884.522	−1062889	−3295478	1675.69	1678.19	2500	750	300	7500	3000
6#-承台-2	2788646.04	514883.414	−1053958	−3296586	1681.51	1684.01	2500	750	300	7500	3000
7#-承台-1	2788631.81	514842.578	−1068195	−3337422	1683.38	1685.38	2000	300	300	3000	3000
7#-承台-2	2788640.73	514841.41	−1059271	−3338590	1689.28	1691.28	2000	300	300	3000	3000
8#-承台-1	2788626.45	514802.897	−1073547	−3377103	1701.61	1703.61	2000	280	280	2800	2800
8#-承台-2	2788635.37	514801.643	−1064635	−3378357	1710.59	1710.59	0	0	0	0	0
9#-承台-1	2788620.66	514763.265	−1079337	−3416735	1701.88	1703.88	2000	280	280	2800	2800
9#-承台-2	2788629.56	514761.901	−1070441	−3418099	1709.95	1709.95	0	0	0	0	0
10#-承台-1	2788614.32	514723.706	−1085681	−3456294	1694.20	1696.20	2000	280	280	2800	2800

续表

构件名称	N 坐标	E 坐标	X	Y	承台底标高/m	承台顶标高/m	承台高/mm	顺桥向尺寸/cm	横桥向尺寸/cm	顺桥方向	横桥方向
10#-承台-2	2788623.19	514722.205	−1076807	−3457795	1700.34	1702.34	2000	280	280	2800	2800
11#-承台-1	2788607.3	514684.251	−1092704	−3495749	1685.55	1687.55	2000	300	300	3000	3000
11#-承台-2	2788616.14	514682.591	−1083858	−3497409	1689.73	1691.73	2000	300	300	3000	3000
12#-承台-1	2788599.55	514644.93	−1100449	−3535070	1677.92	1679.92	2000	300	300	3000	3000
12#-承台-2	2788608.37	514643.11	−1091635	−3536890	1683.10	1685.10	2000	300	300	3000	3000
13#-承台-1	2788591.59	514607.951	−1108413	−3572049	1665.83	1668.33	2500	750	300	7500	3000
13#-承台-2	2788600.37	514605.972	−1099634	−3574028	1671.01	1673.51	2500	750	300	7500	3000
14#-承台-1	2788581.61	514569.652	−1118394	−3610348	1653.28	1656.78	3500	910	1460	9100	14600
15#-承台-1	2788571.78	514530.817	−1128218	−3649183	1636.78	1640.28	3500	910	1460	9100	14600
16#-承台-1	2788561.24	514492.17	−1138757	−3687830	1621.31	1624.81	3500	910	1460	9100	14600
17#-承台-1	2788550.02	514453.723	−1149980	−3726277	1636.83	1640.33	3500	910	1460	9100	14600
18#-承台-1	2788538.23	514415.456	−1161768	−3764544	1649.24	1652.74	3500	910	1460	9100	14600
19#-承台-1	2788526.79	514376.553	−1173212	−3803447	1667.05	1669.55	2500	750	300	7500	3000
19#-承台-2	2788535.34	514373.759	−1164657	−3806241	1667.05	1669.55	2500	750	300	7500	3000
20#-承台-1	2788513.49	514336.417	−1186510	−3843583	1693.15	1695.15	2000	280	280	2800	2800
20#-承台-2	2788522.03	514333.561	−1177975	−3846439	1693.15	1695.15	2000	280	280	2800	2800

表 6.46 横山村 2 号大桥右幅坐标参数数据整理

序号	桩号	桩号	坐标		高程/m	X/mm	Y/mm	Z/mm
			X/m	Y/m				
779	K67＋585.000	67585	2788665.432	515130.576	1722.771	−1034568	−3049424	1722771
780	K67＋590.000	67590	2788664.611	515125.644	1722.656	−1035389	−3054356	1722656
781	K67＋595.000	67595	2788663.802	515120.709	1722.541	−1036198	−3059291	1722541
782	K67＋600.000	67600	2788663.006	515115.773	1722.426	−1036994	−3064227	1722426
783	K67＋605.000	67605	2788662.222	515110.835	1722.311	−1037778	−3069165	1722311
784	K67＋610.000	67610	2788661.450	515105.895	1722.196	−1038550	−3074105	1722196
785	K67＋615.000	67615	2788660.688	515100.953	1722.081	−1039312	−3079047	1722081
786	K67＋620.000	67620	2788659.938	515096.010	1721.966	−1040062	−3083990	1721966
787	K67＋625.000	67625	2788659.198	515091.065	1721.851	−1040802	−3088935	1721851
788	K67＋630.000	67630	2788658.469	515086.118	1721.736	−1041531	−3093882	1721736
789	K67＋635.000	67635	2788657.749	515081.170	1721.621	−1042251	−3098830	1721621
790	K67＋640.000	67640	2788657.039	515076.221	1721.506	−1042961	−3103779	1721506
791	K67＋645.000	67645	2788656.338	515071.271	1721.391	−1043662	−3108729	1721391
792	K67＋650.000	67650	2788655.646	515066.319	1721.276	−1044354	−3113681	1721276
793	K67＋655.000	67655	2788654.962	515061.366	1721.161	−1045038	−3118634	1721161
794	K67＋660.000	67660	2788654.286	515056.412	1721.046	−1045714	−3123588	1721046

续表

序号	桩号	桩号	坐标		高程/m	X/mm	Y/mm	Z/mm
			X/m	Y/m				
795	K67 + 665.000	67665	2788653.617	515051.457	1720.931	−1046383	−3128543	1720931
796	K67 + 670.000	67670	2788652.956	515046.500	1720.816	−1047044	−3133500	1720816
797	K67 + 675.000	67675	2788652.302	515041.543	1720.701	−1047698	−3138457	1720701
798	K67 + 680.000	67680	2788651.655	515036.586	1720.586	−1048345	−3143414	1720586
799	K67 + 685.000	67685	2788651.013	515031.627	1720.471	−1048987	−3148373	1720471
800	K67 + 690.000	67690	2788650.378	515026.667	1720.356	−1049622	−3153333	1720356
801	K67 + 695.000	67695	2788649.747	515021.707	1720.241	−1050253	−3158293	1720241
802	K67 + 700.000	67700	2788649.122	515016.747	1720.126	−1050878	−3163253	1720126
803	K67 + 705.000	67705	2788648.502	515011.785	1720.011	−1051498	−3168215	1720011
804	K67 + 710.000	67710	2788647.885	515006.823	1719.896	−1052115	−3173177	1719896
805	K67 + 715.000	67715	2788647.273	515001.861	1719.781	−1052727	−3178139	1719781
806	K67 + 720.000	67720	2788646.665	514996.898	1719.666	−1053335	−3183102	1719666
807	K67 + 725.000	67725	2788646.059	514991.935	1719.551	−1053941	−3188065	1719551
808	K67 + 730.000	67730	2788645.457	514986.971	1719.436	−1054543	−3193029	1719436
809	K67 + 735.000	67735	2788644.857	514982.007	1719.321	−1055143	−3197993	1719321

续表

序号	桩号	桩号	坐标		高程/m	X/mm	Y/mm	Z/mm
			X/m	Y/m				
810	K67 + 740.000	67740	2788644.259	514977.043	1719.206	−1055741	−3202957	1719206
811	K67 + 745.000	67745	2788643.663	514972.079	1719.091	−1056337	−3207921	1719091
812	K67 + 750.000	67750	2788643.068	514967.114	1718.976	−1056932	−3212886	1718976
813	K67 + 755.000	67755	2788642.474	514962.150	1718.861	−1057526	−3217850	1718861
814	K67 + 760.000	67760	2788641.881	514957.185	1718.746	−1058119	−3222815	1718746
815	K67 + 763.582	67764	2788641.456	514953.628	1718.664	−1058544	−3226372	1718664
816	K67 + 765.000	67765	2788641.288	514952.221	1718.631	−1058712	−3227779	1718631
817	K67 + 770.000	67770	2788640.695	514947.256	1718.516	−1059305	−3232744	1718516
818	K67 + 775.000	67775	2788640.102	514942.291	1718.401	−1059898	−3237709	1718401
819	K67 + 776.027	67776	2788639.980	514941.271	1718.378	−1060020	−3238729	1718378
820	K67 + 780.000	67780	2788639.508	514937.327	1718.287	−1060492	−3242673	1718287
821	K67 + 785.000	67785	2788638.913	514932.362	1718.173	−1061087	−3247638	1718173
822	K67 + 790.000	67790	2788638.318	514927.398	1718.059	−1061682	−3252602	1718059
823	K67 + 795.000	67795	2788637.721	514922.433	1717.946	−1062279	−3257567	1717946
824	K67 + 800.000	67800	2788637.123	514917.469	1717.834	−1062877	−3262531	1717834

续表

序号	桩号	桩号	坐标		高程/m	X/mm	Y/mm	Z/mm
			X/m	Y/m				
825	K67 + 805.000	67805	2788636.523	514912.505	1717.723	−1063477	−3267495	1717723
826	K67 + 810.000	67810	2788635.922	514907.542	1717.612	−1064078	−3272458	1717612
827	K67 + 815.000	67815	2788635.318	514902.578	1717.501	−1064682	−3277422	1717501
828	K67 + 820.000	67820	2788634.712	514897.615	1717.392	−1065288	−3282385	1717392
829	K67 + 825.000	67825	2788634.103	514892.652	1717.283	−1065897	−3287348	1717283
830	K67 + 830.000	67830	2788633.492	514887.690	1717.175	−1066508	−3292310	1717175
831	K67 + 835.000	67835	2788632.878	514882.728	1717.067	−1067122	−3297272	1717067
832	K67 + 840.000	67840	2788632.260	514877.766	1716.960	−1067740	−3302234	1716960
833	K67 + 845.000	67845	2788631.639	514872.805	1716.854	−1068361	−3307195	1716854
834	K67 + 850.000	67850	2788631.014	514867.844	1716.748	−1068986	−3312156	1716748
835	K67 + 855.000	67855	2788630.386	514862.883	1716.644	−1069614	−3317117	1716644
836	K67 + 860.000	67860	2788629.753	514857.924	1716.539	−1070247	−3322076	1716539
837	K67 + 865.000	67865	2788629.116	514852.964	1716.436	−1070884	−3327036	1716436
838	K67 + 870.000	67870	2788628.474	514848.006	1716.333	−1071526	−3331994	1716333
839	K67 + 875.000	67875	2788627.828	514843.048	1716.230	−1072172	−3336952	1716230

续表

序号	桩号	桩号	坐标		高程/m	X/mm	Y/mm	Z/mm
			X/m	Y/m				
840	K67 + 880.000	67880	2788627.177	514838.090	1716.129	−1072823	−3341910	1716129
841	K67 + 885.000	67885	2788626.520	514833.134	1716.028	−1073480	−3346866	1716028
842	K67 + 890.000	67890	2788625.858	514828.178	1715.927	−1074142	−3351822	1715927
843	K67 + 895.000	67895	2788625.190	514823.223	1715.828	−1074810	−3356777	1715828
844	K67 + 900.000	67900	2788624.516	514818.268	1715.729	−1075484	−3361732	1715729
845	K67 + 905.000	67905	2788623.836	514813.315	1715.630	−1076164	−3366685	1715630
846	K67 + 910.000	67910	2788623.150	514808.362	1715.533	−1076850	−3371638	1715533
847	K67 + 915.000	67915	2788622.457	514803.410	1715.436	−1077543	−3376590	1715436
848	K67 + 920.000	67920	2788621.757	514798.459	1715.339	−1078243	−3381541	1715339
849	K67 + 925.000	67925	2788621.051	514793.510	1715.244	−1078949	−3386490	1715244
850	K67 + 930.000	67930	2788620.337	514788.561	1715.148	−1079663	−3391439	1715148
851	K67 + 935.000	67935	2788619.615	514783.613	1715.054	−1080385	−3396387	1715054
852	K67 + 940.000	67940	2788618.886	514778.667	1714.960	−1081114	−3401333	1714960
853	K67 + 945.000	67945	2788618.149	514773.721	1714.867	−1081851	−3406279	1714867
854	K67 + 950.000	67950	2788617.404	514768.777	1714.775	−1082596	−3411223	1714775

续表

序号	桩号	桩号	坐标		高程/m	X/mm	Y/mm	Z/mm
			X/m	Y/m				
855	K67+955.000	67955	2788516.650	514763.834	1714.683	−1083350	−3416166	1714683
856	K67+960.000	67960	2788515.888	514758.893	1714.592	−1084112	−3421107	1714592
857	K67+965.000	67965	2788515.117	514753.952	1714.501	−1084883	−3426048	1714501
858	K67+970.000	67970	2788514.337	514749.014	1714.412	−1085663	−3430986	1714412
859	K67+975.000	67975	2788513.547	514744.076	1714.322	−1086453	−3435924	1714322
860	K67+980.000	67980	2788512.748	514739.141	1714.234	−1087252	−3440859	1714234
861	K67+985.000	67985	2788511.940	514734.206	1714.146	−1088060	−3445794	1714146
862	K67+990.000	67990	2788511.121	514729.274	1714.059	−1088879	−3450726	1714059
863	K67+995.000	67995	2788510.293	514724.343	1713.972	−1089707	−3455657	1713972
864	K68+000.000	68000	2788509.454	514719.414	1713.887	−1090546	−3460586	1713887
865	K68+005.000	68005	2788508.604	514714.487	1713.801	−1091396	−3465513	1713801
866	K68+010.000	68010	2788507.743	514709.561	1713.717	−1092257	−3470439	1713717
867	K68+013.582	68014	2788507.120	514706.033	1713.657	−1092880	−3473967	1713657
868	K68+015.000	68015	2788506.872	514704.638	1713.633	−1093128	−3475362	1713633
869	K68+020.000	68020	2788505.989	514699.716	1713.550	−1094011	−3480284	1713550

续表

序号	桩号	桩号	坐标		高程/m	X/mm	Y/mm	Z/mm
			X/m	Y/m				
870	K68 + 025.000	68025	2788605.096	514694.797	1713.467	−1094904	−3485203	1713467
871	K68 + 030.000	68030	2788604.190	514689.879	1713.385	−1095810	−3490121	1713385
872	K68 + 035.000	68035	2788603.274	514684.964	1713.304	−1096726	−3495036	1713304
873	K68 + 040.000	68040	2788602.347	514680.051	1713.223	−1097653	−3499949	1713223
874	K68 + 045.000	68045	2788601.408	514675.140	1713.143	−1098592	−3504860	1713143
875	K68 + 050.000	68050	2788600.459	514670.231	1713.064	−1099541	−3509769	1713064
876	K68 + 055.000	68055	2788599.498	514665.324	1712.986	−1100502	−3514676	1712986
877	K68 + 060.000	68060	2788598.526	514660.419	1712.908	−1101474	−3519581	1712908
878	K68 + 065.000	68065	2788597.543	514655.517	1712.830	−1102457	−3524483	1712830
879	K68 + 070.000	68070	2788596.549	514650.617	1712.754	−1103451	−3529383	1712754
880	K68 + 075.000	68075	2788595.543	514645.719	1712.678	−1104457	−3534281	1712678
881	K68 + 080.000	68080	2788594.527	514640.823	1712.602	−1105473	−3539177	1712602
882	K68 + 085.000	68085	2788593.499	514635.930	1712.528	−1106501	−3544070	1712528
883	K68 + 090.000	68090	2788592.460	514631.039	1712.454	−1107540	−3548961	1712454
884	K68 + 095.000	68095	2788591.410	514626.151	1712.380	−1108590	−3553849	1712380

续表

序号	桩号	桩号	坐标		高程/m	X/mm	Y/mm	Z/mm
			X/m	Y/m				
885	K68 + 100.000	68100	2788590.349	514621.264	1712.308	−1109651	−3558736	1712308
886	K68 + 105.000	68105	2788589.277	514616.381	1712.236	−1110723	−3563619	1712236
887	K68 + 110.000	68110	2788588.194	514611.499	1712.164	−1111806	−3568501	1712164
888	K68 + 115.000	68115	2788587.100	514606.621	1712.093	−1112900	−3573379	1712093
889	K68 + 118.023	68118	2788586.433	514603.672	1712.051	−1113567	−3576328	1712051
890	K68 + 119.642	68120	2788586.074	514602.093	1712.028	−1113926	−3577907	1712028
891	K68 + 120.000	68120	2788585.995	514601.744	1712.023	−1114005	−3578256	1712023
892	K68 + 125.000	68125	2788584.878	514596.871	1711.954	−1115122	−3583129	1711954
893	K68 + 130.000	68130	2788583.751	514591.999	1711.885	−1116249	−3588001	1711885
894	K68 + 135.000	68135	2788582.612	514587.131	1711.817	−1117388	−3592869	1711817
895	K68 + 140.000	68140	2788581.462	514582.265	1711.750	−1118538	−3597735	1711750
896	K68 + 145.000	68145	2788580.302	514577.401	1711.683	−1119698	−3602599	1711683
897	K68 + 150.000	68150	2788579.130	514572.541	1711.617	−1120870	−3607459	1711617
898	K68 + 155.000	68155	2788577.947	514567.682	1711.551	−1122053	−3612318	1711551
899	K68 + 160.000	68160	2788576.753	514562.827	1711.486	−1123247	−3617173	1711486

续表

序号	桩号	桩号	坐标		高程/m	X/mm	Y/mm	Z/mm
			X/m	Y/m				
900	K68+165.000	68165	2788575.548	514557.974	1711.422	−1124452	−3622026	1711422
901	K68+170.000	68170	2788574.333	514553.125	1711.359	−1125667	−3626875	1711359
902	K68+175.000	68175	2788573.106	514548.277	1711.296	−1126894	−3631723	1711296
903	K68+180.000	68180	2788571.868	514543.433	1711.234	−1128132	−3636567	1711234
904	K68+185.000	68185	2788570.619	514538.592	1711.172	−1129381	−3641408	1711172
905	K68+190.000	68190	2788569.359	514533.753	1711.111	−1130641	−3646247	1711111
906	K68+195.000	68195	2788568.088	514528.917	1711.051	−1131912	−3651083	1711051
907	K68+200.000	68200	2788566.806	514524.084	1710.992	−1133194	−3655916	1710992
908	K68+205.000	68205	2788565.513	514519.254	1710.933	−1134487	−3660746	1710933
909	K68+210.000	68210	2788564.209	514514.427	1710.875	−1135791	−3665573	1710875
910	K68+215.000	68215	2788562.894	514509.603	1710.817	−1137106	−3670397	1710817
911	K68+220.000	68220	2788561.569	514504.782	1710.760	−1138431	−3675218	1710760
912	K68+225.000	68225	2788560.232	514499.964	1710.704	−1139768	−3680036	1710704
913	K68+225.702	68226	2788560.043	514499.288	1710.696	−1139957	−3680712	1710696
914	K68+230.000	68230	2788558.884	514495.149	1710.648	−1141116	−3684851	1710648

续表

序号	桩号	桩号	坐标		高程/m	X/mm	Y/mm	Z/mm
			X/m	Y/m				
915	K68+235.000	68235	2788557.526	514490.337	1710.593	−1142474	−3689663	1710593
916	K68+240.000	68240	2788556.157	514485.528	1710.539	−1143843	−3694472	1710539
917	K68+245.000	68245	2788554.778	514480.722	1710.485	−1145222	−3699278	1710485
918	K68+250.000	68250	2788553.388	514475.919	1710.432	−1146612	−3704081	1710432
919	K68+255.000	68255	2788551.989	514471.119	1710.380	−1148011	−3708881	1710380
920	K68+260.000	68260	2788550.580	514466.322	1710.329	−1149420	−3713678	1710329
921	K68+265.000	68265	2788549.162	514461.527	1710.278	−1150838	−3718473	1710278
922	K68+270.000	68270	2788547.735	514456.735	1710.227	−1152265	−3723265	1710227
923	K68+275.000	68275	2788546.298	514451.946	1710.178	−1153702	−3728054	1710178
924	K68+280.000	68280	2788544.853	514447.159	1710.129	−1155147	−3732841	1710129
925	K68+285.000	68285	2788543.400	514442.375	1710.080	−1156600	−3737625	1710080
926	K68+290.000	68290	2788541.938	514437.594	1710.032	−1158062	−3742406	1710032
927	K68+295.000	68295	2788540.468	514432.815	1709.985	−1159532	−3747185	1709985
928	K68+300.000	68300	2788538.990	514428.038	1709.939	−1161010	−3751962	1709939
929	K68+305.000	68305	2788537.505	514423.264	1709.893	−1162495	−3756736	1709893

续表

序号	桩号	桩号	坐标		高程/m	X/mm	Y/mm	Z/mm
			X/m	Y/m				
930	K68 + 310.000	68310	2788536.012	514418.492	1709.848	−1163988	−3761508	1709848
931	K68 + 315.000	68315	2788534.512	514413.722	1709.804	−1165488	−3766278	1709804
932	K68 + 320.000	68320	2788533.005	514408.955	1709.760	−1166995	−3771045	1709760
933	K68 + 325.000	68325	2788531.491	514404.189	1709.717	−1168509	−3775811	1709717
934	K68 + 330.000	68330	2788529.971	514399.426	1709.675	−1170029	−3780574	1709675
935	K68 + 335.000	68335	2788528.444	514394.665	1709.633	−1171556	−3785335	1709633
936	K68 + 340.000	68340	2788526.912	514389.905	1709.592	−1173088	−3790095	1709592
937	K68 + 345.000	68345	2788525.373	514385.148	1709.551	−1174627	−3794852	1709551
938	K68 + 350.000	68350	2788523.829	514380.392	1709.511	−1176171	−3799608	1709511
939	K68 + 355.000	68355	2788522.279	514375.639	1709.472	−1177721	−3804361	1709472
940	K68 + 360.000	68360	2788520.724	514370.887	1709.434	−1179276	−3809113	1709434
941	K68 + 365.000	68365	2788519.165	514366.136	1709.396	−1180835	−3813864	1709396
942	K68 + 370.000	68370	2788517.600	514361.387	1709.359	−1182400	−3818613	1709359
943	K68 + 375.000	68375	2788516.031	514356.640	1709.322	−1183969	−3823360	1709322
944	K68 + 380.000	68380	2788514.457	514351.894	1709.286	−1185543	−3828106	1709286

续表

序号	桩号	桩号	坐标		高程/m	X/mm	Y/mm	Z/mm
			X/m	Y/m				
945	K68＋385.000	68385	2788512.880	514347.149	1709.251	−1187120	−3832851	1709251
946	K68＋390.000	68390	2788511.298	514342.406	1709.217	−1188702	−3837594	1709217
947	K68＋395.000	68395	2788509.713	514337.664	1709.183	−1190287	−3842336	1709183
948	K68＋400.000	68400	2788508.124	514332.923	1709.149	−1191876	−3847077	1709149
949	K68＋405.000	68405	2788506.532	514328.183	1709.117	−1193468	−3851817	1709117
950	K68＋410.000	68410	2788504.937	514323.445	1709.085	−1195063	−3856555	1709085
951	K68＋415.000	68415	2788503.339	514318.707	1709.054	−1196661	−3861293	1709054
952	K68＋420.000	68420	2788501.739	514313.970	1709.023	−1198261	−3866030	1709023
953	K68＋425.000	68425	2788500.136	514309.234	1708.993	−1199864	−3870766	1708993
954	K68＋430.000	68430	2788498.531	514304.498	1708.964	−1201469	−3875502	1708964
955	K68＋435.000	68435	2788496.924	514299.764	1708.935	−1203076	−3880236	1708935
956	K68＋440.000	68440	2788495.315	514295.030	1708.907	−1204685	−3884970	1708907
957	K68＋445.000	68445	2788493.705	514290.296	1708.880	−1206295	−3889704	1708880
958	K68＋450.000	68450	2788492.093	514285.563	1708.853	−1207907	−3894437	1708853
959	K68＋455.000	68455	2788490.480	514280.830	1708.827	−1209520	−3899170	1708827

续表

序号	桩号	桩号	坐标		高程/m	X/mm	Y/mm	Z/mm
			X/m	Y/m				
960	K68 + 460.000	68460	2788488.866	514276.098	1708.802	−1211134	−3903902	1708802
961	K68 + 460.019	68460	2788488.861	514276.080	1708.802	−1211139	−3903920	1708802
962	K68 + 465.000	68465	2788487.252	514271.365	1708.777	−1212748	−3908635	1708777
963	K68 + 470.000	68470	2788485.637	514266.633	1708.752	−1214363	−3913367	1708752
964	K68 + 475.000	68475	2788484.022	514261.901	1708.727	−1215978	−3918099	1708727
965	K68 + 475.701	68476	2788483.796	514261.237	1708.724	−1216204	−3918763	1708724
966	K68 + 480.000	68480	2788482.407	514257.169	1708.702	−1217593	−3922831	1708702
967	K68 + 485.000	68485	2788480.792	514252.437	1708.677	−1219208	−3927563	1708677
968	K68 + 490.000	68490	2788479.178	514247.705	1708.652	−1220822	−3932295	1708652
969	K68 + 495.000	68495	2788477.565	514242.972	1708.627	−1222435	−3937028	1708627
970	K68 + 500.000	68500	2788475.953	514238.239	1708.602	−1224047	−3941761	1708602
971	K68 + 505.000	68505	2788474.342	514233.506	1708.577	−1225658	−3946494	1708577
972	K68 + 510.000	68510	2788472.734	514228.771	1708.552	−1227266	−3951229	1708552
973	K68 + 515.000	68515	2788471.127	514224.037	1708.527	−1228873	−3955963	1708527
974	K68 + 520.000	68520	2788469.523	514219.301	1708.502	−1230477	−3960699	1708502

续表

序号	桩号	桩号	坐标		高程/m	X/mm	Y/mm	Z/mm
			X/m	Y/m				
975	K68 + 525.000	68525	2788467.921	514214.564	1708.477	−1232079	−3965436	1708477
976	K68 + 530.000	68530	2788466.323	514209.827	1708.452	−1233677	−3970173	1708452
977	K68 + 535.000	68535	2788464.728	514205.088	1708.427	−1235272	−3974912	1708427
978	K68 + 540.000	68540	2788463.137	514200.348	1708.402	−1236863	−3979652	1708402
979	K68 + 545.000	68545	2788461.550	514195.606	1708.377	−1238450	−3984394	1708377
980	K68 + 550.000	68550	2788459.967	514190.863	1708.352	−1240033	−3989137	1708352
981	K68 + 555.000	68555	2788458.389	514186.119	1708.327	−1241611	−3993881	1708327
982	K68 + 560.000	68560	2788456.816	514181.373	1708.302	−1243184	−3998627	1708302
983	K68 + 565.000	68565	2788455.248	514176.625	1708.277	−1244752	−4003375	1708277
984	K68 + 570.000	68570	2788453.686	514171.875	1708.252	−1246314	−4008125	1708252
985	K68 + 575.000	68575	2788452.130	514167.124	1708.227	−1247870	−4012876	1708227
986	K68 + 580.000	68580	2788450.580	514162.370	1708.202	−1249420	−4017630	1708202
987	K68 + 585.000	68585	2788449.036	514157.614	1708.177	−1250964	−4022386	1708177
988	K68 + 590.000	68590	2788447.500	514152.856	1708.152	−1252500	−4027144	1708152
989	K68 + 595.000	68595	2788445.970	514148.096	1708.127	−1254030	−4031904	1708127

续表

序号	桩号	桩号	坐标		高程/m	X/mm	Y/mm	Z/mm
			X/m	Y/m				
990	K68+600.000	68600	2788444.448	514143.333	1708.102	−1255552	−4036667	1708102
991	K68+605.000	68605	2788442.934	514138.568	1708.077	−1257066	−4041432	1708077
992	K68+610.000	68610	2788441.428	514133.800	1708.052	−1258572	−4046200	1708052
993	K68+615.000	68615	2788439.931	514129.030	1708.027	−1260069	−4050970	1708027
994	K68+620.000	68620	2788438.442	514124.256	1708.002	−1261558	−4055744	1708002
995	K68+625.000	68625	2788436.963	514119.480	1707.977	−1263037	−4060520	1707977
996	K68+630.000	68630	2788435.493	514114.701	1707.952	−1264507	−4065299	1707952
997	K68+635.000	68635	2788434.032	514109.919	1707.927	−1265968	−4070081	1707927
998	K68+640.000	68640	2788432.582	514105.134	1707.902	−1267418	−4074866	1707902
999	K68+645.000	68645	2788431.142	514100.346	1707.877	−1268858	−4079654	1707877
1000	K68+650.000	68650	2788429.713	514095.555	1707.852	−1270287	−4084445	1707852
1001	K68+655.000	68655	2788428.295	514090.760	1707.827	−1271705	−4089240	1707827
1002	K68+660.000	68660	2788426.888	514085.962	1707.802	−1273112	−4094038	1707802
1003	K68+665.000	68665	2788425.493	514081.160	1707.777	−1274507	−4098840	1707777
1004	K68+670.000	68670	2788424.110	514076.356	1707.752	−1275890	−4103644	1707752

续表

序号	桩号	桩号	坐标		高程/m	X/mm	Y/mm	Z/mm
			X/m	Y/m				
1005	K68+675.000	68675	2788422.740	514071.547	1707.727	−1277260	−4108453	1707727
1006	K68+680.000	68680	2788421.382	514066.735	1707.702	−1278618	−4113265	1707702
1007	K68+685.000	68685	2788420.037	514061.919	1707.677	−1279963	−4118081	1707677
1008	K68+685.701	68685	2788419.849	514061.243	1707.674	−1280151	−4118757	1707674
1009	K68+690.000	68690	2788418.705	514057.100	1707.652	−1281295	−4122900	1707652
1010	K68+695.000	68695	2788417.387	514052.277	1707.627	−1282613	−4127723	1707627
1011	K68+700.000	68700	2788416.082	514047.450	1707.602	−1283918	−4132550	1707602
1012	K68+705.000	68705	2788414.790	514042.620	1707.577	−1285210	−4137380	1707577
1013	K68+710.000	68710	2788413.512	514037.786	1707.552	−1286488	−4142214	1707552
1014	K68+715.000	68715	2788412.248	514032.948	1707.527	−1287752	−4147052	1707527
1015	K68+720.000	68720	2788410.997	514028.107	1707.502	−1289003	−4151893	1707502
1016	K68+725.000	68725	2788409.759	514023.263	1707.477	−1290241	−4156737	1707477
1017	K68+730.000	68730	2783408.535	514018.415	1707.452	−1291465	−4161585	1707452
1018	K68+735.000	68735	2783407.324	514013.564	1707.427	−1292676	−4166436	1707427
1019	K68+740.000	68740	2783406.127	514008.709	1707.402	−1293873	−4171291	1707402

续表

序号	桩号	桩号	坐标		高程/m	X/mm	Y/mm	Z/mm
			X/m	Y/m				
1020	K68＋745.000	68745	2788404.943	514003.852	1707.377	−1295057	−4176148	1707377
1021	K68＋750.000	68750	2788403.773	513998.991	1707.352	−1296227	−4181009	1707352
1022	K68＋755.000	68755	2788402.616	513994.126	1707.327	−1297384	−4185874	1707327
1023	K68＋760.000	68760	2788401.473	513989.259	1707.302	−1298527	−4190741	1707302
1024	K68＋765.000	68765	2788400.343	513984.388	1707.277	−1299657	−4195612	1707277
1025	K68＋770.000	68770	2788399.227	513979.514	1707.252	−1300773	−4200486	1707252
1026	K68＋775.000	68775	2788398.124	513974.637	1707.227	−1301876	−4205363	1707227
1027	K68＋780.000	68780	2788397.035	513969.757	1707.202	−1302965	−4210243	1707202
1028	K68＋785.000	68785	2788395.959	513964.874	1707.177	−1304041	−4215126	1707177
1029	K68＋790.000	68790	2788394.898	513959.988	1707.152	−1305102	−4220012	1707152
1030	K68＋795.000	68795	2788393.849	513955.100	1707.127	−1306151	−4224900	1707127
1031	K68＋800.000	68800	2788392.814	513950.208	1707.102	−1307186	−4229792	1707102
1032	K68＋805.000	68805	2788391.793	513945.313	1707.077	−1308207	−4234687	1707077
1033	K68＋810.000	68810	2788390.785	513940.416	1707.052	−1309215	−4239584	1707052
1034	K68＋815.000	68815	2788389.791	513935.516	1707.027	−1310209	−4244484	1707027
1035	K68＋820.000	68820	2788388.811	513930.613	1707.002	−1311189	−4249387	1707002

6.5.3 横山村 2 号大桥参数化族构件

横山村 2 号大桥参数化族构件如图 6.64 ~ 图 6.69 所示。

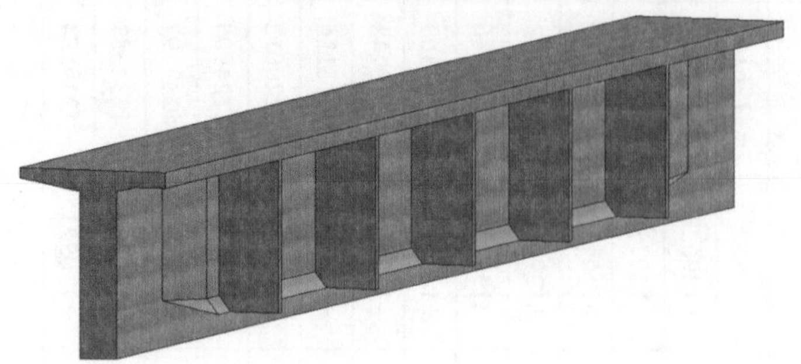

图 6.64 横山村 2 号大桥右边梁三维模型

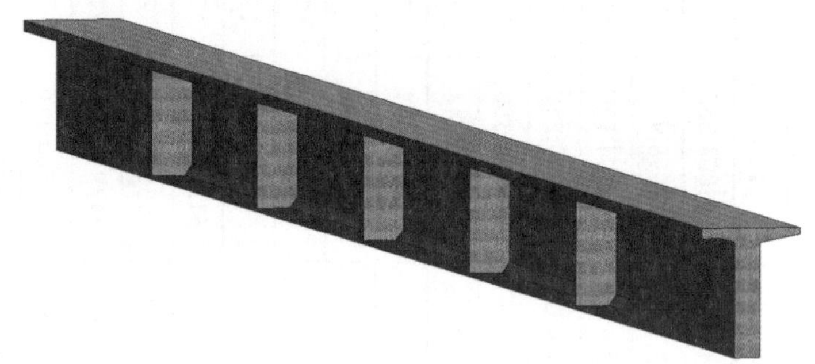

图 6.65 横山村 2 号大桥左边梁三维模型

图 6.66 横山村 2 号大桥左边梁三维模型

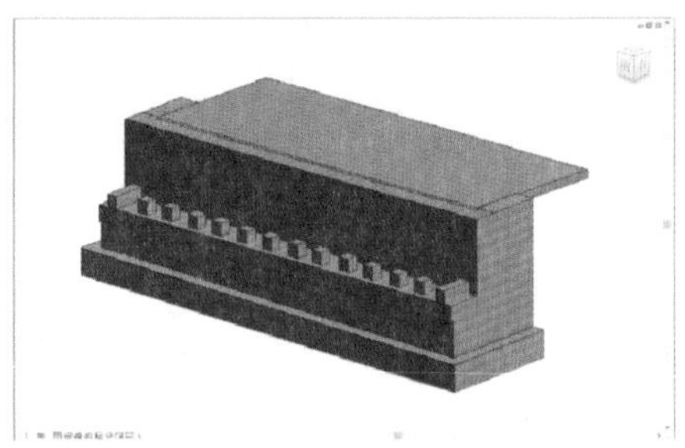
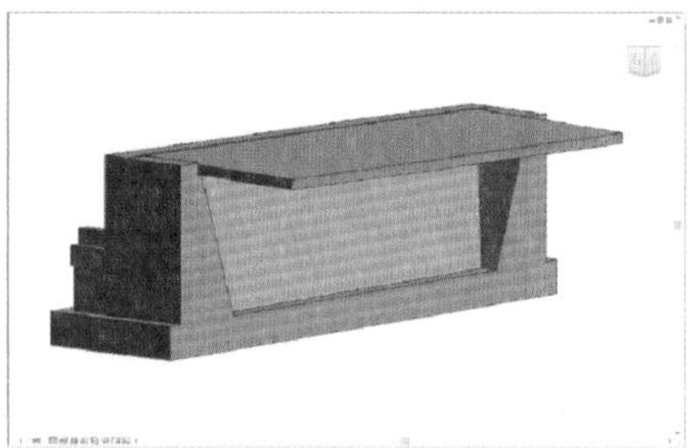

图 6.67 横山村 2 号大桥 0#桥台模型

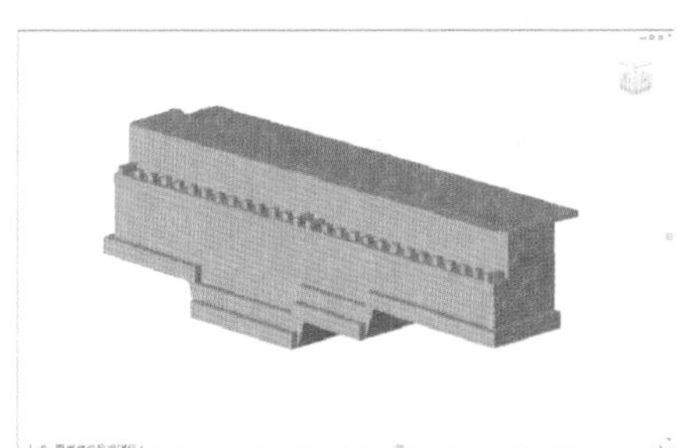
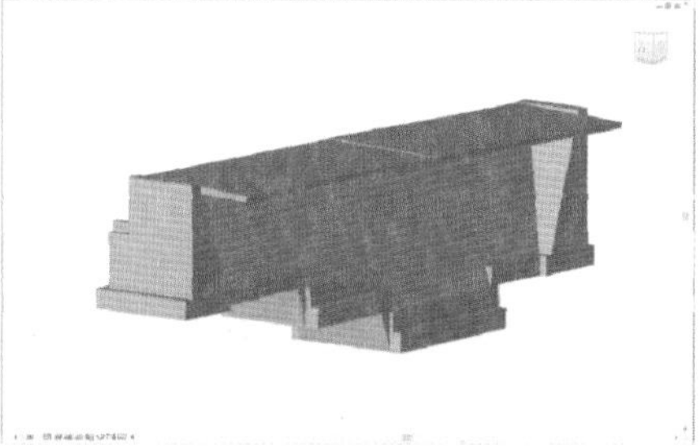

图 6.68 横山村 2 号大桥左幅 21#桥台模型

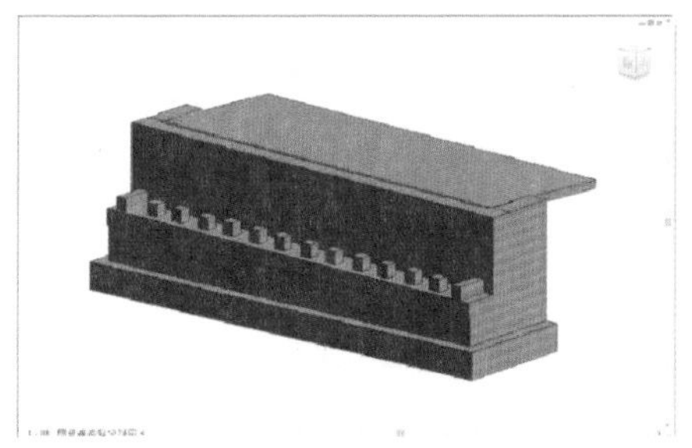

图 6.69 横山村 2 号大桥右幅 21#桥台

6.5.4 横山村 2 号大桥 Dynamo 参数化建模

横山村 2 号大桥 Dynamo 参数化建模如图 6.70、图 6.71 所示。

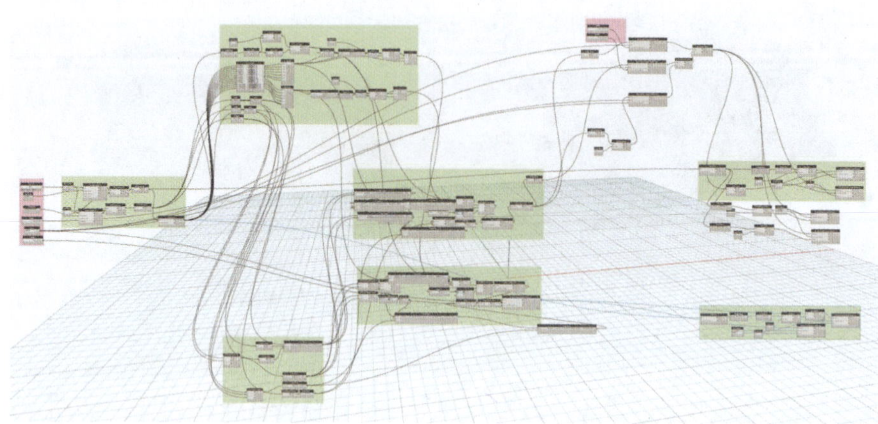

图 6.70 横山村 2 号大桥 Dynamo 参数化梁设计

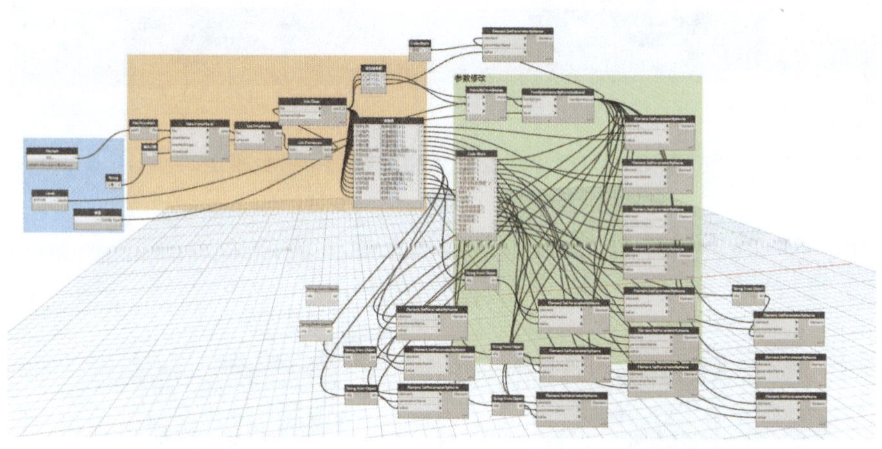

图 6.71 横山村 2 号大桥 Dynamo 参数化桩基础设计

6.5.5 横山村 2 号大桥 BIM 模型

横山村 2 号大桥 BIM 模型如图 6.72 ~ 图 6.75 所示。

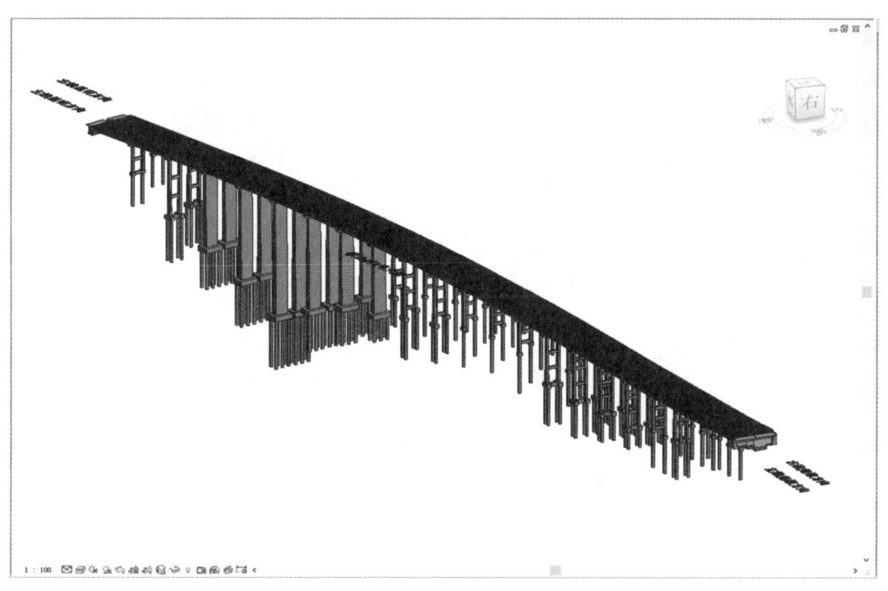

图 6.72 横山村 2 号大桥 BIM 三维模型 1

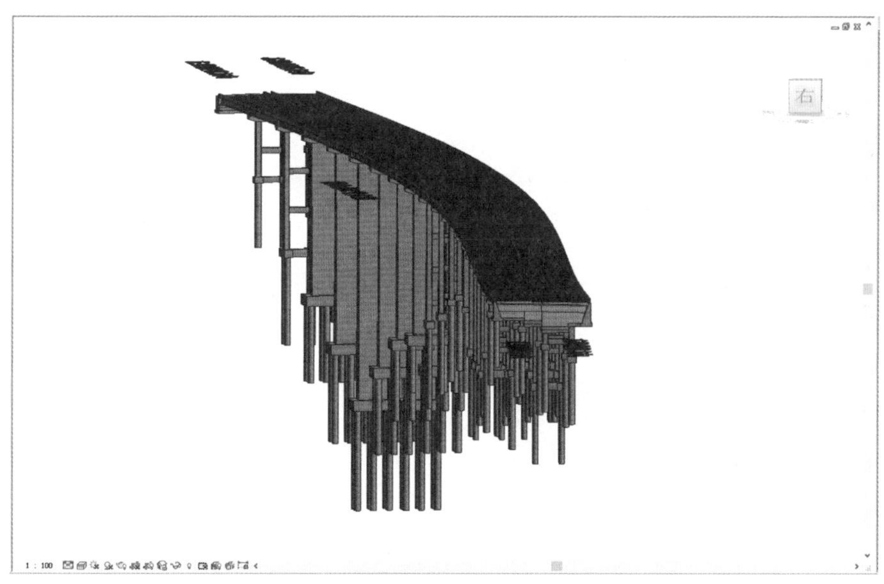

图 6.73 横山村 2 号大桥 BIM 三维模型 2

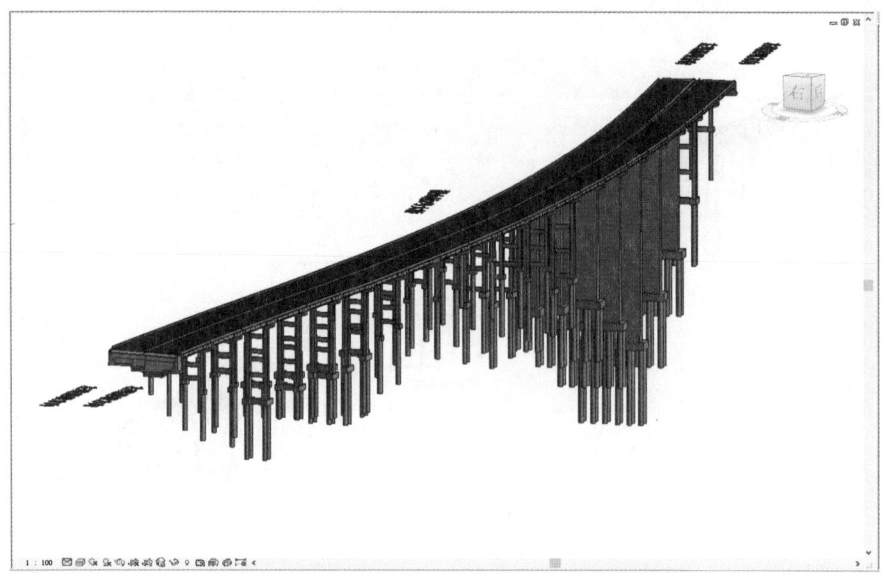

图 6.74　横山村 2 号大桥 BIM 三维模型 3

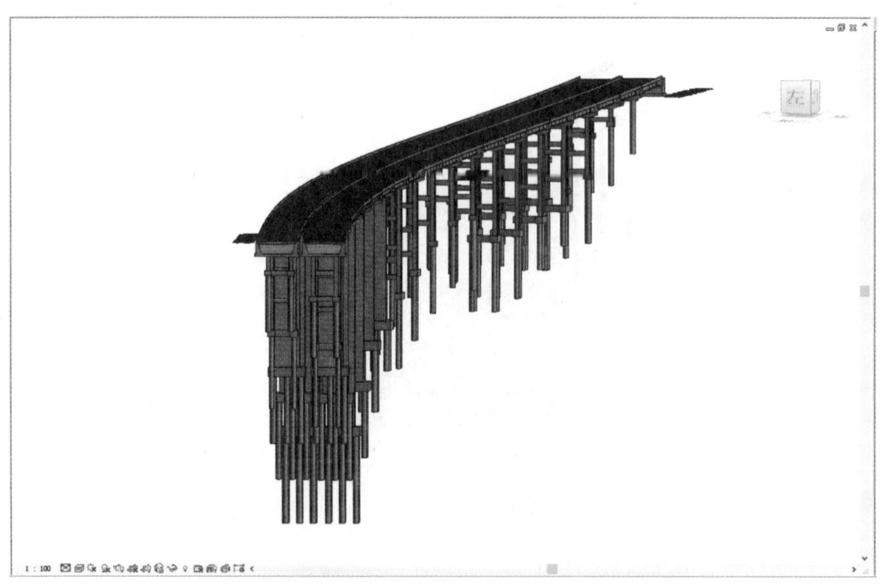

图 6.75　横山村 2 号大桥 BIM 三维模型 4

6.5.6 横山村 2 号大桥控制点坐标提取

利用横山村 2 号大桥 BIM 模型以及 Revit 软件中的坐标提取功能完成横山村 2 号大桥上部 T 梁关键控制点坐标的提取与比对，如图 6.76 所示。利用 Revit 中的坐标获取工具，在梁片需要检查坐标的位置点击提取 BIM 模型的坐标值，对提取的坐标值记录整理。

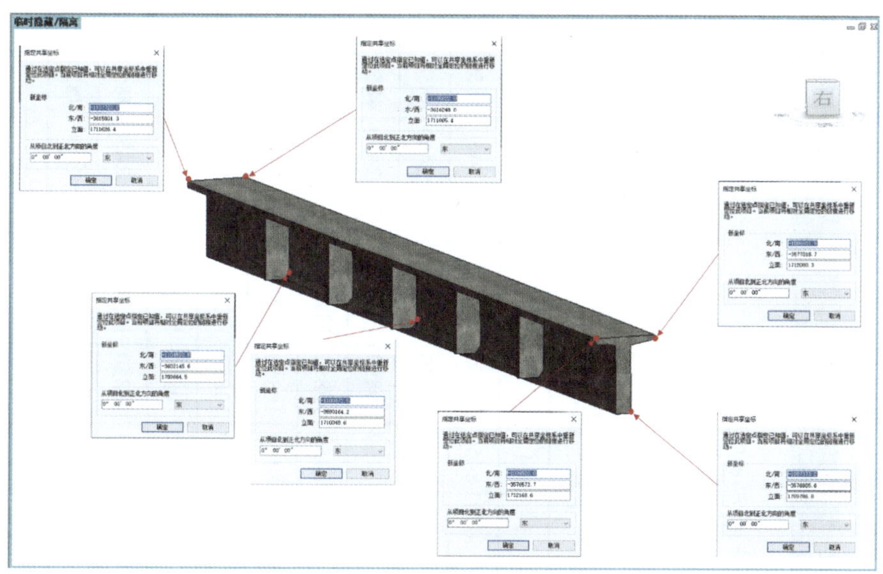

图 6.76 横山村 2 号大桥 BIM 模型中提取关键控制点坐标信息

6.6 横山村 3 号大桥

6.6.1 横山村 3 号大桥左幅设计图纸数据整理

横山村 3 号大桥左幅设计图纸数据整理见表 6.47 ~ 表 6.51。

表 6.47 横山村 3 号大桥左幅上部结构预制梁参数数据整理

墩号	里程 /（km/h）	盖梁横坡	T 梁距离/mm							湿接缝距离/mm						梁面横坡
			1	2	3	4	5	6	7	1	2	3	4	5	6	
0	68610.99	−0.0023	1250	3650	6050	8450	10850	13250	15650	2450	4850	7250	9650	12050	14450	0
1	68630.99	−0.0024	1250	3650	6050	8450	10850	13250	15650	2450	4850	7250	9650	12050	14450	1
2	68650.99	−0.0072	1250	3650	6050	8450	10850	13250	15650	2450	4850	7250	9650	12050	14450	2
3	68670.99	−0.0119	1250	3650	6050	8450	10850	13250	15650	2450	4850	7250	9650	12050	14450	3
4	68690.99	−0.0167	1250	3650	6050	8450	10850	13250	15650	2450	4850	7250	9650	12050	14450	4
5	68710.99	−0.0215	1250	3650	6050	8450	10850	13250	15650	2450	4850	7250	9650	12050	14450	5
6	68730.99	−0.0262	1250	3650	6050	8450	10850	13250	15650	2450	4850	7250	9650	12050	14450	6
7	68750.99	−0.03	1250	3650	6050	8450	10850	13250	15650	2450	4850	7250	9650	12050	14450	7
8	68770.99	−0.03	1250	3650	6050	8450	10850	13250	15650	2450	4850	7250	9650	12050	14450	8

表 6.48 横山村 3 号大桥左幅下部桩基础参数数据整理

构件名称	N 坐标	E 坐标	X	Y	桩顶标高 /m	桩底标高 /m	桩径 /mm	桩长 /mm
公式	2789483.617	517081.521	−216383	−1098479	1773.98	1754.98	1800	19000
1#-桩基-1	2788423.674	514117.789	−1276326	−4062211	1704.27	1691.27	1600	13000
1#-桩基-2	2788415.202	514120.827	−1284798	−4059173	1698.3	1685.3	1600	13000
2#-桩基-1	2788416.959	514098.925	−1283041	−4081075	1704.19	1687.19	1600	17000
2#-桩基-2	2788408.47	514101.914	−1291530	−4078086	1695.25	1677.25	1600	18000
3#-桩基-1	2788410.364	514080.015	−1289636	−4099985	1693.1	1671.1	1600	22000
3#-桩基-2	2788401.854	514082.944	−1298146	−4097056	1688.21	1666.21	1600	22000
4#-桩基-1	2788403.91	514061.05	−1296090	−4118950	1688.02	1686.17	2000	18000
4#-桩基-2	2788395.376	514063.911	−1304624	−4116089	1686.17	1667.17	2000	19000
5#-桩基-1	2788397.618	514042.027	−1302382	−4137973	1681.93	1670.02	2000	22000
5#-桩基-2	2788389.059	514044.809	−1310941	−4135191	1681.93	1667.17	2000	22000
6#-桩基-1	2788391.51	514022.938	−1308490	−4157062	1685.85	1668.85	2000	17000
6#-桩基-2	2788382.923	514025.632	−1317077	−4154368	1688.08	1671.08	2000	17000
7#-桩基-1	2788385.612	514003.779	−1314388	−4176221	1693.76	1674.76	2000	19000
7#-桩基-2	2788376.994	514006.374	−1323006	−4173626	1697.03	1679.03	2000	18000

表 6.49 横山村 3 号大桥左幅下部承台参数数据整理

构件名称	N 坐标	E 坐标	X	Y	承台底标高/m	承台顶标高/m	承台高/mm	顺桥向尺寸/cm	横桥向尺寸/cm	顺桥方向	横桥方向
1#-承台-1	2788423.67	514117.789	−1276326	−4062211	0.00	0.00	0	0	0	0	0
1#-承台-2	2788415.2	514120.827	−1284798	−4059173	1698.30	1700.30	2000	240	240	2400	2400
2#-承台-1	2788416.96	514098.925	−1283041	−4081075	0.00	0.00	0	0	0	0	0
2#-承台-2	2788408.47	514101.914	−1291530	−4078086	1695.25	1697.25	2000	240	240	2400	2400
3#-承台-1	2788410.36	514080.015	−1289636	−4099985	1693.10	1695.10	2000	240	240	2400	2400
3#-承台-2	2788401.85	514082.944	−1298146	−4097056	1688.21	1690.21	2000	240	240	2400	2400
4#-承台-1	2788403.91	514061.05	−1296090	−4118950	1688.02	1690.02	2000	280	280	2800	2800
4#-承台-2	2788395.38	514063.911	−1304624	−4116089	1686.17	1688.17	2000	280	280	2800	2800
5#-承台-1	2788397.62	514042.027	−1302382	−4137973	1681.93	1683.93	2000	280	280	2800	2800
5#-承台-2	2788389.06	514044.809	−1310941	−4135191	1681.93	1683.93	2000	280	280	2800	2800
6#-承台-1	2788391.51	514022.938	−1308490	−4157062	1685.85	1687.85	2000	280	280	2800	2800
6#-承台-2	2788382.92	514025.632	−1317077	−4154368	1688.08	1690.08	2000	280	280	2800	2800
7#-承台-1	2788385.61	514003.779	−1314388	−4176221	1693.76	1695.76	2000	240	240	2400	2400
7#-承台-2	2788376.99	514006.374	−1323006	−4173626	1697.03	1699.03	2000	240	240	2400	2400

表 6.50 横山村 3 号大桥左幅下部墩柱参数数据整理

构件名称	N 坐标	E 坐标	X	Y	柱顶标高 /m	柱底标高 /m	柱高 /mm	横桥向尺寸 /mm	顺桥向尺寸 /mm
1#-墩柱-1	2788423.674	514117.789	−1276326	−4062211	0.00	0.00	0	0	0
1#-墩柱-2	2788415.202	514120.827	−1284798	−4059173	1704.27	1700.30	3970	1400	1400
2#-墩柱-1	2788416.959	514098.925	−1283041	−4081075	0.00	0.00	0	0	0
2#-墩柱-2	2788408.47	514101.914	−1291530	−4078086	1704.25	1697.25	7000	1400	1400
3#-墩柱-1	2788410.364	514080.015	−1289636	−4099985	1704.10	1695.10	9000	1400	1400
3#-墩柱-2	2788401.854	514082.944	−1298146	−4097056	1704.21	1690.21	14000	1400	1400
4#-墩柱-1	2788403.91	514061.05	−1296090	−4118950	1704.02	1690.02	14000	1700	1700
4#-墩柱-2	2788395.376	514063.911	−1304624	−4116089	1704.17	1688.17	16000	1700	1700
5#-墩柱-1	2788397.618	514042.027	−1302382	−4137973	1703.93	1683.93	20000	1700	1700
5#-墩柱-2	2788389.059	514044.809	−1310941	−4135191	1704.13	1683.93	20200	1700	1700
6#-墩柱-1	2788391.51	514022.938	−1308490	−4157062	1703.85	1687.85	16000	1700	1700
6#-墩柱-2	2788382.923	514025.632	−1317077	−4154368	1704.08	1690.08	14000	1700	1700
7#-墩柱-1	2788385.612	514003.779	−1314388	−4176221	1703.76	1695.76	8000	1400	1400
7#-墩柱-2	2788376.994	514006.374	−1323006	−4173626	1704.03	1699.03	5000	1400	1400

表 6.5' 横山村 3 号大桥左幅坐标参数数据整理

序号	桩号	坐标		高程/m	X/mm	Y/mm	Z/mm
		X/m	Y/m				
989	ZK68 + 600.000	2788438.017	514145.571	1708.102	−1261983	−4034429	1708102
990	ZK68 + 605.000	2788436.300	514140.875	1708.077	−1263700	−4039125	1708077
991	ZK68 + 610.000	2788434.586	514136.178	1708.052	−1265414	−4043822	1708052
992	ZK68 + 615.000	2788432.878	514131.479	1708.027	−1267122	−4048521	1708027
993	ZK68 + 620.000	2788431.175	514126.778	1708.002	−1268825	−4053222	1708002
994	ZK68 + 625.000	2788429.477	514122.075	1707.977	−1270523	−4057925	1707977
995	ZK68 + 630.000	2788427.785	514117.370	1707.952	−1272215	−4062630	1707952
996	ZK68 + 635.000	2788426.099	514112.662	1707.927	−1273901	−4067338	1707927
997	ZK68 + 640.000	2788424.420	514107.953	1707.902	−1275580	−4072047	1707902
998	ZK68 + 645.000	2788422.747	514103.241	1707.877	−1277253	−4076759	1707877
999	ZK68 + 650.000	2788421.082	514098.526	1707.852	−1278918	−4081474	1707852
1000	ZK68 + 655.000	2788419.424	514093.809	1707.827	−1280576	−4086191	1707827
1001	ZK68 + 660.000	2788417.774	514089.089	1707.802	−1282226	−4090911	1707802
1002	ZK68 + 665.000	2788416.132	514084.367	1707.777	−1283868	−4095633	1707777
1003	ZK68 + 670.000	2788414.498	514079.641	1707.752	−1285502	−4100359	1707752
1004	ZK68 + 675.000	2788412.874	514074.912	1707.727	−1287126	−4105088	1707727

续表

序号	桩号	坐标		高程/m	X/mm	Y/mm	Z/mm
		X/m	Y/m				
1005	ZK68 + 680.000	2788411.258	514070.181	1707.702	−1288742	−4109819	1707702
1006	ZK68 + 685.000	2788409.652	514065.446	1707.677	−1290348	−4114554	1707677
1007	ZK68 + 690.000	2788408.056	514060.707	1707.652	−1291944	−4119293	1707652
1008	ZK68 + 695.000	2788406.470	514055.965	1707.627	−1293530	−4124035	1707627
1009	ZK68 + 700.000	2788404.894	514051.220	1707.602	−1295106	−4128780	1707602
1010	ZK68 + 705.000	2788403.330	514046.471	1707.577	−1296670	−4133529	1707577
1011	ZK68 + 710.000	2788401.776	514041.719	1707.552	−1298224	−4138281	1707552
1012	ZK68 + 715.000	2788400.234	514036.962	1707.527	−1299766	−4143038	1707527
1013	ZK68 + 720.000	2788398.704	514032.202	1707.502	−1301296	−4147798	1707502
1014	ZK68 + 725.000	2788397.186	514027.438	1707.477	−1302814	−4152562	1707477
1015	ZK68 + 730.000	2788395.681	514022.670	1707.452	−1304319	−4157330	1707452
1016	ZK68 + 735.000	2788394.188	514017.898	1707.427	−1305812	−4162102	1707427
1017	ZK68 + 740.000	2788392.709	514013.122	1707.402	−1307291	−4166878	1707402
1018	ZK68 + 745.000	2788391.243	514008.342	1707.377	−1308757	−4171658	1707377
1019	ZK68 + 746.865	2788390.700	514006.557	1707.368	−1309300	−4173443	1707368
1020	ZK68 + 750.000	2788389.792	514003.557	1707.352	−1310208	−4176443	1707352

续表

序号	桩号	坐标		高程/m	X/mm	Y/mm	Z/mm
		X/m	Y/m				
1021	ZK68 + 755.000	2788388.354	513998.768	1707.327	−1311646	−4181232	1707327
1022	ZK68 + 760.000	2788386.931	513993.975	1707.302	−1313069	−4186025	1707302
1023	ZK68 + 765.000	2788385.521	513989.178	1707.277	−1314479	−4190822	1707277
1024	ZK68 + 770.000	2788384.126	513984.376	1707.252	−1315874	−4195624	1707252
1025	ZK68 + 775.000	2788382.745	513979.571	1707.227	−1317255	−4200429	1707227
1026	ZK68 + 780.000	2788381.378	513974.762	1707.202	−1318622	−4205238	1707202

6.6.2 横山村 3 号大桥右幅设计图纸数据整理

横山村 3 号大桥右幅设计图纸数据整理见表 6.52 ~ 表 6.56。

表 6.52 横山村 3 号大桥右幅上部结构预制梁参数数据整理

墩号	里程 /（km/h）	盖梁横坡	T 梁距离/mm							湿接缝距离/mm						梁面横坡
			1	2	3	4	5	6	7	1	2	3	4	5	6	
0	68672.99	0.0294	−1250	−3650	−6050	−8450	−10850	−13250	−15650	−2450	−4850	−7250	−9650	−12050	−14450	0.0297
1	68693.99	0.03	−1250	−3650	−6050	−8450	−10850	−13250	−15650	−2450	−4850	−7250	−9650	−12050	−14450	0.03
2	68714.99	0.03	−1250	−3650	−6050	−8450	−10850	−13250	−15650	−2450	−4850	−7250	−9650	−12050	−14450	0.03
3	68735.99	0.03	−1250	−3650	−6050	−8450	−10850	−13250	−15650	−2450	−4850	−7250	−9650	−12050	−14450	0.03
4	68756.99	0.03	−1250	−3650	−6050	−8450	−10850	−13250	−15650	−2450	−4850	−7250	−9650	−12050	−14450	

表 6.53 横山村 3 号大桥右幅下部桩基础参数数据整理

构件名称	N 坐标	E 坐标	X	Y	桩顶标高/m	桩底标高/m	桩径/mm	桩长/mm
1#-桩基-1	2788421.447	514052.215	−1278553	−4127785	1695.86	1681.86	2000	14000
1#-桩基-2	2788430.131	514049.849	−1269869	−4130151	1695.86	1681.86	2000	14000
2#-桩基-1	2788416.057	514031.966	−1283943	−4148034	1680.76	1658.76	2000	22000
2#-桩基-2	2788424.768	514029.702	−1275232	−4150298	1680.76	1658.76	2000	22000
3#-桩基-1	2788410.904	514011.656	−1289096	−4168344	1687.65	1673.65	2000	14000
3#-桩基-2	2788419.641	514009.493	−1280359	−4170507	1687.65	1673.65	2000	14000

表 6.54 横山村 3 号大桥右幅下部承台参数数据整理

构件名称	N 坐标	E 坐标	X	Y	承台底标高/m	承台顶标高/m	承台高/mm	顺桥向尺寸/cm	横桥向尺寸/cm	顺桥方向	横桥方向
1#-承台-1	2788421.45	514052.215	−1278553	−4127785	1695.86	1697.86	2000	280	280	2800	2800
1#-承台-2	2788430.13	514049.849	−1269869	−4130151	1695.86	1697.86	2000	280	280	2800	2800
2#-承台-1	2788416.06	514031.966	−1283943	−4148034	1680.76	1682.76	2000	280	280	2800	2800
2#-承台-2	2788424.77	514029.702	−1275232	−4150298	1680.76	1682.76	2000	280	280	2800	2800
3#-承台-1	2788410.9	514011.656	−1289096	−4168344	1687.65	1689.65	2000	280	280	2800	2800
3#-承台-2	2788419.64	514009.493	−1280359	−4170507	1687.65	1689.65	2000	280	280	2800	2800

表 6.55 横山村 3 号大桥右幅下部墩柱参数数据整理

构件名称	N 坐标	E 坐标	X	Y	柱顶标高/m	柱底标高/m	柱高/mm	横桥向尺寸/mm	顺桥向尺寸/mm
1#-墩柱-1	2788421.447	514052.215	−1278553	−4127785	1703.59	1697.86	5730	1700	1700
1#-墩柱-2	2788430.131	514049.849	−1269869	−4130151	1703.86	1697.86	6000	1700	1700
2#-墩柱-1	2788416.057	514031.966	−1283943	−4148034	1703.49	1682.76	20730	1700	1700
2#-墩柱-2	2788424.768	514029.702	−1275232	−4150298	1703.76	1682.76	21000	1700	1700
3#-墩柱-1	2788410.904	514011.656	−1289096	−4168344	1703.38	1689.65	13730	1700	1700
3#-墩柱-2	2788419.641	514009.493	−1280359	−4170507	1703.65	1689.65	14000	1700	1700

表 6.56 横山村 3 号大桥右幅坐标参数数据整理

序号	桩号	桩号	坐标		高程/m	X/mm	Y/mm	Z/mm
			X/m	Y/m				
1003	K68+665.000	68665	2788425.493	514081.160	1707.777	−1274507	−4098840	1707777
1004	K68+670.000	68670	2788424.110	514076.356	1707.752	−1275890	−4103644	1707752
1005	K68+675.000	68675	2788422.740	514071.547	1707.727	−1277260	−4108453	1707727
1006	K68+680.000	68680	2788421.382	514066.735	1707.702	−1278618	−4113265	1707702
1007	K68+685.000	68685	2788420.037	514061.919	1707.677	−1279963	−4118081	1707677
1008	K68+685.701	68685	2788419.849	514061.243	1707.674	−1280151	−4118757	1707674

续表

序号	桩号	桩号	坐标		高程/m	X/mm	Y/mm	Z/mm
			X/m	Y/m				
1009	K68+690.000	68690	2788418.705	514057.100	1707.652	−1281295	−4122900	1707652
1010	K68+695.000	68695	2788417.387	514052.277	1707.627	−1282613	−4127723	1707627
1011	K68+700.000	68700	2788416.082	514047.450	1707.602	−1283918	−4132550	1707602
1012	K68+705.000	68705	2788414.790	514042.620	1707.577	−1285210	−4137380	1707577
1013	K68+710.000	68710	2788413.512	514037.786	1707.552	−1286488	−4142214	1707552
1014	K68+715.000	68715	2788412.248	514032.948	1707.527	−1287752	−4147052	1707527
1015	K68+720.000	68720	2788410.997	514028.107	1707.502	−1289003	−4151893	1707502
1016	K68+725.000	68725	2788409.759	514023.263	1707.477	−1290241	−4156737	1707477
1017	K68+730.000	68730	2788408.535	514018.415	1707.452	−1291465	−4161585	1707452
1018	K68+735.000	68735	2788407.324	514013.564	1707.427	−1292676	−4166436	1707427
1019	K68+740.000	68740	2788406.127	514008.709	1707.402	−1293873	−4171291	1707402
1020	K68+745.000	68745	2788404.943	514003.852	1707.377	−1295057	−4176148	1707377
1021	K68+750.000	68750	2788403.773	513998.991	1707.352	−1296227	−4181009	1707352
1022	K68+755.000	68755	2788402.616	513994.126	1707.327	−1297384	−4185874	1707327
1023	K68+760.000	68760	2788401.473	513989.259	1707.302	−1298527	−4190741	1707302
1024	K68+765.000	68765	2788400.343	513984.388	1707.277	−1299657	−4195612	1707277

6.6.3 横山村 3 号大桥参数化族构件

横山村 3 号大桥参数化族构件如图 6.77 ~ 图 6.83 所示。

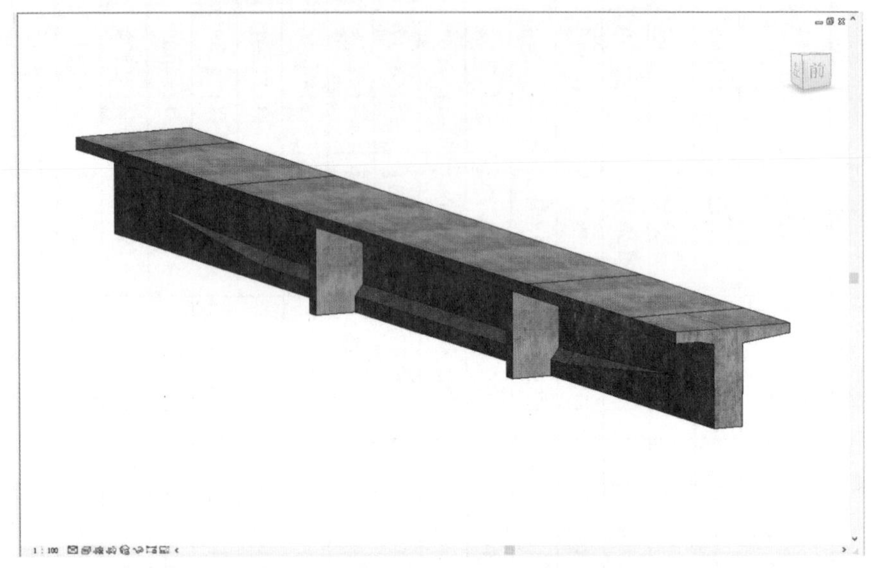

图 6.77 横山村 3 号大桥左边梁族

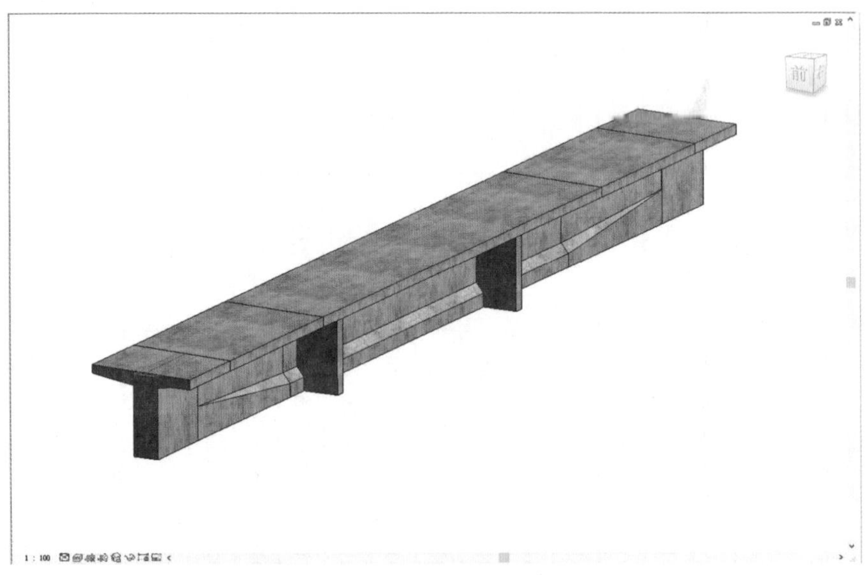

图 6.78 横山村 3 号大桥右边梁族

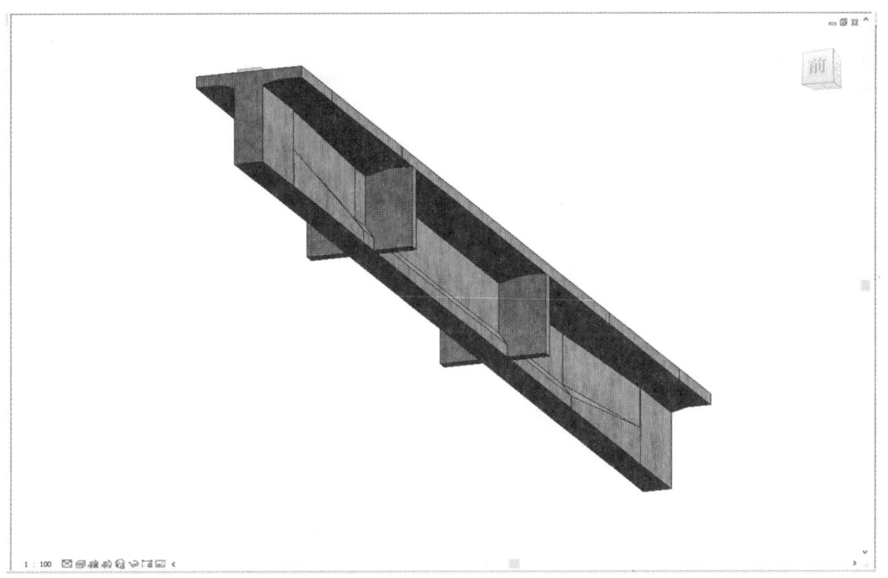

图 6.79 横山村 3 号大桥中梁族

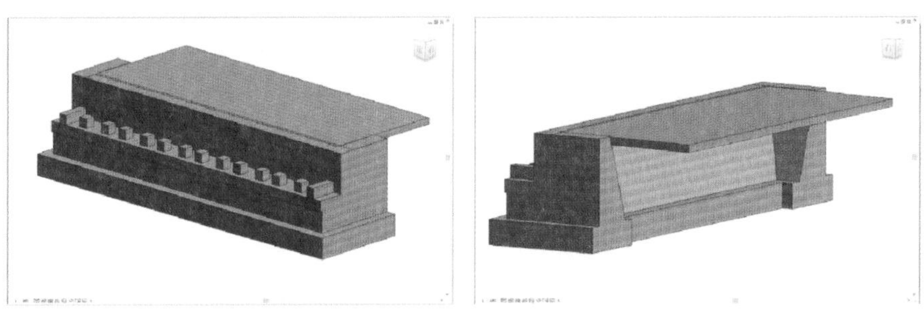

图 6.80 横山村 3 号大桥左幅 0#桥台三维模型

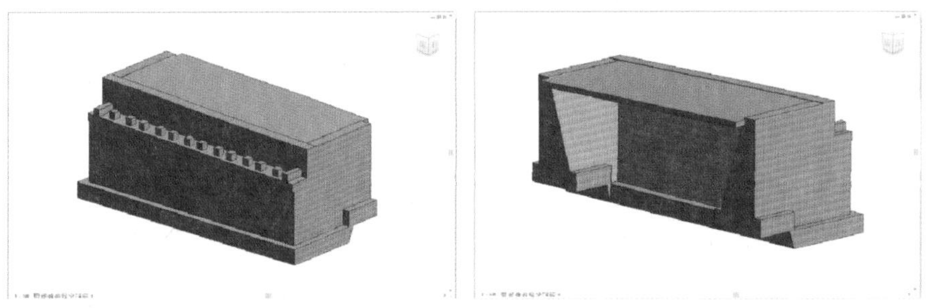

图 6.81 横山村 3 号大桥左幅 8#桥台三维模型

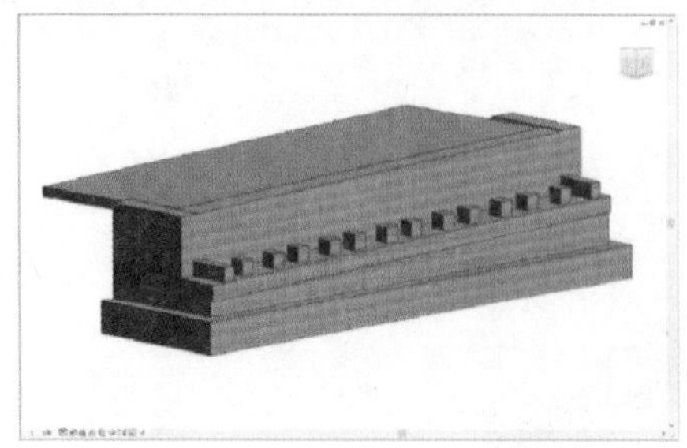

图 6.82 横山村 1 号大桥右幅 0#桥台三维模型

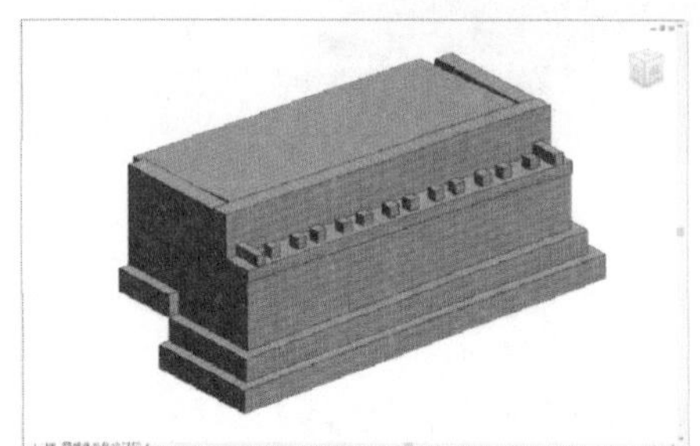
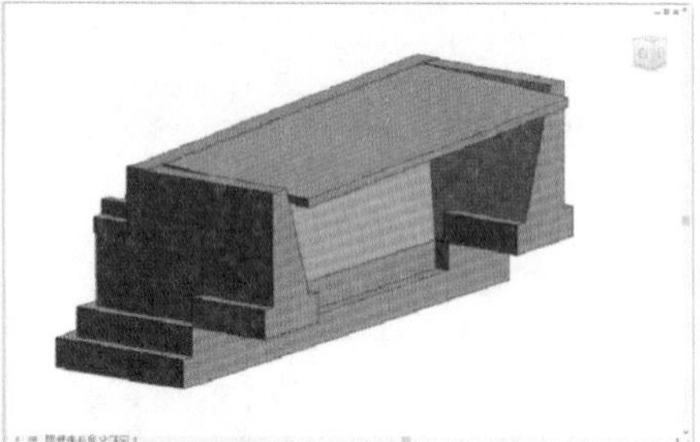

图 6.83 横山村 1 号大桥右幅 4#桥台三维模型

6.6.4 横山村 3 号大桥 Dynamo 参数化建模

横山村 3 号大桥 Dynamo 参数化建模如图 6.84 所示。

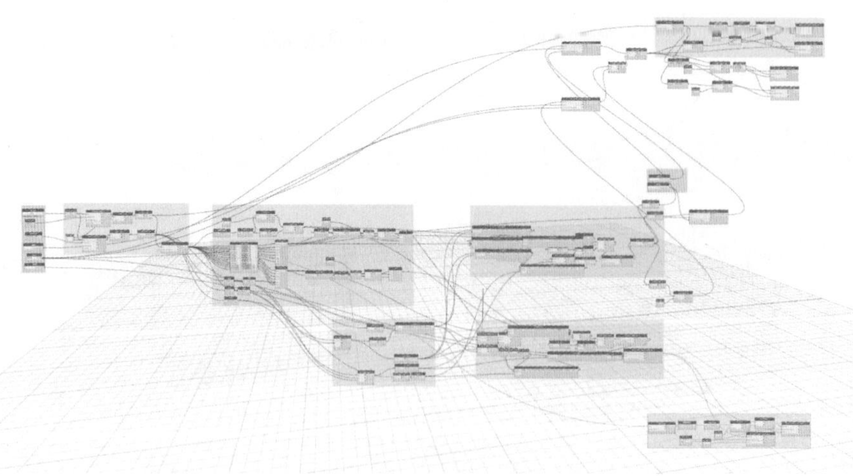

图 6.84 横山村 3 号大桥 Dynamo 参数化梁设计

6.6.5 横山村 3 号大桥 BIM 模型

横山村 3 号大桥 BIM 模型如图 6.85 ~ 图 6.88 所示。

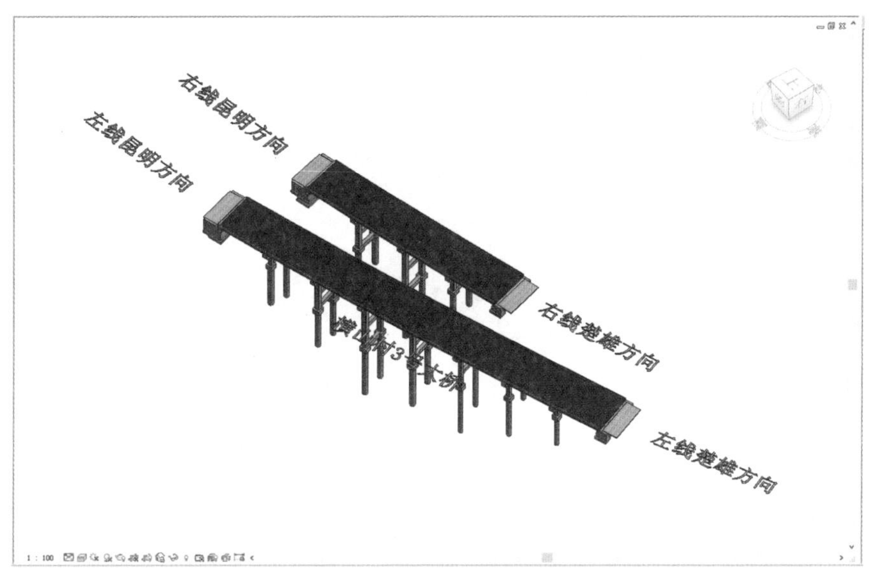

图 6.85 横山村 3 号大桥 BIM 三维模型 1

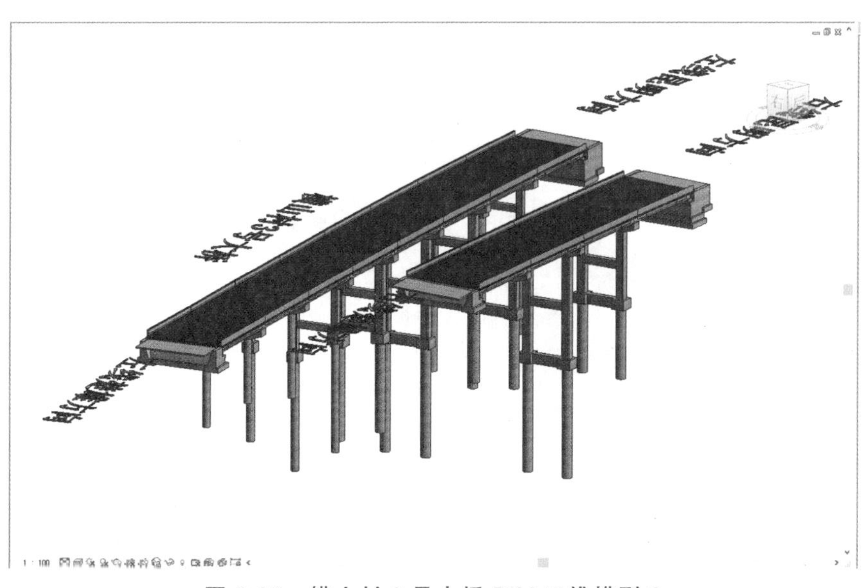

图 6.86 横山村 3 号大桥 BIM 三维模型 2

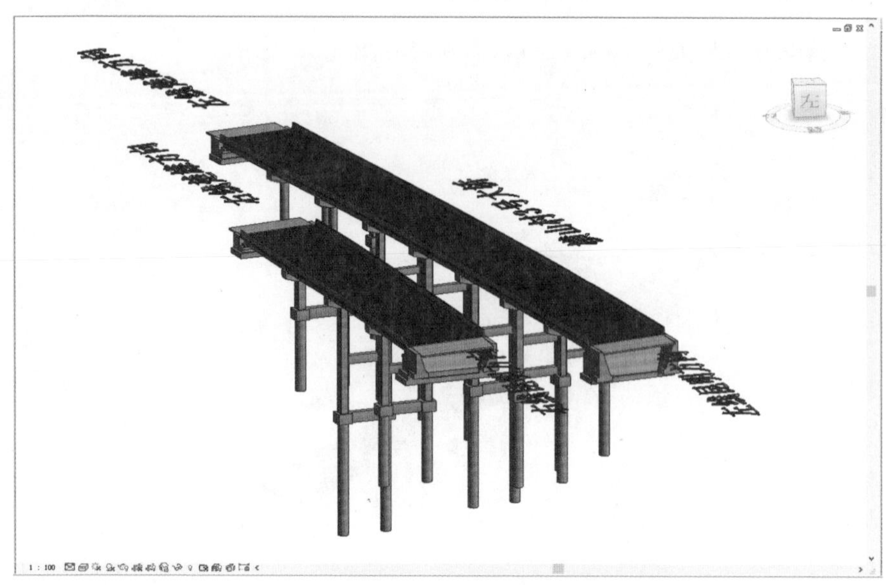

图 6.87 横山村 3 号大桥 BIM 三维模型 3

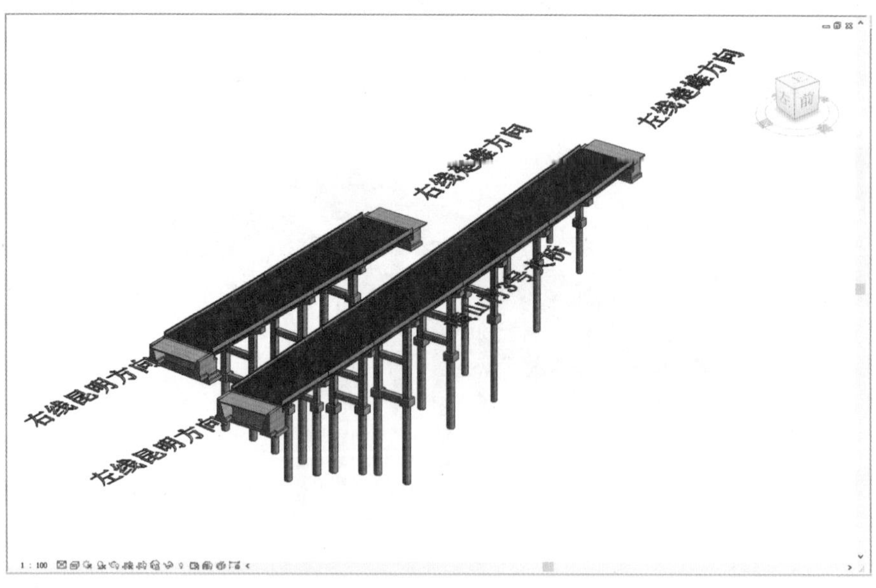

图 6.88 横山村 3 号大桥 BIM 三维模型 4

6.6.6 横山村 3 号大桥控制点坐标提取

利用横山村 3 号大桥 BIM 模型以及 Revit 软件中的坐标提取功能完成横山村 3 号大桥上部 T 梁关键控制点坐标的提取与比对，如图 6.89 所示。利用 Revit 中的坐标获取工具，在梁片需要检查坐标的位置点击提取 BIM 模型的坐标值，对提取的坐标值记录整理。

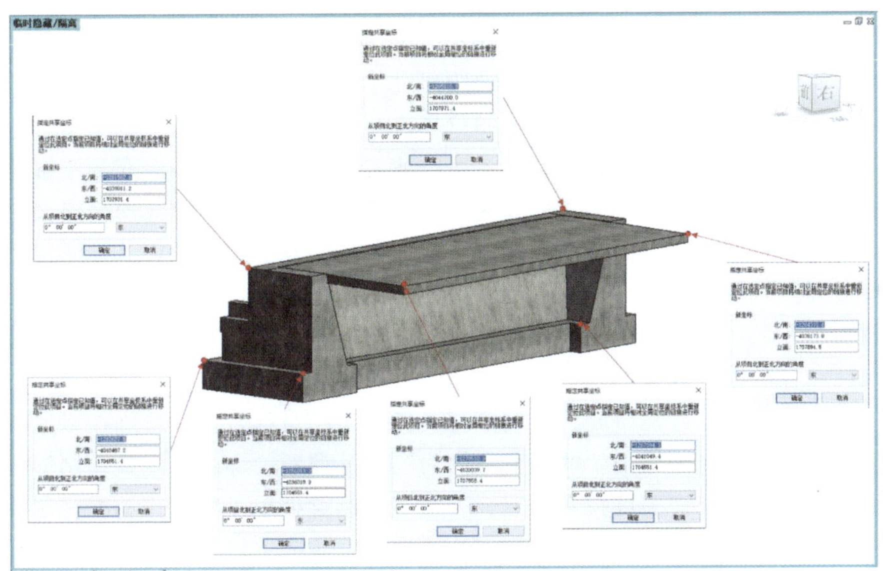

图 6.89 横山村 3 号大桥 BIM 模型中提取关键控制点坐标信息

7 结论及展望

7.1 研究的主要结论

装配式预制梁桥施工精细化动态控制关键技术研究课题始于 2018 年 11 月，终于 2021 年 5 月，剔除 2020 年 2 月—2020 年 10 月新冠疫情的影响，课题研究时间共计 22 个月。课题研究小组先后走访了四川成宜高速公路、云南昆楚高速公路等多座预制梁场进行实地调研，广泛听取了一线施工人员、班组长、项目经理、业主、行业专家等多方意见，在充分了解预制 T 梁施工质量技术规范的基础上，认真总结和分析了当前高速公路预制 T 梁生产过程中存在的主要问题以及造成这些问题的主要原因。在质量管理过程中，人、机、料、法、环境通常是影响工程质量的主要因素，从目前预制 T 梁的生产过程来看，造成预制 T 梁质量参差不齐的主要原因还是人员和方法的问题。

课题历经可行性研究、大纲撰写、任务书撰写等阶段，最终在专家的帮助下，本课题最终确定的研究方向为三个子课题，即：装配式预制梁板可视化与动态查询关键技术研究、装配式预制梁板施工精细化动态控制关键技术研究、装配式预制梁板精细化管理信息集成关键技术研究。

本次研究，获得的研究成果主要如下：

研究成果 :《预制梁板 BIM 可视化建模标准手册》;

研究成果二:《预制梁板图模比对原则及标准手册》;

研究成果三:《基于 BIM + GIS 的智慧梁场三维可视化管理平台使用手册》，内含《图模可视化查询功能模块使用手册》《预制加工精细化动态控制功能模块使用手册》以及《运输与吊装质量精细化动态控制功能模块使用手册》;

研究成果四:《项目研究结题报告》;

研究成果五:《项目阶段性研究报告》。

公开发表论文 13 篇，其中 EI 检索 6 篇，北大核心收录 4 篇，双刊号 3 篇。

公开出版专著 2 部。

申请实用新型专利 2 项。

开发基于 BIM + GIS 的智慧梁场三维可视化管理平台 V1.0 1 个。

通过本次研究，课题研究小组得到以下结论及总结：

结论 1：子课题 1 的研究主要集中于如何利用参数化建模的方法完成预制 T 梁的高效三维建模以及如何利用图模比对的方式发现施工图设计的问题。该子课题的技术路线主要包括 4 个步骤，即：第一步，构建预制梁板参数编码体系；第二步，利用 BIM 族参数控制的方法，结合预制 T 梁的生产特点建立 BIM 参数化模型；第三步，通过 Revit 中的坐标提取功能获得 BIM 模型的坐标，再与施工图设计的 T 梁控制点坐标进行比对，发现设计中的错误；第四步，将桥梁的 BIM 模型上传至基于 BIM + GIS 的智慧梁场三维可视化管理平台，实现图模可视化查询功能。研究实践表明，该子课题研究技术路线合理，具有可行性，能够有效解决预制 T 梁的高效三维建模、如何利用图模比对的方式发现施工图设计的问题以及在三维 GIS 系统中实时查询模型信息的问题。

结论 2：子课题 2 的研究主要集中于解决两个主要问题，第一个问题是如何准确快速地获得每一片预制梁板在这些施工过程中的位置以及坐标信息，第二个问题是如何通过实际坐标与设计模型的对比确定偏差是否符合要求和规范。该子课题的技术路线主要包括两个步骤，即：第一步，为桥梁设置编码体系并上传系统，实现在系统中的模型与参数一一对应，通过系统中的加工精细化管理模块实现对每一片预制 T 梁的信息跟踪与质量监测；第二步，利用系统中的运输精细化管理模块以及吊装精细化管理模块实现对每一片 T 梁的运输与吊装精细化管理。研究实践表明，该子课题研究技术路线合理，具有可行性，能够有效解决预制 T 梁的生产过程以及运输和吊装的精细化控制管理问题。

结论 3：子课题 3 研究的关键问题是如何将预制 T 梁的设计阶段成果、BIM 参数化模型、坐标信息等数据进行有机融合，通过系统化、信息化、数字化、可视化的技术手段更加直观地对整个设计和管理过程进行高效管理和决策，同时能够将预制 T 梁图纸和模型可视化查询、预制加工过程精细化管理、运输吊装过程精细化管理等功能有机结合起来。该子课题的技术路线主要包括两个步骤：第一，进行平台选型；第二，进行系统开发。该子课的研究重新梳理了 BIM 参数化建模、构件预制生产流程及逻辑、构件运输及吊装流程及逻辑、预制 T 梁质量监督重点等方面信息，完善了平台的 BIM 模型导入与连接功能，拓展了系统中的附件管理能力，允许用户自定义上传项目各类格式的附件，加强了 BIM 模型与预制 T 梁的关联定位功能，同时通过倾斜摄影模型与 BIM 模型的双屏对比功能来加强空间坐标对比检查功能。研究实践表明，该子课题研究技术路线合理，具有可行性，能够有效解决预制 T 梁施工精细化动态控制信息集成化的问题。

结论 4：目前国内已有一些学者和行业先驱在智慧梁场信息化方面做出了一些探索和尝试，但目前的研究成果主要集中在两个方面。第一方面，关于预制 T 梁生产安排的可视化研究，该类研究的重点是集中于制梁台座的周转和生产排序方面，未能将 T 梁的生产与将来要安装的桥梁进行模型关联，无法直观查看预制 T 梁在整个工程中的位置，系统缺乏 BIM 三维模型与 GIS 信息的扩展能力；第二方面，基于 Unity 和 Unreal 游戏引擎开发的预制 T 梁三维场景系统，该系统能够融合三维模型，也能够记录预制 T 梁的生产信息，但是该系统对 BIM 数据以及 GIS 数据的融合性较差，并不是真正意义上的工程信息化管理平台，仅仅是某一个工程静态场景，可扩展性较差。本次课题以 Cesium 全球 GIS 开源平台为基础，重新梳理了 BIM 参数化建模、构件预制生产流程及逻辑、构件运输及吊装流程及逻辑、预制 T 梁质量监督重点等方面信息，完善了平台的 BIM 模型导入与连接功能，拓展了系统中的附件管理能力，允许用户自定义上传项目各类格式的附件，加强了 BIM 模型与预制 T 梁的关联定位功能，同时通过倾斜摄影模型与 BIM 模型的双屏对比功能来加强空间坐标对比检查功能；解决了如何将预制 T 梁的设计阶段成果、BIM 参数化模型、坐标信息等数据进行有机融合，通过系统化、信息化、数字化、可视化的技术手段更加直观地对整个设计和管理过程进行高效管理和决策，同时能够将预制 T 梁图纸和模型可视化查询、预制加工过程精细化管理、运输吊装过程精细化管理等功能有机结合起来。经过国家一级科技查新机构权威查新结果显示，该系统具有较好的创新性。

结论 5：为了验证课题研究技术路线的合理性以及可推广性，课题组选择了昆楚高速公路 SJ-2 标段 4 合同中的庄田大桥、桃园 1 号大桥、桃园 2 号大桥、横山村 1 号大桥、横山村 2 号大桥、横山村 3 号大桥共计 6 座预制梁桥作为研究对象，先后完成了 6 座桥梁的预制 T 梁 BIM 参数化建模、桥梁 BIM 参数化建模、预制 T 梁编码、模型上传及系统场景搭建、预制 T 梁生产过程跟踪等工作。实践证明课题研究提出的技术路线具有可行性和可推广性。基于 BIM + GIS 的智慧梁场三维可视化管理平台能够有效地将预制 T 梁设计阶段及施工阶段信息进行高效融合，为预制 T 梁设计、生产、施工信息化、数字化、可视化提供全新的思路与视角，为预制 T 梁生产全过程信息集成化、质量可跟踪性、质量问题可追溯性提供了基础条件，为公路工程的数字孪生提出了全新的思路。

7.2 研究的未来展望

本次课题在研究过程中，受研究时间、研究经费以及课题组成员自身水平的限制，仍然存在一些在未来研究中值得深入探讨的研究方向。

第一，预制 T 梁参数化数据管理 APP 研发。

本次研究中已经实现了预制 T 梁的编码体系建立以及参数化建模标准化方法，同时在基于 BIM + GIS 的智慧梁场三维可视化管理平台上已经能够实现每一片预制 T 梁的参数查询。但是鉴于研究时间和研究经费的限制，课题组未能进一步针对预制 T 梁参数化数据管理单独开发 APP 应用。该应用借鉴房屋建筑施工中实测实量的思路，将每一片预制 T 梁的重要控制参数预设好并制作成独立的二维码，生产人员通过手机端做好的 APP 进行扫描即可实时查看该梁片的生产参数，同时在质量验收时可将验收数据如实填入 APP 对应控制参数的位置，通过 APP 自动计算梁片的生产误差并根据国家验收规范自动判断梁片的生产是否合格。如果再结合区块链技术，每一次检查的结果将具有唯一性和不可逆转性，从而实现不可更改的实时动态预制 T 梁生产质量验收记录。

第二，预制 T 梁生产全过程数据自动采集技术。

本次研究中已经实现了预制 T 梁生产全过程的信息跟踪管理，为预制 T 梁施工精细化动态控制提供了重要的支撑。但是由于研究对象自身生产实际条件，本次研究并没有实现整个过程信息数据的自动采集。该技术的思路是利用二维码、传感器、激光感应等装置，自动记录每一片梁在空间位置上的变化、生产人员信息记录、质量验收记录、生产后真实尺寸等重要信息并将这些数据信息自动上传系统，利用人工智能（AI）技术对生产质量做出客观判断，找出生产中存在的主要问题，从事后管理逐步向事前管理过渡。

第三，预制 T 梁智能设备集成化管理技术。

本次研究已经实现了基于 BIM + GIS 的智慧梁场三维可视化管理平台的开发，系统平台能够很好地融合各类传感器数据的展示及预警。但是鉴于课题研究对象的实际生产情况，课题中针对预制 T 梁智能设备的集成化应用涉及较少。该技术主要是利用设计数据与生产智能设备的数据共享，在钢筋切割、钢筋弯曲、智能张拉、智能养护、智能台座、智能振捣、智能检测等方面采用数据自动监测的方式进行生产管理。在后期研究中，可选择具备智能设备较多的研究对象将智能设备传感器数据集成于平台上，实现生产过程传感器数据的动态监测与实时预警管理。

参考文献

[1] 王均利. 曲线箱梁桥的病害分析及设计对策[J]. 中外公路，2005(4)：102-105.

[2] 段瑞芳，李彩霞，等. 浅谈装配式梁桥上部结构预制工艺及各工艺特点[J]. 路桥科技，2016（15）：228.

[3] 姜旭东. 预应力混凝土曲线箱梁桥设计研究及工程应用[D]. 杭州：浙江大学，2008.

[4] 杨士金，龚仁明. 大曲率小箱梁桥型研究[J]. 重庆交通学院学报，2000（1）：6-10.

[5] 于忠涛. 斜弯坡组合型板桥设计关键技术研究[J]. 中外公路，2011（3）：142-146.

[6] 李全. 云南山区高架、弯、坡、斜桥受力特点及影响探讨与分析[J]. 价值工程，2012（26）：120-123.

[7] 赵明华，尹平保，等. 高陡斜坡上桥梁桩基受力特性及影响因素分析[J]. 中南大学学报（自然科学版），2012（7）：2733-2739.

[8] 周正茂，袁桂芳，等. 预制装配式板梁桥的模型修正方法[J]. 西南交通大学学报，2015（4）：623-629.

[9] 魏明光，李国平. 预制装配式空心板梁桥横向连接方式的比较[J]. 结构工程师，2012（5）：25-30.

[10] 梁建锋，王新泉，等. 预制 T 梁钢筋笼定型模架施工技术[J]. 结构设计与施工技术，2016（9）：70-71；79.

[11] 魏亚雄，方志. 预制装配式活性粉末混凝土箱梁桥的结构性能[J]. 公路工程，2016（5）：11-16；27.

[12] LEE Y T. An Overview of Information Modeling for Manufacturing Systems Integration[R]. Gaithersburg: National Institute of Standards and Technology，1999.

[13] National Institute of Building Sciences. National Building Information Modeling Standard[S]. 2007.

[14] EASTMAN C, FISHER D, LAFUE G, et al. An Outline of the Building Description System[R]. Carnegie-Mellon University, Pittsburgh, Pennsylvania: Institute of Physical Planning, 1974.

[15] VAN NEDERVEEN G A, TOLMAN F P. Modelling multiple views on buildings[J]. Automation in Construction, 1992, 1(3): 215-224.

[16] LEE Y T. Information Modeling: From Design to Implementation[R]. Gaithersburg, Maryland: National Institute of Standards and Technology, 1999.

[17] Building Information Modeling[R]. San Rafael, CA: Autodesk Inc, 2003.

[18] 王珺. BIM 理念及 BIM 软件在建设项目中的应用研究[D]. 成都：西南交通大学，2011.

[19] 何关培. BIM 和 BIM 相关软件[J]. 土木建筑工程信息技术，2010(4): 110-117.

[20] 张建平，李丁，林佳瑞，等. BIM 在工程施工中的应用[J]. 施工技术，2012（16）：10-17.

[21] 赵华英，叶红华，陈陟，等. 保利大厦基坑 5D 监测中的新兴呈现（Emerging）技术[J]. 土木建筑工程信息技术，2014（4）：36-41.

[22] JEONG Y S, EASTMAN C M, SACKS R, et al. Benchmark tests for BIM data exchanges of precast concrete[J]. Automation in Construction, 2009, 18(4): 469.

[23] ELGHAMRAWY T, BOUKAMP F. Managing construction information using RFID: based semantic contexts[J]. Automation in Construction, 2010, 19(8): 1056-1066.

[24] 田云峰，祝连波. 基于三维激光扫描和 BIM 模型在桥梁施工阶段质量管理中的研究[J]. 建筑设计管理，2014（8）：87-90.

[25] 汪再军. BIM 技术在建筑运维管理中的应用[J]. 建筑经济，2013(9): 94-97.

[26] TEICHOLZ P M，FOUNDATION I. BIM for facility managers[M]. Hoboken，New Jersey：Wiley，2013.

[27] 洪磊. BIM 技术在桥梁工程中的应用研究[D]. 成都：西南交通大学，2012.

[28] 黄俊炫，张磊，叶艺. 基于 CATIA 的大型桥梁三维建模方法[J]. 土木建筑工程信息技术，2012（4）：51-55.

[29] 张磊. 三维技术在拱桥方案设计中的应用实例[J]. 土木建筑工程信息技术，2013（4）：86-92.

[30] 胡振中，路新瀛，张建平. 基于建筑信息模型的桥梁工程全寿命期管理应用框架[J]. 公路交通科技，2010（S1）：20-24.

[31] 潘佳怡，赵源煜. 中国建筑业 BIM 发展的阻碍因素分析[J]. 工程管理学报，2012（1）：6-11.

[32] 韩依璇，张宇峰，赵亮，等. 国外桥梁长期性能研究最新进展介绍及思考[J]. 中外公路，2015，35（4）：217-221.

[33] 邵旭东，彭建新，晏班夫. 桥梁全寿命设计方法框架性研究[J]. 公路，2006（1）：44-48.

[34] 马军海，陈艾荣，贺军. 桥梁全寿命设计总体框架研究[J]. 同济大学学报，2007，35（8）：1003-1007.

[35] 邵旭东，彭建新，晏班夫. 基于桥梁全寿命总成本优化的设计研究综述[C]//中国土木工程学会桥梁及结构工程分会. 全国桥梁学术会议. 北京：人民交通出版社，2006：222-229.

[36] 曹明兰，黄侨，任远. 混凝土桥面维修决策中的全寿命成本分析法[J]. 哈尔滨工业大学学报，2007，39（10）：1621-1624.

[37] 叶文亚，李国平，范立础. 桥梁全寿命成本初步分析[J]. 公路，2006（6）：101-104.

[38] 孟会林. 钢桥全寿命周期成本分析及维护策略优化研究[D]. 天津：天津大学，2009.

[39] 王中文. 大型桥梁成本控制与全寿命周期成本分析[J]. 桥梁建设，2010（2）：25-28.

[40] 赵红月. 基于全寿命周期的路面养护费用控制技术研究[D]. 西安：长安大学，2012.

[41] 于兴环. 悬索桥全寿命周期成本预测与分析[J]. 公路交通科技，2013，30（9）：101-107.

[42] 乔建刚，侯会学. 基于全寿命周期成本的桥梁改造方案优选的研究[J]. 中外公路，2014，34（5）：93-95.

[43] 郑力. 基于全寿命思想的桥梁设计研究[J]. 北方交通，2015（2）：37-40.

[44] 康杰. 工程总承包项目管理模式的探究[J]. 工程与技术，2012：48-49.

[45] 注册咨询工程师（投资）考试教材编写委员会. 现代咨询方法与实务[M]. 北京：中国计划出版社，2003.

[46] 闫禹. 大型跨海交通基建工程实现工程化装配化生产的管理模式研究[D]. 广州：华南理工大学，2015.

[47] 白思俊. 现代项目管理（上、中、下）[M]. 北京：机械工业出版社，2002.

[48] 振宇，刘伊生. 基于伙伴关系的建设工程项目管理[M]. 北京：中国建筑工业出版社，2006：11-14.

[49] 路玉武. 建筑企业实施 EPC 工程总承包管理研究[D]. 北京：对外经济贸易大学，2011.

[50] 马正祥. 建筑智能化工程总承包管理研究[D]. 天津：天津大学，2008.

[51] 雷应金. 现代建设工程项目管理在我国的应用研究[D]. 武汉：华中科技大学，2005.